Research on Relations between India and Middle East Countries

印度与中东国家关系研究

魏亮 著

中国社会科学出版社

图书在版编目（CIP）数据

印度与中东国家关系研究/魏亮著.—北京：中国社会科学出版社，2023.5
ISBN 978 – 7 – 5227 – 2084 – 5

Ⅰ.①印… Ⅱ.①魏… Ⅲ.①印度—对外关系—研究—中东
Ⅳ.①D835.12②D837.09

中国国家版本馆 CIP 数据核字（2023）第 152265 号

出 版 人	赵剑英	
责任编辑	郭曼曼　范娟荣	
责任校对	冯英爽	
责任印制	王　超	

出　　版	中国社会科学出版社	
社　　址	北京鼓楼西大街甲 158 号	
邮　　编	100720	
网　　址	http://www.csspw.cn	
发 行 部	010 – 84083685	
门 市 部	010 – 84029450	
经　　销	新华书店及其他书店	

印　　刷	北京君升印刷有限公司	
装　　订	廊坊市广阳区广增装订厂	
版　　次	2023 年 5 月第 1 版	
印　　次	2023 年 5 月第 1 次印刷	

开　　本	710×1000　1/16	
印　　张	34.75	
字　　数	421 千字	
定　　价	169.00 元	

凡购买中国社会科学出版社图书，如有质量问题请与本社营销中心联系调换
电话：010 – 84083683
版权所有　侵权必究

前　言

一　研究意义与主要贡献

印度是世界四大文明古国之一，它历史上曾多次遭遇外部入侵与异族统治，这些异族或来自西亚，或来自中亚。当代的印度国土面积辽阔、资源丰富、人口数量全球第二，具备成为一个世界级大国的潜质。自印度独立以来，其就是南亚地区首屈一指的大国。1992年后，印度经济发展始终保持较高的增长率，并迅速成为金砖国家的代表，也被世界公认为继中国之后的又一个全球"经济发动机"。基辛格在《大外交》一书中指出，"21世纪的国际体系中，将至少包括六个主要的力量中心，美国、欧洲、中国、日本、俄罗斯，也许还有印度"。印度国际政治学者和战略导师拉贾·莫汉在《莫迪的世界》一书中认为，"莫迪坚信印度崛起为世界强国是不可避免的，必须无所畏惧并毫不犹豫地追求这个目标"。本书中印度的概念，古代和近代部分为整个印度次大陆，包括今天的巴基斯坦、孟加拉国，在历史疆域变迁的过程中也包括阿富汗东部的部分领土。1947年印度取得民族国家独立后，印度的概念专指印度共和国。

"中东"是一个政治地理概念，它是以西方殖民主义的"欧洲中心论"为背景，产生于20世纪初。中东素有"三洲五海之地"

的美誉，是亚、非、欧三大洲的结合部。因此它在当代国际关系中有着十分重要的地缘战略价值。中东是世界三大一神教——犹太教、基督教和伊斯兰教的创生地，也是诸多古代宗教或近代宗教的创生地，例如祆教、摩尼教、巴哈伊教等。20世纪以来，能源成为中东的另一个特色"代名词"。尽管随着非传统能源的出现和其他地区传统能源的勘探，中东在全球油气资源的占比有所下降，但它依然是全球能源的主要供给地，是亚太买家以及俄乌冲突后欧洲买家进口油气的首选地。国内外学术界对"中东"这一概念的地理划分有多种版本，其中较为核心的地域包括18个国家，从东部的伊朗到西部的埃及，从北部的土耳其和塞浦路斯到南端的也门。本书的"中东"专指这18个国家，北非四国、阿富汗等国涉及"大中东"的概念，不在本书的讨论范围之中。

  本书中所指的"国家"是现代意义上的民族国家。在这个意义上，印度和中东各有不同。民族国家意义上的印度诞生于1947年，即今天的印度共和国。在此之前，殖民地时代的印度分为两个阶段，前一阶段的印度由英国东印度公司（以下简称"东印度公司"）管辖，后一阶段的印度由英王直接统治。在地理疆域上，作为民族国家的印度和1947年之前的印度亦有众所周知的巨大差别。中东地域广大，国家众多，在同样经历殖民主义时代的情况下，区内民族国家的出现亦早晚不同。例如，土耳其、伊朗、埃及、沙特这些地区大国民族国家的出现是其封建王朝、王国的自然延续，时间多在第二次世界大战（简称"二战"）之前。叙利亚、黎巴嫩、约旦、以色列等国的建立是战后初期中东第一波民族国家独立大潮的产物，而以色列的情况则较为特殊。海湾区内的巴林、卡塔尔、阿联酋则是战后全球民族独立和解放运动第三阶段的早期产物，也是中东区内最后建立的民族国家。因此，本书中的印度与中东国家所指的时空范畴是以1947年印度独立为起点，而书中对双方古代和近代历史交往的回溯与梳理则选择以古代印度和西亚①为研究对象。

选择印度与中东国家关系作为研究的内容，主要有以下四个方面的考虑。首先，印度与中东（西亚）自古至今始终保持着深远、绵延不绝的交往。双方在政治、经贸、技术、宗教、人文、民族等领域的互动中均取得了丰硕的成果，古代至近代的交往堪称人类文明互鉴的典范。由于印度与中东（西亚）是近邻，两者的联系包含物质文明、精神文明和制度文明三大方面，因此文明交往的内涵和紧密程度可与古代中国、日本和朝鲜相比，比古代中国和西域更紧密。印度和中东（西亚）的相互认知是沁入血脉和心灵的，彼此从未陌生过。同时需要强调的是，印度和中东（西亚）有着相似的殖民主义经历和反殖民主义斗争经历，两者间也没有相互侵略、掠夺的历史负面资产。

其次，在经历"增量提质"的发展过程中，印度与中东国家的关系对双方以及对中东地缘政治格局而言，正变得越来越重要。20世纪大部分时间里，印度与中东国家的关系较为平淡，双边关系的发展水平和历程差异较大，总体来看是一个从政治关系到"政治＋经济"关系再扩展到其他领域的积累过程。得益于20世纪90年代后印度经济持续的高增长，更得益于2014年莫迪总理上台后的"周边外交"政策，印度与中东关系成为印度外交的重要内容之一。九年多来，印度与中东主要国家的关系取得突破性进展，不仅引起国际社会的广泛关注，也使印度在中东的地位和影响力得到显著提升。相应地，地区主要国家也开始重视印度，将

---

① 跨时间整体描述均用"中东（西亚）"，仅指古代/近代的用"西亚"，20世纪以后的都用"中东"。

其视为未来的"潜力股"与"新玩家",发展与印度的关系是地区国家必要的、长期的政治投资和安全投资。

再次,对中国而言,印度和中东国家都具有重要的意义。一是新一轮的秩序之变是观察印度和中东国家关系的重要背景。当前,经济全球化、政治多极化、社会信息化、威胁多元化、文化多样化"五化"前所未有地并存于世界;与此同时,新兴力量群体性崛起、西方世界整体性低迷、非国家行为体"呼风唤雨"、全球性问题(传染病、粮食安全等)集中爆发,这些都不断冲击西方主导的既有国际体系。全球和各地区的地缘政治格局都在加速调整与重组,机遇和挑战、合作与摩擦此起彼伏。二是印度和中东都对中国有着重要的意义。它们分属于中国的"周边外交"和"大周边外交",都是"一带一路"倡议落实的重要节点。近年来,中印双方竞合关系中竞争性比重日益提升。中东是中国重要的能源供给地和商品市场,还涉及反恐等安全问题。与此同时,中国和印度在中东区内的关系日益复杂。两国同属发展中国家,在能源、经贸、投资等议题上具有较强的竞争性,但也有一定的合作空间与需求。中国与中东国家关系和印度与中东国家关系不能简单地归纳为敌友或合作与对抗,需要在不同领域、不同行业、不同层次上明辨共性和差异性,以便更好地规划和引导中印两国在中东的竞争与合作,并从侧面策应中印关系的调整和改善。三是应对美国因素保持高度警惕。美国遏制、围堵、打压中国的战略经历奥巴马、特朗普和拜登三任总统的摸索和调整,现已得到美国国内政治精英的普遍认同,并上升到"政治正确"的高度。关注亚太和遏制中国的各项政策全面铺开,美国设计印太战略、美日印澳"四边机制""全球民主峰会""跨太平洋战略经济伙伴协定"等,全面围堵中国。与此同时,美国有意减少在中东的投入和消耗，在中东筹办美以印阿"小四边"机制，并有意将印度作为中东区内对冲中国的"潜力股"。印度也有意"借美抑华"，以"西联"（Link West）政策和"东向行动"（Act East）政策对接美国"印太战略"和"亚太战略"，扩展在全球和中东的影响力。美印在中东可谓"一拍即合"。美国认可、扶植与推动印度与中东国家发展关系，是其在中东抵消和遏制中国影响力的"明棋"，需要引起重视并审慎对待。

最后，本书的研究有助于推动南亚与中东跨区域研究。近年来，中国的区域国别研究悄然兴起，前景广阔，是继续深入改革开放和实现中华民族伟大复兴的客观需要。印度与中东分属南亚和西亚北非两大区域，国内南亚研究和中东研究均较少关注这两个地理邻居之间的关系，因此探讨印度与中东国家关系是跨地区研究的重要组成部分，有利于填补国内相关研究的空白。

本书研究的成果主要表现在：第一，梳理印度与中东文明交往的历史。书中探讨了古代、伊斯兰时期和殖民主义时期两者交往的内容、方式、成果与其对后世的影响，认为双方从古至今的文明交往是人类文明交往互鉴的典范。第二，回顾冷战期间印度与中东的关系，提出一些个人观点和判断。例如，印度实行"亲阿远以"政策、为推动不结盟运动而重点发展与埃及、叙利亚等阿拉伯国家关系等。第三，对冷战至当下的印度与中东国家关系做出分期。书中提出可将1947年后印度与中东国家关系分为三个阶段，分别是积累期、转型期和成熟期。积累期完成从以"政治为主、经济为辅"到"政治+经济"的"双柱"格局转变；转型期则是实现军事和安全关系的发展，虽然强弱不同，但还是形成了"政治+经济+军事+安全"的"四角齐全"格局；成熟期则是从印度外交政策的角度出发，中东首次以一个整体的形式，成为

"周边外交"的重要内容和独立单元。第四，外部因素的制约是印度与伊朗关系发展不畅的主要原因。冷战以后，印度和伊朗始终非常重视双边关系，认可对方的战略意义与价值，历史上也有过数次改善关系的尝试。但受制于印巴关系、两极格局、美伊关系和伊核危机等因素，印伊关系屡屡受挫，从某种程度上讲，当前的印伊关系是美伊关系和印美关系的"牺牲品"。第五，印度与以色列和犹太人的关系较为复杂。印度民众和政治精英多数对犹太人持同情态度。迫于需要，印度不得不在冷战期间采取"亲阿远以"政策，不得不与以色列维持"承认但不建交"的奇特关系，反映出印度对以政策的两难立场与想要亲近以色列的基本动机。由于印度和以色列都被伊斯兰国家包围，都有国内穆斯林和宗教冲突问题，因此两国有着远比中东他国更为强烈的交往和亲善愿望，这也是印以军事安全合作远比其他国家更为深入、紧密的潜在动因。

二 国内外研究现状

（一）国外研究现状

古代和近代印度与中东（西亚）关系研究主要分布在三个领域。第一个领域是通史研究。论述分布在印度通史、波斯通史、伊斯兰文化史等专著中，零散记述印度和中东（西亚）的经贸、政治关系以及在语言、文学、诗歌、建筑、绘画等方面的互学互鉴。例如：D. P. 辛加尔的《印度与世界文明》、斯坦利·沃尔波特的《细数恒河沙：印度通史》、菲利浦希提的《阿拉伯通史》、艾哈迈德·爱敏的《阿拉伯—伊斯兰文化史》、纳林德尔·沃赫拉（Narinder Nath Vohra）编著的《印度和西亚的历史、文化和社会》（*History, Culture, and Society in India and West Asia*）、吉瑞达瑞·达斯（Giridhari Prasad Das）的《古代印度与西亚贸易：公元前6世纪到公元3世纪》（India-West Asia Trade in Ancient Times: 6th Century B. C. to 3rd Century A. D.）、普拉卡什·普拉萨德（Prakash Charan Prasad）的《古代印度的外贸与商业》（Foreign Trade and Commerce in Ancient India）、莫蒂·钱德拉（Moti Chandra）的《古代印度的贸易和贸易路线》（Trade and Trade Routes in Ancient India）、阿诺德·黑伦（Arnold Hermann Ludwig Heeren）的《西亚和印度的古代史》（Ancient History of West Asia and India）等。

第二个领域是区域国别史，如莫卧儿帝国研究、萨法维王朝和恺加王朝研究、19世纪海湾史研究等。论述涉及莫卧儿帝国时期的印度和波斯诸王国、阿曼、阿拉伯半岛北岸诸酋长国关系，也包含文化、艺术、宗教领域的文明交流。例如：约翰·理查兹的《新编剑桥印度史·莫卧儿帝国》、米尔·阿里（Mir Hussein Ali）和汗·基尔曼尼（Khan Kirmani）的《提普苏丹统治史》（The History of the Reign of Tipu Sultan）、威廉·福劳（Willem Floor）和埃德蒙德·赫尔齐兹（Edmund Herzig）主编的《萨法维王朝时期的伊朗与世界》（Iran and the World in the Safavid Age）、米歇尔·马扎里（Michel Mazzaoui）主编的《伊朗萨法维王朝与其邻国》（Safavid Iran and Her Neighbors）、鲁道夫·马蒂（Rudolph P. Matthee）的《伊朗萨法维王朝的贸易政治：丝绸换白银（1600—1730年）》（The Politics of Trade in Safavid Iran: Silk for Silver, 1600 - 1730）、提姆·尼布洛克（Tim Niblock）主编的《阿拉伯海湾地区的社会与经济发展》（Social and Economic Development in the Arab Gulf）、丽贝卡·托斯迪克（Rebecca Torstrick）和伊丽莎白·法耶尔（Elizabeth Faier）的《海湾阿拉伯国家的文化和习俗》（Culture and Customs of the Arab Gulf States）等。

第三个领域是专题史。如西方殖民史、香料史、印度商人史等，论述包括陆/海商路：1. 阿拉伯海和波斯湾沿岸航线；2. 跨印度洋航线）的兴衰变迁、海上主导权（霸权）的争夺、印商与波斯/阿拉伯商人关系、葡萄牙/西班牙对环印度地区商贸的冲击等，也包括航海技术、印商社团的分布、穆斯林"朝圣者"的海运、印度低阶官员和士兵参与英国殖民统治等问题。例如：迈克尔·皮尔森（Michael Naylor Pearson）的《1500—1800 年的印度洋世界：经济、社会、文化史研究》(*The World of the Indian Ocean, 1500 – 1800：Studies in Economic, Social, and Cultural History*)、法赫德·比沙尔（Fahad Ahmad Bishara）的《债务的海洋：1780—1950 年西印度洋的法律和经济生活》(*A Sea of Debt：Law and Economic Life in the Western Indian Ocean, 1780 – 1950*)、阿欣·笈多（Ashin Das Gupta）的《马拉巴尔在亚洲贸易中的地位（1740—1980 年）》(*Malabar in Asian Trade, 1740 – 1800*)、约翰·凯伊（John Keay）的《香料之路：一段历史》(*The Spice Route：A History*)、基尔提·乔杜里（Kirti Narayan Chaudhuri）的《亚洲和英属东印度的贸易世界（1660—1760 年）》(*The Trading World of Asia and the English East India Company, 1660 – 1760*)、克劳德·马可维兹（Claude Markovits）的《印度商人的全球世界（1750—1947 年）》(*The Global World of Indian Merchants, 1750 – 1947*)、不列颠·布施（Briton Cooper Busch）的《英国与波斯湾（1894—1914 年）》(*Britain and the Persian Gulf, 1894 – 1914*) 等。

当代印度与中东国家关系研究也可分为三个方向。第一个方向专注于印度与中东地区国家的双边关系。主要论述 20 世纪以来印度与伊朗、伊拉克、巴林、卡塔尔等国关系发展的进程和应对重大事件的政策，内容涉及政治、经济、安全关系等。主要著作包括：苏佳塔·艾什瓦尔雅（Sujata Ashwarya）的《印度与伊朗关系：发展、问题和前景》(India-Iran Relations: Progress, Problems and Prospects)、哈利·瓦苏德瓦（Hari Vasudevan）主编的《伊拉克危机的全球政治与印度的选择》(The Global Politics of the Iraq Crisis and India's Options)、巴夏（Adnan Khalil Pasha）的《政治、经济和战略层次下的印度、巴林和卡塔尔》(India, Bahrain, and Qatar: Political, Economic, and Strategic Dimensions)、P. R. 库马拉斯瓦米（P. R. Kumaraswamy）的《印度的沙特政策：通往未来的桥梁》(India's Saudi Policy: Bridge to the Future) 等。

第二个方向专注于印度与波斯湾地区整体或海湾阿拉伯国家合作委员会（简称"海合会"）国家的关系。主要著作包括：苏德希尔·达瓦里（Sudhir T. Devare）等主编的《印度与海合会国家、伊朗、伊拉克关系：新兴的安全视角》(India and GCC Countries, Iran and Iraq: Emerging Security Perspectives)、阿德南·巴夏（Adnan Khalil Pasha）的《印度、伊朗和海合会国家：政治战略和外交政策》(India, Iran and the GCC States: Political Strategy and Foreign Policy)、阿德南·巴夏主编的《印度与海合会国家：历史、地缘政治和战略视角》(India and the GCC States: Historical, Geopolitical, and Strategic Perspectives)、因德尔·科斯拉（Inder Pal Khosla）主编的《波斯湾：印度与其关系》(Persian Gulf: India's Relations with the Region) 等。

第三个方向以共通性议题为导向，如能源、印度劳工等。具体讨论印度和海湾地区的双边或整体能源关系、劳工关系、宗教关系等。主要著作包括：韦露莎·胡波尔（Vrushal Ghoble）的《石油公司及其政策：印度在中东和非洲能源市场》(Oil Corporations and their Policies: India in Middle East and Africa Energy Market)、贾瓦德·汗（Javed Ahmad Khan）的《印度的能源安全与阿拉伯湾：接触管制的石油和天然气市场》（India's Energy Security and the Arabian Gulf: Oil and Gas Market in Decontrolled Regimes）、所罗伯·米什拉（Saurabh Mishra）的《朝圣、政治与瘟疫：1860—1920 年印度次大陆的朝圣》（Pilgrimage, Politics, and Pestilence: the Haj from the Indian Subcontinent, 1860 - 1920）、迈克尔·皮尔森（Michael Naylor Pearson）的《去麦加朝圣：印度人的经验（1500—1800 年）》（Pilgrimage to Mecca: the Indian Experience, 1500 - 1800）、库马尔·斯利瓦斯塔瓦（Shri Kumar Srivastava）的《印度的穆斯林政治》（The Muslim Politics of India）、普拉卡什·贾印（Prakash Chand Jain）等主编的《前往海湾地区的南亚移民：历史，政策与进展》（South Asian Migration to Gulf Countries: History, Policies, Development）、维贾雅·拉马斯瓦米（Vijaya Ramaswamy）主编的《中世纪和殖民地早期的印度移民》（Migrations in Medieval and Early Colonial India）、贾印（Prakash Chand Jain）主编的《西亚的印度移民读本》（Indian Diaspora in West Asia : A Reader）、伊鲁达亚·拉詹（S. Irudaya Rajan）主编的《印度移民报告》（India Migration Report）等。

　　总体来看，古代印度与中东（西亚）关系的国外研究中，相关论述多定位为印度对外交往的一部分而非各书重点，因此论述散见于各处，内容细碎，缺少论证和分析。其优点在于历史时段清晰，阶段性特征明显。另外，专题史研究中有关印度次大陆和海湾地区交往的内容较为完整，论述篇幅较大，议题集中在具体研究对象上，资料性强，参考价值高。

　　20 世纪以来，当代史的研究成果突出，内容丰富。从时间上看，进入 21 世纪后研究成果数量总体攀升，其中以尼赫鲁大学巴夏教授领导的中东研究团队为主力，产生系列成果。另外还出现由拉詹教授主编的印度移民年度报告和库马拉斯瓦米教授主编的印度与海湾关系年度报告两大系列报告，两者聚焦印度与海湾地区关系研究，具有较高的学术价值和资料价值。

（二）国内研究现状

跨地区研究不是国内中东和南亚两大区域国别研究的主要关注点，研究成果相对较为稀疏。相比较之下，现状研究的成果数量比历史研究的成果更为丰富。目前为止，国内尚无印度与中东关系的专著。

具体而言，学术论文或硕博论文数量不多，并有明显的集聚性。第一，印度中东政策和印度与海合会国家关系是国内学者研究较多的问题，付宁、钮维敢、王历荣、杜志远、刘红涛、曾向红、蓝建学、李益波等学者集中讨论印度中东外交沿革、莫迪政府"西联政策"、印度与海合会国家关系等议题。第二，双边关系研究主要集中在沙特、伊朗、以色列三个国家，其他中东国家的论文非常稀少。例如，印以关系研究涉及建交问题、军事合作、战略伙伴关系等议题；印沙关系研究主要关注两国关系发展历程与能源合作问题。第三，国内少量学者关注印度犹太人和帕西人的研究，成果数量较为有限。

三 框架内容

本书主要分为两大部分。第一部分以时间为纵轴，分时间段梳理印度与中东（古代为西亚）的关系。具体分为三章，古代至近代文明交往为第一章，1947年印度独立到冷战结束为第二章，20世纪90年代至当前印度政府为第三章。第二部分以国家为横轴，依据印度与中东国家关系紧密程度和重要性，选取海合会六国、伊朗、以色列作为双边关系研究的案例，其中由于海合会涉及六个国家，写作体量较大，故而分割为两章。考虑到印度与中东（西亚）山水相连，文明交往绵延不断，因此首章重点厘清20世纪之前的交往历史，同时在国别章节中也对古代国家间的经贸人文等交往进行更为深入的总结和评述。

  本书的写作框架有两点需要说明。一方面，第二章、第三章和后面双边关系章节的写作体例略有不同。2000年以后的印度与中东关系和国别双边关系中多以领域为切入点，具体分析政治、经济、军事、安全合作的成果、动因、阶段性特点、阻碍因素和重大事件等。而1947—2000年的写作以不同时期印度对中东的主要政策或双方关系中的核心议题为切入点。这样安排主要是因为冷战的大部分时间里印度以政治的、实用的视角看待与中东的关系。相应地，经济关系、军事关系乃至文化关系都较为薄弱，没有规模也不成体系。另一方面，未探讨印度与土耳其、埃及等地区大国的关系。20世纪以来，传统意义上的中东大国有埃及、伊朗和土耳其三个，以色列和沙特都可以算作半个地区大国。进入21世纪后，地区大国的序列出现实力和地位的升降调整。埃及不再是"阿拉伯世界"当之无愧的"领头羊"，沙特和阿联酋的地位和影响力显著上升。受不结盟运动、尼赫鲁与纳赛尔的友谊、印度和苏联的"准盟友"关系、世俗主义取向等因素影响，印度与埃及保持友好和紧密合作关系，但又非常单一地限于政治关系。20世纪80年代以来，印埃之间不仅政治关系的"热度"消失，经济、军事、文化等方面的合作更是乏善可陈。土耳其虽是不可忽视的地区大国，但印度和它的关系始终较为冷淡，摩擦与争执屡见不鲜。土耳其对巴基斯坦的支持、土耳其在穆斯林问题上对印度的责难、两国规模有限的经贸关系都严重限制了两国关系的发展。

第一章论述独立前的印度与中东（西亚）关系。首先，厘清两者的地理概念和时空概念，其中既包括环境、气候、物产，也包括地理疆域的变化。例如，中东的概念产生于20世纪初，古代则指西亚（包括埃及）；当代印度相比于古代印度，地理上缺失了巴基斯坦和孟加拉国。其次，分阶段阐述古代、伊斯兰时期、殖民主义时期双方的关系。伊斯兰教的兴起和殖民主义扩张与统治是中东（西亚）与印度共有的历史经历。前者表现为从军事攻伐到物质文明、精神文明和制度文明的多维度融合与互鉴，后者则表现为双方对殖民主义力量的"先抗争、后屈从"。双方关系始终以经贸为基础，还包括宗教、民族、语言、人文、物产、技术等。政治关系的出现相对较晚，且时断时续，但制度文明互鉴的成果在孔雀王朝后的不同时期都有所体现。印度独立前与中东（西亚）关系是人类古代文明交往的典范。

第二章论述1947—1990年的印度与中东关系。这段时间双方关系基本保持稳定。印度积极与中东国家建交并发展双边关系，在不结盟运动的旗帜下团结中东国家尤其是阿拉伯国家，坚定的落实"亲阿远以"政策，积极调解历次中东战争和地区冲突。总体来看，这一时期双方关系始终处于印度对外关系的"边缘位置"，受交往内涵不足和重要性较低的限制，印度与中东国家关系更多地表现为议题形式。20世纪70年代后经济因素的重要性有显著提升，主要表现在能源供给、外劳与侨汇方面。总的来说，这半个世纪里印度与中东关系处于积累期，其变化在于从以"政治为主，经济为辅"转向"政治＋经济"的"双柱"并存格局。

第三章论述20世纪90年代至莫迪政府时期的印度与中东关系。这30多年是印度与中东关系积累期、转型期、成熟期三期共存的阶段，分别是20世纪90年代、2000—2014年、2014年莫迪政府后。印度与中东关系完成了从"政治＋经济"的"双柱"格局向"政治＋经济＋军事＋安全"全面关系的提升，完成了以议题、政治、经济等单一视角处理关系向把中东作为一个整体和"外交大舞台"的转变，完成将中东视为"经济内陆"到视为"周边外交"重要组成部分的认知和战略上的升级。但是，政治、经济等四个维度具体到双边关系上表现得各有强弱、各有特色，不能一概而论。

第四章、第五章论述印度与海合会国家关系。海合会国家共有六个海湾阿拉伯国家，皆是君主制国家，其中三个国家是1971年建国。因此，相比于古代长期不断的经贸往来、商团驻扎、语言文化民族的相互渗透，当代印度与阿拉伯半岛上各国关系的发展是在1973年石油危机后，主要表现为1973年后能源关系的发展、20世纪80年代后劳工关系的发展、20世纪90年代后经贸关系的发展与冷战结束后双方政治关系的相互调适以及莫迪政府时期双方"伙伴关系"的建立。一方面，印度与海合会国家的关系各有特色；另一方面，印度与六国的关系是其与中东国家关系的"重中之重"。21世纪以来尤其是2014年后的印度与中东关系有较为明显的"东重西轻"的特点，这主要取决于印度与海合会国家关系的体量、价值和前景。

第六章论述印度与伊朗关系。从某种程度上讲，印度与伊朗关系是印度与中东关系中最为紧密的双边关系。两者"一衣带水"，伊朗是印度的"族源"和"教源"。"族源"在于两者是雅利安人迁徙后定居形成的国家与文明。"教源"是婆罗门教、印度教与祆教（即琐罗亚斯德教）同是雅利安人的宗教，高度相似。伊斯兰教发源于阿拉伯半岛，但该教教派之一什叶派很大一部分是陆路经由伊朗传入印度的。当代的印伊关系受到地区格局、大国关系、两教矛盾等因素的影响，政治关系和经济关系屡屡受挫。进入21世纪后，印伊关系几乎成为美伊关系和印美关系的"牺牲品"。此外，该章还专门论述帕西人的存在，他们是印度与伊朗以及祆教进行文明交往的"活化石"。

第七章论述印度与以色列的关系。具体来说，该章分述了印度与犹太人的关系、印度与以色列的关系、印度犹太人三方面内容。犹太人是西亚历史上主要的经商民族，在印度的经商使其成为第三次"大流散"后犹太人避祸东方的首选地，由此产生了印度犹太人这一特殊的少数民族。印度人民和当代印度政府一直对犹太人持友好、同情态度。这是东方民族对犹太人友善的又一例证，与西方世界1000多年的迫害歧视形成鲜明的对比。冷战期间的印度与以色列关系受制于不结盟运动、阿以关系、能源供给等诸多因素，出现近半个世纪的"承认但不建交"局面。以色列对印度政策总体上采取谅解和接受的立场，并坚持不懈地做印度精英阶层的工作。20世纪90年代后，印以关系快速发展，成果突出，其中军事安全领域合作最为深入，远超其他中东国家。未来印度与以色列关系发展的前景将非常广阔。

目　　录

第一章　印度独立前与中东（西亚）的文明交流 …………（1）
　第一节　古代印度和中东（西亚）的地理与文明 …………（1）
　　一　古代印度的地理范围和特征……………………………（2）
　　二　古代印度的文化与文明…………………………………（5）
　　三　中东（西亚）的地理与文明……………………………（12）
　第二节　古代印度与中东（西亚）的文明交往 ……………（16）
　　一　印度河流域文明时期印度与中东（西亚）的
　　　　文明交往 …………………………………………………（16）
　　二　吠陀时代印度与中东（西亚）的文明交往 …………（23）
　　三　公元前6世纪到公元8世纪的印度与西亚
　　　　文明交往 …………………………………………………（31）
　第三节　伊斯兰教传入和殖民地时代的印度与
　　　　　中东（西亚）关系 ……………………………………（39）
　　一　伊斯兰教传入后印度与中东（西亚）的交往 ………（40）
　　二　殖民主义时代印度与中东（西亚）的关系 …………（55）

第二章　印度与中东国家关系（1947—1990年） …………（71）
　第一节　尼赫鲁总理时期的印度与中东国家关系
　　　　　（1947—1966年） ……………………………………（72）

一　印度"亲阿远以"和支持民族独立解放运动的
　　　　政策 …………………………………………………（73）
　　二　重点发展与埃及的关系，推动不结盟运动发展 ……（78）
　　三　全面发展与中东国家友好关系 ……………………（85）
第二节　英·甘地和人民党统治时期的印度与中东国家
　　　　关系 …………………………………………………（89）
　　一　印度与第三次、第四次中东战争 …………………（90）
　　二　宗教差异和第三次印巴战争视角下的印度与
　　　　中东国家关系 ………………………………………（94）
　　三　印度与中东国家的经贸关系………………………（100）
　　四　人民党时期印度与中东国家关系 …………………（104）
第三节　20世纪80年代的印度与中东国家关系…………（107）
　　一　阿富汗战争与印度的中东政策……………………（107）
　　二　两伊战争与印度的中东政策………………………（110）
　　三　20世纪80年代印度的"亲阿远以"政策 …………（114）
　　四　20世纪80年代印度与中东国家的经贸往来………（117）

第三章　印度与中东国家关系（20世纪90年代至莫迪
　　　　政府时期）………………………………………（121）
第一节　20世纪90年代的印度与中东国家关系…………（122）
　　一　印度与海湾战争……………………………………（123）
　　二　平抑克什米尔问题和教派冲突的不利影响 ………（128）
　　三　20世纪90年代的印度与阿以问题 ………………（135）
　　四　印度与中东国家关系的新发展……………………（138）
第二节　印度与中东国家关系（2000—2014年）………（144）
　　一　21世纪初印度与中东国家关系发展的原因 ………（145）

目　录

　　二　印度与中东国家的政治关系（2000—
　　　　2014 年） ………………………………………（156）
　　三　印度与中东国家的经济、能源关系（2000—
　　　　2014 年） ………………………………………（162）
　　四　印度与中东国家的军事和安全关系（2000—
　　　　2014 年） ………………………………………（166）
　第三节　莫迪执政以来印度与中东国家关系 …………（169）
　　一　莫迪政府对中东国家的政策定位 ………………（170）
　　二　莫迪政府与中东国家的政治关系 ………………（173）
　　三　莫迪政府与中东国家的经济和能源关系 ………（178）
　　四　莫迪政府与中东国家的军事安全合作 …………（184）

第四章　印度与海合会国家关系概述 ………………（187）
　第一节　印度与阿拉伯半岛的历史交往 ………………（188）
　　一　古代印度与阿拉伯半岛的交往 …………………（188）
　　二　殖民地时代印度与阿拉伯半岛的交往 …………（193）
　　三　印度与阿拉伯世界的文化交往 …………………（196）
　　四　南印度的穆斯林和西亚的印度商人 ……………（199）
　第二节　印度与海合会国家关系概述 …………………（203）
　　一　20 世纪 90 年代前印度与海合会国家关系 ………（204）
　　二　20 世纪 90 年代至莫迪政府时期的印度与海合会
　　　　国家关系 ………………………………………（212）
　　三　莫迪执政以来印度与海合会国家的关系 ………（224）

第五章　印度与海合会国家的双边关系 ……………（234）
　第一节　印度与沙特关系 ………………………………（234）

  一　20世纪70年代前的印度与沙特关系……………(236)
  二　20世纪70—90年代的印度与沙特关系…………(238)
  三　21世纪印度与沙特关系的新发展 ………………(246)
 第二节　印度与阿联酋关系……………………………(259)
  一　阿联酋建国前的双边关系…………………………(260)
  二　1971年到20世纪末的印度与阿联酋关系………(264)
  三　21世纪印度与阿联酋关系的新发展 ……………(268)
 第三节　印度与阿曼、卡塔尔等国的关系 ……………(281)
  一　印度与阿曼关系……………………………………(281)
  二　印度与卡塔尔关系…………………………………(293)
  三　印度与巴林关系……………………………………(303)
  四　印度与科威特关系…………………………………(310)

第六章　印度与伊朗关系……………………………(320)

 第一节　印度独立前与波斯的关系……………………(321)
  一　印度河文明之前的印度与波斯关系 ……………(321)
  二　印度河文明时期的印度与波斯关系 ……………(324)
  三　雅利安人迁徙与定居印度 ………………………(328)
  四　吠陀时代印度和波斯的紧密关系 ………………(331)
  五　印度与波斯各王朝之间的政治经济联系 ………(335)
  六　印度与波斯各王朝之间的文明交往 ……………(344)
 第二节　印度独立后与伊朗的关系……………………(348)
  一　冷战期间的印度与伊朗关系 ……………………(348)
  二　冷战后的印度与伊朗关系 ………………………(366)
  三　伊核问题影响下的印度与伊朗关系 ……………(391)
 第三节　帕西人：印度伊朗交往的见证人 ……………(404)

一　帕西人的形成与发展 ················ (404)
　　二　19世纪和20世纪帕西人的宗教改革 ········ (415)
　　三　帕西人与波斯琐罗亚斯德教徒的互动 ········ (421)

第七章　印度与以色列关系 ················ (425)
　第一节　印度独立前与犹太人的关系 ············ (426)
　　一　古代的印犹关系 ················· (426)
　　二　1948年前印度与犹太人的关系 ·········· (432)
　第二节　印度独立后与以色列的关系 ············ (446)
　　一　印度—以色列"承认但不建交"格局的形成
　　　　（1948—1956年） ················ (446)
　　二　"在曲折中前行"的印以关系（1956—
　　　　1992年） ···················· (456)
　　三　日渐升温的印以关系（20世纪90年代至今） ···· (465)
　第三节　印度犹太人与其回归 ··············· (487)
　　一　三大印度犹太人群体 ··············· (488)
　　二　印度犹太人归国 ················· (504)

参考文献 ························ (520)

后　记 ························· (530)

第一章 印度独立前与中东（西亚）的文明交流

印度与西亚的经济交往最早可以追溯到公元前（B.C.）3000年的青铜时代，但因资料有限，两地经济交往呈现出较为清晰的图景是在公元前6世纪。从那时开始，印度与西亚的联系一直未曾中断。印度与西亚的联系不仅包括经贸联系，还包括社会、政治、文化的交往和相互借鉴，是西亚与南亚的文明交往。按照学者方豪的观点，文明的交通包括以下内容，如"民族之迁徙与移殖；血统、语言、习俗之混合；宗教之传布；深化、寓言之流传；文字之借用；科学之交流；艺术之影响；著述之翻译；商货之交易；生物之移殖；海陆空之特殊旅行；和平之维系（使节之往还、条约之缔结等）。"[①]印度与西亚的交往正是这种复杂性的充分体现，甚至印度文明传承至今最大的两次嬗变——雅利安人"入主"印度和伊斯兰教传入，都是与西亚交往的内容和结果。

第一节 古代印度和中东（西亚）的地理与文明

古代印度是大河农耕文明的发祥地之一，也是人类古代文明最

---

① 方豪：《中西交通史》，上海世纪出版集团2008年版，第2页。

繁盛的地区之一。西亚尤其是两河流域与伊朗高原，同样也是古代文明的发祥地，甚至相较于印度更为古老，在某种程度上说更为繁盛。古代印度与西亚有着各自的文明发展脉络和特色，同为亚洲的一部分，地理相邻客观上为双方的全面交往打开"方便之门"。

一 古代印度的地理范围和特征

"任何一个国家的地形地貌、自然环境对于它的历史发展都有着决定性的作用，印度也不例外。"[1] 印度地处亚洲南部最大的一个半岛上，印度半岛东临孟加拉湾，西毗阿拉伯海，南部突出部分像虎牙一般深嵌入印度洋。人们通常也将印度半岛称为南亚次大陆。它包括西部的兴都库什山脉与俾路支山脉，北部的喜马拉雅山脉，东部的缅甸山脉和南部印度洋之间广袤的区域，整个南亚次大陆南北和东西都绵延约2000千米，地理面积415万平方千米，因此在这里可以看到全球范围内从寒带到热带各种各样气候与丰富多彩的地形地貌。

从地形上看，印度通常被分为四大区域。第一大区域是北部的山脉地区，也叫高山区。北部高山呈东西走向，自东向西分别是喜马拉雅山脉、喀什昆仑山脉、兴都库什山脉和俾路支山脉。这些山脉和南面的斜坡形成天然的屏障，但由于海拔高、资源有限，这一地区长期人迹罕至。

第二大区域是北部平原区，它位于高山区之下，包括印度河流域和恒河流域的两大平原。印度河与恒河都发源于喜马拉雅山脉的西段，印度河是东北至西南走向，最后流入阿拉伯海；恒河

---

[1] [印] K. M. 潘尼迦：《印度简史》，简宁译，新世界出版社2016年版，第1页。

是西北至东南走向，最后汇入孟加拉湾。塔尔沙漠将印度河与恒河平原分割开来。另外，雅鲁藏布江的印度部分布拉马普特拉河也在恒河三角洲附近与恒河交汇，注入孟加拉湾。北部平原区由于两条大河的滋润，土地肥沃、交通便利、物产丰富。这里一直是古代印度历史的主要舞台，也是印度文明最为繁盛的地方。

第三大区域是南印度的高原区。中部印度的文底耶山（即温迪亚山脉）与讷尔默达河是南北印度的分割线，其南侧就是德干高原。高原气候干燥、降雨稀少且集中，雨季河流泛滥，旱季则河道干枯，因此灌溉农业和河流运输都不发达。德干高原呈西北至东南方向地势递减，它的东西两侧分别是西高止山脉和东高止山脉，西高止山脉平均海拔1000米，东高止山脉平均海拔只有700米。古代南北印度的地理分割导致文明交往的不便，这里不仅是雅利安人南迁前印度原住民后裔生存的地方，也是印度教和伊斯兰教较晚进入的区域。它长期处于北印度邦国统治，或者处于统一大帝国的松散控制下，因此德干高原和南部区域多多少少保持自身的政治、文化和种族特征。

第四大区域是南部滨海区域，它包括东高止山脉至科罗曼德尔海岸和西高止山脉至马拉巴尔的狭长区域。这两大滨海地带位于德干高原东西两侧，属于沿岸平原，土地肥沃，港口众多。古代西海岸与西亚国家，东海岸与锡兰、缅甸、印度尼西亚诸岛的海上交往频繁，因此这里成为近代西方殖民者最早落脚建立据点的地方。由于南部滨海区域地理面积有限，有时学者也将其与中部高原区域合并，将印度分为三大地理区块。

印度次大陆坐落在北纬8°—37°。北部平原区位于北纬20°—30°，大致与中国长江流域以南地区平行。这一区域的平原、大河和每年盛行的季风特征使当地比长江流域以南更为炎热、潮湿。每年6—9月，西南信风带着湿热的空气向北移动，被高巍的喜马拉雅山脉以及兴都库什山脉、俾路支山脉阻断拦截，在山脉南坡向下形成长达数月的降雨。印度每年85%的降水量集中在这三个月。即便是在干燥的德干高原上，古代也依据地势修筑了大量人工蓄水池，以满足农业生产和日常生活的需要。

印度次大陆的季节划分一般有两种，一种是"两分法"，即旱季和雨季。雨季是每年6—9月，旱季是10月至翌年5月。另一种是"三分法"，即暑季、雨季和凉季。暑季是3—5月，气候炎热；雨季是6—9月；凉季是10月至翌年2月。雨季和凉季的温度宜人，气温最低可以降至10℃；暑季则酷热高温，温度平均都在30℃以上。近些年受全球变暖的影响，气温达到40℃以上的时间也越来越多。因此，印度自古就有"坐夏"一说，也就是在夏季中减少外出，多在家中或者树下庇荫纳凉。

印度洋是世界第三大洋，位于亚洲、大洋洲、非洲和南极洲之间。它的面积为7056万平方千米，约占世界海洋总面积的19.5%。印度洋是半封闭海洋，东部是东南亚诸岛和澳大利亚，西部是非洲大陆，北部是南亚次大陆和阿拉伯半岛，南部是开放性水域，向南延伸到南极洲。印度洋以印度命名，它的海底地理面貌错综复杂，我们简单将其分为北印度洋和南印度洋两部分。其中由于印度次大陆深入其中，因此将北印度洋分为两个盆地——阿拉伯海和孟加拉湾。这也使印度自古在印度洋上的东西贸易中占据得天独厚的地理优势。世界十大海峡中有三大海峡——霍尔木兹海峡、曼德海峡和马六甲海峡扼守在北印度洋的周边。因此，印度洋自古至今都是自东亚起，经东南亚、南亚、西亚，到地中海、非洲东海岸海路交通的枢纽地区。

在讲述古代印度的地理空间时，我们应该清楚地认识到古代印度的地理范围与当代作为民族国家的印度是完全不同的，前者的范围远远大于后者。古代印度的地理范围包括今天的印度、巴基斯坦、孟加拉国和阿富汗的东部以及克什米尔地区。著名的印度河流域大部分在巴基斯坦境内，而恒河的入海口——恒河三角洲基本在孟加拉国境内，印度西北部著名的缺口，如兴都库什山脉的开伯尔山口则在阿富汗境内。古代印度繁盛又绵延不绝的文明正是在如此广大的天地中孕育和发展的。

在讨论古代印度和它的对外交往时，我们采用的视角也应该比民族国家视角下的印度更为宏大，其地理界定在北方应该包括印度河与恒河流域，因此西北方向的边界为兴都库什山脉以南，俾路支和苏莱曼山脉以东。从这个角度来看，地理范围的界定和王朝的涵盖上也必然有所区别。例如，贵霜帝国被视为古代印度的一部分加以考察。贵霜帝国是中国古籍中的大月氏西迁过程中建立的帝国，疆域范围在印度河流域、恒河上游，并在中亚一直扩展到花剌子模和咸海南岸。它的统治中心在印度河流域。因此，尽管它是外来民族建立的王朝，本书依旧将其视为古代印度疆域和文明的一部分。同时，由于大月氏是从中亚地区南下进入印度的，因此本书不将贵霜帝国作为古代印度与西亚交流的产物。20世纪后，印度摆脱英国殖民统治，建立独立的民族国家，并经历印巴分治。因此，对独立后印度与中东关系的研究以民族国家的领土为界，不再涉及巴基斯坦和孟加拉国。

二　古代印度的文化与文明

印度这一名称来自印度河，印度河在梵文中叫 Sindhu。波斯人入侵印度河流域建立统治后，由于古代波斯语将"S"发成"H"，因此波斯帝国称这一新的行省为Hindhush，意指印度河流域及其以东的土地。亚历山大大帝东征后，希腊人沿用波斯人的称呼，将其称为印度，这一称谓一直为西方人沿用，直到英国殖民统治者占领印度，也将其称为英属印度。

中国最早了解与接触印度是公元前2世纪时汉朝张骞出使西域。《史记》和《汉书》中都称其为身毒，例如，《史记·西南夷列传》中"使（张骞）问所从来，曰：'从东南身毒国，可数千里，得蜀贾人市。'"①《后汉书》《三国志》《宋书》等书中又称其为天竺、贤豆等。到唐朝玄奘和尚在游历印度时也发现称谓上的差别。如《大唐西域记》中所载："详夫天竺之称，异议纠纷，旧云身毒，或曰贤豆，今从正音，宜云印度。"② 从唐朝开始，中国开始普遍接受印度这一称谓。

目前，古代印度最早的人类活动遗迹可以追溯到40万年至20万年以前。人类学家称最早的印度本地人种为原澳型人，生活在旧石器时代晚期到新时期时代，他们身材矮小，头发卷曲，皮肤黑，鼻子偏平，嘴唇宽厚。一般认为当前生活在斯里兰卡的韦陀人就是当时原澳型人种的后裔。到新石器时代晚期，印度大陆出现的主要人种为达罗毗荼人，他们是金石并用时代北部印度平原上的主要居民，印度河文明就是以他们为主体创造的，后在雅利安人南迁进入印度的过程中部分与雅利安人同化，部分南迁到德干高原和斯里兰卡等地。达罗毗荼人比原澳型人高一些，皮肤浅黑，圆颅钩鼻。"达罗毗荼语一直是南印度占统治地位的语系，它是一种独特的交流方式，与印欧语、北印度的印度—雅利安语

---

① 司马迁：《史记》卷116《西南夷列传》，中华书局1982年版，第2293页。
② 玄奘、辩机：《大唐西域记》卷2，中华书局1985年版，第1页。

迥异。"① 作为一种古老的语种，达罗毗荼语系被列为世界九大语系之一。

大约公元前2500年开始，印度河流域进入金石并用时代，创造了著名的印度河流域文明——哈拉帕文化。"它是世界上最古老的文明之一，时间上稍晚于古埃及文明、两河流域文明，早于华夏文明。"② 哈拉帕文化以旁遮普省蒙哥马利县拉维河的哈拉帕遗址与信德省拉尔卡纳县摩亨佐—达罗遗址最为出名（这两地均在今巴基斯坦境内）。哈拉帕文化的时间大约为公元前2500—公元前1500年。该文化的地理范围西起俾路支斯坦海滨，东到恒河流域的朱木拿河，南边延伸至中印度的讷尔默达河河口，北边达到喜马拉雅山山南的鲁帕尔，覆盖范围近130万平方千米，超过两河流域和古埃及文明的区域面积。哈拉帕文化以农业生产为主，可以使用青铜工具，种植小麦、大麦、芝麻、枣，使用陶器并圈养各种牲畜，包括驯养大象。

从公元前1500年至公元前6世纪，这一时期是雅利安人入侵和入主北印度的吠陀时代。大约在公元前2000年，游牧在里海和黑海之间地区的部落开始大规模南迁。目前，学者不将雅利安人视为单一民族，而是历史上不同时期不同地域中大小部落相互融合的产物，他们的共同点是都使用印欧语系。雅利安人南迁中的一支于公元前2000年进入伊朗并成为当地的主体民族，在不断向东迁徙过程中一部分人于公元前1500年左右陆续穿越兴都库什山脉进入印度河流域。这部分人逐渐形成自己的语言，即吠陀语，他们也被称为印度雅利安人，其后裔就是今天印度人的主体。

---

① ［美］斯坦利·沃尔波特：《细数恒河沙：印度通史》（上），李建欣等译，中国出版集团2019年版，第5页。

② 林承节：《印度史》，人民出版社2014年版，第9页。

"公元前6世纪到公元前5世纪，北印度开始了从小邦林立到统一的政治国家的进程。"[①] 这一时期出现著名的十六国，即鸯伽、摩揭陀、末罗、车底、俱卢、婆蹉、阿湿波等，范围从阿富汗的喀布尔河延续到恒河入海口的北端。相对而言，这十六个国家地域面积大、军事实力强横，因而是参与地区争夺的主要国家。到公元前6世纪下半叶，北印度形成四国争霸的局面，这主要是阿槃底、跋沙、摩揭陀和憍萨罗。最后摩揭陀王国征战16年，统一恒河流域。与此同时，波斯在公元前6世纪末期入侵印度河流域，将西北印度建成波斯帝国的最后一个行省，并统治近200年。这一时期，整个北印度都以农业为主要生产方式，铁器的大量使用，灌溉系统的修建使得农业生产大幅提高，以此为基础的养殖业、手工业都快速发展起来，以印度河与恒河诸河流为基础的水路交通也发展迅猛。在军事上，骑兵和象兵都成为印度最主要的作战力量。王权在数百年的时间里得到加强，为此国王在加冕后举办规模宏大的祭祀活动，其中最出名的就是"马祭"，即选定马匹让其自由驰骋，所到之地全部归国王所有。

自孔雀王朝（公元前324—公元前185年）开始，印度进入王朝更替时期，直到莫卧儿帝国（1526—1857年）灭亡为止。其间在印度建立过的大王朝包括贵霜王朝（55—425年）、笈多王朝（320—540年）、德里苏丹国（1206—1526年）。每个王朝统治的区域都不相同，其中只有孔雀王朝和莫卧儿帝国基本统一印度全境；贵霜王朝的疆域大致包括印度河流域与恒河流域西部，另外还有今天的阿富汗以及中亚乌兹别克斯坦、塔吉克斯坦和土库曼斯坦的部分地区；笈多王朝鼎盛时期的疆土范围包括北印度和印

[①] 林太：《印度通史》，上海社会科学院出版社2012年版，第25页。

度东部沿海平原；德里苏丹王朝则只是短暂统一过北印度。从政治上看，印度古代多数时期的状态是大小邦国林立。即便在孔雀王朝和莫卧儿帝国时期，中央和地方关系、王朝对南印度的统治等也是迟滞、松散和有限的。从经济上看，北印度两大流域之间，南北印度之间的陆路、水路和沿海贸易通畅，各种农产品、手工业产品、人员、信息的交流往来频繁。从文化上看，古代印度先后经历佛教的兴盛和衰弱、印度教的再生和扩张、伊斯兰教的传入和本土化，还有南印度对吠陀教、佛教、基督教、印度教和伊斯兰教的逐渐接受以及种姓制度在当地的"落地生根"等，建筑、艺术、音乐、舞蹈、历法、医学等诸多方面不仅南北印度相互借鉴和相互渗透，印度与外邦的交流也相映生辉。应该看到，古代印度的历史从来都不是一个整体，南北印度的相对割裂与绝大多数时间政治上邦国林立局面是显而易见的常态，但从公元前15世纪以后，尤其是公元前6世纪之后，古代印度各地在经济上、宗教上、文化上的联系却是广泛而深入的。

从1498年达·伽马远航到达印度开始，印度的近代历史拉开帷幕。西方人在印度的殖民扩张与统治大致可分为三个阶段：殖民争夺时期（葡萄牙人与英荷斗争、英荷斗争、英法斗争时期），英国百年殖民扩张时期和英印统治时期。西方殖民者首先打击和夺取原本由印度人、阿拉伯人和波斯人控制的海上贸易权和航路控制权，包括从东亚经过东南亚和印度洋，再到波斯湾与红海的区域；其次开始向内陆进行经济渗透，控制印度东西海岸以及恒河、印度河流域利润丰厚的农产品和手工业产品的种植与生产；最后则发动战争，征服印度全境并废黜莫卧儿末代皇帝，使印度最终成为英国"日不落"殖民帝国桂冠上最闪耀的"钻石"。

古代印度历史的一大特点是传世的文字记录非常稀少和单

薄，给历史研究和重构古代印度不同时期图景造成巨大的困难。即便到孔雀王朝时期，留存下来的文字记录也主要依靠《政事论》《印度记》等少数文本。而法显与玄奘西行之后写作的《法显传》和《大唐西域记》几乎成为复制古代印度政治、经济、社会、风俗最宝贵的材料。另外还有北魏僧人宋云、惠生出使西域后留下的《宋云行纪》，稍晚于玄奘的僧人义净所著的《大唐西域求法高僧传》等。因此，也有历史学家称："严格来说，印度是一个完全没有历史的国家，印度史实全部消逝于无穷无尽的黑暗中……公元前500年的印度历史可以说是一片空白，根本无从考证。"①

  对印度次大陆古代文明，尤其是孔雀王朝之前历史的研究主要依靠两种资料。一种就是利用考古和各种现代技术手段，通过出土的遗址和文物来了解和认知古代印度。另一种则是通过少数几类传世至今的文献资料。其中，第一类是印度和西亚乃至希腊学者留存的游记。例如希腊人麦加斯梯尼（Megasthenes）所著的《印度记》（*Indika*）、印度婆罗门考底利耶（Kautilya）所著的《政事论》（*Arthasastra*），还有许多论述散见于希罗多德的专著中。麦加斯梯尼是塞琉古王朝派驻孔雀王朝都城华氏城的大使，曾在印度旅居五年，游历印度很多地方。考底利耶则是孔雀王朝国父旃陀罗笈多的老师和军师，《政事论》是有关古代印度政治体制的专著。第二类资料是石刻。孔雀王朝时期有着大量碑谕、岩谕、柱谕等，这是将皇帝的诏令和功绩雕刻在各种形式的载体上。至今发现的各种石制谕令有30多处，遍及印度尤其是北印度各地，上面保留可辨认的铭文达到5000字。还有一种资料是宗教典籍，

---

① ［日］常磐大定：《印度文明史》，陈景升译，中国出版集团公司、华文出版社2019年版，第4—5页。

例如《吠陀经》①《梵书》②《史诗》③《本生经》④（Jakata）等。《吠陀经》《梵书》和《史诗》最早记录和描述雅利安人迁入北印度的过程和重大事件，间接地反映当时生产和生活的情况。《罗摩衍那》与《摩诃婆罗多》的华丽诗篇中描述了公元前8世纪到公元前6世纪北印度的风貌。

独立前印度与中东（西亚）地区交往，大致起于上古，止于近代。对这么长时段的印度与中东交往史进行分期，既需要考虑印度古代历史的阶段性特点，也要兼顾不同时期交往的特点。因此，笔者大致将其分为两大阶段、五小部分。第一阶段是公元前到公元8世纪，其中以公元前15世纪和公元前6世纪为分界线。公元前15世纪之前是印度本土居民塑造的哈拉帕文明的繁盛和衰落时期，公元前15世纪是雅利安人自伊朗高原入侵印度次大陆的起点。而公元前6世纪是印度自邦国走向帝国的起点，也是西北印度被波斯帝国占领和统治的起点。由此，印度进入波斯甚至希腊的视野，也成为地区甚至跨地区交往的重要成员。第二阶段是公元8世纪到1947年印度独立，它以1849年英国征服印度全境为分界线。711年，穆斯林大将卡西姆帅军劫掠印度，伊斯兰文明开始逐步向印度次大陆渗透。两大宗教在印度的碰撞本身就是印度与中东交往的核心内容。1849年后，印度与中东的关系则是在大英殖民帝国的统治下进行的。印度自古和中东（西亚）就是近邻，

---

① 《吠陀经》中最主要的是四部文献：《梨俱吠陀》《婆摩吠陀》《耶柔吠陀》和《阿闼婆吠陀》。

② 《梵书》主要是注解《吠陀经》的，每一部吠陀都有为其做注释的《梵书》。《梵书》又分为《仪规》《释义》和《极意》，其中《极意》最重要。印度哲学思想多是发源于属于《极意》的《奥义书》。

③ 印度历史上最重要的两部史诗是《摩诃婆罗多》和《罗摩衍那》。前者描述雅利安人进入北印度后的部落战争，后者描述史诗英雄罗摩救回妻子悉多和成为国王的故事。

④ 《本生经》是讲述释迦牟尼佛和其他诸佛、菩萨前世行道的故事，共收编故事547个。

文明的交流也源远流长，这些历史的积淀仍时时刻刻影响着今天印度和中东各国的关系。

三　中东（西亚）的地理与文明

本书讲述印度与中东的关系，探讨当代民族国家体系下印度与中东国家之间的各种经贸、人文、政治和军事往来。论述的重点在于20世纪，尤其是第二次世界大战后世界民族国家体系逐渐成形以来的时段。实际上在古代和近代历史中，中东这一概念并不存在，而古代印度也不是当前的印度共和国。1900年，英国人托马斯·爱德华·戈登爵士首次提出"中东"这一政治地理概念。到了"二战"期间，盟军在埃及开罗设立"中东司令部"，这一词汇才被广泛地接纳和使用。因此，在讲述古代交往的过程中，有必要对中东的概念进行单独回顾，这也是在本章标题中加入"西亚"的原因。

"中东"这个概念，既是时间概念，也是空间概念。从时间上讲，它的诞生与西方殖民者看待东方，获取对东方的话语权有着密切的联系。因此它才在全球殖民主义格局即将定型的19世纪末和20世纪初被提出。而作为空间概念，它是从西方人看待和区分东方的角度来设定的，按照爱德华·萨义德在《东方学》一书中的分析，西方人以距离自己远近的差别将"东方"分为"近东""中东"和"远东"，分别涵盖地中海东岸、西亚、东亚与东南亚。因此毫无疑问这个词汇带有"欧洲中心论"的历史基调。

中东这个概念到底涵盖哪些现代民族国家体系下的国家，这一点需要在此做出说明。一般来说，国内常见的划分方法为18国说和22国说。18国说包括的国家有阿富汗、伊朗、土耳其、以色列、塞浦路斯、伊拉克、叙利亚、黎巴嫩、约旦、巴勒斯坦、埃及、沙特阿拉伯、科威特、阿曼、阿拉伯联合酋长国（简称"阿联酋"）、卡塔尔、巴林和也门。22国说则是加上北非的阿尔及利亚、突尼斯、利比亚、摩洛哥。当然，还有一些学者提出阿富汗应归属于南亚范畴，因此有17国说。

本书中的中东概念选取的是18国说。它涵盖西亚国家和北非的埃及。考虑到埃及的部分领土——西奈半岛属于亚洲，我们通常将它视为拥有亚非两大陆属性的国家。而尼罗河流域古埃及的宫廷和文化中同样留存不少印度文明的痕迹。因此，古代印度的文明交往中也涉及北非地区。

中东地处亚非欧三大陆的十字路口，被称为"五海之地"——里海、黑海、地中海、红海、阿拉伯海，控制着达达尼尔、博斯普鲁斯、曼德与霍尔木兹四座世界闻名的海峡，另外还拥有地中海和红海的"黄金通道"——苏伊士运河。因此，中东地区的重要性在全球范围是不言而喻的。即便在古代，这一区域也是游牧、半游牧、农业、海洋等不同类型民族交流、碰撞、融合的巨大舞台，创造出人类最古老的文明。

中东的地理范围大约在东经24°至东经75°，北纬14°至北纬38°。中东地区主要包括高原（伊朗高原、安纳托利亚高原）、平原（两河流域平原、尼罗河沿岸平原和三角洲）、沙漠（阿拉伯沙漠）等，气候环境总体炎热和干燥。从整体上看，中东的气候大致可以分成以下类型区：（1）热带干旱与半干旱气候区，包括阿拉伯半岛大部、埃及南部和美索不达米亚平原南部，气温冬暖夏热，年温差不大，降水稀少。（2）亚热带干旱与半干旱气候区，包括伊朗高原和美索不达米亚平原北部，冬季温和，夏季炎热，降水稀少。（3）地中海式气候区，包括小亚细亚南部和埃及沿海、地中海东岸地区，夏季炎热少雨，冬季温和湿润，年降水量较多。

（4）温带大陆性半干旱气候区，包括安纳托利亚高原和亚美尼亚高原，冬冷夏热，降水较少。①沿海地区，如里海、黑海、地中海、波斯湾北岸的降水普遍较为充足。而中东区域内的古代文明，如古埃及文明和两河流域文明则都是以大河与灌溉农业共同孕育的。

中东的地理位置和自然条件使这里数千年来积累了复杂的人文环境。这里是犹太教、基督教和伊斯兰教的创生地，其中基督教和伊斯兰教是当今世界"三大宗教"之二。犹太教则是现存最古老的"一神教"。除此之外还有诸如祆教、摩尼教等古代宗教，它们或者已经消亡，或者偏安一隅。中东的民族成分高度复杂，当前的五大民族分别是波斯人、阿拉伯人、犹太人、库尔德人和土耳其人，还有许多小的族群如雅兹迪人、亚述人、科普特人等，许多生活在这片土地上的古代民族相互融合并消失在漫漫历史长河中，另外还有许多外来民族，如希腊、罗马以及十字军东征时期驻留在埃及到巴基斯坦广大区域内的欧洲人，他们早已融合到当地人的血脉中。

中东的自然资源分布不均。经历人类数千年的开发和气候条件的变化，这里的农业资源，尤其是可耕地面积、森林面积、草原面积都有较大幅度的下降。水资源的紧缺是许多区域内国家面临的重要挑战，由修建大坝引发的水资源跨境争夺发生在伊朗、土耳其、埃及、伊拉克、约旦等诸多国家之间。矿产资源的分布也不均匀，像土耳其和伊朗等国有着较为丰富的各种金属矿藏，而海湾国家和地中海国家的矿产资源较为匮乏。另外，中东是世界主要的石油天然气产地，但也存在分布不均的问题。依据英国石

---

① 王铁铮等：《中东史》，人民出版社2010年版，第12页。

油公司（BP）2019年《全球能源展望报告》，截至2018年年底，中东石油在1998年时约占全球石油探明储量的60%，2018年时比例约占48.4%。石油储量排名前十位的国家中，属于中东国家的有沙特、伊朗、伊拉克、科威特、阿联酋五个国家。天然气探明储量排名前十位的国家中有四个属于中东，包括伊朗、卡塔尔、沙特和阿联酋，其中伊朗和卡塔尔分别位列全球储量第二位和第三位。石油和天然气是现代工业的"血液"，具有极高的战略价值，因此中东在全球能源市场和世界经济中占有不可替代的重要地位。

中东（西亚）历史悠久，最早的两河流域文明可以追溯到公元前4000年，古埃及文明稍晚一些，前王朝时代可以追溯到公元前3300年。之后这里历经波斯帝国、亚历山大帝国、希腊化时代、倭马亚王朝和阿拔斯王朝等，直到19世纪末期欧洲殖民者在这一区域建立殖民主义统治。中东（西亚）是世界文明的摇篮，也经历过数不清的战争和创伤，它一直是不同民族、宗教、语言、习俗、技术、艺术交流和碰撞的舞台和战场。近代以来，在挣脱殖民主义枷锁、获得政治独立后，中东国家和人民始终面临探寻适合自身国家特色发展道路的困境。

中东（西亚）是古代印度的西方近邻，自然成为它与欧洲交流的必经之地。数千年来，古代商路上商品中的很大一部分最终被销往西方世界，如香料、奇珍和异兽，而西方的贵金属和少量商品则反向流动，与之相伴随的还有文化、科学等方面的相互交流。尽管古印度与希腊、罗马帝国的交往不管是陆路还是海路都需要经过西亚，但鉴于它们的"过境者"属性，本书中只是将这些内容放置在两大区域交往的次要地位。

第二节　古代印度与中东（西亚）的文明交往

"文明因交流而多彩，文明因互鉴而丰富。文明交流互鉴，是推动人类文明进步和世界和平发展的重要动力。"[①] 在古代印度与西亚文明交往的三个阶段中，出现"一大一小"两次民族迁徙和入侵，"一大"是雅利安人的入侵和定居，"一小"是亚历山大入侵。这两次入侵都为古代印度带来西亚乃至希腊文明的成就，两者都在印度历史上留下不可磨灭的印记与丰硕的成果。例如，作为雅利安人迁徙的不同分支，印度与波斯拥有了共同的"族源"和"教源"。

古代印度与西亚的文明交往内容丰富，物质文明交往以商路贸易作为主要载体，在这一时期内出现陆路贸易衰落、海路贸易抬升的重大变化，既与陆上丝绸之路的变迁进程一致，也为此后西方殖民主义者探索海上通道与霸占印度洋商贸奠定了物质基础。精神文明和制度文明主要表现在印度与波斯诸帝国、希腊化时期大小王国之间政治、制度、礼仪、语言、宗教、建筑、艺术等领域的交流，其中既有政府指导下的官方互动，也有非官方的文明互动和相互渗透。可以说，这一时期的印度历史就是在与西亚的互动中塑造而成。

一　印度河流域文明时期印度与中东（西亚）的文明交往

大约公元前2500年起，印度河流域进入金石并用时代，从而

[①] 《习近平谈"一带一路"》，中央文献出版社2018年版，第14页。

产生印度历史上第一个文明——印度河流域文明。考虑到其范围已经超出印度河流域，因此不少学者以其发现地命名它为哈拉帕文明。1921年和1922年，英国考古队先后在哈拉帕（今巴基斯坦旁遮普省蒙哥马利县拉维河左岸）和摩亨佐—达罗（今巴基斯坦信德省拉尔卡纳县印度河右岸）发现两处大型城市遗址，标志着印度河流域文明的发现。

哈拉帕文明是人类早期主要文明之一。按照英国学者M.慧勒在《印度河文明》一书的观点，人们一般认为其起止时间为公元前2500—公元前1500年。通过碳—14测定的技术手段，又有学者提出其起止时间应为公元前2350—公元前1750年。因此，从时间上看，古代印度文明的起点晚于两河流域和古埃及文明，略早于中国的华夏文明。哈拉帕文明西起临近霍尔木兹海峡的苏特卡金—杜尔，东到恒河流域朱木拿河的阿拉姆普尔，北起当前印控克什米尔的查谟地区，南部包括坎贝湾的卡提阿瓦半岛，东西跨度1600千米，南北相距1100千米，总面积大约130万平方千米，比两河流域和古埃及文明的地理范围都大。目前考古学家已发现的大小遗址百余处，例如，大型城市遗址中位于坎贝湾顶点的罗塔尔就是当时一座海港城市的遗址。

哈拉帕文明以城市文明为主要特征，哈拉帕和摩亨佐—达罗的城市面积分别为1平方千米和2.5平方千米。这些城市都有设计合理的房屋，其中民房不仅包括浴室、水槽等卫生设施，还有许多两层的楼房。城市里有粮仓、浴室、发达的排水系统等公共设施，沿河或沿海城市还有船坞和码头。哈拉帕文明以农业为主，兼有畜牧业。城市周边的民众种植小麦、大麦、胡麻、豆类、瓜果、棉花等作物，饲养或放牧驼峰牛、水牛、山羊、绵羊、猪、驴等，还饲养大象。日常的工具以青铜器为主，兼用石器，日常用品中使用黄铜和陶器较多,如镜子、烛台、艺术品、罐、碗、纺锤等,另外还有金银打制的首饰。

"印度与西亚的文明联系和商品交往可以追溯到非常遥远的古代。"① 在哈拉帕文化早期(公元前 3300—公元前 2500),印度就和两河流域的苏美尔文明保持陆路和海路的联系与交流,不仅如此,印度的商品还到达过古埃及。也正因为历史久远、记录和遗存稀少,总体来说当时跨地区贸易的图景是模糊不清的。"简短的总结,哈拉帕文明的手工制品在海湾地区、阿富汗、伊朗和上下美索不达米亚都有发现。按年代顺序排列这些发现,最早的是公元前 2600 年的乌尔王朝皇家墓葬,最晚出现的在公元前 1400 年的加喜特人时期,而大量遗存主要集中于公元前 2325 年的萨尔贡尼德时期。"②

由于印度与伊朗地理相连,公元前四千纪③印度河流域就出现与土库曼斯坦南部和伊朗北部相似的陶器。伊朗高原上的陶器、印章、小雕像、装饰物等也与哈拉帕文化早期的文物有众多共同之处,预示着当时双方应该有着密集的陆路商队往来。在古埃兰(公元前 2700—公元前 1600 年)的遗址中也发现大量哈拉帕文明的遗物,如象牙、雕刻的红玉髓珠子、贝壳、印章等。

印度与两河流域文明交往的例证较多,基本集中在幼发拉底河和底格里斯河地区的各个遗址中。"在莫克兰海岸发现的哈拉帕村落,包括现代伊朗边境附近的苏特卡根·多尔的村落清楚地证实了与苏美尔人之间持续繁荣的贸易,尤其是在阿卡德的萨尔贡国

---

① R. C. Majumdar ed., *A Comprehensive History of India*, Vol. Ⅲ, Part-Ⅱ, New Delhi: People's Pub House, 1981, p. 1361.

② Dilip K. Chakrabarti and Makkhan Lai eds., *History of Ancient India-Ⅱ: Protohistoric Foundations*, New Delhi: Aryan Books International, 2014, p. 210.

③ 公元前四千纪指 B. C. 3999—B. C. 3000 年,以此类推。

王统治时期。"① 其中发现最多的是各种材质的带有印度河流域图案或工艺的印章，它们或者是在哈拉帕文明的城市中制造并运输而来，或者是两河流域的仿制。例如鱼形通常出现在摩亨佐—达罗印章上，但它在苏美尔签字中也是常见的。在苏美尔的印章上绘有印度河流域特有的物产或纹饰花样，如驼峰牛、猴子、犀牛、印度鳄鱼等。出土文物的另一大项是各种珠宝和生活用品，如天河石、贝壳、陶器塑像、生活器皿等。例如天河石的产地是印度的古吉拉特，贝壳的产地是南印度西海岸。罗塔尔的船坞遗址中还发现大型帆船模型与两河流域的印章。另外，在阿卡德方言中，印度棉布是用意为"植物布"的表意文字来描述的。在美索不达米亚的泥版文书中也有来自印度的木材、黄金、青金石、象牙的记载。公元前606年，新巴比伦王国推翻亚述帝国成为两河流域的主人。"城市的市场中有印度商人、犹太俘虏和腓尼基商人，旁遮普的印度商人和他施的腓尼基商人在这里出售货物。"② 在佛教的《本生经》中也有记述印度商人前往巴比伦的故事。

在波斯湾的南岸还存在着迪尔蒙文明，它的存续时间从公元前4000年到公元前800年。迪尔蒙文明控制着从科威特到巴林的广大地区，公元前三千纪③是它最繁盛的时期。"公元前2370年，阿卡德的萨尔贡国王炫耀称迪尔蒙、马甘、梅路哈④的商船齐

---

① ［美］斯坦利·沃尔波特：《细数恒河沙：印度通史》（上），李建欣等译，中国出版集团2019年版，第13页。
② Giridhar Prasad Das, *India-West Asia Trade in Ancient Times* (6th Century BC to 3rd Century AD), New Delhi: New Century Publications, 2006, p. 44.
③ 公元前三千纪指 B. C. 2999—B. C. 2000 年。
④ 公元前2600—前1800年，西亚地区常见的地理名词有以下几个。梅路哈（Meluhha）为南亚印度河口附近，为今天的巴基斯坦南部到霍尔木兹海峡的地理区域；马甘（Magan, Makran）为今天霍尔木兹海峡两岸，北岸的俾路支斯坦和伊朗东南部，南岸为今天的阿曼和阿联酋东部；迪尔蒙（Dilmun）为今天从巴林到科威特的区域，也包括沙特的东方省。埃兰（Elam）为今天伊朗南部和西南部地区。

集阿卡德。"① 梅路哈就是位于印度河口广大的沿岸地区，属于哈拉帕文明的地理范围。在乌尔第三王朝（公元前2350—公元前2000年）的泥版文书里就记载着它、梅路哈与迪尔蒙的交易记录，如购买柚木、铜、象牙、青金石等，这些充分表明迪尔蒙在两河流域和印度河流域之间的中间商地位。因此，也有学者提出迪尔蒙文明在公元前三千纪时垄断了波斯湾的海运，负责印度和两河流域及更遥远地区的商业中转，海运的印度商人只能将货物运送到阿曼。另外，在巴林的迪尔蒙遗址23到19层中发现了大量哈拉帕文明的权重，哈拉帕文明的罗塔尔港口遗址中也发现迪尔蒙文明的印章。

印度和古埃及的交流也是通过出土的文物和图案来证实的，例如，在埃及发现的靛蓝、平纹布、乌木、檀香、象牙等印度特产，它们在公元前第二千纪②时就已经出现在埃及。"存在于印度河流域的铜匾和在三枚埃及印章上的绳纹是两个国家之间最引人注目的联系。"③ 蝎子图案在印度河流域文明的绘画中出现，但它是古埃及第18王朝斧头上的典型标志。然而，学者一般认为两地间的联系并非通过直接的陆路或海路贸易，而是经过两河流域的转口贸易。

这一时期，印度出口的商品包括奢侈品、棉布、木料、陶器等，如玉髓念珠、贝壳或骨质镶嵌物、象牙梳、孔雀羽毛、柚木等，考虑到河港和海港遗址发现的大型粮仓，不少学者认为粮食出口也是当时对西亚出口的大项。而进口的产品主要是银、锡、

---

① Ranabir Chakravarti ed., *Trade in Early India*, London: Oxford University Press, 2001, p. 112.
② 公元前两千纪指 B. C. 1999—B. C. 1000 年。
③ A. L. 普萨勒卡尔：《印度的文化遗产》第1卷；转引自［印］D. P. 辛加尔《印度与世界文明》（上卷），庄万友等译，商务印书馆2015年版，第16页。

铜、绿松石等，如上海湾地区也就是两河流域和科威特、巴林等地出产椰枣、珍珠和银，下海湾地区如阿曼出产铜、辉长岩、粗粒玄武岩等。西亚出口印度的商品如珍珠、椰枣等难以长期保存，银、铜、铅、锡等都被熔炼使用，所以哈拉帕文明中出土的美索不达米亚器物相对较少。另外值得一提的是，在公元前1700年，产自东非的高粱通过博兰山口被引入南亚次大陆。

"无论是直接或者间接通过美索不达米亚，将从底格里斯河到印度河和乌浒河及幼发拉底河以西、远至尼罗河的整个地区联结成一个贸易网的具体证据是有的。"① 印度与西亚广大地区的商路包括陆路和海路两种。其中，陆路的主要工具是由牛、骆驼、驴等牲畜作为运载工具，组成车队。商队分为南北两线，北线是穿越兴都库什山脉的诸多山口，当时印度向西主要途经基尔塔尔山口、博兰山口、戈马尔山口而不是开伯尔山口，再经阿富汗和土库曼斯坦南部进入伊朗北部，沿里海南岸最终到达两河流域。南线是沿着阿曼湾北部沿岸进入伊朗境内，到达伊朗中部克尔曼省的泰皮叶海亚，再转往苏萨和两河流域。

海路主要是沿着阿曼湾北部进入霍尔木兹海峡，顺着波斯湾北岸前行到达两河流域，再顺着南岸到达阿曼再返回印度。"苏美尔商人通过海路穿越波斯湾，经过巴林和阿曼，然后到达印度河流域和印度的其他沿岸港口。"② 波斯湾到阿曼湾的海岸线、沿岸港口、河口、平原上的村镇为航海提供坐标和物质供给。巴林地区的迪尔蒙文明也一度非常强大，为波斯湾内的航海提供必要的物资和安全保障。海路贸易依靠船舶，最早的船舶是独木舟、双体

---

① ［印］D. P. 辛加尔：《印度与世界文明》（上卷），庄万友等译，商务印书馆2015年版，第16页。

② H. G. Rawlinson, *A Manual of Ancient History*, Oxford：Clarendon Print, 1880, p. 25.

船、树皮船、芦苇船和皮筏。随着技术水平的提高,平底木板船逐渐成为主要交通工具,在迪尔蒙出土的印章上刻有高船首和高船尾的船舶,这意味着公元前三千纪波斯湾内已经广泛使用木板船,甚至有可能大量使用哈拉帕文明中榫卯结构的木板船。钉板船的出现增大了船舶的体积和载量,推动大宗贸易和重型物品的货运。这也是木材能够成为当时诸多记载中反复提及的进口物资的原因。

在商贸交往的基础上,文化联系和相互渗透也同步进行。可以想见,随着商路和商业的持续流动,不同区域的人口往来、手工业技术的传播也得以展开。植物的栽培和交换、冶金术、造船术、各类生活器皿的烧制技术都在相互扩散中。例如,西亚和印度河流域的人民都蓄长须、留长发;苏美尔绿皂石花瓶上绘制驼峰牛和印度河流域崇拜的场景;埃及和印度都将牛、太阳、蛇、河流视为崇拜对象,同时将莲花视为圣物;"哈拉帕印章影响海湾地区印章的风格,而哈拉帕的权重则成为海湾地区的重量标准。"[①] 另外,在苏美尔的传世神话中,也有提到梅路哈,"神恩基完成创世工作后,赞美了他的创造物,苏美尔、梅路哈和其他土地。梅路哈被描述为长满高大树木的黑色土地,它的巨木适合建造王室宫殿,它的水牛体格巨大"[②]。

此外,在印度河流域出土的印章、陶器和金属制品上还有大量未解的铭文,其中尤以印章铭文最多。目前已发现标有铭文的文物总数近 2500 件,文字符号约 500 个。这些书写符号与苏美尔和埃及文明中的书写形式相似,都属于象形文字范畴,从右向左书

[①] Edward A. Alpers, *The Indian Ocean in World History*, London: Oxford University Press, 2014, p. 23.

[②] N. N. Vohra, *History, Culture and Society in India and West Asia*, Delhi: Shipra Publications, 2003, p. 107.

写。由于缺少可对比的长篇文书，文字的译解工作多年来没有明显进展。这些反复出现的书写符号肯定带有特定的意义甚至语法，破解它将是对古代印度缺少文字资料这一短板的巨大补充，也会为两河流域的历史与对外交往研究提供新的参考资料。

二　吠陀时代印度与中东（西亚）的文明交往

（一）吠陀时代与雅利安人的入侵和征服

印度文明的第二个阶段为吠陀时代，其时间跨度为公元前1500—公元前600年。它是雅利安人入侵和定居印度次大陆的时代，由于其宗教圣典为四部《吠陀经》，使用的语言是吠陀语，所以后人称这一时期为吠陀时代。哈拉帕文明则在公元前17世纪开始走向衰落，有学者认为是大规模的自然灾害，如水灾、地震等导致文明的衰落；也有学者认为原因在于雅利安人的入侵和镇压。在《梨俱吠陀》中就提到雅利安人夺取堡垒的故事，"黑皮肤的人们（达萨人）在他们的堡垒中试图徒劳地抵御肤色更白（小麦肤色）的雅利安人"[①]。但印度学者多不赞同后一种观点。相比于哈拉帕文明时期，吠陀时代前期的城市规模和繁盛程度都较为逊色，学者普遍认为印度文明在哈拉帕文化到雅利安文化之间有一个难以解释的巨大断层和空白区，因此雅利安文化在印度的崛起和发展更像是从游牧到农耕文明的重新开始，而非在哈拉帕文明的既有高度上的提升。

公元前四千纪，自黑海到中亚的欧亚大草原上分布着大量讲印欧语系的部落。这些部落并非同一民族，而是有着不同的民族和部落起源，彼此间经历多次部落融合与分化，唯一的共同点是属

---

① ［美］斯坦利·沃尔波特：《细数恒河沙：印度通史》（上），李建欣等译，中国出版集团2019年版，第23页。

于印欧语系。他们大多数以游牧为主要生产方式，少量部落采取了定居和农耕。到公元前三千纪，受到气候变化的影响，如干旱、洪涝或者迫于人口增长和饥荒的压力，他们开始分批向外迁徙。雅利安人的外迁有两个方向，一个方向是向西，另一个方向是向东。向西的迁徙随后产生希腊人、凯尔特人、日耳曼人和斯拉夫人等后裔。向东迁徙的一支则产生伊朗雅利安人和印度雅利安人。

伊朗雅利安人大约是在公元前两千纪前期进入伊朗高原，他们普遍使用伊朗雅利安语，如米底语、古波斯语、安息语等，形成著名的米底人、波斯人和安息人。在伊朗高原上向东推进的过程中，大约在公元前1500年前后，他们翻越兴都库什山脉进入印度次大陆。印欧语系东支的迁徙因此被称为雅利安人的迁徙，属于这一集团的古代民族都自称雅利安人，意为："高贵的人，其本义为农夫，后引申为贵族，表明雅利安人起初也是以农为本，以农为贵。"① 进入印度次大陆时，雅利安人还处于部落社会末期，游牧仍是其主要生活方式，尤其擅长使用马匹，这是他们强大武力的来源。

在征服印度河流域后，他们逐渐改变生产与生活方式，从游牧半游牧民族转为定居农耕民族，因此牛得到广泛的珍视和崇拜。公元前1200—公元前1100年，雅利安人已经从印度河流域扩张到恒河流域，这一时期人民开始使用铁器。到公元前700—公元前600年，吠陀语发展为梵语（Sanskrit），意为典雅、高尚的语言。公元前400年，语法学家波尼尼规范梵语的语言和文法，古典梵语最终定型，成为北印度的标准官方语言，一直延续到公元12世纪。

在雅利安人南迁进入印度次大陆的过程中，种姓制度也被带入

---

① 王新中、冀开运：《中东国家通史——伊朗卷》，商务印书馆2002年版，第44页。

印度。其实波斯早期也存有这一制度。印度的种姓制度是在阶级社会和国家逐渐形成的过程中逐渐确立和稳定的。种姓制度的发展经历了两个阶段，第一阶段是瓦尔纳制度，第二阶段是在其基础上发展出阇提制度，也就是亚种姓制度。

最初的种姓制度基本上分为祭司、武士和部落民三个阶层。雅利安人称自己为"雅利安瓦尔纳"，称黑皮肤的原住民为"达萨瓦尔纳"，瓦尔纳就是"色"的意思，最初是用来区别外来雅利安征服者和本土达罗毗荼人，而达萨一词后来演变为奴隶的意思。在北印度扩张和建立统治的过程中，种姓制度开始披上神圣的外衣，并出现第四种种姓。婆罗门为祭司阶层，刹帝利为武士阶层，吠舍为农耕者，首陀罗为被征服者，他们分别是由梵天大神的口、双臂、腿和脚生出的。前三个种姓为再生族，可以参与宗教的生活，可以佩戴代表再生族的圣线；首陀罗为一生族，不享有参与宗教生活和佩戴圣线的权利。"前三个瓦尔纳在《梨俱吠陀》时期职业上还没有规定世袭，在通婚、共餐和接受事物方面也没有限制。到吠陀时代后期，在前两个种姓与吠舍之间，上述诸方面逐渐有所限制。任何种姓违反规定的都要受到惩罚，严重的会丧失种姓。"① 当然，手工业者、商人都集中在吠舍和首陀罗两个种姓阶层，但即便是富有的商人也不具备婆罗门和刹帝利种姓的高贵身份、地位与权力。到吠陀时代后期，印度社会出现贱民这一阶层，也是四大种姓之下的阶层，意思为不可接触者。他们是从事屠宰、丧葬、清扫等工作的人，由于这些职业被认为是不洁的，因此这些人也被认为是不洁的，并产生"玷污说"和种种严苛与不公正的社会歧视政策。

---

① 林承节：《印度史》，人民出版社2014年版，第21页。

到公元前4世纪孔雀王朝时期，印度的种姓制度又有新的发展，形成了新的阇提制。阇提梵语的意思是出身、种。从外部原因来看，一方面，经过一千多年的发展，婆罗门教走了下坡路，佛教和耆那教在印度得到广泛传播，信众数量和社会影响力大增。以婆罗门教为宗教基石和合法性来源的种姓制度出现弱化和松动的趋势。另一方面，孔雀王朝历代国王的东征西讨扩大了种姓制度的覆盖范围，大量被征服地区被纳入婆罗门教和种姓制度的社会框架中。随着外族权贵被纳入刹帝利种姓，社会中下层则大部分进入首陀罗的行列。因此，种姓制度自身需要与新的变化相调适。

从内部来看，经历一千多年的发展，社会内部随着技术进步和专业化分工的提升，种姓制度内部也出现大大小小规模不等的职业集团。每个集团都想对外保持垄断，垄断市场、技术、资本、生产资料或者职业本身。因此，职业世袭和内婚制成为阇提制的支柱。这些封闭的职业集团就成为阇提，也就是亚种姓。当然，亚种姓本身是在四大瓦尔纳内部的细化和再分，种姓制度的阶层没有因此弱化，反而更为巩固。"这是种姓制度在内容和结构上的重大发展，是长时期逐渐演化的过程和结果。"[1]

吠陀时代前后长达千年，通常我们将其分为两个阶段。第一阶段是早期吠陀时期，从公元前15—公元前10世纪。第二阶段为后期吠陀时期，从公元前10—公元前6世纪。从吠陀时代开始，雅利安人就成为印度文明的主体民族，传衍至今。由于雅利安人不是印度次大陆的本土民族而是印度遭遇和融合的第一个外来民族，因此它和吠陀时代本身就是印度与西亚文明交往与融合的产物和标志性成果。

---

[1] 林承节：《印度史》，人民出版社2014年版，第46页。

（二）吠陀时代印度与西亚的文明交往

"从梨俱吠陀时代到孔雀王朝兴起的这段时间通常被后人标记为印度历史'黑暗时代'。"[①] 因为这一漫长的时段虽然进入印度文明的第二阶段，却和哈拉帕文明一样缺少文字记载，不仅如此，考古学的发现和国外古代文献的记载也非常稀少。但在吠陀文明千年的时间中，印度与西亚的往来并没有受到波及或中断，而是一如既往地进行经贸和文化上的交流，尤其在文化领域多少显现出雅利安人与西亚民族、国家或宗教上丝丝缕缕的联系。

在与印度的贸易往来中，记载较为清晰的两个例子分别是以色列的国王所罗门王（公元前1010—公元前931年）和公元前9世纪后的亚述帝国。所罗门王建造庞大的舰队从亚喀巴下水，通过曼德海峡最终达到奥菲尔（Ophir），带回420塔兰特[②]的黄金以及檀香木、象牙、猿猴和孔雀。对奥菲尔的描述酷似印度西海岸，但至今未能确认。在希伯来语种，猿猴一词Koph来自梵语的猿猴Kapi；希伯来语中的孔雀Fhuki一词来自泰米尔语的孔雀Tokei；希伯来语中的棉花Karpas来自梵语的棉花Karpasa。有学者认为按照犹太典籍的记载，所罗门王曾经控制了从亚喀巴出红海到印度的海上商路，包括其中重要的三个补给港。但这只是对文献记载的推断，缺少充足有力的证据支持。

其他的证据多是考古遗存和出土文物。埃及在中王国到新王国时代都与东非有着海路联系，但缺少自埃及直航印度的证据。在新亚述时期撒曼以色三世（公元前858—公元前824年）的方尖碑上记述着从印度运来的大象、猿猴，还有巴克特里亚的骆驼。这

[①] Giridhar Prasad Das, *India-West Asia Trade in Ancient Times* (6th Century BC to 3rd Century AD), New Delhi: New Century Publications, 2006, p. 60.

[②] 古代西亚至地中海沿岸的重量单位，1塔兰特≈26千克。

些动物都是通过陆路商队运送的。新巴比伦王国上供的贡品中包括印度产的木材、棉织品、各种鸟类等。新巴比伦王国的月神庙遗址中也有着大量来自印度的柚木建材。亚述宫廷一贯喜欢印度的棉织品,为此还曾建立过一支由腓尼基人组成的舰队与新巴比伦国王米罗达·巴拉丹交战,以获取和印度的贸易权。早在公元前13世纪,腓尼基商人一直在和东方国家的贸易中扮演重要角色。"他们通过红海到达印度,或者通过大篷车队沿波斯湾沿岸到地中海边的叙利亚。"[1] 另外,公元前15—公元前14世纪赫梯帝国的楔形文书中也提到与印度的双边贸易。

  印度与西亚国家贸易往来繁盛的主要原因在于印度次大陆丰富的物产以及由此产生的巨大利益。相比于西亚地区,印度的土地更适合大规模的农业耕作,粮食和水果物产丰富,动物种类多。由于地理纬度的优势,印度还盛产各种木材,有的适合建造船舶,有的适合建造宫殿,有的适合宗教祭典和高雅的生活。印度的棉布衣物更是比西亚当地的亚麻或者毛,或者两者混纺的衣物更加舒适贴身。因此,印度对西亚的进出口与哈拉帕时代没有太大的变化。

  印度与西亚贸易的路线也和前一个时代基本相同。陆路上最古老和最繁盛的路线是穿越兴都库什山脉各山口到达巴尔赫,然后分两路,一路沿着乌浒河水路到达里海,再由里海陆路到达黑海,然后穿过小亚细亚到达安提俄克;另一路是全部走陆路,进入伊朗高原,沿着里海南岸行进,进入两河流域后再前往地中海沿岸。海运则依然是沿着阿曼湾和波斯湾沿岸往返,巴林岛依然是波斯湾内海上商路中最重要的商贸中转和补给站。很多学者认为,印

---

[1] Santosh Kumar Das, *The Economic History of Ancient India*, Allahabad: Vohra Publisher & Distributors, 1925, p. 26.

度洋的季风早在这个时代就已经为波斯湾、阿拉伯半岛和非洲东海岸的各民族熟知,只是由于船舶吨位、牢固程度、航海技术等原因的限制,导致海路都是沿海岸线行进而非直接跨洋。在吠陀文学的记载中,当时海船分为10个级别,最大的级别有176肘尺长,22肘尺宽,17肘尺高。[1] 同时,海路的贸易也非直达,而是沿海岸线一段一段反复交易和运输。在《吠陀》经典和佛教《本生经》中都有关于印度人航海西亚的故事,例如"《本生经》故事里提出海船可以装载300人、500人乃至700人之多"[2],或者印度商人远赴巴比伦经商。当时使用的船舶主要是笨重的、用巨大钉子固定住木板的平底船,外围使用椰子纤维绳索捆绑,再用鲨鱼或鲸鱼的油脂涂抹船体表面,起到防腐作用。"印度洋的这些'缝合船'拥有悠久的历史。大约在公元50年,一位希腊航海者在一本海员手册中最早提到它们。这本手册被称作《厄立特里亚海航海记》。"[3]

进入吠陀时代后,对外贸易主要是由吠舍种姓把持。《梨俱吠陀》和《阿达婆吠陀》两部经典中都有提及繁荣的海上贸易活动。当时比较著名的商业社团是达湿由人和潘尼斯人,他们掌握贸易和运输的主导地位,"这些强大和智慧的人通过国际商业和贸易积累了巨额的财富"[4],"他们使得印度成为世界的中心之一"[5]。这

---

[1] Radha Kumud Mookerji, *Indian Shipping: A History of the Sea-Borne Trade and Maritime Activity of the Indians from the Earliest Times*, Calcutta: Kitab Mahal Private Ltd., 1962, p. 16.

[2] H. W. Rawlison, *Intercourse between India and the Western World*, Cambridge: Cambridge University Press, 1926, pp. 4–5.

[3] [英]理查德·霍尔:《季风帝国——印度洋及其入侵者的历史》,陈乔一译,天津人民出版社2019年版,第7页。

[4] Prakash Chandra, *Foreign Trade and Commerce in Ancient India*, New Delhi: Abhinav Publications, 1977, p. 21.

[5] Giridhar Prasad Das, *India-West Asia Trade in Ancient Times (6th Century BC to 3rd Century AD)*, New Delhi: New Century Publications, 2006, p. 5.

些社团将海外贸易的秘密传给自己的后代并且保证这些知识、技能和信息不向外界泄露。与此同时，印度国内社会也开始形成与外贸活动相适应的团体——行会。这些行会包括木材、染料、棉纺、象牙雕刻、珠宝制作、动物捕捉和驯养等各个行业，他们组织熟练的工人进行生产，并与国际市场相联系。同时，这些行会还像银行一样向成员收取存款、提供利息，并为海外运输提供贷款。

  印度与西亚在吠陀时期的文化联系很多是雅利安人同源性的反映。例如在公元前15世纪，赫梯王国和米坦尼王国交战，战后签署的协议中祈求四尊神灵见证，他们是因陀罗（Indara）、伐楼拿（Varuvna）、密多罗（Mitira）、双马神（Nasatiya）。这四位大神的名字和《梨俱吠陀》中的梵文拼写基本相同，后者的拼写为Indra、Varuna、Mitra、Naksatras。赫梯人本就是最早迁徙到小亚细亚和两河流域上游的雅利安人部落，而米坦尼王国的诸王在公元前16世纪和公元前15世纪时也使用了雅利安人的名字，如阿尔塔塔玛（Artatama）、苏塔尔纳（Sutarna）等。"印度知道巴比伦的魔鬼'崇拜'，《阿达婆吠陀》中保存了它们的巴比伦名字……在印度和巴比伦，人们都将肉体和精神的反常归因于魔鬼，据信两地都有几个强大的魔鬼引起某些宇宙动乱。在巴比伦如同在印度一样，火也是神灵和人类之间的使者。"[1] 在波斯，吠陀时代的两者在宗教上也非常相似。吠陀梵语与书写《阿维斯陀》[2] 的语言非常相似。很多吠陀神灵在《阿维斯陀》中变成魔鬼，相应地，阿胡拉、阿修罗等神灵在吠陀文献中也变成恶魔。这可以看作伊朗雅利安

---

  [1]　[印] D. P. 辛加尔：《印度与世界文明》（上卷），庄万友等译，商务印书馆2015年版，第17—18页。
  [2]　《阿维斯陀》（Avesta）是琐罗亚斯德教的经典，也被称为《波斯古经》。

人和印度雅利安人在雅利安传统基础上对宗教做出各自不同的新阐释。

总的来说，雅利安人的入侵和定居繁衍为印度文明带来新的生命力，也奠定了印度文明的基石。尽管当时与西亚的经贸、文化交流资料很不充分，但可以肯定的是，双方的交流和交往未曾中断。在雅利安人东迁和传统交往延续的基础上，印度与西亚的交往以波斯帝国的入侵和征服为新的起点，印度与西亚乃至西方在物质、技术和文化上的交流变得更为繁盛。

三 公元前6世纪到公元8世纪的印度与西亚文明交往

以公元前6世纪至公元8世纪作为印度与西亚文明交往的单独分期，主要有三个原因。第一，从时间上看，公元前518年波斯帝国占领印度西北部，公元711年阿拉伯大将卡西姆远征，深入印度河流域。这两个事件是印度和西亚交往史的重要节点，印度在这一时期与西亚乃至欧洲保持密切的贸易往来，并有远多于前两期的相关文字记载存世。第二，这一时期内，印度基本处于王国和帝国交替的阶段，文明层次高于吠陀时代。帝国治下的印度大都统一了印度河与恒河流域，并将势力范围扩展到南印度。帝国的繁盛和统一有利于印度立足于当时世界大国之林，也有利于对外物质、精神和制度层面的交往。第三，自卡西姆入侵和劫掠印度开始，伊斯兰教和穆斯林自西北地区向全印度渗透，印度的社会和宗教版图渐渐完成从印度教一元向印度教和伊斯兰教二元并存的转化。因此，公元8世纪以前的印度依然是雅利安人后裔和婆罗门教一统天下的时代，是吠陀时代的自然延续。

公元前550年起，居鲁士二世兴兵相继攻克米底王国、吕底亚王国和新巴比伦王国，到公元前530年时占领中亚和两河流域。公元前518年，大流士一世带兵翻越兴都库什山脉，占据印度河流域，随后将西北印度设为波斯帝国的第20个省，也是最后一个行省。自此，波斯帝国成为世界历史上第一个横跨亚洲、非洲和欧洲三大洲的大帝国，震古烁今。

"常规的行政体系是在大流士，波斯最伟大的国王在位时设立的。这是波斯历史上第一次尝试将庞大的帝国划分为不同的省，用波斯的词汇，叫总督辖区。"[1] 印度行省是波斯帝国扩张最后兼并的地方，也是第20个行省。这一内容铭刻在著名的贝希斯敦铭文上，该省称为犍陀罗。此后在薛西斯称帝时期，印度行省一分为二变成两个省。印度行省的地理范围缺少明确的地理标识，后人推断其范围大约在兴都库什山脉以南，地跨苏莱曼山脉和俾路支山脉东西两侧，向东一直延续到印度河的西岸。印度行省是波斯帝国最富有的辖区，人口密集，物产丰富。按照希罗多德的记载，该省每年向帝国上缴360塔兰特砂金的税收，相当于大流士时期整个帝国岁入的三分之一。波斯对这里的统治持续近200年，直到亚历山大大帝远征。

由于印度西北部成为波斯帝国的属地，巨大山脉的地理分割因统一的行政管辖而弱化。传统上，印度出口的商品如各种类的木材、棉织品、象牙制品、已加工的宝石和首饰、染料等。例如蓝色和紫色的染料在帝国境内最受欢迎，而宫廷里最爱的是印度生产的棉质长袍。另外，较新的出口大类是珍奇动物，如大象、亚洲狮、印度猎狗、猎豹、犀牛等，其种类比以往出口孔雀、猿猴等更为丰富。这主要是因为战象是印度对波斯军队的专供，具有战略意义；狮子、豹子、猎狗等是波斯王庭狩猎娱乐中必不可少的内

---

[1] A. H. L. Heeren, *Ancient History of West Asia and India*, Vol. 2, Delhi: Daya Publishing House, 1988, p. 62.

容。进口项目还和以往相似，主要是珍珠、琥珀、玻璃、珊瑚和各种金属等。古代的贝壳和印章已经悄然退出进出口商品的舞台，波斯的银币和金币开始通过日常贸易向印度流动，从而对印度的货币造成巨大影响。金银从西亚向印度的流动是双方产品结构和需求的自然结果，此后，希腊、罗马帝国直到殖民者占领印度前，贵金属的流动方向都未改变。

作为行省，印度西北部地区还有出兵参战的义务。在希罗多德的《历史》记载中，薛西斯向印度征用大量步兵和骑兵用于征讨希腊，他们被称之为犍陀罗人和印度人。"根据希罗多德的描述，犍陀罗人手持箭矢和短矛，而印度人则身着棉质服装，手持铁制弓箭。"[①] 波斯帝国末期，大流士三世在抵御亚历山大的过程中也征召印度士兵参战，其中还包括象兵。印度士兵由巴克特里亚的总督统领，这些印度士兵参加公元前331年的高加美拉之战，是印度军队首次和亚历山大的军队作战。

亚历山大远征是印度历史上第三次大规模的外族入侵和征服。公元前327年5月至公元前325年10月，亚历山大在印度西北部地区一共滞留两年零四个月，因此在印度史上被称为"亚历山大入印"。希腊的部队是通过开伯尔山口进入印度河流域，随后征服尼萨和呾叉始罗城，并击败带有4万步兵、4000骑兵和200头战象的旁遮普君主波罗斯。后因希腊军队思乡心切，亚历山大顺流至印度河河口，分陆路和海路两路返回巴比伦。亚历山大大帝逝世后，帝国一分为三，其中马其顿王国统管希腊和马其顿旧地，托勒密王国统管疆域包括今天的埃及、地中海东岸的巴勒斯坦与叙利亚，塞琉古王国则统管小亚细亚、两河流域、伊朗高原和印

---

① H. C. Ray Choudhury, *Political History of Ancient India: From the Accession of Parikshit to the Extinction of the Gupta Dynasty*, Calcutta: University of Calcutta, 1953, p. 195.

度西北部地区。到公元前3世纪，塞琉古王国衰落，希腊化的巴克特里亚在中亚和印度西北部崛起并获得独立，我们也称之为大夏。这三大王国存续的时间被称为"希腊化时代"，即非希腊人在希腊化国家的统治下相互学习和借鉴，其时间范围为公元前323—公元前30年。在这段时间里，印度与希腊化国家有着密切的关系，既包括经贸往来，也包括正式的外交关系。而在印度方面，与希腊化国家交往的首先是印度历史上第一个统一的大帝国——孔雀王朝；其次是西北部地区的诸个印度—希腊公国，它们扮演着与西亚交往的中间人角色。

孔雀王朝的前三位君王——旃陀罗笈多、频头娑罗和阿育王与希腊化国家，尤其是塞琉古和托勒密王国保持密切的往来。公元前305年，旃陀罗笈多在建立帝国的过程中与塞琉古大战以争夺外印度河地区①，公元前303年，双方签订合约，孔雀王朝给塞琉古王国500头战象，塞琉古归还外印度河地区。不仅如此，双方还进行政治联姻，塞琉古将女儿嫁到孔雀王朝，并派出美伽斯蒂尼作为大使留驻首都华氏城。美伽斯蒂尼出使并漫游印度，因而写成《印度志》一书，可惜原书散佚，现仅存辑本。"在频头娑罗统治期间，安条克一世派出戴马里斯作为塞琉古王国的第二任大使常驻华氏城。"② 还有典籍记载频头娑罗曾向安条克一世致信，请求后者赠送无花果、甜酒和哲学家。安条克一世只赠送了无花瓜果和酒，并礼貌地称自己治下没有贩卖哲学家的市场。托勒密王国派出的大使只有一位有明确记载，名为狄奥尼索斯，他在公元前3世纪上半期履职华氏城。到阿育王时期，印度和希腊化时代的各

---

① 外印度河地区主要包括喀布尔、坎大哈和俾路支等地，地理范围大约在兴都库什山脉以南，苏莱曼山脉和俾路支山脉以西。
② E. J. Rapson, *Ancient India*: *From the Earliest Times to the First Century A. D.*, Cambridge: Cambridge University Press, 1914, p. 103.

国都保持密切联系，他和塞琉古的安条克二世、托勒密的托勒密二世、马其顿的安条克·格纳塔斯以及伊庇鲁斯的亚历山大等互换使节。这几位希腊化国家统治者的名字都被刻在阿育王第13号柱石敕令中，因而得以保存至今。

自孔雀王朝灭亡到公元4世纪笈多王朝（320—540年）建立的500多年间，印度在政治上始终处于分崩离析、大小王朝林立的状态。西北印度先后由大夏和贵霜帝国统治，恒河流域则先后由摩揭陀的巽伽王朝、甘婆王朝与百乘王朝等控制，南印度则自孔雀王朝时代起就基本由泰米尔三国统治——喀拉拉王国、潘迪亚王国和朱罗王国。除了这些较大的王国外，同时期印度还存在诸多大小不一的王国。

公元前250年，大夏自塞琉古王国中独立出来，并于公元前180年前后占领印度河上游的旁遮普地区，这里也是五河流域所在地，是印度西北部最富饶的地方。公元前168年，大夏一分为二，分别控制中亚和印度西北部。此后两国又分裂为若干印度—希腊化小国。与此同时，安息帝国在波斯旧地崛起，控制伊朗高原和两河流域的中南部区域。安息帝国占领俾路支斯坦的南部，与印度毗邻，北部则与大夏相邻。到公元1世纪，西域大月氏西迁的后裔贵霜人入侵印度，建立贵霜帝国，西方也以其最伟大君主的名字称其为迦腻色伽帝国。贵霜帝国的统治期为公元55—425年，其范围包括中亚阿姆河流域、旁遮普和印度河南岸，向东最远时囊括恒河流域上游。贵霜帝国与安息帝国毗邻，虽然它地处苏莱曼山脉和俾路支山脉以东，但兴都库什山脉的诸多山口处于帝国范围之内，因此陆路商道向北与丝绸之路连接，属于国内贸易，依然十分便利安全。公元3世纪后，贵霜帝国走向衰落，它在印度河东岸的领土多被笈多王朝兼并。

孔雀王朝时代,印度对西亚的贸易昌盛。"(孔雀王朝)政府小心地制定贸易规则,使其适应经过良好组织的(国营)经济,贸易由国家任命的贸易主管全面监管。"[1] 印度货物从华氏城出发至呾叉始罗,这都在王朝兴建的国道范围。此后与丝绸之路相连,沿着里海和黑海南岸,到达伊朗北部和两河流域,此后再转道地中海东岸与埃及。海路上从讷尔默达河河口出发,沿海岸航行入波斯湾,再溯流幼发拉底河与陆路丝绸之路相连。在南印度,商人利用季风横跨印度洋,到达阿曼沿海或远至亚丁,再进入红海。在《厄立特里亚海航海记》的残篇中记录了公元1世纪前后阿拉伯船长从印度的港口采购象牙、棉织品、丝绸、大米、胡椒等。印度西海岸从北到南比较著名的港口包括北方讷尔默达河口的布罗奇(Broach)、孟买附近的苏帕拉(Supara)和耶拿(Kalyana);西南海岸的穆吉里斯(Muziris)、科钦(Kochi)、涅辛达(Nelcynda)、库马里(Kumari)等。

红海航线的开发是印度洋海上商路的一大历史性突破。所罗门王时期航线的开通尚不能证实。这条航线的再度开发是公元前510年,当时波斯皇帝大流士占领印度西北后,曾命令希腊雇佣兵斯库拉克斯由印度河河口出发,取道红海返回故土。但斯库拉克斯的航行记录散佚了。"印度和埃及托勒密王朝交往的痕迹是很少,因为两国间的贸易大部分都是非直接的。"[2] 季风的发现是在公元前2世纪时,希腊地理学家斯特拉博和波赛东尼奥记载,托勒密八世时埃及人在红海海边发现遭遇海难的印度海员。因此在公元前118和公元前116年,托勒密八世让印度海员带路,先后两次远航

---

[1] Giridhar Prasad Das, *India-West Asia Trade in Ancient Times (6th Century BC to 3rd Century AD)*, New Delhi: New Century Publications, 2006, p. 7.

[2] H. W. Rawlison, *Intercourse between India and the Western World*, Cambridge: Cambridge University Press, 1926, p. 99.

印度，而欧多克索斯也因两次任船长而闻名历史。此后，西方经红海跨印度洋的航路日渐成型，但这一航路在相当长时间里被分段控制。"亚历山大里亚的商人控制着红海的海运商路，南阿拉伯的商人控制着穿越半岛沙漠的陆路商路，而阿拉伯和印度商人一起严格控制着印度洋里的商路。"① 公元前30年，罗马兼并埃及后，奥古斯都·恺撒屡次征讨阿拉伯半岛南部并击败阿拉伯人。罗马帝国时代，埃及和印度之间的直航正式成型和常规化。印度半岛——德干高原才从阴影中显现出来。② 使用季风后，商人每年7月从埃及出发，9月底就可以抵达印度的港口；11月时借助东北季风重返亚丁，到来年2月可以到达亚历山大城。此后，印度与西亚的海路贸易分为三条。第一条最古老的航路是由印度河口出发，沿海岸航行进入波斯湾。第二条是自印度河口出发穿越印度洋直航阿曼沿海并抵达亚丁，再转入红海。第三条由印度西南部的海港出发直航阿曼沿岸或亚丁，再进入红海或波斯湾。

公元3世纪后，印度对西亚的陆路商贸开始衰落。这一方面是因为罗马帝国抵制印度的部分产品（细棉布、胡椒和钢制品），另一方面是因为萨珊波斯的崛起和它与罗马帝国连绵不断的争霸战争。因此，陆路商贸在数量、品种和规模上都有明显的下降。相比之下，由印度河口或南印度出发的海路贸易保持昌盛，它们或是往返波斯湾，或是往返红海。当然，罗马帝国庞大和持续不断的商品需求对海路的繁盛发挥了巨大作用，埃及和亚历山大城也成为印度与罗马贸易的中转站。自希腊化时代以来，除了传统的进出口货物，香料出口的规模不断扩大，这主要归因于希腊和罗

---

① N. N. Vohra, *History, Culture and Society in India and West Asia*, Delhi: Shipra Publications, 2003, p. 40.

② A. H. L. Heeren, *Ancient History of West Asia and India*, Vol. 2, Delhi: Daya Publishing House, 1988, p. 239.

马对香料的执着和疯狂。香料出口也成为南印度海路出口的大项，当然部分香料产自印度本地，部分是来自东南亚的转口贸易。出口品种中，印度的钢和铁也成为热销产品。1世纪时，印度的铁和钢就已经出口到埃及与埃塞俄比亚。波斯人特别喜爱印度剑，当时的俚语"印度的回答"就是指用印度剑给予强硬的回击。在进口货物中，来自伊朗和阿拉伯的马匹数量不断增加，成为进口的大项。同时，由于海路贸易颠簸较少，进口商品中还有葡萄、无花果、沥青、红酒等。

在公元前6世纪到公元8世纪的漫长时间里，参与印度与西亚陆路贸易的有波斯人、犹太人、安息人、贵霜人、亚美尼亚人、阿拉伯人、印度人等。而在海路上，波斯人、希腊人、阿拉伯人和印度人都是主要参与者。

这一时期印度与西亚的文化联系也更为密切。除了大夏、贵霜等明显带有西亚特色的印度西北部国家外，波斯文化也对印度有着深远的影响，佛教则在孔雀王朝和其后的时代向西亚传播，对西亚乃至欧洲的宗教产生一定影响。大一统的观念既是印度自身经济社会发展的产物，也与波斯入侵和帝国统治的影响有关。在孔雀王朝早期，宫廷的礼仪、政府的组织形式都受到波斯观念和模式的影响。著名的阿育王鹿野苑柱头采用四头狮子和一个轮的设计，具有强烈的亚述—波斯风格。阿育王在位时效仿波斯帝王在山间和石柱上铭刻碑文，纪念自己的功勋，为后世留下可贵的考古文字资料。孔雀王朝时期的银币采用的就是波斯标准。佉卢文在印度西北地区一直使用到公元4世纪，而它来源于波斯帝国时期使用的阿拉米语。

犍陀罗艺术的形成也是印度与希腊化时代诸国尤其是塞琉古王国交往的直接产物。希腊的雕刻传入印度西北部地区，与本土的印度艺术相互融合，其历史跨度从公元前1世纪到公元5世纪，前后600年时间。犍陀罗艺术以印度佛教主题为核心成果，是印度古典主义艺术的先驱之一，也是印度和中亚历史上引人注目的一页。不仅如此，希腊化时代留存在印度西北的希腊人和当地印度人融合后，产生新的社团，被称为耶槃那人。

在宗教上，佛教的西传对世界其他宗教也产生一定的影响。阿育王时期，佛教僧团以宣传"大法"为名，被派往希腊化诸国，"A. H. 阿尔特卡尔认为：阿育王的佛教僧团曾在西亚、埃及和马其顿活动，耶稣所属的苦行派的兴起是因为佛教僧团的影响。"[①]在今天伊朗和阿富汗边境的锡斯坦地区发现了一座当时佛教寺庙的遗址。摩尼教的创始人在著述《沙卜拉干》一书中称佛陀是神的使者，摩尼教的经文也具有佛经的风格，不少经典与佛教的经、律相似。

第三节　伊斯兰教传入和殖民地时代的印度与中东（西亚）关系

公元8世纪到"二战"后印度独立这1200年是印度与西亚交往的第二阶段。这一阶段印度对外交往先后有两大主题，而且都与外族的入侵和征服有密切关系。穆斯林的入侵、伊斯兰教的传入、伊斯兰大帝国的建立三者前后相继，南亚次大陆的印度文明开始呈现两教并存的新格局，伊斯兰文明与印度文明的交流也产生了丰硕的成果。西方殖民主义者自15世纪登陆开始，葡萄牙、荷兰、英国、法国在印度进行贸易、殖民掠夺、发动战争和相互

---

① ［印］D. P. 辛加尔：《印度与世界文明》（上卷），庄万友等译，商务印书馆2015年版，第67页。

倾轧的争斗，最终英国成为印度的统治者，印度则成为大英帝国全球殖民体系中最重要的组成部分。

从某种角度说，印度的历史始终与外族不间断的入侵和征服有着不可分割的关系，印度文明保持了强大韧性，在维持自身文化和民族传统的同时，在战争、征服、被统治的过程中融合与吸收外来文明的成果。伊斯兰教传入后，印度与西亚的交往是与诸多伊斯兰大帝国或王国展开的，一方面两者基本保持平等性、互通有无，另一方面两者相互学习借鉴、相互促进。但进入殖民主义时代后，随着工业革命、科技进步和西亚国家的殖民地化，印度与西亚的联系在内容和方式上都有变化。传统的经贸联系相对弱化，文化交流的成果稀少，政治联系时断时续，最终这种交往成为大英帝国殖民统治的一部分。

一 伊斯兰教传入后印度与中东（西亚）的交往

伊斯兰教的传入是继雅利安人入主印度次大陆之后，印度遭遇的第二次重大的外来文化挑战，也是印度与西亚交往的重要组成部分。尽管在两大事件之间，波斯人、希腊人、贵霜人等先后进入或统治北印度，但均被本土文明吸收和同化。伊斯兰教传入的最后结果是两大宗教与两种信仰的民众在保持各自信仰、社会组织、习俗前提下的共存，同时创造出伊斯兰—印度式的诸多文明成就。但必须承认的是，两教之间的关系在历史长时段中是紧张的，社会矛盾和斗争从未停止，这是当代印度和巴基斯坦的分裂和分治的背景和根源。对伊斯兰教来说，当伊斯兰文明的扩张遭遇其他历史悠久的亚洲古代文明时，两者必然发生激烈的文明碰撞，强大文明的生命力和排斥力使其不可能像在西亚那样一统天下，共存乃至分立是必然的结果。对印度和印度文明而言，以往面对本土宗教或者外来宗教的挑战,如佛教、耆那教、基督教等,印度文明都能或吸纳或取胜,但这一次它无法战胜和同化伊斯兰教,只能以妥协的姿态形成"二元并存"的格局。伊斯兰教和穆斯林的入侵导致印度宗教、经济和社会版图的根本性变化,这是这一时期印度与西亚交往中最重大与核心的内容。

这一部分讲述伊斯兰教的传播、穆斯林的入侵、大帝国的建立、印度与西亚商贸的变化,还有两种文明交往的成果。而德里苏丹国和莫卧儿帝国的统治、两教矛盾和冲突等是印度的内政,宗教和民族政策、国家制度等相关内容在此处不做赘述。

(一)穆斯林的军事入侵和伊斯兰帝国的统治

"历史上的巨大变革又一次出现在边境。只要阿富汗处于无组织和软弱状态,印度就不会存在被侵略的问题。但强权一经控制阿富汗,旁遮普地区不仅受到威胁,而且无法避免的政治压力必然趋向这一地区。"[1] 伊斯兰教和穆斯林进入印度有两大批次和两个阶段。两大批次分别为第一批的阿拉伯人入侵和第二批的突厥—阿富汗人入侵;两个阶段分别为军事入侵劫掠阶段和建立伊斯兰帝国阶段。穆斯林在占领波斯和阿富汗后,便开始尝试跨越兴都库什山脉侵入印度;在占领和统治旁遮普和印度河流域数百年后,又开始建立印度的伊斯兰大帝国。这一进程前后相继,互为因果。

"戒日王在 647 年逝世,这被证明是一个不可弥补的损失。它标志着印度历史上一个时代的终结。"[2] 从此之后,印度陷入"战国时代",北印度和南印度都分裂为诸多大小不一的王国,彼此之间进行无休止的战争,印度再未出现具有雄才大略的帝王和秉

---

[1] [印] K. M. 潘尼迦:《印度简史》,简宁译,新世界出版社 2016 年版,第 147 页。
[2] [印] D. P. 辛加尔:《印度与世界文明》(下卷),庄万友等译,商务印书馆 2015 年版,第 180 页。

持统一信念的王国。到 11 世纪突厥—阿富汗人入侵前,虽然小打小闹不断,但印度总体保持近 500 年的和平,外部异族压力尚不能产生全局性威胁,内部经济长期保持繁荣,印度教在吸收佛教特色后变得更为强大,牢牢控制着印度社会。从某种程度上来说,这样长时间的安全、繁荣和稳定钝化了印度社会,使得它在面临西亚的入侵和征服时手足无措,各自为政,最终沦为被统治者。印度在面临伊斯兰教传入和统治的挑战时,失去具有优势地位的本土主体性,其情势与马克思所谈的英国对印度的占领相似,"大莫卧儿的无限权力被他的总督们打倒,总督们的权力被马拉塔人打倒,马拉塔人的权力被阿富汗人打倒,而在大家这样混战的时候,不列颠人闯了进来,把他们全部征服了"[①]。只是和伊斯兰文明的交往与碰撞尚是平局,到殖民者入侵时印度只能直面败局。

穆斯林对印度的入侵和征服前后有三次,第一次是阿拉伯人的入侵,后两次是突厥—阿富汗人的征服。711—713 年,倭马亚王朝东部省的省督穆罕默德·本·卡西姆以一艘阿拉伯船只在印度河河口被海盗抢劫为由,率领大军征伐印度。711 年和 712 年,卡西姆率领 2.5 万军队,包括 6000 叙利亚骑兵和 9000 骆驼兵,陆路征服信德并控制印度河东西两岸。713 年,他又率军北上占领木尔坦。此后,位于印度河中下游地区的信德和木尔坦两地并入阿拉伯大帝国的版图,一直由阿拉伯人统治直到 11 世纪突厥人到来。在卡西姆攻克信德之前,阿拉伯人曾经多次发起针对印度的远征,都未成功。"哈里发欧麦尔曾经派出两支海军远征队,一支前往孟买附近的塔纳,一支前往巴尔瓦尔,但他们都遭到印度人的强烈

---

① 《马克思恩格斯全集》第 9 卷,人民出版社 2006 年版,第 246 页。

抵抗……第三支海军远征军于643年前往进攻信德的海港德巴尔,最后也失败了。"① 此后欧麦尔和奥斯曼两位哈里发放弃了对印度的征服。660年,哈里发阿里派出一支陆地远征军想要穿越博兰山口,但遭到当地沙什王公的英勇阻击,最后铩羽而归。此后至711年,阿拉伯人至少在陆路发起过六次针对印度的远征,但都失败了。

阿拉伯人占领信德后停止了对印度的军事扩张,这一方面是因为印度河流域的拉其普特人(the Rajputs)②诸王国奋起反抗,有效阻挡阿拉伯人继续南下的势头;另一方面是因为阿拉伯帝国的扩张已成为"强弩之末",再无余力前行,同时内部斗争惨烈,甚至卡西姆本人也被处死。

第二次入侵是突厥系伽色尼王国(the Ghazni)马茂德国王的入侵,时间为1000—1027年,前后征讨印度达12次之多(也有学者称17次),兵锋最远到达恒河流域的瓜廖尔、卡提阿瓦等地。马茂德于1008年占领木尔坦,1026年占领信德,他去世前又征服旁遮普。马茂德的征讨并非以占领领土和统治为目的,而是以劫掠财富为目标,因此他的野蛮掠夺对北印度古代文明造成的破坏难以估量。

马茂德的征服都是在秋季,这是考虑到秋草茂盛便于他麾下强大的骑兵高速流动作战,同时也因为秋天是北印度粮食收获的季节,物资和财富最为丰盈。印度教与佛教的寺庙是他抢劫的主要

---

① J. L. Mehta and Sarita Mehta, *History of Ancient India: From the Earliest Times to 1206 AD*, New Delhi: Lotus Press, 2008, p.692.

② 拉其普特人出现于公元6世纪,在中世纪和近现代印度史上发挥重要作用。"拉其普特"梵语的意思为王子,学者多认为他们是大夏和贵霜帝国时期塞种人与印度刹帝利种姓融合的产物,拉其普特人崇尚勇敢、骑士品格、荣誉感、个性等特征,一直是印度河与恒河流域诸多王国的统治者。拉其普特人自称分别来自太阳世系、月亮世系和火世系,种姓历史可以追溯到吠陀时代。

对象，马图拉、塔内萨尔、曲女城都是他突袭的主要目标，寺庙内多年积累的金银、珠宝、珍珠、香木均被洗劫一空，各种造像、殿堂被砸毁并付之一炬。仅1025年攻克索姆纳特并劫掠著名的"生主堂"时，就有5万印度教徒被屠杀，劫掠财富高达200万第纳尔。马茂德的劫掠是以忠诚于伊斯兰教的狂热为基础，将屠杀和劫掠印度财富视为对不信真主者的惩罚，征服印度对他和他的士兵来说是"圣战"。也正因为如此，他将大量的印度财富投资于首都伽色尼城的建设，使其成为当时中亚乃至西亚闻名的文化之都。

第三次征服是起于1175年的古尔王朝征服印度。古尔王朝的征服是改朝换代的转折点，自此开始，穆斯林开始尝试在印度建立伊斯兰帝国。

"在马茂德死后，印度享受了一又四分之一个世纪的太平，自1030年至1175年，印度得以免于外族的入侵。"[①] 1150年，伽色尼王朝的附属古尔王公崛起并于1174年征服伽色尼王朝。1175年，王弟穆罕默德·古尔受命跨越戈马尔山口出征印度河平原。此次远征的目的与马茂德不同，古尔王朝立志要向印度扩张领土，因此派出由突厥人、阿富汗人、波斯人组成的大军。1186年，穆罕默德·古尔从伽色尼王朝残余手中收复信德和旁遮普，随后进攻印度河东岸地区，古尔本人也被称为穆斯林在印度统治的奠基人。当时印度的抵抗力量主要是拉其普特人诸国，自西向东比较强大和著名的王国分别为乔汉、加哈达瓦拉、瓜廖尔、昌德拉、本德尔坎德等。例如，1190—1192年两次德里附近的塔莱战役，乔汉王国先胜后败，最终德里失陷；1194年朱木拿河的昌德瓦

[①] J. L. Mehta and Sarita Mehta, *History of Ancient India: From the Earliest Times to 1206 AD*, New Delhi: Lotus Press, 2008, p. 731.

尔之战，加哈达瓦纳王国战败，恒河流域门户大开。穆罕默德·古尔回归王都伽色尼期间，远征军就由大将埃贝克负责。到1203年，北印度和中印度所有的拉其普特王国均被击败或选择臣服。

自穆罕默德·古尔征服之后，穆斯林对印度的入侵开始转入建立伊斯兰帝国的新阶段。1202年，古尔王朝的国王吉雅斯病逝，穆罕默德·古尔继位。1206年，穆罕默德·古尔死于镇压旁遮普科卡尔人起义的归途中。因为他没有子嗣，各大势力雄踞一方。他的大将库特布丁·艾伊拜克自立为统治印度的苏丹，于1206年建立德里苏丹国（1206—1526年），统治长达三个世纪。

德里苏丹国的建立是穆斯林入侵和征服印度西北部500年的必然结果，711年以后漫长的时间里，穆斯林长期统治印度河中南部的信德和木尔坦，有时候甚至统治北部的旁遮普，阿拉伯和突厥系穆斯林也已熟悉和适应印度河流域的生活，了解其风土人情。突厥—阿富汗人的穆斯林社团具有四大哈里发和阿拉伯帝国时代那样的强大军力、虔诚的信仰和扩张的野心，因此在印度继续扩张以建立伊斯兰帝国是历史的必然。

1526年，开国皇帝巴布尔建立莫卧儿帝国（1526—1857年），统治印度大部分地区。莫卧儿人是来自中亚的察合台突厥人，巴布尔的父亲是帖木儿的四世孙，母亲是成吉思汗的第十三代后裔。莫卧儿帝国建立后，伊斯兰教在印度的统治达到历史的巅峰，创造出辉煌的印度—伊斯兰文明。莫卧儿帝国的统治阶层一部分是来自中亚以莫卧儿人为主的突厥人与波斯人，一部分是德里苏丹国时期以及之前生存在印度河流域的穆斯林后裔。

回顾历史可以看出，穆斯林的渗透和伊斯兰教的传入是以连续的军事进攻和劫掠为起点，以西亚和中亚穆斯林长时段的、小规模的移民和对西北部印度的统治为过程，逐渐完成并转型升级为建立强大的伊斯兰帝国来统治印度。这种渐进式的扩张与阿拉伯、波斯和突厥系伊斯兰帝国、王国的更替有关，也与印度远离西亚伊斯兰统治中心有关，这些优势给予两大文明较长的缓冲期和适应期，为文明的交流和互鉴提供充足的时间和空间。这也是来自西亚的伊斯兰文明在印度生根发芽的根本原因。

（二）商贸关系

8世纪以后，印度与西亚的商贸联系本质上是印度与伊斯兰世界的商贸联系，贸易路线、港口、货物、商人等一应发展和变化都与伊斯兰世界帝国的兴衰、战争、分裂等有密切关系。

"如果说印度洋地区贸易在伊斯兰教的第一世纪被忽略的话，那么当帝国首都从大马士革转移到巴格达后，阿拔斯人官方对奢侈品贸易的兴趣再次激活了地区贸易。"[1] 从商路兴衰来看，这一时期的变化首先在于陆路商路的渐趋衰落与海路贸易的兴起，其次在于波斯湾海路的衰落和红海海路的抬升。

陆路商贸在倭马亚与阿拔斯两大王朝前期依然较为顺畅，印度的商品沿着古老的贸易通道相对安全地穿越中亚、伊朗，到达大马士革或者巴格达，并进一步运往埃及或者意大利。10世纪之后，随着阿拔斯王朝的衰落，伊朗高原、中亚、埃及等地四方割据，大小王朝并立，相互攻伐，生灭不断。阿拔斯王朝的哈里发沦为突厥人的傀儡，政令不出巴格达。从10世纪到16世纪莫卧儿帝国建立，西亚战乱纷争不止，直接导致北印度与西亚的陆路外贸衰败，黄金的输入剧减。

与陆路贸易衰败同期，海路贸易不仅地位抬升，海路路线也在发生变化。传统上认为，十世纪末期波斯湾的海路贸易进入下

---

[1] Edward A. Alpers, *The Indian Ocean in World History*, London: Oxford University Press, 2014, p. 48.

降阶段,有些学者将其归因诸多重大事件,诸如977年位于波斯湾北岸的希拉夫港发生灾难性的地震、气候灾难重创印度棉花种植业等。另有很多学者将其归因于西亚权力中心更替。"阿拔斯王朝哈里发的衰落和埃及法蒂玛王朝的崛起改变远距离商路的方向,使其从巴格达和大马士革转向亚丁与福斯塔特。而在印度,1303—1304年,德里苏丹国攻占古吉拉特,这里富饶的航海城镇从此进入伊斯兰政治和社会的势力范围。"[1] 不仅如此,埃及还在印度和北非马格里布国家的贸易中扮演重要的转口商角色,福斯塔特和亚丁的阿拉伯与犹太商人是两者之间主要的中间商。

"这一时期里,印度的出口主要有象牙和象牙制品、钻石、珍贵宝石、棉质衣物、平纹细布、垫子、兽皮、靛蓝[2]、香、香水、槟榔、叶子、檀香木、柚木、芝麻木、芝麻油等;进口黄金、白银、铜、锡、铅、丝绸、马匹和其他奢侈品。"[3] 其中,印度棉织品的需求量较以往有明显下降,这主要是因为棉花种植区已经扩展到波斯,并不断西传。衰落的出口项目还包括各种珍稀动物,如大象、猿猴和品种繁多的鸟类。马匹和奴隶依然是进口的大项。马可·波罗称印度从阿拉伯和伊朗进口的大量良种马,如南印度的五个小国每国每年都进口两千余匹阿拉伯马。阿拉伯商人为保持贸易,有意不打马掌,也不带蹄铁工人,导致马匹在印度死亡率非常高。另外,奴隶贸易依然非常兴盛。

从地理上看,印度的西海岸主要分为五个区域,由北向南分别

---

[1] K. N. Chaudhuri, *Trade and Civilisation in the Indian Ocean: An Economic History from the Rise of Islam to 1750*, Cambridge and New York: Cambridge University Press, 1985, p. 58.
[2] 靛蓝是一种深蓝色燃料,是古代印度出口西亚的主要商品。
[3] La Na Swamy, *Some Aspects of South Indian Shipping*, Delhi: Bharatiya Kala Prakashan, 2012, p. 208.

是信德、拉施特拉、古吉拉特、康坎、马拉巴尔[①]。转过印度半岛南端就是科罗曼德与其对面的锡兰。由于印度西部海岸线漫长崎岖，入海河口众多，因此通商海港数量庞大，与西亚国家贸易的主要港口有塔纳、巴德尔、纳拉索帕拉、朱尔、库里、迪乌、苏拉特、达博尔、卡利卡特（又译"科译科德"）、奎隆等。

西亚地域内与印度交往的海港也很多。例如，波斯湾北岸的希拉夫港和盖斯岛、霍尔木兹海峡南岸阿曼境内的苏哈尔、霍尔木兹海峡北岸的霍尔木兹港、阿拉伯河河口的巴士拉港、曼德海峡的亚丁、红海的吉达港等。此时航行在印度洋的船只远比古代的船只庞大，主要类型有单桅三角帆船、三桅船等。单桅三角帆船的吨位在 80 吨—1000 吨，三桅船的吨位在 300 吨—400 吨。

自伊斯兰教兴起和阿拉伯帝国建立后，阿拉伯商人在印度洋、西亚、地中海贸易中的地位得到明显的提升。一方面，不仅波斯湾和印度之间的航运受其控制，印度至红海和埃及的航运也被阿拉伯人把持。到达印度的西亚商人繁杂，"这包括来自埃及、叙利亚、呼罗珊、波斯、马格里布的商团，其中大部分是穆斯林，但也有犹太人和基督徒"[②]。波斯船长布祖格·伊本·沙赫里亚尔在其著作《印度的奇观》（*The Wonders of India*）中详细说明了"印度洋贸易的不成文法；无论是何种种族与信仰，商人在海上享有自由，在途经的每一个港口都应享有公平公正的对待"[③]。另一方面，

[①] 马拉巴尔是阿拉伯地理学家给印度喀拉拉邦取的名字，位于印度半岛西南部伊莱山和科罗曼德海角之间。

[②] Denys Lombard and Jean Aubin eds., *Asian Merchants and Businessmen in the Indian Ocean and the China Sea*, London: Oxford University Press, 2000, p. 45.

[③] ［英］理查德·霍尔：《季风帝国——印度洋及其入侵者的历史》，陈乔一译，天津人民出版社 2019 年版，第 12 页。

印度各帝国包括德里苏丹国和莫卧儿帝国，都对征服和控制海洋缺乏兴趣。"毫无疑问，印度在整个印度洋商贸中占据至关重要的角色，不仅是因为它的地理位置，而且由于它在商品交换的数量和价值上都非常庞大。但印度在进入现代以前缺少对海权的重视是一件令人不可思议的事。"① 印度因其地理位置和物产丰富决定了它自古就拥有发达的对外商贸，但其文明本质上是农业文明，富足和自给自足使其缺少控制商路与掠夺的冲动。与此同时，当时的航海技术与船舶建造技术不足以支撑其谋求海上霸权的野心，每年海上平安、顺利的往返是各族商人最大的愿望。

"印度西海岸的阿拉伯与波斯穆斯林商人定居点最早可以追溯到8世纪。"② 10世纪波斯湾海路衰落后，阿拉伯的商人逐渐南下到达马拉巴尔地区。"在11世纪突厥人占领印度西北部诸省之前，形成西部海岸穆斯林定居点的主要动力来自希拉夫、阿曼和哈德拉毛的商人。"③ 这些穆斯林商人与西海岸沿岸的印度土邦王公们保持良好的经济与政治关系。在各海港的定居点中，他们选出自己的头领，处理内部纠纷。同时，许多阿拉伯和波斯穆斯林迎娶当地妇女，并吸引不少低种姓的印度人改信伊斯兰教。"伊斯兰教在喀拉拉邦的传播可以归因于临时婚姻，它允许阿拉伯航海者在各个港口组织家庭……他们的孩子被称为马皮尔拉人，因为他们遵守当时马拉巴尔地区流行的母系氏族习俗。"④ 这些改宗者大多

---

① K. N. Chaudhuri, *Trade and Civilisation in the Indian Ocean: An Economic History from the Rise of Islam to 1750*, Cambridge and New York: Cambridge University Press, 1985, p. 15.
② Edward A. Alpers, *The Indian Ocean in World History*, London: Oxford University Press, 2014, p. 57.
③ K. N. Chaudhuri, *Trade and Civilisation in the Indian Ocean: An Economic History from the Rise of Islam to 1750*, Cambridge and New York: Cambridge University Press, 1985, p. 49.
④ Denys Lombard and Jean Aubin eds., *Asian Merchants and Businessmen in the Indian Ocean and the China Sea*, London: Oxford University Press, 2000, p. 42.

数也是以海洋贸易为生。穆斯林的后代和改宗者渐渐形成西南海岸最早的穆斯林社团。

(三) 伊斯兰教传入后的文化交往与成就

阿拉伯人与印度的接触历史久远，远在伊斯兰教兴起之前。双方的长期贸易和交往曾产生过几部著名的阿拉伯著作，如《历史链》《印度奇迹》等，另外还有与印度有关的不少散文和航海指南。在先知穆罕默德和四大哈里发时代，第一批穆斯林就熟知印度。当时两河流域与阿拉伯半岛的不少城市、城镇、港口都有较大规模的印度人聚集区。先知的妻子阿伊莎生病时，穆罕默德就曾求助于印度医生。阿拔斯王朝最伟大的帝王如曼苏尔、赖世德和马蒙都对印度文明给予高度评价，并将印度人招进宫廷任职。12世纪之前，阿拔斯王朝的首都巴格达是伊斯兰世界学习印度的中心。

在伊斯兰教扩张和帝国建立的数百年中，大量穆斯林旅行家前往印度旅行，如阿布·扎伊德·西拉非、杜来福·本·穆海乐席勒、伊本·胡格尔、伊斯泰赫里、本·沙尔雅、比鲁尼等，其中最为著名的当属伊本·白图泰。他们的游行记录大量当时印度的人情风貌。"阿拉伯史学家赞赏印度时不吝溢美之词。赛义德·安达卢西在其《知识分类》中称印度为'智慧的宝库，法律和政治的源泉'……叶尔孤卜说，印度人的特点在于他们在科学方面特别是天文学方面无与伦比。"[①]

伊斯兰文明与印度文明的相互影响主要体现在翻译、建筑、语言、宗教以及国家制度与宫廷礼仪等方面，同时文明交往的过程中，阿拉伯人将印度的十进制计数法和零的概念传播开来，虽然

---

① [印] D. P. 辛加尔：《印度与世界文明》（上卷），庄万友等译，商务印书馆2015年版，第169页。

后世称其为阿拉伯数字，其实原产自印度。"伊本·哈贾、舒卡尼和萨哈维在他们的传记中告知我们2000名印度穆斯林学者的生平与科学工作。在著名印度历史学家哈桑尼的专著《印度穆斯林学者传记》中，记载了4000名从事伊斯兰研究和阿拉伯文化不同领域研究者的名字。"① 这种融合是双向的，伊斯兰文明对印度文明成果的吸纳主要在12世纪之前，在阿拔斯王朝的"百年翻译运动"② 中最为突出；印度文明和伊斯兰文明的调适和创生相对较晚，其成果孕育彰显是在莫卧儿帝国时期。

翻译成波斯文和阿拉伯文的印度作品数量巨大，其中包括文学、数学、地理学、天文学、药学、历史学等。译著是印度文明向西传至伊斯兰世界甚至欧洲的重要载体，它对伊斯兰文明的繁盛和进步起到不可估量的贡献。例如，文学作品《摩诃婆罗多》《薄伽梵歌》《五卷书》《卡里来和笛木乃》等，哲学作品《波颠阇利书》《数论》等，天文学作品《太阳手册》，医学作品《阇提伽》《妙闻》《悉陀瑜伽》等。《天方夜谭》中有大量的故事和动物寓言可以追溯到印度故事里。阿拉伯天文学和高等数学的奠基人阿尔·花剌子模对印度的天文学和数学十分推崇，"有几个著名的印度外科医生被邀请到阿拔斯王朝的首都巴格达，受雇于国家医院并从事翻译工作"③。

伊斯兰教传入后，阿拉伯语是宗教语言，波斯语是宫廷语言，

---

① N. N. Vohra, *History, Culture and Society in India and West Asia*, Delhi: Shipra Publications, 2003, p. 49.

② "百年翻译运动"是指公元9—10世纪，在历任阿拔斯王朝哈里发的资助和倡导下，以首都巴格达为主要学术中心展开的大规模、有组织的译介活动。翻译运动包括波斯、印度、希腊、罗马、阿拉伯等古代东西方的优秀文明成果，涉及文学、医学、地理学、天文学、哲学等诸多学科领域，保存大量珍贵和优秀的学术成果，促进阿拉伯—伊斯兰文明的发展，对欧洲文艺复兴也起到一定的作用。

③ N. N. Vohra, *History, Culture and Society in India and West Asia*, Delhi: Shipra Publications, 2003, p. 226.

两者在印度都不能进行嬗变。因此，印度出现了与外来语言相融合的新语言——乌尔都语，它是当前巴基斯坦的国语，当时北印度的流行语。乌尔都语采取阿拉伯语的书写方式，但词汇、句式结构等都是印地语。

在政治制度和宫廷礼仪方面，波斯的影响最为深刻。这主要是因为11世纪后伊斯兰势力对印度的入侵和征服，其统治者多为中亚的突厥—阿富汗人，他们深受波斯文明的影响和熏陶。例如，波斯语一直是西北印度穆斯林大小国王、德里苏丹国以至莫卧儿帝国的宫廷官方语言。莫卧儿帝国引用的也是波斯的行政制度与权力分配制，宫廷中的服饰、陈设、礼仪以及高雅生活的标准等，都是波斯式样的。印度的大小伊斯兰王国或帝国成为伊斯兰时期与波斯交流的主要媒介，除了统治制度、法律、政治理论、文学、宗教等，还涉及兵种配置、战争方式、耕种方式、灌溉技术、路网建设和城市规划等。

建筑艺术通常被视为印度—伊斯兰文明交流融合的最显著成就，它是阿拉伯、拜占庭、波斯、中亚等诸多传统在伊斯兰文明下融合后又与印度自身特色结合的产物。从德里苏丹国到莫卧儿帝国，历代帝王都对大型建筑情有独钟并大力发展，因此杰作众多，并得以流传于世。当时的主要建筑有宫殿、陵墓、清真寺、城堡、花园等，"印度教—伊斯兰教的风格是印度教和伊斯兰教美术精神的完全和谐，这一和谐的表现，在艾哈迈达巴德和遮普尔的寺院表现得最为清楚。建筑师无遗是伊斯兰教徒，但领工和工人是印度教徒"[①]。当时的建筑主要采用伊斯兰的穹隆结构和拱券结构，以花卉、几何和《古兰经》经文作饰。例如，德里的古瓦特

---

① [印] K. M. 潘尼迦：《印度简史》，简宁译，新世界出版社2016年版，第162页。

清真寺是由乔汉王国的印度教寺庙改建而来；库特布高塔是德里苏丹国首任国王艾伊拜克为纪念自己战功修建的；1573年竣工的胡马雍陵墓是波斯和印度风格完美协调的产物；阿克巴皇帝为自己修建了亚格拉城堡和沙特普尔城堡；"四十柱宫"是以40根巨大的印度式样石柱支撑的巨大皇宫；沙贾汗时期的珍珠清真寺和德里红堡，尤其白色的德里大清真寺是当时全印最大的清真寺，与红堡对面而立，红白亮色交相辉应。当然，最为著名的成果是举世闻名的泰姬陵，它的几何图样尽显伊斯兰简洁明快之风，细致处则是印度式样的豪华与富丽，寝宫的拱门上还刻有《古兰经》经文，但门扉窗衬上确是传统的印度花卉纹样。

在绘画方面，印度和伊斯兰样式的融合也产生丰硕的成果——莫卧儿画派。莫卧儿画派是波斯细密画、印度传统画和西方写实画三种风格结合的产物，胡马雍和阿巴克统治时期放松了宗教戒规对绘画艺术的限制，邀请两位波斯画家米尔·阿利和赫瓦贾·阿卜杜勒·萨马德入住宫廷，一边教胡马雍与阿克巴绘画，一边带领印度画工完成《阿米尔·哈扎姆的故事》一书抄本的插图绘画。这两位画师培养了一大批印度画家，使淑女、花卉、鸟兽、生活风趣、狩猎等诸多题材成为莫卧儿画派的主要题材。

宗教上的相互促进主要表现在苏菲派的扎根和印度教的虔信运动。一方面，印度与苏菲派的诞生地波斯有着密切的人文交流，苏菲派不少神秘仪式具有典型的印度风格，如呼吸法、念珠等。印度宽松的社会环境吸引大量苏菲信徒前往定居，印度也成为苏菲派的中心之一。另一方面，由于受到伊斯兰教的强大冲击，德里苏丹国和莫卧儿帝国时期改宗人数明显上升，纯洁宗教、稳固信仰成为宗教面对的主要挑战。为此，12—13世纪，印度国内的虔信运动首先在南印度发起，14—15世纪，逐步扩展到北印度各地。虔信运动得到广大印度教信徒的热烈支持，重新激起民众对印度教的热爱和忠诚，同时对教内的种姓歧视、妇女地位低下等老旧矛盾起到遏制作用，增强了印度教的活力。虔信运动此后又逐渐发展为新的宗教——锡克教，主要分布在印度河上游，也就是旁遮普地区。应该指出的是，虔信运动具有很强的草根运动性质，婆罗门种姓对它持质疑甚至敌视态度，因此它未能发展成为印度教的新一轮自我革新。同时，由于它强调淳朴的敬爱唯一的神，减少宗教差异的偏见，因此它一定程度上缓和两大宗教和民间两教教徒之间的矛盾和鸿沟，但虔信运动不可能弥合两教分歧与对立，真正起决定性作用的是帝国的宗教宽容政策。

随着穆斯林社团由北向南的扩张与穆斯林人数的增加，自胡马雍至沙贾汗的历任莫卧儿皇帝实施宗教宽容、权力分享和文化融合的政策，有效地稳定了印度的社会环境，但奥朗则布登基后剥削与压迫印度教徒，驱逐印度教大臣，引发全境范围内非穆斯林的反抗，尤以锡克教徒和拉其普特诸邦的反抗斗争最为激烈。两教矛盾和斗争是莫卧儿帝国由盛转衰的重要原因。

德里苏丹国和莫卧儿帝国的君主们虽然支持印度—伊斯兰文明各种文学和艺术形式大发展，但始终保持以伊斯兰为主导，是伊斯兰文明对印度表达方式的吸收与兼容。与此同时，这一千多年的文明碰撞中，印度文明尤其是宗教也保持着自身的主导地位和文化样式，基本不接纳伊斯兰思想、风格的渗透。自8世纪到16世纪，传自西亚的伊斯兰教在印度本土落地生根，改变了印度的社会结构和文化风貌，并发展成印度文明的新元素。印度也发展出两教共存的二元形态，而并非雅利安人与印度教独大的传统社会结构。

二 殖民主义时代印度与中东（西亚）的关系

（一）殖民主义者的到来和征服

"1498年，在一位古吉拉特领航员的带领下，达·伽马驾驶着他的船只驶入印度港口，欧洲的征服者们也随之从西部穿过海洋来到了印度。"[①]"鉴于达·伽马令人满意的发现：好望角以外的地方，无论是在陆上还是海上，都没有能跟欧洲火力相较的力量，他对结果有信心。其军事优势使得领航员卡布拉尔和他的继任者能够萌生出一个他们在到来之前做梦都想不到的想法：海洋的所有权。"[②] 西方殖民印度的时代由此开启。在葡萄牙之后，荷兰、英国与法国相继进入印度洋并争夺东方航路和贸易的霸权。其间，第一阶段是葡萄牙与荷兰、英国的斗争；第二阶段是荷兰与英国的斗争；第三阶段是法国和英国的斗争。作为传统的陆上霸主，法国海上力量始终有限，在18世纪中期印度洋和东方的争霸中，它最终败于英国。

西方殖民者，尤其是西班牙、葡萄牙以寻找东方基督教国王为由，借宗教旗帜在东非和印度西海岸进行血腥和非人的劫掠，罄竹难书，充分反映出当时西方社会贫困、落后下的贪婪和野蛮。1500年，第二波葡萄牙船队共13艘船再次抵达卡利卡特。在与当地阿拉伯商人的竞争中，舰队司令卡布拉尔首先袭击离港的麦加商船，引发与卡利卡特统治者扎摩林和当地各大商团的正面冲突。为此，卡拉布尔炮轰卡利卡特，劫掠附近的10艘商船，杀死所有船员、商人与旅客，将跳水逃生的人捞起后绑在木柱上

[①] [英] 芭芭拉·D. 梅特卡夫、托马斯·R. 梅特卡夫：《剑桥现代印度史》，李亚兰等译，新星出版社2019年版，第Ⅵ页。

[②] [英] 理查德·霍尔：《季风帝国——印度洋及其入侵者的历史》，陈乔一译，天津人民出版社2019年版，第198页。

烧死，以此震慑岸上无法前去施救的市民和他们的亲人。在炮轰城市未能迫使国王屈服后，卡布拉尔率残余葡萄牙舰队返回。1502 年，达·伽马第二次出航印度，沿着非洲东西海岸一路烧杀抢掠，并在印度西海岸外伏击穆斯林朝圣船，洗劫财物放火烧船，连妇孺在内无人幸免。不仅如此，达·伽马将穆斯林商船中跳水者用长矛刺伤，坐看染红的海水和奄奄一息者被鲨鱼撕扯分尸。在炮轰卡利卡特两天后，达·伽马率舰队沿海岸线南下洗劫。在印度西海岸，达·伽马最喜欢的处决方式就是刺穿吊在半空中的人，他认为这样可以给手下的士兵提供训练的机会。

此后，葡萄牙人借助强大的海军封锁东南亚和印度的海路，垄断香料贸易，自此印度和阿拉伯商人再也不能进行香料贸易，同时还必须缴纳通航许可费。"海上的强制制度就是通行证制度。如果一个亚洲海船想要出海航行，那必须先向葡萄牙人购买出航许可证。"① 16 世纪初期，葡萄牙在印度洋区域内迅速建成三大据点——马六甲、果阿和索科特拉岛，形成自己的控制网络。16 世纪的 100 年里，葡萄牙不仅成功垄断东方航线，还垄断了印度与欧洲的贸易。1581 年，葡萄牙王位由西班牙国王腓力二世兼任，西葡两国成为印度洋航运业的霸主。"由于通行证制度的诞生，印度洋海域出现了前所未有的新帝国……葡萄牙人统治的葡属印度控制了印度洋海域的海上交通和贸易，从中获取的税款成为其主要收入来源，这是一个真正意义上的'海上帝国'。"② "任何一艘在外海航行的船只，特别是穆斯林的船只，只要没有葡萄牙授予的

---

① Ashin Das Gupta, *Malabar in Asian Trade 1740-1800*, Cambridge: Cambridge University Press, 1967, p.9.
② ［日］羽田正:《东印度公司与亚洲之海》，毕世鸿等译，北京日报出版社 2019 年版，第 48 页。

通行证，就应该被抓捕、劫掠和沉没。"①

到 17 世纪初期，荷兰人、英国人和法国人相继来到印度沿岸。1588 年，西班牙无敌舰队战败使欧洲其他海上强国看到西葡两国海上霸权更替的机会。1595 年，荷兰第一次派遣四艘船组成的舰队驶往印度洋，并最终在印度尼西亚落脚。17 世纪初，荷兰和英国一样获得在莫卧儿帝国境内通商和建立商馆的权力。1602 年，荷兰东印度公司成立。与英国东印度公司不同的是，荷兰东印度公司从开始就明确将葡萄牙作为竞争对手，并把击败它作为主要目标。1605 年，荷兰舰队在柔佛海峡击败葡萄牙舰队，获得东方海上霸权。1641 年，葡萄牙失去对马六甲的控制权，荷兰人从而打开了印度洋的东大门。1663 年，荷兰人从葡萄牙手中抢夺马拉巴尔海岸的定居点。17 世纪中叶，荷兰的商馆已经遍及古吉拉特、孟加拉、比哈尔和南印度的东西海岸。1759 年，荷兰与英国在孟加拉和印度两地开战，荷兰惨败。1781 年，荷兰人再次战败并失去尼加帕塔姆和锡兰的亭哥马里。自此，虽然拥有强大的商业资本和高效的公司运作，但由于海军实力、武器装备等都不如英国，荷兰再也无力与英国展开竞争，只是保持正常的商业活动。

法国的东印度公司是 1664 年建立的，它与荷兰、英国的公司不同，是由国家控制，并给予贷款，由王室直接掌控。1668 年，法国才在苏拉特建立自己的第一个商馆。1670 年，法国派出以雅各·德·哈依统领的庞大舰队抵达印度洋，力图在锡兰建立定居点并建立统治，希望以它为基点影响和控制海路贸易。18 世纪中期，英法两国在印度进行三次卡纳蒂克战争，法国惨败。1763 年后，法国仅保持商业存在，不能驻军和设防，因此再也不能成为

---

① [英] 理查德·霍尔：《季风帝国——印度洋及其入侵者的历史》，陈乔一译，天津人民出版社 2019 年版，第 211 页。

英国的竞争对手。

1725年时,印度东西海岸上存在诸多被外国商人武装割据的地盘。例如,苏拉特、马德拉斯、威廉要塞(今天的加尔各答市)等都是英国东印度公司的贸易中心;本地治里、马苏里帕塔姆和昌德纳哥是法国的贸易中心;尼加帕塔姆、科钦、特兰克巴尔是荷兰人的定居点。

1601年,英国东印度公司成立①,目的就是垄断东方与欧洲之间的香料贸易。为增强其力量,英国国王和议会逐渐将修筑要塞、建立军队、对非基督教徒宣战、媾和等权力让渡给东印度公司。1614年,东印度公司派出船队帮助苏拉特统治者击败蛮横的葡萄牙舰队,赢得莫卧儿皇帝贾汉吉尔的赞许,颁布法令允许东印度公司和帝国建立长久的贸易关系。至此,东印度公司才在印度真正站稳脚跟。此后,东印度公司与葡萄牙传教士在莫卧儿宫廷内展开激烈斗争,最终于1618年赢得贾汉吉尔的新赦令,允许英国人在莫卧儿帝国境内展开贸易和建立商馆。以此为突破口,公司在东西海岸建立大批商馆并开始探索内地,如卡利卡特和坎贝。前者的腹地是胡椒的集散地,也是马六甲到坎贝、亚丁、霍尔木兹的中转站。后者的腹地古吉拉特是印度棉织品的主要生产地,也是印度洋海域最大的商船建造基地。

东印度公司建立之初非常弱小,如它的初期资本大约折合为53万荷兰盾,而荷兰东印度公司成立时资本额为642万荷兰盾。不仅如此,荷兰还拥有数次航行成功的经验,东印度公司则缺少航海经验。1623年,东印度公司在与荷兰东印度公司的斗争中,在印度尼西亚安汶岛发生所谓的安波因那大屠杀,10名英国人被

---

① 英国女王于1600年12月31日颁发特许状,当时使用的是儒略历。按照现在的公历,换算后时间为1601年1月10日。

杀，东印度公司被迫放弃东南亚诸岛，而将注意力转移到印度，并通过纳税和贿赂等手段慢慢在印度西北部的苏拉特和马苏里巴塔姆建立稳固的定居点。到17世纪末期，东印度公司在印度形成以马德拉斯、孟买和加尔各答为核心的三大辖区，这也是东印度公司进一步扩张和吞并的基础。1765年，东印度公司控制孟加拉地区，完成吞并印度的第一步。1818年，第三次马拉塔战争结束后，北印度的马拉塔联盟被彻底击败，各地王公不是被兼并就是被并入孟买管区，德干和印度河流域都处于英国人的控制之下。随后，公司出兵征服最后仍保持独立的信德与旁遮普。1848年，木尔坦的锡克教起义失败后，英国于1849年兼并旁遮普。"东印度公司征服印度，从1757年算起，到1849年兼并旁遮普为止，共用了92年时间。"[①] 十年后，印度士兵大起义严重撼动东印度公司在印度的统治，也引起英国女王对东印度公司和印度的高度关注。1858年8月2日，英国议会通过《印度政府法》，规定结束东印度公司的统治，由英国女王正式接管，印度总督代表英王进行统治。

（二）殖民主义时期印度与西亚的交往

殖民主义印度与西亚的交往以19世纪中期为分界线。前期虽然印度失去香料贸易的权力，但外贸仍然保持独立自主，与西亚的贸易尤其是海路贸易基本通畅。后期，印度成为英国的附属，对外贸易中沦为英国的商品市场和原料产地。与西亚的贸易明显衰落并居于次要地位，海外印度商人也依附在大英帝国的殖民羽翼之下。

葡萄牙人的到来首先冲击印度洋上传统的势力。"这几乎完全

---

① 林承节：《印度史》，人民出版社2014年版，第193页。

消灭了土耳其在印度洋的霸权;阿拉伯人对亚欧间的贸易垄断也被随之而来的欧洲诸强国所打破。"① 例如,1513年葡萄牙人与卡利卡特统治者扎摩林展开斗争后,"来自红海的阿拉伯商人都离开前往古吉拉特的港口,只有马格里布的商人还留在卡利卡特希望可以和葡萄牙人协商。"② 西方国家的纷至沓来使得印度的东西海岸热闹非凡,但在此后的200年里,也就是18世纪初期以前,西方强国的活动仍主要受限于沿岸的商业活动。"当莫卧儿帝国还很强大的时候,英国人、荷兰人和法国人除了贸易经营外什么也不能得到;但当中央权力削弱,一些省份成为内战战场的时候,此前隐藏着政治野心的外国工厂就能够有效地影响事态的发展了。"③

莫卧儿帝国在权力和实力最为鼎盛的时期也没有想过建立海上霸权,而是任由西方国家与西亚和印度商人在海上争斗并逐渐控制海路控制权。"莫卧儿帝国和海权国家重复的斗争,是大象和鲸鱼的冲突,在自己的环境之外彼此都是无能为力的。帝国当局在海上的贸易被干涉、船只被掠夺、货物被没收,愤怒却无可奈何。"④ 一方面,印度西北海岸沿线的各王国中,国王与商人集团之间缺乏紧密的政治联系,和外贸商人的联系更为松散,对海外贸易活动并不关心,因此也不打算动用庞大资源和人力来保护海上贸易。到莫卧儿帝国时,帝国只关注商人上缴的税款,不关心外贸的内容、困难等问题。不管是帝国还是个土邦王国都没有建

---

① [印] D. P. 辛加尔:《印度与世界文明》(下卷),庄万友等译,商务印书馆2015年版,第225页。
② Denys Lombard and Jean Aubin eds., *Asian Merchants and Businessmen in the Indian Ocean and the China Sea*, London: Oxford University Press, 2000, p. 47.
③ [印] K. M. 潘尼迦:《印度简史》,简宁译,新世界出版社2016年版,第245页。
④ [印] K. M. 潘尼迦:《印度简史》,简宁译,新世界出版社2016年版,第244页。

立海军和海上霸权的想法。另一方面，莫卧儿帝国也在利用西方国家之间的矛盾。"莫卧儿人欢迎英国人的到来是为了牵制葡萄牙人和后来的荷兰人的势力；而印度商人欢迎英国人，则是由于青睐贸易带来的丰厚利润。"① 17 世纪，英国人在苏拉特等港口城市建立工厂，但它们不是近代和现代意义上的制造业工厂，而是当地产品储存的仓库。同时，"荷兰人和英国人还教苏拉特的造船工人中型船只的造船技术，这以后成为苏拉特本地航运业的主力。"② 18 世纪以前，不仅英国商人要在贸易中照章纳税，基督教的传教士也不能在印度定居。

16—19 世纪初，西方国家逐渐垄断印度产品对欧洲的出口，包括棉纺织品、丝织品、香料（以胡椒为主）、生丝、硝石、蓝靛等。但欧洲几乎没有什么可以出口印度的，这导致印度年年入超，大量黄金白银流入。这一点不仅和当时的中国一样，也是古代以来印度贸易优势地位的延续。

16 世纪以后，阿拉伯和波斯商人与印度的贸易被葡萄牙人控制，阿拉伯人在印度沿岸的影响力迅速减弱。霍尔木兹、马斯喀特和巴林的商人每年必须向葡萄牙人上缴巨额的贡赋才能在海上航行。一些商品的买卖权也被剥夺，例如，阿拉伯和波斯商人一直垄断的马匹出口权。但波斯湾的波斯与阿拉伯商人、阿拉伯半岛南岸的阿曼和也门商人、红海的阿拉伯和犹太商人仍是西亚地区商业的主要参与者。印度则失去进行东南亚香料贸易的权力。

在外贸的过程中，古吉拉特商人（印度教徒、耆那教徒和穆

---

① ［英］芭芭拉·D. 梅特卡夫等：《剑桥现代印度史》，李亚兰等译，新星出版社 2019 年版，第 43 页。

② Denys Lombard and Jean Aubin eds.，*Asian Merchants and Businessmen in the Indian Ocean and the China Sea*，London：Oxford University Press，2000，p. 106.

斯林)、马尔瓦里商人(印度教徒)、帕西商人(祆教教徒)都成为全国性的大商人集团。东南海岸科罗曼德的切提商人(印度教徒)、西南海岸马拉巴尔、西北海岸木尔坦的穆斯林商人则是国内著名的地方商团。1765年时,丹麦旅行家卡斯滕·尼布尔记录马斯喀特有着大量印度商人,"总数不少于1200人,他们被允许按照自己的法律生活,携带他们的妻子定居,在他们的庙堂里树立偶像,死后还可以埋葬在当地"①。在波斯湾里,印度人的数量也非常庞大。"到17世纪后半期,在萨法维王朝的首都伊斯法罕居住的印度人已经超过一万人。在毗邻波斯湾、作为面向印度贸易窗口的阿巴斯港,居民的三分之一是印度人。"②

  16—17世纪,印度出现许多外贸大商人。例如,古吉拉特的印度教商人威尔吉·乌霍拉是西印度的首富,常驻苏拉特,并在国内沿岸和西亚诸多港口城市设有商号。古吉拉特的穆斯林商人阿卜杜尔·加富尔,拥有850万卢比和一支17艘商船的船队。他是古吉拉特有文字记录的第一位船主,当时莫卧儿帝国在当地也就只有12艘船。由于帝国的强盛,印度有大量从事海外贸易的富商,还有许多莫卧儿宫廷或地方王国的贵族参与了与西亚、东南亚各国的贸易。传统的印度独桅帆船吨位在100吨—200吨,船上有两或三个帆柱,配有大三角帆和船头三角帆。17世纪后,印度商船的吨位最大的达到600吨,中型船只的吨位在300吨—400吨,每年苏拉特的出口总量大约为6万匹土布,相当于2万吨。到18世纪后,印度西北沿岸船只的普遍载货量明显提升,常见船只排水量达600吨,大型船只可以达到800吨—900吨,甚至有1200

---

① Carsten Niebuhr, *Travels Through Arabia and other Counties in the East*, Vol. 2, London: T. Vernor, 1792, p. 116.
② [日]羽田正:《东印度公司与亚洲之海》,毕世鸿等译,北京日报出版社2019年版,第125页。

吨的大船。

朝觐业当时已经成为跨印度洋航运的重要组成部分，但规模并不大。例如，17世纪时，莫卧儿帝国在古吉拉特每年只安排两艘官方发出的朝觐船，其余参加朝觐活动的人多是从事航运业的印度穆斯林和少量搭乘货船的朝觐者。

外贸路线和上一个历史时期相同。陆路上，从德里出发至拉合尔后分为两路。一路前往喀布尔，再转道赫拉特，沿着里海南岸穿越伊朗高原至哈马丹，最后到达巴格达。另一路从拉合尔到木尔坦和坎大哈，然后到达克尔曼、伊斯法罕、设拉子，最后达到巴格达。当然，喀布尔和坎大哈，布尔赫和哈拉特，伊斯法罕和哈马丹之间也有商路联通。到巴格达后，再经陆路前往阿勒颇与大马士革，大马士革的商路则继续向加沙和亚历山大港、开罗延伸。海路也是分波斯湾与红海两个方向，印度的海港则从信德一直延伸到最南端的科罗曼德海角。当时印度的进口货物主要是黄金、白银、水银、朱砂、铜、玫瑰水、玻璃、鸦片、珍珠、马匹、奴隶等。印度出口的商品包括棉质纺织品、丝织品、木材、大米、胡椒、靛蓝、珠宝制品、陶器、象牙等。

"18世纪下半期，印度西部贸易网络的主要动力依旧来自西亚市场。"① 但与以往不同的是，欧洲公司和商人开始渗透到当地的商业网络和内地的农业与手工制造业链条中。

18世纪下半期后，印度与阿曼的贸易迅速发展，这主要得益于马斯喀特苏丹国的建立，也得益于迈索尔王国的强盛与其反英的海洋贸易政策。马斯喀特苏丹国于1749年建立，海洋商贸是其致富和外交的重要内容。为此，它尤其重视与苏拉特、孟买等印

---

① H. V. Bowen eds., *Britain's Oceanic Empire: Atlantic and Indian Ocean Worlds, 1550 - 1830*, New York: Cambridge University Press, 2012, p. 317.

度商港的贸易，反对英国对波斯湾、印度洋和印度外贸的控制与垄断则是马斯喀特苏丹国的主要对外政策。1796年，马斯喀特的阿拉伯人以苏拉特本土贸易人口的身份，与该城的穆斯林商人代表一起反对东印度公司的专断行为和政策。"苏拉特的行政长官希望马斯喀特的商船可以绕过英国海关，而使用莫卧儿帝国的海关，就像其他本土商人所做的一样，借此维系和增加他的地位与权力。"[①] 迈索尔王国位于海得拉巴以南，是莫卧儿帝国解体后建立的地方政权，国王是穆斯林海德尔·阿里。阿里国王是一位富有远见的君主，励精图治，实施各种改革措施，废除柴明达尔制和包税人制，提高国家收入的同时减轻民众负担，还建立了强大和现代化的军队。在海上，他与其子提普苏丹重视与阿曼的商业联系，并将两者的合作视为打破英国海上霸权的突破口。提普苏丹在马斯喀特、霍尔木兹、巴士拉、布什尔、吉达等地都投资新建工厂，并且由官方控制外贸。阿曼也给予迈索尔商人最低的海关税率。1785年，两国签署互惠贸易协定，提普苏丹给予阿曼商人赋税减半的巨大让利。由于阿里国王和提普苏丹都采取反对英国殖民统治的政策，因此和英国进行四次英迈战争。1799年，第四次英迈战争以内奸叛变、迈索尔战败终结，提普苏丹战死。消息传到英国，英国举国欢腾庆祝。

当时英国人将阿拉伯商人视为印度洋地区的主要竞争者，给予严厉的打击。污蔑和抹黑是西方殖民者常用的伎俩，"为达到这一目的，英国人诉诸各种各样的借口和策略，其中最主要的是三个：他们谴责海湾阿拉伯人是海盗、奴隶贩子和武器走私者"[②]。然后，

[①] H. V. Bowen eds., *Britain's Oceanic Empire: Atlantic and Indian Ocean Worlds, 1550–1830*, New York: Cambridge University Press, 2012, p. 319.

[②] N. N. Vohra, *History, Culture and Society in India and West Asia*, Delhi: Shipra Publications, 2003, p. 241.

其以此为借口向波斯湾地区各阿拉伯酋长们发起军事攻击。英国殖民者在海上肆意攻击并击沉被他们怀疑的阿拉伯商船,而不是围捕后送往附近的港口调查。马斯喀特苏丹国和迈索尔王国则成为英国在印度洋两边打击的主要对象。提普苏丹在鼓励亚美尼亚和阿拉伯商人往来经商的同时,对欧洲商人和公司尤其是英国东印度公司施加诸多限制。提普苏丹的官营外贸带来巨大的商业利益,尤其在胡椒、大米、柚木的出口上,这甚至引起西部沿岸各印度土邦王国君主的效仿。"他在扩展与海湾国家贸易上的努力终究遭遇挫折,英国人拥有更大的船只和更强大的海军,最终将它排斥在阿拉伯海的贸易外。提普苏丹死后,英国人做的第一件事就是关闭他在马斯喀特的工厂与分支机构。"[①]

这一时期印度海外商人中最成功的当属古吉拉特的苏基·土潘·塔克尔。塔克尔于1780年到达马斯喀特,成为马斯喀特苏丹国国王本·艾哈迈德的银行家。他依靠印度国内纺织业积累的利润和金融支持,帮助国王筹集征服东非的资金;作为回报,国王任命他监管马斯喀特、桑给巴尔和东非的海关。苏基家族执掌这一财政大权长达60年,"苏基的商业公司将沙特、东非和印度的资源与市场联系起来,协调整个西印度洋的商品和信贷活动"[②]。以他为典范,印度商人在多种文化、商业网络和信贷关系中构建出复杂而又运转良好的商业帝国,可谓印度进入现代文明之前海外贸易的高峰。

进入19世纪后,印度与西亚的交往开始走下坡路,这主要有内外几个方面的原因。首先,大英帝国和东印度公司多年的征服

[①] Ashin Das Gupta and M. N. Pearson eds., *India & the Indian Ocean*, *1500 – 1800*, New Delhi: Oxford, 1999, p. 142.
[②] Fahad Ahmad Bishara, *A Sea of Debt*: *Law and Economic Life in the Western Indian Ocean*, *1780 – 1950*, Cambridge and New York: Cambridge Press, 2017, p. 8.

战争不仅破坏印度的自然经济，也使外贸受损。19世纪初开始，英国在击败迈索尔王国、马拉塔人联盟后，控制德干以南和恒河流域，到1857年正式废除莫卧儿皇帝，控制印度全境。多年的战火遍及印度次大陆各地，对农业经济和封建秩序造成巨大冲击。此后，印度与外交的交往处于大英帝国和其总督的监管之下。

其次，传统棉纺织业的崩溃是印度与西亚交往衰落的重要原因。印度西北部的旁遮普、古吉拉特，东南部的科罗曼德海岸和东部的孟加拉地区都是著名的棉织品产地。"19世纪的前20年，印度经济和英印关系都开始发生重大的变革……到1815年，印度产的纺织品和其他手工制造的产品在英国或者世界市场上都不再能与英国工业化生产的产品相竞争。"① 美国内战期间，印度棉纺织业一度获得大发展。"然而，战后美国棉花重归市场后，印度棉花大繁荣遭遇重创，导致无尽的商业破产。"② 连时任印度总督也承认纺织工人的尸骨漂白了印度斯坦平原。自古以来作为印度外贸的"拳头"产品——棉纺织产品从此一蹶不振。

最后，英国对西亚殖民统治逐渐确立。例如，1820年与海湾七个酋长国签署特鲁西尔条约，借助1804年和1826年两次俄伊战争获取在伊朗的最惠国待遇和治外法权，1870年成为阿曼的宗主国。西亚传统的帝国和王国均成为英国的殖民地或半殖民地，衰败的西亚不再需要印度的奢侈品，文化交流变得贫瘠与匮乏，印度的手工业产品被英国商品替代，印度和西亚国家都沦为英国的原料产地和消费市场。"从1750年至19世纪末期，印度的商人经历复杂转变，大量的商人和银行家失去了其在18世纪拥有的财富

---

① ［英］芭芭拉·D. 梅特卡夫等：《剑桥现代印度史》，李亚兰等译，新星出版社2019年版，第72页。
② Dwijendra Tripathi, *The Oxford History of Indian Business*, London: Oxford University Press, 2004, pp. 100–110.

和转移国家收入的功能。"① 印度与西亚国家的商贸关系、文化联系都遭到前所未有的严重冲击。

相比较而言,北印度尤其是信德、木尔坦等最后被兼并地区的商人更好地适应了殖民地的经济变化。19世纪,印度商人在外贸中所占的份额急剧下降,东印度公司和后来的其他英国公司在各个行业和地区都占据主导地位,印度商人的工作只是予以配合。除了对欧洲的贸易外,印度商人仍在亚洲贸易中占有一席之地。例如,参与对中国的贸易尤其是鸦片生产、运输,另外,其与非洲尤其是东非的象牙贸易蓬勃发展,这和西方国家对印度象牙手工艺品的需求有密切的联系。

19世纪中期开始,印度与西亚的关系成为大英帝国殖民统治的附属。"然而,印度与波斯湾自19世纪后期开始,在政治和行政上都被英国的统治联系起来,双方关系进入了一个新的时期。"②在1947年印度独立前,波斯湾地区的所有政治、经济事务都是由在印度的殖民总督抉择。当地的酋长们在没有得到允许的情况下不能私自前往印度。在当地工作的英国殖民官员都要先在印度总督府辖下受训和任职,积累经验后再派往波斯湾地区。不仅如此,海岸沿线的方言中还混入大量的乌尔都语词汇,这都是印度商人和士兵长期驻扎的影响。"印度陆军部队(或是使用印度雇佣军的当地军事力量)驻守在关键的位置,包括亚丁、马斯喀特和巴林,同时印度皇家海军的战舰在波斯湾海域巡航。"③

---

① Claude Markovits, *The Global World of Indian Merchants, 1750 – 1947: Traders of Sind from Bukkara to Panama*, Cambridge and New York: Cambridge University Press, 2000, p. 13.
② N. N. Vohra, *History, Culture and Society in India and West Asia*, Delhi: Shipra Publications, 2003, p. 111.
③ [澳]大卫·布鲁斯特:《印度之洋》,杜幼康等译,社会科学文献出版社2016年版,第143页。

从某种意义上说，波斯湾两岸因附属于英国而附属于印度，"1798年的一份法令规定，孟买海军的首要职责是'保护贸易'，而（英国）皇家海军则致力于保护帝国的广泛利益，（1822年的）莫尔斯比协定集中体现了皇家海军拥有更高的权力。这两支海军之间还存在等级差别：皇家海军军官总是比同等级别的孟买海军军官享有优先权。"① 或者进一步说，波斯湾地区殖民存在的重要意义之一就是保护从英国到印度的海上通道安全以及阻止陆地大国靠近印度洋。"英国在印度至高无上的地位毫无疑问与英国在波斯湾至高无上的地位关系密切，如果我们失去对波斯湾的控制，那么我们在印度的统治也不会长久。"②

成为殖民地之后，波斯湾地区在经济和日常生活中对印度形成巨大依赖，例如，"1973年印度出口巴林货物总价值为116.7万卢比，超过进口总量的1/3"③。采珠业是波斯湾地区最大的支柱产业。沿岸各地进口印度货物的多少和种类往往和当年采珠业的收成与价格有着直接联系。阿拉伯或者印度的商人将珍珠运往印度，回程的时候采购各种生活用品。当地酋长国尤为看重采珠业的利润，不允许印度商人直接介入，但允许他们提供信贷支持。印度的卢比则是波斯湾沿线阿拉伯地区的通用货币，一直延续到20世纪60年代各阿拉伯国家开始发行自己的货币。

与印度的贸易还培养了不少著名的阿拉伯商人家族。例如，"沙特的阿尔巴萨姆和艾戈塞比家族，科威特的阿尔巴西姆和阿吉

---

① ［英］理查德·霍尔:《季风帝国——印度洋及其入侵者的历史》，陈乔一译，天津人民出版社2019年版，第397页。
② Lovat Fraser, India under Curzon & After, London, William Heinemann, 1911, pp. 112 - 113.
③ Ali Aba Hussian, Historical Relations between Bahrain and India, *Al-Watheeka*, Vol. 10, No. 20, 1992, p. 217.

纳家族，巴林的阿兹雅尼和阿鲁瑞亚德家族，特鲁西尔酋长国的阿米德法和阿萨雅格家族等。"[1] 这些家族最早从事采珠业，每年定期运往孟买和加尔各答，再购回印度的日用品、工具、棉织品、食品甚至刀剑和现代火枪，甚至巴林的优素福·卡努还在巴林和孟买开设银行，方便两地的贸易关系。他们在各自所在地区拥有分销网络，以零售的方式出售这些印度商品。另外，虽然贵金属如金银的进出口被英国禁止和垄断，但黄金走私活动依然存在。印度民间对黄金的需求依然较大，每年都有不少黄金从特鲁西尔诸酋长国，尤其是今天的迪拜，走私出口到印度。这些阿拉伯巨商不仅在印度投资建立清真寺、开办学校，还资助当地阿拉伯和伊斯兰的文化事业，他们是近代西亚文化和思想启蒙事业最早的赞助者。

印度商人在波斯湾的地位因英国人的殖民统治而得到保障。在英国确立对波斯湾区内阿拉伯地区的殖民统治前，印度商人时常面临海盗、部落战争和民事纠纷等问题的困扰，商人的生命和财产安全有时会难以保障。此后，英国在帝国范围内给予印度商人英国国民的身份，一方面是可以借助印度人深入阿拉伯各国，打探和了解情况；另一方面很多印度人本身代表着英国的利益，在英国驻波斯湾的官方机构或公司里任职。借助阿拉伯人和英国殖民者中间人的身份，印度人在波斯湾地区享有较高的地位，不少印度商人借机向阿拉伯酋长们借贷。在阿曼、巴林、阿联酋也都建立了强大的印度社团。"1830 年，在印度洋、波斯湾和红海的印度商人总数也就只有几千人，其中最大的聚集地是马斯喀特

---

[1] N. N. Vohra, *History, Culture and Society in India and West Asia*, Delhi: Shipra Publications, 2003, p. 112.

(1840年是大约有2000人)……一个世纪后,也就是1930年时,海外印度商人和雇员的总数达到50万。"① 其中包括大量政府和企业雇员、驻扎各地的士兵以及家庭佣人等。

---

① Claude Markovits, *The Global World of Indian Merchants, 1750 – 1947: Traders of Sind from Bukkara to Panama*, Cambridge and New York: Cambridge University Press, 2000, p. 17.

第二章 印度与中东国家关系
（1947—1990年）

自1947年独立后，印度与中东国家关系基本保持稳定。印度积极与中东国家建交和发展双边关系，在不结盟运动的旗帜下团结中东国家尤其是阿拉伯国家，采取坚定和稳定的"亲阿远以"政策，积极调解历次中东战争和地区冲突。印度与中东的关系首先服务于印度谋求大国地位的政治需要，以及在印巴冲突、两教矛盾和克什米尔问题上的国家利益。自20世纪70年代开始，经济联系和经济利益成为印度与中东关系的新因素，其中尤为突出的是印度与包括伊朗在内的海湾国家的经贸往来得到持续的加强。

冷战期间的印度与中东关系是双方关系的积累期。这一阶段中双方关系处于印度对外关系的"边缘地位"，受交往内涵不足和重要性较低的限制，印度与中东关系更多地表现为议题形式，如印度关切的不结盟运动和穆斯林问题、地区热点如历次中东战争等。经过近半个世纪的发展，实现以政治关系为核心向"政治关系为主，经济关系为辅"新格局的转变。这意味着印度与中东关系的深化和扩展，以及相互依赖的逐渐形成，尽管这种相互依赖是不对等的。冷战时期的印度中东政策总体表现出连续性、独立性和务实性的特点。从连续性上看，印度迟迟不与以色列建交，对阿拉伯世界在印度国内穆斯林和巴基斯坦问题上的责难采取隐忍态度。从独立性上看，印度坚持反帝和反霸的基本政策，支持民族独立运动，因而与埃及保持较为密切的友好关系，并在不结盟运动中展开大量合作。从务实性上看，在美苏争霸的大背景下，虽然受国际和地区政治、宗教等因素的制约，印度仍努力与所有中东国家保持友好关系，保持和发展经贸合作。

第一节 尼赫鲁总理时期的印度与中东国家关系（1947—1966年）

1947年8月15日，经过多年不懈和艰难的反英斗争，印度终于获得国家独立。拉金德拉·普拉萨德就任印度第一任总统，贾瓦哈拉尔·尼赫鲁出任共和国第一任政府总理。现代印度翻开崭新的一页。尼赫鲁作为印度国父，对印度内外政策的制定和规划具有深远的影响。在他去世后，夏斯特里总理成为继任政府总理（1964年6月—1966年1月），同样出自印度国民大会党（简称"国大党"）的夏斯特里完全继承尼赫鲁制定的对外政策，因此，我们将尼赫鲁时期划归到1966年。

建国后，印度外交的主要任务体现在三个方面：处理印巴冲突、努力争当世界大国、处理好与美苏两国的关系。中东地区在印度外交中并不占据主要地位，但由于地理临近，加上伊斯兰教与巴基斯坦因素的存在，中东对印度而言具有特殊的意义和价值，不得不努力发展与中东各国的友好关系。在这近二十年的时间里，印度对中东的政策主要表现在三个方面：第一，在反对帝国主义、殖民主义和霸权主义的基础上，采取"亲阿远以"政策，同时支持民族国家独立解放运动；第二，高举不结盟运动的旗帜，重点发展与埃及的关系；第三，全面发展与地区国家的友好关系。由于此时印度经济实力和水平有限，彼此互补性不强，故而印度与中东地区国家的经贸联系有限，大宗能源贸易和劳工需求尚未出现，经贸规模和其在印度经济中的占比都非常小。因此，建立友好的政治关系、积极参与地区热点事务成为这一时期印度与中东关系的基本特征和主要内容。

一 印度"亲阿远以"和支持民族独立解放运动的政策

反对帝国主义、殖民主义和霸权主义是冷战期间印度外交的一贯立场，尤其在战后初期民族独立运动浪潮方兴未艾之时，印度外交政策的实施特别突出这三大原则。正因如此，印度不仅多年坚持"亲阿远以"的政策立场，还反对巴格达条约组织、反对美国入侵黎巴嫩、支持阿曼民族大起义。

印度"亲阿远以"的政策不是1947年独立后才产生的，这是尼赫鲁本人和国大党多年来的一贯立场，也是反对殖民主义和帝国主义政策的集中表现。

从反对殖民主义和帝国主义的角度看，支持巴勒斯坦人民的斗争是反对英国的殖民统治、争取民族自由的表现。印度独立前，尼赫鲁就将印度争取自由的斗争与其他殖民地人民争取自由的斗争紧密联系在一起。1933年尼赫鲁就巴勒斯坦问题在他的著作《世界历史一瞥》中写道："毗邻叙利亚的是巴勒斯坦，英国从国际联盟获得了对那里的委任统治权……在此居住的主要居民是阿拉伯穆斯林，他们要求自由并与他们的叙利亚同胞联合。但是，英国的政策却在那里制造出一个少数民族问题，那就是犹太人问题。犹太人站在英国一边，反对巴勒斯坦争取自由，因为他们害怕这将意味着阿拉伯的统治。两种不同方向的道路必然会发生冲突。一方面是人数众多的阿拉伯人,另一方面是财力雄厚和遍及世界的犹太人组织。因此英国设下犹太教民族主义反对阿拉伯民族主义的陷阱,它以一个仲裁人的角色出现,并使双方维持和平似乎显得十分必要。"① 1936—1939 年的巴勒斯坦起义期间,英国采取残忍和野蛮镇压阿拉伯人的措施遭到尼赫鲁的谴责。他认为,英国政府执行的是毁灭性的残忍政策,对巴勒斯坦阿拉伯民族争取自由的斗争进行镇压,阿拉伯人不应当在自己的家园被压制和镇压②。他还严厉批评《贝尔福宣言》,称其未能正视巴勒斯坦地区阿拉伯人口占压倒性多数的事实,认为悍然建立以色列国显然是不公正的,忽视了耶路撒冷同样是穆斯林和基督教徒的宗教圣地的基本事实。

印度国大党则在 1936 年的全国委员会上明确表达对阿拉伯争取自由斗争的问候和同情,并将 1936 年 9 月 27 日定为巴勒斯坦日,通过举行会议和全国游行以表示对阿拉伯事业的支持。1937 年印度国大党通过决议,宣布印度国大党全国委员会对英国帝国主义强制阿拉伯人接受巴勒斯坦分治建议、在巴勒斯坦建立恐怖统治表示强烈抗议,并保证印度在争取自由的斗争中与他们团结起来③。尼赫鲁及其国大党领导人清楚地认识到,阿拉伯人与犹太人冲突的真正元凶是大英帝国的殖民主义和帝国主义"分而治之"政策,这"是我们在其他由帝国主义统治的国家同样可以看到的一个老把戏,奇怪的是它一再重复上演"④。

---

① Jawaharlal Nehru, *Limpses of old World History*, Vol. 2, London: Lindsay Drummond, 1949, p. 38.

② A. K. Pasha, *India and West Asia: Continuity and Change*, New Delhi: Gyan Sagar Publications, 1999, p. 19.

③ N. V. Rajkumar eds., *The Background of India's Foreign Policy*, Delhi: All India Cougress Committee, 1952, p. 55.

④ Jawaharlal Nehru, *The Unity of India: Collected Writings, 1937–1940*, London: Lindsay Drummond, 1948, p. 23.

到1947年5月的联合国巴勒斯坦问题特别调查委员会（以下简称"巴勒斯坦特别委员会"）会议上，印度明确提出反对在巴勒斯坦地区实行分治，主张建立联邦制国家。它和伊朗、南斯拉夫共同提交三国方案，成立一个由阿拉伯人和犹太人组成的独立联邦国家。在9月的第二次会议上，印度坚持反对将分治计划作为解决巴勒斯坦问题的方案，要求任何计划的首要目标都应是巴勒斯坦人的独立。印度代表阿卜杜尔·拉赫曼爵士坚持英国应该对巴勒斯坦危机负责，指责《贝尔福宣言》和英国的委任统治是造成巴勒斯坦问题的根源：委任托管权并没有授予任何合法的管理巴勒斯坦权利，英国出于政治和战略原因妄图建立一个犹太国家，这是对自决原则的漠视。印度还坚持反对以犹太人与巴勒斯坦地区细微的历史联系作为建立独立犹太国家的观点，认为这缺乏足够的证据。拉赫曼认为，分治计划存在着下列弊端：第一，巴勒斯坦面积太小了，无法承受两个政府带来的沉重负担。第二，如果建立犹太国，最终它将被敌对的阿拉伯国家所包围，战争的威胁将会持续不断。第三，正常的商业贸易将被两个人为制造的国家所妨碍。第四，由于犹太人与阿拉伯人之间缺乏合作，阿拉伯人将会抵制该计划。第五，将会造成犹太国与阿拉伯国的经济差异。如果实行分治计划，大部分可耕种的地区和工业区将会划归犹太国，而将留下一个经济不发达的阿拉伯国家。第六，分治巴勒斯坦地区将无助于改善阿拉伯人与犹太人的关系，和平将不得不由联合国来维持。应该看到，饱受英国殖民统治之苦的印度，当时尼赫鲁对巴以问题的认知和分析具有足够的深度和远见，可谓"句句切中时弊"，可惜的是巴以问题和其发展过去掌握在大英帝国手中，后来又掌握在美国手中，正确的观点与声音无法影响时局。

1947年11月，巴勒斯坦特别委员会向联合国大会（简称"联大"）提出的"多数派方案"在联大表决时获得通过，形成《关于巴勒斯坦将来治理（分治计划）问题的决议》，即第181（2）号决议，决议规定：第一，将巴勒斯坦划分为犹太国、阿拉伯国和国际共管的耶路撒冷市。第二，犹太国面积为15850平方千米，阿拉伯国面积为11000平方千米；耶路撒冷市面积为177平方千米。第三，英国在巴勒斯坦的委任统治于1948年8月1日前结束。在表决这项决议时，33票支持，13票反对，10票弃权。其中，印度政府采取与所有阿拉伯国家和伊斯兰国家一致的立场，投了反对票，拒绝接受这一决议。12月4日，尼赫鲁在议会就巴勒斯坦问题发表讲话指出：印度的态度是建立一个拥有自治权的联邦国家，这与提交给联合国的另外两个方案截然不同。一个是如今已被接受的分治方案，另一个是建立单一国家。我们建议建立一个联邦国家，自然占多数的阿拉伯人主管联邦事务，但是另一个犹太人地区拥有自治权。在尼赫鲁看来，印度的提案虽然不是一个公正和平等的解决方案，但却是唯一真正能够解决这一问题的方案。"我毫不怀疑我们所采取的立场是正确的，我也毫不怀疑我们所提出的方案是最好的。"[1]

　　印度采取"亲阿远以"的政策有多个原因。首先，独立前后的印度坚决奉行反对帝国主义、殖民主义的政策，它将巴勒斯坦问题和巴以冲突归结为大英帝国殖民主义的阴谋和恶果。"亲阿远以"是印度树立国际正义形象、主持国际正义的具体表现和必然产物。其次，印度和巴勒斯坦一样都是英国的殖民地，深受殖民主义的剥削和压迫。印度支持巴勒斯坦独立解放运动是同为受害

---

[1] Jawaharlal Nehru, *Independence and After: A Collection of Speeches, 1946-1949*, New York: John Day Company, 1950, p. 202.

者的历史经历和情感认同,更是与印度谋求独立的斗争相呼应。再次,支持巴勒斯坦是印度维持第三世界领袖形象的需要。作为第三世界的"代言人"和不结盟运动的创始国,印度明显倾向阿拉伯国家,不愿因以色列而得罪整个阿拉伯国家和伊斯兰世界,从而影响其在第三世界的地位和声誉。最后,1947年8月,第一次印巴战争爆发,印巴冲突几乎是与巴勒斯坦问题同时成为国际社会的关注焦点。伊斯兰国家尤其是中东阿拉伯国家对印度的教派仇杀深为不满,印度为免被动,必须在巴勒斯坦问题上与阿拉伯世界一起采取强硬反对态度。正是从印巴冲突的角度出发,为了削弱中东伊斯兰国家对印度的敌意,印度在冷战中始终坚持"亲阿远以"的政策,即使多次尝试缓和并调整对以色列政策,加强两国交流和联系,但始终未跨越建交这条红线。

1955年,在艾森豪威尔政府和杜勒斯的策动下,巴格达条约组织成立,伊拉克、土耳其、英国、巴基斯坦和伊朗相继加入,借此在中东地区形成一个遏制与围堵苏联的准军事同盟。巴格达条约组织与印度奉行的反对帝国主义、霸权主义和不结盟政策相抵触,尤其是巴基斯坦的加入给印度西部安全制造巨大压力。为此,尼赫鲁发表声明,指责巴格达条约影响了印度的安全和对这种安全的保障,它不但没有给中东带来任何和平,相反却为西亚带来了分裂、不安全和不满,分裂了阿拉伯的统一。另外,印度还在1958年反对美国入侵黎巴嫩,干涉黎巴嫩内政。7月20日,尼赫鲁致函艾森豪威尔总统,要求美军撤出黎巴嫩,并认为联合国观察小组可以保证不致有外部力量威胁黎巴嫩政府。印度提出应该先在联大讨论美英撤军问题,反对以联合国的名义派武装部队前往黎巴嫩,指责对阿拉伯国家实行国际"监护"方案是对黎巴嫩自由的威胁。尼赫鲁称,印度不能同意在西亚地区的任何领土上使用外国军队，相信在外国军队撤出之前不可能找到解决办法，也反对以联合国的名义派遣任何武装部队和警察部队前往黎巴嫩。印度一贯同情代表阿拉伯人民和阿拉伯国家的阿拉伯民族主义，任何强迫或监督的办法都是阿拉伯人民不能接受的，任何有效的解决办法都必须以承认占统治地位的阿拉伯民族主义力量为基础。这个地区或者世界上任何其他地区只要脱离冷战和实施和平共处五项基本原则，那就会有和平。在1958年8月联合国第三次紧急特别会议讨论美英武装干涉黎巴嫩和约旦事务引起的紧张局势时，印度支持10个阿拉伯国家提出的提案，要求联合国促成外国军队尽快从黎巴嫩和约旦撤出。印度的立场充分反映广大新兴独立国家，尤其是阿拉伯国家和人民维护主权与独立、反对帝国主义干涉亚非国家内部事务的愿望，受到国际社会的广泛赞扬。

二　重点发展与埃及的关系，推动不结盟运动发展

"二战"结束后冷战迅速到来，美苏两大阵营的尖锐对抗导致国际局势紧张，这对广大亚非拉新独立的民族国家而言非常不利。印度作为文明古国，也是南亚的地区大国，是"二战"后新独立国家的重要代表。为此，尼赫鲁提出的不结盟原则，既是印度对冷战的答复，也代表新独立国家的心声，是它们在国际上获得平等与尊重的一种现实外交政策选择。

尼赫鲁的不结盟政策包括三个方面的内容。首先，各国不参加任何东、西方军事集团；其次，各国根据自身情况，实行独立自主的外交活动；再次，同所有国家都保持友好关系。国内学者李莉总结出不结盟政策内涵的五个方面：一是不在当时的美苏两大集团间选边站队；二是不与大国缔结军事条约，尼赫鲁执政时期印度未与美苏任何一方签署影响重大的安全协定；三是独立自主，

保持中立；四是具有反西方色彩，印度所积极倡导和推动的不结盟运动即是重要体现；五是提倡第三世界合作，印度的不结盟政策事实上将发展中国家作为重要依托，尼赫鲁执政时期印度积极推动"亚非团结"，借此凸显自身在国际政治中的重要作用①。尼赫鲁认为"二战"后，国际政治体系的基本特征是强权政治，新兴民族独立国家如果需要和平的国际环境，就必须独立于帝国主义两大军事集团之外，这样才能应付国内紧张形势，发展稳固、繁荣的经济，巩固来之不易的政治独立。新兴国家可以通过不结盟的方式，远离美苏军事集团或军事联盟，借此寻找政策和行动上的独立性，不结盟最适合这些国家的愿望和目标。就中东地区来说，埃及、叙利亚等国都奉行不结盟政策，反对巴格达条约组织、反对西方殖民主义的侵略、反对外部大国干涉中东事务，因此，不结盟政策的提出和践行为印度与中东国家发展关系提供了思想基础和现实可能。

尼赫鲁时期印度对中东外交的重点国家是埃及，它希望以埃及为核心，通过推行不结盟政策，加强与中东国家的政治和经济联系，确保苏伊士运河的畅通以及石油的供应，进而维护印度的利益。同时，通过团结中东国家，增强不结盟运动的力量，发挥印度的大国作用，进而提升其国际影响力。

1953年5月，印度是第一个承认埃及新政府的亚洲国家。此后，印度与埃及两国领导人频繁举行会谈，就重大国际问题和中东事务交换看法。1955年1月，应印度政府邀请，埃及军事代表团和新闻代表团访问印度。1955年2月16日，印度总理尼赫鲁和埃及总统纳赛尔在开罗举行会谈，两国发表联合公报，公报说两

---

① 李莉：《从不结盟到"多向结盟"——印度对外战略的对冲性研究》，《世界经济与政治》2020年第12期。

国要做一切努力来阻止战争，支持和平共处的联合宣言。1955年4月，《印度联邦和埃及共和国友好条约》在开罗签署，条约强调"埃及和印度之间以及它们各自人民之间，应存有永久和平、友谊和兄弟般的关系。无论何时，缔约双方应致力于维持并加强上述和平、友谊以及各自国家的人民间兄弟般的关系。"① 该条约奠定两国关系的基础，并促进印度与埃及双边经贸关系和友好合作关系的发展。1955年6月和7月，1956年7月，1957年7月，尼赫鲁先后四次与纳赛尔举行会谈，并发表联合声明，指出亚非会议的宣言应作为指导国际关系的原则，坚持五项原则，反对参加对立性军事集团，广泛开展各国间的经济文化合作。在埃及经济困难时，印度还向埃及提供2000万卢比的借款，帮助其渡过难关。

冷战期间，印埃两国始终保持良好的外交关系和密切联系，埃及也成为印度在中东的亲密伙伴和外交活动中心。印埃关系的加强主要有以下几方面原因。

首先，埃及是"二战"后中东地区获取民族国家独立的大国，在阿拉伯世界具有"领头羊"的地位和影响力。1952年，埃及爆发"七月革命"，以贾迈勒·阿卜杜勒·纳赛尔为首的"自由军官组织"发动起义，推翻反动和腐朽法鲁克国王的统治，于1953年1月成立埃及共和国。埃及拥有悠久、灿烂、辉煌的历史，庞大的地理面积和大量的人口，还拥有爱资哈尔大学这样伊斯兰教逊尼派的顶级学府和宗教权威，它的独立是"二战"后西亚北非地区民族独立运动的"典范"和"样板"。

其次，埃及坚持奉行独立自主、反对殖民主义和帝国主义的外交政策。纳赛尔在外交上提出积极的中立政策，要在美苏两大阵

---

① 《国际条约集》，世界知识出版社1960年版，第421页。

营间保持独立,但"不是像瑞士那样袖手旁观的中立,而是在赞同和反对其他两个阵营的所作所为方面起一定作用的中立"①。他还主张反对帝国主义和殖民主义,维护国家的主权和独立。与巴勒斯坦境遇相似,印度和埃及两国都曾是英国的殖民地,有着饱受压迫、歧视、剥削的惨痛历史记忆和经历。两国外交政策相同,意识形态和历史遭遇相似,具有展开合作的良好基础。

最后,埃及积极支持亚非拉国家和人民争取独立的民族解放斗争。自解放后,埃及成为中东,尤其是阿拉伯世界中民族主义运动的代表,纳赛尔则成为"旗手"。纳赛尔主张收回苏伊士运河主权,反对以色列的侵略扩张,维护巴勒斯坦人民的合法权利,支持各国的民族解放运动,扫除中东殖民主义,实现阿拉伯民族的统一。同时,埃及还坚持世俗主义的路线,不以宗教或教派差异区分国与国关系。埃及在面对印巴冲突时更为理性,不像海湾阿拉伯国家那样简单以宗教认同划线,减轻印度的压力和负担。

1956年7月,尼赫鲁、纳赛尔和南斯拉夫总统铁托在南斯拉夫举行会议,三国领袖发表共同宣言反对把"世界分成强有力的国家集团"。1961年9月,由埃及、南斯拉夫、印度、印度尼西亚、阿富汗五国发起的第一次不结盟运动首脑会议在南斯拉夫首都贝尔格莱德召开,共有25个国家的首脑参加会议并通过《不结盟国家的国家和政府首脑宣言》,确立独立、自主、不结盟、非集团的基本原则和宗旨,反对任何形式的殖民主义和帝国主义。不结盟会议和不结盟运动自1955年万隆会议开始后酝酿六年,终于正式成立。

除了在不结盟运动中成为合作伙伴,印度还在1956年的第二

---

① [埃及]安瓦尔·萨达特:《萨达特回忆录》,辛华译,人民出版社1978年版,第88页。

次中东战争——苏伊士运河战争中给予埃及强有力的支持,并积极参与国际斡旋活动。

1956年7月26日,为筹资修建阿斯旺大坝,抵御美英的压力和讹诈,坚持独立自主不结盟外交政策,纳赛尔在庆祝埃及七月革命胜利四周年之际,庄严宣布将苏伊士运河收归国有,恢复埃及在运河应有的权利。10月24日,英国、法国、以色列三国达成联合侵略埃及的协定。10月29日,以色列发动西奈战役,苏伊士运河战争爆发。

首先,印度坚持埃及对苏伊士运河拥有合法主权,国际社会应尊重埃及的主权和领土完整,支持埃及收回运河的行动。1956年8月8日,尼赫鲁就苏伊士运河问题发表声明,支持埃及收回苏伊士运河的行动,主张在尊重埃及主权和尊严的基础上通过一切有关方面的协商来解决苏伊士运河问题。印度政府声明虽参加伦敦会议,但绝不参与任何触犯埃及主权的步骤和安排。尼赫鲁称:"我们充分尊重埃及的主权和尊严,并与其保持友好关系。美国以及后来英国在阿斯旺大坝上作出的决定使得埃及的国有化决定陷入困境,没有什么比这更伤害埃及的尊严和自尊心以及漠视人民感情的了。苏伊士运河本身在埃及境内,是埃及领土不可或缺的一部分。埃及的主权是不容置疑的。"印度通过举行大会、示威和征集签名等活动,支持埃及收回苏伊士运河主权的行动,反对外国干预,力主和平解决危机。例如,1956年8月28日,印度争取亚洲团结委员会在德里召开了关于苏伊士运河问题的群众大会,会上通过支持埃及保卫主权的斗争的决议。另外,9月27日,全印和平理事会号召印度人民在10月举行"苏伊士月"活动,表示声援埃及人民保卫其国家主权,反对对他国强行恢复殖民主义控制,坚决反对某些国家正在进行的一切战争威胁。

其次，印度强烈谴责英国、法国和以色列的侵略行动，在国际上给纳赛尔和埃及政府以积极有力的外交支持。在以色列、英法两国相继出兵参战后，尼赫鲁立即公开谴责三国的侵略行为，保证将给予埃及全面支持与合作。1956年10月31日，尼赫鲁在给美国国务卿的信中写道："我无法想象侵略所造成的恶劣状况，如果这种侵略继续下去并取得成功，对国际承诺和联合国的所有信任就会逐渐减弱，旧殖民主义的幽灵将会再度降临到我们头上……未来整个欧亚关系就会失衡。无论如何，假若和平意味着通过武力征服，那是对和平的欺骗，和平将不复存在。"[①] 尼赫鲁还公开发表声明指出，以色列的行为是完全的、赤裸裸的侵略。对于英法参战，尼赫鲁强调没有什么更严重的、赤裸裸的侵略可与英法当前的所作所为相比，这两个国家正在采取18世纪和19世纪弱肉强食的方式，这是亚非新独立国家不能容忍的殖民强国的侵略行为。1956年11月4日，在联合国大会紧急特别会议上，印度等19个国家提出决议，集体谴责英国、法国、以色列对埃及的侵略行为并获得通过。

最后，印度积极参与斡旋，提出召开国际会议和平解决战争，确保苏伊士运河的自由通航。1956年8月20日，印度代表克里什纳·梅农在伦敦会议上提出解决苏伊士运河问题的建议，主张在尊重埃及主权的基础上召开国际会议，讨论苏伊士运河自由通航问题。9月13日，尼赫鲁又发表声明，认为只有和平谈判才是解决苏伊士运河问题的办法，批评英国首相艾登关于成立苏伊士运河使用国协会的发言包藏了无数祸根，任何企图用武力或是武力威胁来强行解决问题就是无视各国的权利。9月17日，印度、叙

---

① A. K. Pasha, *India and West Asia: Continuity and Change*, New Delhi: Gyan Sagar Publications, 1999, p. 41.

利亚、约旦、阿富汗、沙特阿拉伯等17国分别表示支持埃及组织谈判机构的建议。12月7日到翌年2月2日,印度和许多亚非国家提出一系列决议,要求三国军队从埃及领土撤出。印度还向联大秘书长提出建立并部署一支联合国维持和平部队,在出兵的前提下,印度坚持:第一,首先必须征得埃及政府的同意,并且这支部队不是长期驻扎的武装力量;第二,坚持要求英法部队撤出,联合国紧急部队将负责维护埃及与以色列之间的停火线。[①] 克里什纳·梅农甚至更加明确地指出:"如果这支部队在埃及领土上发挥作用,必须征得埃及同意。除非按照国际法以及承认埃及的领土主权,否则这支部队不能登陆埃及领土,这是联合国紧急部队发挥作用的基本前提。"[②] 1956年11月17日,联大紧急会议决定成立一个由印度、阿根廷组成的咨询委员会,为建立一支驻中东的联合国紧急部队作最后安排。18日,联合国大会通过美国、印度等六国的提案,批准联合国秘书长在21日就联合国警察部队的组织和任务以及清理苏伊士运河问题向大会提出的报告。印度与其他10国参加联合国紧急部队,维持苏伊士运河的安全与和平。1957年3月,以色列外长梅厄夫人宣布从埃及有条件地撤军,印度代表梅农严厉抨击让联合国部队占领加沙地带和亚喀巴湾地区的计划,指出埃及的主权不能忽视,联合国紧急部队在任何时候都不能成为占领军,坚持以色列应无条件撤军。

由于苏伊士运河是国际黄金水道,直接关乎印度对欧洲的进出口。因此,印度对运河恢复运行以及运河自由通航非常关心,这也是国际社会普遍关心的重大议题。为此,尼赫鲁在1956年9月

---

① Jawaharlal Nehru, *Independence and After: A Collection of Speeches, 1946 – 1949*, Vol. 3, New York: John Day Company, 1950, p. 323 – 324.

② Government of India, Ministry of External Affairs, *Foreign Affairs Record*, February, 1957, p. 41.

13日发表声明指出：苏伊士运河的正常运转关系到印度的切身利益。只有通过和平谈判求得解决的办法才能达到预期目的：使苏伊士运河能正常工作以造福于有关国家，并有助于在中东以及整个亚洲地区维持和平、友好的局面。

印度和埃及的友好关系不仅体现在不结盟运动中的通力合作上，还反映在两位领导人的良好友谊和相互信任上，在印巴冲突和战争中，埃及明确支持印度，埃及宣布克什米尔是印度不可分割的一部分：苏伊士运河对埃及宛若克什米尔对印度一般珍贵。在1964年开罗举行的不结盟首脑会议期间，纳赛尔总统向尼赫鲁总理表示，希望印度和巴基斯坦的分歧在没有任何外来干涉的情况下通过直接谈判和平解决，对印度在克什米尔问题上的立场表示支持。

三　全面发展与中东国家友好关系

中东地区在"二战"后有许多新兴民族独立国家，它们与印度一样刚刚脱离殖民统治，百废待兴，发展的要求和目标一致，面临的困境和矛盾相似。因此，印度积极构建与中东国家的普遍友好关系。尼赫鲁认为："在发展我们的对外政策方面，我们自然将首先培育同东方国家的友好关系，它们和我们有着这么多的相似之处。尼泊尔将是我们的邻居和好朋友；同中国、日本、印度尼西亚、安南和中亚，我们将保持最密切的联系，同阿富汗、波斯、土耳其和埃及也一样。"[①]

印度希望加强与亚洲广大发展中国家的政治联系，提高印度的国际威望和影响力，这其中自然包括大量中东国家。1947年3月

[①] Jawaharal Nehru, *Selected Works of Jawaharal Nehru*, New Delhi: Orient Longman, 1972, p. 106.

和 1949 年 1 月，印度以印度世界事务委员会的名义在新德里先后两次召开"亚洲关系会议"，参会的中东国家有伊拉克、阿联酋、科威特、沙特阿拉伯等。1955 年 4 月，由印度等国发起召开的万隆会议，受邀参会的中东国家有阿富汗、埃及、伊朗、伊拉克、约旦、叙利亚、黎巴嫩、沙特阿拉伯、土耳其、也门 10 国。中东各国的积极响应反映它们在摆脱西方帝国主义的控制、珍惜和维护本国的独立与主权上和印度有着相同的诉求。万隆会议的成功召开和最后公报的发表说明，谋求政治独立、稳定和经济发展是各国的共同愿望。到 1955 年，印度先后与阿富汗、埃及、伊朗、伊拉克、约旦、叙利亚、黎巴嫩、沙特阿拉伯、土耳其等国建立大使级外交关系。

印度与叙利亚的关系多年保持平稳发展。1957 年 1 月，叙利亚总统库阿特利访问印度，两国领导人发表联合声明，共同反对以军事办法解决中东问题，主张中东地区国家必须在不受任何外国控制的情况下按照本国特点和传统实现发展，提高本国人民的生活水平，只有这样，中东问题才会解决。印叙两国还在联合声明中谴责巴格达条约组织，认为域外大国通过军事条约和同盟干涉中东事务有损于中东和平和稳定。1957 年，叙利亚和土耳其就边境问题产生矛盾，引发冲突。11 月 1 日，叙利亚接受印度、印尼等国的斡旋，印度为解决叙土边界纠纷作出自己的贡献。

1950 年 3 月，印度与伊朗发表联合公报，宣布正式建立大使级外交关系。1954 年 12 月 15 日，印度与伊朗两国在德黑兰签署《印度伊朗商业和航海条约》，印伊政治、经济关系得到初步发展。在伊朗加入巴格达条约组织后，两国关系一度处于低迷状态。印度和埃及、沙特等国一起谴责伊朗，向其施加压力。1956 年 4 月 30 日，印度就在德黑兰召开的巴格达条约组织理事会上讨论的克什米尔问题，向伊朗提出强烈抗议。1959年9月，尼赫鲁对伊朗进行国事访问，但是两国在结盟问题上的政策分歧、印巴关系、伊朗与巴基斯坦关系以及政治体制、宗教信仰等方面存在诸多争议，印伊关系在冷战期间总体较为冷淡。

1955年7月，印度与伊拉克在巴格达签署《印度伊拉克航空运输协定》，为两国人员和商务往来提供便利。近代也门曾经是英国的殖民地，由英国驻印度孟买的总督管理，与印度有着较为密切的经济联系。1955年5月，也门首相哈萨尼和也门驻印公使易卜拉辛对印度进行访问，哈萨尼表示始终支持印度争取和平的努力，在印巴争端上保持中立立场。1955年4月举行的亚非会议上，印度支持也门在亚丁和被称为保护国的也门南部地区问题上的立场，并要求有关方面支持这一争端的和平解决。1962年9月也门革命后，印度是最早承认北也门的国家之一。1964年和1965年，在经济十分困难的情况下，印度先后提供100万卢比和80万卢比的经济援助，表达印度对也门的支持。

1954年4月，印度与沙特阿拉伯签署关于发展两国之间贸易的联合公报。1955年，印度与沙特阿拉伯发表联合公报，正式建立友好关系。5月，沙特阿拉伯王储、首相兼外交大臣费萨尔访问印度。11月，沙特阿拉伯国王阿齐兹·阿勒沙特访问印度，与尼赫鲁发表联合声明，在声明中双方表示：（1）共同努力缓和国际紧张局势，争取和平；（2）赞成和平共处五项原则；（3）支持印度不参加军事集团的政策。声明还指出，印度与沙特阿拉伯将促进文化、政治和经济方面的相互合作，来加强双方的友好关系。1956年9月，尼赫鲁总理回访沙特。9月28日，他与沙特国王发表联合声明，称两国都深切关注苏伊士运河问题的和平解决，重申他们决心为两国共同利益和世界和平、进步和自由而合作。

20世纪50年代，印度与沙特关系基本保持稳定。一方面，印度与沙特阿拉伯的领导人都出席了万隆会议，反对地区国家加入西方在亚非地区建立的军事集团，主张加强与阿拉伯以及世界各国之间的和平友好关系。这些政策共同点为两国关系的发展奠定了思想基础和合作的可能。沙特阿拉伯国王阿齐兹·阿勒沙特发表声明指出：巴格达条约不可能是维护和平的工具，这个条约背后的那些外国将不可能通过这种条约来达到它们的目的，不管它们的目的是什么？另一方面，苏伊士运河战争使两国在联合国和国际社会中为保护埃及的权利和利益提供了合作之机。两国领导人50年代的互访不仅增进两国的友谊，也助推双边友好关系的发展。阿齐兹·阿勒沙特国王在访问印度时公开发表声明说称："我希望对我的全世界穆斯林兄弟说，对印度穆斯林的安全掌握在自己手中的命运感到满意。"应该看到，当时的印沙关系存在重大的隐患。最主要的问题是沙特对印巴冲突的态度。作为伊斯兰教的两大圣地"护主"，沙特明确支持巴基斯坦，在联合国等国际组织中带头坚决维护巴基斯坦的立场，从根本上限制两国关系的发展空间。另外，20世纪60年代后印度和苏联关系逐渐加强，而沙特与美国的盟友关系也逐渐确立，导致印沙两国关系发展严重受阻，有时候还处于紧张和斗争状态。

印度独立后的20年中，与广大中东国家建立正式外交关系，在不结盟运动中相互认可，在反对巴格达条约组织、第二次中东战争等热点问题中携手合作，印度也在收复果阿的行动中得到中东国家的支持，甚至在中印边界冲突中得到沙特、伊朗、土耳其等国的支持。但是阻碍和问题同样存在，问题主要集中在印巴冲突和在印巴之间"选边站"上。自1948—1965年印巴战争结束，联合国安理会（简称"安理会"）及代表大会的辩论集中于停战、撤出外国军队以及最终举行公民投票解决克什米尔归属问题。埃及、伊拉克、约旦、叙利亚、土耳其等五个中东国家先后参加安理会辩论。从这五个国家在有关克什米尔问题的19个安理会决议的投票情况来看，支持巴基斯坦立场的明显占据主导地位。支持印度立场的仅占10.5%，反对印度立场的占63.26%，投弃权票的占26.34%。[①] 尽管印度坚持"亲阿远以"的基本立场，希望可以换取阿拉伯—伊斯兰世界的理解和支持，但收效甚微。总之，尼赫鲁时期印度与地区国家良好关系的建立得益于战后民族国家独立大潮，它与地区国家关系的发展又受制于印巴战争与冲突。这一时期的印度中东外交兼具理想主义和现实主义色彩，是实现印度大国地位的手段，但在印度外交中缺乏独立性，价值有限。

第二节　英·甘地和人民党统治时期的印度与中东国家关系

印度英迪拉·甘地（简称"英·甘地"）政府执政时期为1966年1月—1977年3月，人民党统治时期是1977年3月—1980年1月。英·甘地作为国父贾瓦哈拉尔·尼赫鲁的女儿，自幼深受父亲和圣雄"甘地"的熏陶，早年参加印度独立运动。她曾两度出任印度总理，是印度历史上第一位女总理和世界第二位女总理。由于多年常伴在生病的尼赫鲁身边，她的观念和思想受其言传身教，因此内外政策与尼赫鲁时期较为相似。人民党执政只有四年时间，其外交更多是对传统政策的重申和微调，其变化在于更多地强调坚决执行不结盟政策的同时调整了印苏关系和印度与中东

---

① Richard Edmund ward, *India's Pro-Arab Policy*, New York: Praeger, 1992, p.77.

亲美国家关系，继承之处在于延续英·甘地政府对与中东经济关系的重视，继续加强与各国的双边经贸关系。

在这一段时间里，印度与中东关系主要集中在三个方面。第一，在坚持"亲阿远以"的基本立场下，积极参与和斡旋两次中东战争；第二，调整与中东国家关系，平衡印巴冲突的负面影响；第三，积极加强与中东的经贸关系。与尼赫鲁时期不同，自20世纪60年代末开始，印度日益重视与中东的经济联系，尤其是对中东石油供给的依赖成为印度考虑其中东政策的新因素。

一 印度与第三次、第四次中东战争

20世纪60年代以后，阿拉伯国家与以色列冲突一直未曾停止，以色列与叙利亚数次发生军事冲突，巴勒斯坦人从约旦、黎巴嫩、叙利亚的基地对以色列发动袭击。1967年6月5日，以色列出动100多架飞机先后突然袭击埃及、约旦和叙利亚的空军基地，第三次中东战争——"六·五"战争全面爆发。在六天时间里，以色列占领加沙地带、西奈半岛、约旦河西岸、耶路撒冷旧城和戈兰高地等阿拉伯领土，重创埃及和叙利亚空军，近百万巴勒斯坦人沦为难民。

随着近东地区局势的日渐紧张，印度外交部部长查格拉于1967年5月25日在印度议会联席会议上明确指出，阿以关系紧张的原因在于以色列建国以及实行的不断蚕食阿拉伯领土的侵略扩张政策，因此矛盾和冲突的责任完全在以色列一方。

战争爆发后，印度坚决支持埃及拥有对亚喀巴湾和蒂朗海峡领土主权的立场，要求以色列军队从所有被占阿拉伯领土撤出。在印度看来，是以色列的扩张和挑衅政策导致局势恶化；亚喀巴湾是内陆海，蒂朗海峡在埃及和沙特阿拉伯领海之内，埃及有权对

以色列关闭海峡和亚喀巴湾。同时,印度常驻联合国代表帕塔萨拉蒂在联大会议上指出,停火应当与以色列从被占领的阿拉伯领土上撤走联系在一起。

1967年6月9日,帕塔萨拉蒂在联大会议上提出四点方案,要求安理会采取如下行动:命令所有军队撤退到6月4日战争开始前他们所在的位置;为了实施停战以及武装部队安全撤离,恢复和加强联合国在这一地区的机构;考虑是否由联合国秘书长派遣一名私人代表,以便缓解紧张局势与恢复和平气氛,观察员的责任包括保护被占领土上平民的安全;在完成撤军后,安理会将采取一切措施来稳定该地区的局势。印度希望通过实施联合国安理会决议,实现中东全面停火,维持中东地区的长久和平。10月6日,国防部部长斯瓦兰·辛格提出实现中东和平的计划:第一,以色列军队必须完全从阿拉伯领土上撤出;第二,所有国家必须相互尊重领土完整和政治独立;第三,中东所有的重大问题都应通过和平方式解决;第四,阿拉伯难民的正当权利必须得到保护。在11月7日的安理会会议上,帕塔萨拉蒂又代表马里、尼日利亚和印度提出一份三国草案,要求以色列军队从当前占领的领土上撤走,交战各国应当结束战争,任何国家都有权和平安全的生活,所有国家都必须相互尊重领土完整、主权和政治独立,要求公正地解决巴勒斯坦难民问题,根据国际法要求保障所有国际航道自由通航。

印度终止战争、促进和谈的积极外交活动成效有限,但它积极的态度和坚决的立场得到埃及、叙利亚等前线国家以及广大阿拉伯国家的好评。另外,它提出的以色列武装部队从冲突中占领的土地上撤出,终止一切关于交战的主张或交战状态,尊重并承认该地区所有国家的主权、领土完整、政治独立以及各国在安全和得到承认的边界内部免受武力威胁及武力行动影响的和平生活的权利，保证该地区国际水道航行的自由等观点，后被安理会第242号决议吸收，对战争和危机的化解起到一定作用。

第三次中东战争结束并不意味着阿以冲突的结束。一方面，埃及与以色列进行长达三年的消耗战，国力空虚，经济萎缩。另一方面，苏联因为担心与美国发生冲突，拖延交付给埃及的武器，限制和压缩了经济援助。1970年9月，纳赛尔在愤懑和过度劳累中病逝，安瓦尔·萨达特继任总统。为了结束"不战不和"的状态，经过精心的准备，埃及和叙利亚在1973年10月6日对以色列发动突然袭击，第四次中东战争——"十月战争"全面爆发。

印度对埃叙两国主动发动战争表示理解。印度常驻联合国代表萨马尔·森发表声明指出："埃及和叙利亚的所作所为无非是按照《联合国宪章》所规定的自卫权和领土完整行事，这是每一个主权国家固有的权利。"[1] 地区局势紧张的产生源于"以色列的侵略和拒绝撤出以武力占领的领土。以色列的这种不妥协态度显然是导致当前对抗的根本原因。我们完全同情阿拉伯人民，他们长期所受的苦难已经达到极限"[2]。对第338号决议，印度也持保留态度，认为"（它）是不公平、不公正的，因为安理会要求停火将使得以色列非法占领的大片埃及、约旦、叙利亚的土地保留下来"[3]。

为支持阿拉伯人民的反以斗争，印度先后向埃及和叙利亚赠送大量药品，还向两国派出医疗队帮助救治伤员与平民。另外，

---

[1] A. K. Pasha, *India and West Asia: Continuity and Change*, New Delhi: Gyan Sagar Publications, 1999, p. 44.

[2] B. R. Nanda ed., *Indian Foreign Policy: The Nehru Years*, New Delhi: Vikas Publishing House, 1976, pp. 66–77.

[3] A. K. Pasha, *India and West Asia: Continuity and Change*, New Delhi: Gyan Sagar Publications, 1999, p. 45.

1974年11月，印度与其他国家联合提出联大决议草案，积极支持巴勒斯坦解放组织（简称"巴解组织"）参加联合国大会关于巴勒斯坦问题的讨论，支持巴勒斯坦解放组织获得联合国观察员席位。1975年1月10日，印度是第一个给予巴勒斯坦解放组织以外交承认的非阿拉伯国家。

20世纪60—70年代，印度依然坚持"亲阿远以"的中东政策。对印度而言，阿拉伯国家和伊斯兰世界是其不能放弃的地区国家群体。首先，由于地理相邻，双方有着悠久的历史联系和深厚的友谊。外长斯瓦兰·辛格1973年12月6日在议会中称：我们同情阿拉伯世界有两个原因：第一，他们是我们历经多少世纪的老朋友；第二，他们的领土被以色列侵略者所占领。其次，阿以矛盾和冲突的起源在于以色列占领阿拉伯领土，在历次中东战争中它都拒绝撤出占领的领土。英·甘地在1973年10月的联大大会上发言指出，印度支持阿拉伯国家诉诸武力有两个原因：第一，印度与阿拉伯国家的传统密切关系要求印度在朋友处于困难时期与它站在一起；第二，以色列拒绝从被占领土撤出并继续拒绝接受联合国决议。再次，平衡印巴冲突带来的负面影响依然是印度在阿以问题上政策的决定性因素，这一点和尼赫鲁时期相比并没有发生根本性变化。最后，印度开始顾忌来自中东产油国的石油供应。阿拉伯国家在第四次中东战争中使用石油武器，对支持以色列的国家实施石油禁运。印度虽然未受禁运之苦，但石油供应安全成为一个新的安全议题，直接关乎印度经济的稳定和运行。

在1967年"六五战争"中，印度提出的和平计划和联合国三国方案里都要求所有国家必须相互尊重领土完整、主权和政治独立。由于提案中明确要求以色列撤军，实际上也意味着以色列同样应享有尊重领土主权完整的权利。"十月战争"时，印度的立场更加清晰，它认为：1. 以色列必须从阿拉伯领土撤出；2. 以色列作为一个主权国家享有生存权；3. 正确解决巴勒斯坦人民的权利。印度先是以隐晦的方式表达以色列作为交战一方，不承认它的存在和权利就不可能解决阿以问题，之后明确提出应承认以色列的存在。实际上，印度在20世纪50年代起就采取承认以色列但不建交的政策，为此印度接待以色列外交部总务司司长沃尔特·艾坦访问，允许以色列在孟买设立领事馆。在印度看来，承认以色列的存在是对中东现实的承认，不能回避，同时这一政策也是对阿拉伯—伊斯兰国家在印巴问题上态度的施压手段。

二　宗教差异和第三次印巴战争视角下的印度与中东国家关系

印度教和伊斯兰教的矛盾冲突、克什米尔问题和印巴战争是印度自建国以来在处理与中东关系时最重要的战略考量和限制因素。印度支持中东民族独立运动、采取"亲阿远以"政策、积极斡旋中东战争，其中一个重要目的与潜在诉求就是换取各国在两教问题和印巴问题上的谅解与支持。但是20世纪60年代末的拉巴特会议和1971年第三次印巴战争中中东国家的立场让印度大失所望。

1947年8月，独立后的巴基斯坦将尊崇伊斯兰教作为对外政策的指导原则，掀起了一场成立泛伊斯兰组织的运动。1949—1952年，巴基斯坦国内先后产生三个以卡拉奇为基地的泛伊斯兰组织，即世界穆斯林大会、国际穆斯林经济会议、穆斯林人民组织，并提出实现泛伊斯兰目标的途径。1962年，在耶路撒冷召开的泛伊斯兰组织会议通过有关克什米尔问题的决议，20个伊斯兰国家支持巴基斯坦。巴基斯坦借助伊斯兰教的宗教感情和文化认同，强调伊斯兰世界的团结，加强它与伊斯兰世界的亲密关系，来寻求伊斯兰国家对巴基斯坦同印度在克什米尔问题上进行斗争的全面支持。

1969年8月，耶路撒冷的阿克萨清真寺遭大火毁坏，不少阿拉伯国家指责以色列是幕后黑手。9月，伊斯兰国家在摩洛哥的拉巴特召开伊斯兰国家首脑会议，讨论亵渎清真寺问题。印度认为，它拥有庞大的穆斯林人口以及在中东事务上采取的亲阿拉伯立场，理应受到参会邀请。于是，印度向拉巴特首脑预备会议提出强烈抗议，认为这是"对印度人和国内穆斯林的歧视"。出席会议的各国领导人在非正式会议上讨论，同意邀请印度与会，巴基斯坦总统叶海亚·汗也表示同意。对巴基斯坦来说，邀请印度意味着国际社会对印度穆斯林少数民族的承认，而迟到的邀请则是对印度的打压。由于印度代表团中有四名非穆斯林代表，巴基斯坦表示强烈抗议，认为印度的穆斯林群体不能由非穆斯林来代表，伊斯兰会议也不应接待非穆斯林代表。因此，巴基斯坦表示如果印度参会，它将不参加首脑会议。

为打破僵局，摩洛哥和沙特提出三点建议：接受观察员身份地位；或者自愿退出会议；或者为确保会议正常进行，不参加最后的会议。最后，与会国家一致决定将印度代表排除在伊斯兰首脑会议之外，印度代表团也未参加最后的闭幕式。会议结束不久，印度召回驻摩洛哥和沙特阿拉伯的大使以示不满，并指责约旦干涉印度事务，它应承担由此引起的一切后果。

印度想要参加伊斯兰首脑会议主要有两个原因。第一，印度渴望代表印度穆斯林来维护世界穆斯林的利益。印度是当时世界上拥有穆斯林人口的第三大国，因此认为自己理应参加会议，既可维护穆斯林和印度穆斯林的利益，又可加强与伊斯兰国家的联系，改善与它们的关系。第二，保护自己免受巴基斯坦在克什米尔和教派冲突问题上的指责，抵消巴基斯坦在伊斯兰会议组织中的反印度宣传。当时的巴基斯坦外交以伊斯兰教为基石，一方面借助伊斯兰国际组织宣传泛伊斯兰思想；另一方面宣传印度镇压克什米尔穆斯林争取自由的斗争，争取伊斯兰国家对其在印巴争端诸多问题上提供全面支持。印度则想避免克什米尔问题国家化，树立良好的国际形象，以及宣传印度世俗政权完全能够保护印度穆斯林的利益，参加这样的伊斯兰会议就是一种好的选择和有效途径。

  我们应该客观评价印度在拉巴特伊斯兰国家首脑会议上的外交。首先，伊斯兰会议组织（2011 年更名为"伊斯兰合作组织"）接纳印度代表团参会是与会国家对印度在不结盟运动、中东战争以及一贯"亲阿远以"政策的回报。印度穆斯林人口不足 20%，伊斯兰教也不是国教，印度本质上不是一个伊斯兰国家。考虑到前两次印巴战争和国内多年教派流血冲突与仇杀，在当时的环境下允许印度以正式成员参会是对其外交和影响力的认可。其次，1969 年 9 月，也就是拉巴特会议召开期间，印度国内艾哈迈达巴德爆发印度教徒和穆斯林冲突，导致 500 多人死亡、800 多人受伤。印度在拉巴特大会上力图转变话题方向，阻止参会各国将议题集中到对印度教派问题的关注和谴责。印度的立场和外交争执引起与会伊斯兰国家的不满。这是各国对印态度转化和排挤印度的主要原因。再次，拉巴特会议最后决议要求以色列军队从其占领的阿拉伯领土撤出，全力支持巴勒斯坦人民争取自由的斗争，加强伊斯兰国家之间的联系，未在印巴冲突和克什米尔问题上批评印度。这本身是印度外交的胜利，也是伊斯兰国家有意维护反以斗争大局、保护印度穆斯林的表现。因此，表面上看，印度收到迟到的邀请、未能正式参会、未能参加闭幕式是外交的失败和屈辱，但从现实效果来看，印度"得大于失"。不少西方学者认为拉巴特会议是印度中东外交在20世纪60年代所受最重大打击,这一观点过于情绪化。在巴基斯坦因素和宗教问题上中东国家不可能站在印度一边,这是基本的原则性问题。印度所能做的只是平衡和缩小这两者对印度外交造成的不利影响和危害,印度在拉巴特峰会上做到了这一点。

1971年3月26日,巴基斯坦爆发全面内战,拉赫曼宣布建立孟加拉国。印度找到打击和压制巴基斯坦的机会。首先,印度大肆宣传孟加拉难民给本国带来的沉重负担。1971年,大约600万名难民穿过边界到达班加罗尔。其次,印度开展外交活动,动员世界舆论敦促巴基斯坦撤军,与"人民联盟"直接谈判解决彼此间存在的问题。再次,印度在中东进行大规模的外交游说活动,要求它们干预巴基斯坦事务。1971年6月,印度在中东发动强有力的宣传运动,先后派出多名部长分赴埃及、叙利亚、科威特、伊朗、阿富汗等国,说服各国政府对孟加拉难民表示同情,劝告巴基斯坦当局在东孟加拉建立民主秩序,以便流离失所的难民能返回家园过和平生活,并要求伊朗、土耳其等国进行干预。最后,印度和苏联签署《印苏友好合作条约》,为其干预巴基斯坦事务争取苏联默许和支持。1971年8月签署的《印苏友好合作条约》具有军事同盟性质,有利于防止美国干涉。印度和苏联关系的发展不仅为其带来巨大的经济、技术利益,更为其带来重大的战略利益,提供强有力的国际外交支持。以此为基础,1971年12月3日,第三次印巴战争爆发,三天后印度承认孟加拉国政府。

在第三次印巴战争中,印度干涉巴基斯坦内政的政策遭到中东国家的集体反对和谴责,认为印度严重违背《联合国宪章》的原则和精神。沙特、约旦、科威特、叙利亚等国强烈谴责印度入侵巴基斯坦,指责它干涉巴基斯坦内政。在12月的安理会辩论中,沙特指出东巴基斯坦事态的发展是伊斯兰堡的内部事务，任何国家无权干涉。科威特谴责印度的侵略，号召开展一场支持巴基斯坦的"圣战"。随后，科威特、沙特向巴基斯坦提供2亿美元的财政支持，约旦、利比亚提供武器和美国制造的战斗机。为防止印度对巴基斯坦的突袭，约旦、利比亚、沙特等国还为巴基斯坦空军提供庇护场所。在安理会上，印度要求邀请孟加拉国参加辩论，但叙利亚作为时任非常任理事国，同沙特、突尼斯一起支持巴基斯坦的立场，反对孟加拉国代表与会。

1971年12月7日，联合大会经过辩论通过由约旦和也门等34国联合提出的第279号决议。决议要求印巴两国立即停火，将各自军队撤回本土，并努力恢复秩序协助难民自愿返回家园。联合国大会上，有104个国家投票赞成该决议，除阿富汗、阿曼投弃权票以外，所有中东国家都支持该决议。印度拒绝接受该决议，认为它仅仅包含着印度军队从巴基斯坦领土撤出，本质上是允许巴基斯坦军队继续镇压孟加拉国。由于印度拒绝接受联大通过的决议，美国于是将该问题提交安理会。12月12—21日，安理会先后召开7次会议，提出9个决议，并对其中的2个决议进行投票，苏联和美国各否决1个决议。直到12月21日，安理会才通过第307号决议，要求印巴双方严格遵守停火协议，尽快从对方领土撤出各自的军队，并要求所有国家不采取任何可能导致南亚次大陆局势复杂化的行动。中东国家均对第307号决议投赞成票。

围绕第三次印巴战争的外交斗争凸显印度与中东国家在印巴问题上的深刻分歧，虽然立场略有差异，但几乎所有国家都站在对立面上谴责印度。其中，沙特、科威特、约旦等传统的君主制国家坚定支持巴基斯坦立场，并提供援助。伊朗、土耳其等伊斯兰世俗国家考虑到盟友关系和美苏争霸的大局，只在外交上支持巴基斯坦，在道义上谴责印度。而埃及、伊拉克、叙利亚等世俗的阿拉伯国家，它们与印度有着长期友好关系，又与苏联关系密切，因此在批评印度时并不称其为侵略者，但在历次投票中还是支持巴基斯坦。只有阿曼、阿富汗等个别国保持中立，在联大表决中投弃权票。

第三次印巴战争使得印度在国际上遭遇前所未有的孤立和被动，引起国内各界的反思和不满。1972年的印度外交部年度报告中称，中东国家对于大量难民涌入印度带来的压力和负担缺乏足够的判断，它们的整体反应令印度感到失望。国内主要媒体对政府长期奉行的亲阿拉伯政策并未获得互惠回报所作的批评性分析引起公众对政府的强烈愤怒，它们要求重新评价印度政府对中东事务的立场。反对党领袖在各种报纸发表文章指出，阿拉伯国家在印巴争端问题上没有支持印度，因此要求重新评估印度的中东政策。一些学者甚至公开要求印度与以色列建立外交关系。

应该承认，印度在印巴问题和两教矛盾问题上无法获得中东国家的支持有其必然性。首先，宗教文化认同是导致中东国家支持巴基斯坦立场的根本因素。印度不是伊斯兰国家，不可能在与此相关的问题上得到伊斯兰国家的认同。"天下穆斯林皆兄弟"的观念将中东伊斯兰国家与巴基斯坦紧密地联系在一起。正如塞缪尔·亨廷顿所指出的那样："文化既是分裂的力量，又是统一的力量。人们被意识形态所分离，却又被文化统一在一起，具有文化亲缘关系的国家在经济上和政治上相互合作。"[①] 1971年12月，印度入侵巴基斯坦，伊斯兰国家支持哪一个国家是毫无疑问的。即使是印度的内部事务也会引起中东伊斯兰国家的共同关注，只要穆斯林在印度不幸福，国外穆斯林就会对印度充满怀疑。

[①] [美]塞缪尔·亨廷顿：《文明的冲突与世界秩序的重建》，周琪等译，新华出版社1998年版，第37页。

其次，中东国家对印度在20世纪60年代末70年代初偏离不结盟运动表示不满。印度自20世纪60年代开始加强与苏联关系，接受各种类型的援助，加大军购，最终签署带有军事同盟性质的《印苏友好合作条约》。东巴基斯坦事务是巴基斯坦内政，印度的干涉和战争违背"不干涉他国内政"的基本原则。作为不结盟运动的发起者，印度的背弃是对该运动的巨大伤害。

再次，支持巴基斯坦是各国巩固统治、增强凝聚力的现实明智选择，也是维护国家利益的有效手段。中东各国国内都有强大的宗教和舆论压力，任何政府不会以国内稳定为代价来支持印度这样的非伊斯兰国家。同样，加强伊斯兰国家的团结，防止大国干涉伊斯兰国家的内政能够形成强大的国际舆论压力，防止类似事件在伊斯兰国家重演。

最后，巴基斯坦与中东国家关系友好而紧密。巴基斯坦与约旦、沙特、科威特等君主制国家关系紧密，并向他们提供军事训练。在一些较小的海湾国家，巴基斯坦军人甚至担任保卫国防安全任务，例如，阿曼的海军人员几乎全部由英国军官和巴基斯坦军士充当。

三　印度与中东国家的经贸关系

英·甘地时期印度对中东政策的最大调整是推行经济外交，通过提供经济和技术援助、合资兴办企业、互相转让技术等手段，积极发展与中东的贸易关系，借此缓解印度的经济压力，提高印度在第三世界的影响和地位。

第一，努力扩大与中东国家的贸易。印度与沙特阿拉伯的贸易额稳步增长，两国的贸易额在1961—1962年为222.3万卢比，1963—1964年增长为2.43亿卢比，1973—1974年增长到15.715

亿卢比，到1979—1880年已增长到54.8亿卢比。印度与伊朗贸易额在1960—1961年为3.5亿卢比，1970—1971年为11.9亿卢比，1974—1975年增长到71.1亿卢比。印度与南也门贸易额在1966—1967年也达730万美元。值得注意的是，印度对波斯湾各国的出口也在不断增长，1974年比1973年增加一倍，其中对伊朗的出口额在1975年已增加到4.42亿美元，成为伊朗的第六大贸易伙伴，居于法国和意大利之上。

印度和埃及两国政府积极努力扩大双边的经济贸易。1966年，印度埃及贸易增长额比1965年印度埃及贸易协定所要求的1.1亿卢比还多。1966年，英·甘地和埃及总理纳赛尔举行会谈，以促进双方在机床、柴油机、化肥等工业领域的合作，并计划在开垦沙地、改良棉花种植技术方面的合作。

第二，印度与中东许多国家建立双边贸易委员会，形成稳定的贸易机制。1969年，伊朗国王巴列维访问印度，两国决定建立印度伊朗经济、贸易与技术合作联合委员会，其主要目标是通过技术交流、联合工业投资、扩大双边贸易来实施既定计划，联合开发资源、扩大双边贸易、在经济增长的不同领域进行合作，进一步加强彼此间金融、工业和商业机构的密切联系，以及为共同利益而使用彼此国家的训练设施以培训人才。1974年3月，印度和伊拉克联合委员会成立，并于1975年1月在巴格达召开第一次会议。1976年4月，印度伊拉克联合委员会在新德里举行第二次会议，签署一系列文件，大大促进两国在经济、科学、技术和文化领域的双边合作。印度阿富汗联合委员会更是运转正常，在经济技术合作方面取得显著成效。这些联合委员会的建立，为翻开印度与中东各国经济合作的新篇章铺平了道路。

第三，与中东国家加强经济技术合作。英·甘地希望利用印度的技术、原料和人力资源优势,扩大与中东各国的经贸与技术合作,吸引产油国向印度提供资金,建设合资企业等,以促进印度与中东经济关系的全面发展。1965年11月,印度与伊朗签署经济合作协定,决定在印度的马德拉斯建立炼油厂。1968年,印度和伊朗开始谈判在印度的古吉拉特邦建设一座化工集团。1974年,她访问伊朗,两国达成一系列重大的经济协定,其中包括建立印度伊朗联合海运公司、印度援助伊朗建设库德雷穆克大型铁矿、伊朗向印度提供近10亿美元的援助等。此外,印度和伊朗两国还就芒格洛尔港口、卡纳塔克铝厂和造纸厂、拉贾斯坦运河指挥区等工程和项目签署一系列重要协议。沙特也以较低利率向印度提供贷款,资助安得拉邦电力工程、拉贾斯坦运河工程和比哈尔邦的寇尔哈罗工程,还向拉马岗丹热电厂二期工程提供贷款。仅1975—1976年,伊朗和科威特向印度提供贷款25亿美元。1976年3月,印度外长恰范对土耳其进行访问,印度与土耳其签订经济科学技术和文化合作协定。1972年10月,印度与伊拉克签署协定,伊拉克同意向印度提供7500万美元贷款,1973年4月,伊拉克同意向印度孔雀城炼油厂提供为期10年的超过3亿吨的原油,并以石油形式向印度提供5000万美元的信用贷款。

　　第四,印度发挥其技术先进、劳动力资源廉价的优势,在中东国家承包工程项目。印度的国有和私有公司参与沙特、伊朗、伊拉克、科威特等国的大型项目工程。到1980年,印度在中东的联合企业数量分布如下:阿富汗1个、阿联酋17个、沙特7个、阿曼6个、伊朗2个、科威特2个、巴林1个、卡塔尔1个。印度认为它的技术对不发达国家有吸引力,并称自己的技术为"中间技术",要比发达国家的先进技术更适合发展中国家的需要。印度对伊拉克和伊朗的钢铁企业提供技术咨询,还在伊拉克承建一条80

千米长的铁路，1个新车站、3座大桥、82座中小桥梁以及其他辅助设施的建设，承包金额达 3.7 亿美元。在技术合作方面，印度采用"一切承包，只等使用"的原则向中东国家输出设备和技术人员，印度的技术出口项目主要是成套设备，包括电厂、电话、自来水、住宅建筑、水泥厂和纺织厂等技术设备，为中东国家的经济建设提供服务。

第五，提供技术援助。印度还向中东国家提供技术援助，援助的主要形式有培训人员、派出专家和赠送少量设备，在教育、工业、农业、卫生和公用事业方面，为中东国家提供人员培训，派出技术专家。

从贸易结构来看，印度从中东国家进口产品主要是石油及其石油制品，出口主要是传统产品以及廉价劳动力。1955 年，印度进口原油约 300 万吨，到 1969 年达到 1070 万吨，占印度石油和石油产品消费量的 67.64%，价值约 13.2 亿卢比。为了进一步保证石油供应，印度在 1976—1977 年同伊朗、伊拉克和阿联酋等中东国家签订原油供应合同，共进口 1400 万吨原油。

印度向中东国家出口主要是传统产品以及廉价劳动力。印度的传统出口项目包括：黄麻、茶叶、纺织品、海产品、糖、手工制品。中东和海湾地区尤其欢迎印度的手工丝织品和棉织品，20 世纪 70 年代，印度对中东出口额增长了 10 倍以上。印度在海湾地区的劳工在 20 世纪 80 年代初达到 70 多万，其中阿联酋 30 万、沙特阿拉伯 18 万、阿曼 12 万、科威特 8 万、卡塔尔 4 万、巴林 3.5 万，他们每年汇回印度的侨汇达 25 亿美元左右，成为印度外汇收入的重要来源。

英·甘地执政时期印度与中东国家的贸易增长速度较快，经济技术合作范围不断扩大，通过经贸往来促进双边关系全面发展。

当然，由于印度主要从中东进口石油，而出口产品数量和规模有限，因此双方贸易严重不平衡，印度存在巨大的贸易赤字。为了扭转贸易不平衡到状态，印度主动采取措施加大向中东出口的力度，努力扩大贸易并进行经济技术合作，这一时期内印度在中东的经济利益和安全利益相较于尼赫鲁时期有显著地提升，以往单纯以政治关系为主的交往格局开始向政治、经济为主，安全、军事为辅的方向转变。印度与中东关系的内涵逐渐变得更为丰富与丰满。

四　人民党时期印度与中东国家关系

1977年印度举行全国大选，人民党获胜。由莫拉尔吉·德赛出任总理，人民党领导人阿塔尔·瓦杰帕伊担任外交部部长。人民党此前作为在野党曾长期抨击国大党的亲阿拉伯政策，提倡与以色列建立全面的外交关系。但人民党执政时期，莫拉尔吉·德赛、阿塔尔·瓦杰帕伊依旧选择延续国大党的亲阿拉伯政策。德赛在就任总理后称印度的对外政策仍然是不结盟，但这将是彻底不结盟的政策。人民党政府不同任何国家保持特殊关系。为此，这四年里印度加大了对不结盟运动的投入。

阿以问题依然是新政府要处理的首要中东问题。人民党政府承认巴勒斯坦人民的建国权利，要求以色列从所占领的阿拉伯领土撤出，反对以色列在占领的阿拉伯领土上扩建定居点。1977年大选后不久，瓦杰帕伊在新德里对一群记者说，"印度的立足点没有改变……以色列必须从所占领的阿拉伯领土撤出，巴勒斯坦人民的合法权利必须得到恢复……至于同以色列的关系，我们承认了那个国家，但没有与之建立外交关系。在这一问题上我们的立场没有改变"。1977年11月，印度驻联合国代表拉姆·丹恩在联合国表示，印度认为以色列应从所有通过占领而获得的领土撤出，所有国家都应该遵守不使用武力获得土地的原则，所有难民都有权返回家园，巴勒斯坦人民拥有自决权，应当通过谈判而不是使用武力解决边界争端，所有国家包括以色列有权在安全边界内生活，应当普遍承认巴勒斯坦阿拉伯人民的民族权利包括他们建立自己国家的权利。

同时，印度希望通过与以色列接触进而在中东和平进程中发挥斡旋作用。1977年8月，应印度总理德赛的邀请，以色列外长达扬飞往新德里与德赛举行秘密会晤。以色列希望与印度建立外交关系，德赛希望通过会晤能为印度提供一个在解决阿以冲突方面发挥作用的机会。

人民党之所以改变其之前在野时期对阿以问题的态度，坚持"亲阿远以"的政策，主要有三个原因。首先，由于英·甘地时期印度两教矛盾激化和连续三次印巴战争，国内的穆斯林人口对国大党普遍不满，因此投票时都转向人民党。作为受益者，人民党必须顺从印度穆斯林在阿拉伯政策上的高度敏感性。其次，印度与中东的经贸关系日渐密切，不仅对中东的石油依赖明显提升，劳工和侨汇问题上对中东的依赖也日渐突出，当时有50%的侨汇来自中东地区。再次，印度必须顾忌印巴关系。印度放弃长期坚持的亲阿拉伯政策意味着折损它与大多数中东国家的关系，印度在印巴问题上势必面临全面孤立和外交被动局面，不结盟运动也会在内部遭遇严重分裂。

为此，在处理埃以和约和阿拉伯国家内部矛盾时，印度表现冷静和低调。1977年11月19日，安瓦尔·萨达特总统访问耶路撒冷时，印度政府保持沉默，国内主要媒体均回避报道此事。在1977—1978年外交部年度报告中，印度称已经注意到西亚事态的发展，由于萨达特总统访问以色列，由此导致西亚地区发生巨大变化。《戴维营协议》签署后，阿拉伯世界一片哗然，印度也保持沉默，不想卷入阿拉伯内部的争端之中。10月初，瓦杰帕伊发表声明，一方面称赞埃及寻求和平解决埃以争端的努力，另一方面又指出《戴维营协议》存在三点缺陷：首先，条约没有提及巴勒斯坦人民的权利以及建立一个民族国家；其次，没有讨论耶路撒冷的地位问题；最后，没有承认巴勒斯坦解放组织是巴勒斯坦人民的合法代表。瓦杰帕伊称，巴勒斯坦问题是西亚问题的核心，除非巴勒斯坦人民实现返回家园并建立他们自己的民族国家等不可剥夺的权利，否则该地区就不可能实现公正和持久的和平。《戴维营协议》对耶路撒冷的归属保持沉默，巴勒斯坦解放组织作为巴勒斯坦人民的代表没有得到承认，尽管巴解组织为巴勒斯坦人民的解放作出了巨大牺牲。与此同时，作为埃及的老朋友和不结盟运动的领导者，印度坚决反对一些阿拉伯国家提出的将埃及从不结盟运动中剔除的建议。

  人民党执政时期，中东发生的另一件大事就是伊朗伊斯兰革命。印度坚持"不干涉他国内政"的原则，认为伊朗革命和政权变更是其内部事务，不结盟政策的有效性有赖于它承认各国的主权平等，承认各国有权决定自己的社会和政治制度以及有权自由决定如何在互相尊重的基础上同其他国家合作。因此，印度迅速承认伊朗新政府。印度反对美国干涉伊朗事务，瓦杰帕伊批评美国营救人质行动是冒险的军事行动，只能加剧波斯湾地区的紧张局势。不仅如此，印度还高度赞扬伊朗精神领袖霍梅尼，称其为"伊朗革命之父"，认为伊朗革命是"一种积极的发展"，它是"伊朗寻求同一性、国家自主和不受外部大国影响以及谱写独立进程愿望的反映"[①]。印度还积极邀请已经退出中央条约组织的伊朗加入不结盟运动。

第三节　20世纪80年代的印度与中东国家关系

20世纪80年代的印度是国大党"一统天下"的时代，英·甘地（1980年1月—1984年10月）和拉吉夫·甘地（简称"拉·甘地"）（1984年11月—1989年12月）先后出任总理，印度的中东政策经受阿富汗战争和两伊战争的考验，依然坚持"亲阿远以"的政策，在不结盟运动中团结中东国家并维持中东国家团结，重点发展与海湾国家经济联系，借助斡旋中东热点问题来提升自己在第三世界和国际舞台上的地位和影响力。

一　阿富汗战争与印度的中东政策

1979年12月，苏联军队入侵阿富汗，扶植人民民主党领导人卡尔迈勒组成新政府。苏联宣称是为了履行《苏联阿富汗友好睦邻合作条约》的义务，应"阿富汗合法政府的邀请"而出兵阿富汗。苏联的侵略行为遭到国际社会的强烈谴责。为此，伊斯兰世界召开外长紧急会议，通过决议谴责苏联侵略阿富汗是对国际法的粗暴践踏，要求苏军从阿富汗撤出，决定终止阿富汗的伊斯兰会议组织成员国资格。

此时的印度和苏联正处于蜜月期，关系良好。印度接受苏联应邀出兵这一理由，只是对苏联入侵阿富汗表示深切关注。1979年12月28日，印度官方发表声明，"印度对不结盟运动的承诺始终

[①] Government of India, Ministry of External Affairs, *Annual Report 1979 - 1980*, New Delhi, p. 47.

一致，支持阿富汗人民在不受外来干涉的情况下行使主权，决定他们自己的命运……印度一直反对一个国家干涉另一个国家的内部事务"①。苏联出兵阿富汗的第三天，即1979年12月31日，印度看守政府总理查兰·辛格召见苏联大使，对"苏联军事力量大规模卷入阿富汗"表示深切关注，希望苏联军队尽快撤出。辛格总理在强调印度与阿富汗的长期关系后说，印度乐于看到阿富汗的独立和不结盟运动力量的加强。

印度在阿富汗问题上遭遇两难困境与挑战。一方面，由于苏联入侵阿富汗，巴基斯坦一夜之间成为美国抵御苏联侵略扩张的"前线国家"。美国不仅恢复因巴处死阿里·布托总理而中断的对巴援助，而且提供大量的武器装备，其中包括新式F-16战斗机。这严重削弱印度在南亚的空军优势，威胁到印度国家安全。另一方面，中东国家向阿富汗反政府武装和巴基斯坦提供大量的经济和军事援助，这些援助引发印度的深度忧虑，印度担心巴基斯坦军力的提升，也担心战争挑动国内穆斯林的斗争情绪。阿富汗战争爆发初期，印度的暧昧和亲苏立场使得它与中东国家关系普遍趋于紧张，也让各国质疑其不结盟政策的真实性，印度选择在阿富汗问题上支持苏联付出了很高的政治成本。

1980年1月2日，英·甘地在竞选集会上时称：我强烈反对任何干涉。但是在阿富汗，苏联的干涉不是单方面的，另一方的干涉也一直在进行。1月10日，她对外国记者说，苏联军队是应阿富汗的邀请而去的，苏联的行动是为了对付美中联合带来的威胁。印度强调是美国造成地区的不稳定，是美国、中国以及巴基斯坦介入阿富汗事务，因此应对干涉阿富汗内政承担部分责任。

---

① Government of India, Ministry of External Affairs, *Foreign Affairs Record*, December 1979, p. 474.

1980年1月11日，印度常驻联合国代表在联合国大会发言指出："苏联政府向我国政府保证，它的军队是应阿富汗政府的请求进入阿富汗的，我们由此确信在得到请求撤出时它也会这样做。我们没有任何理由怀疑来自这样一个与我们有着多年密切关系的友好国家的保证。"[①] 拉·甘地继任总理后在阿富汗问题上采取同样的立场，他在1985年6月4日的记者招待会上称，苏联军队是得到阿富汗政府的邀请而进入阿富汗，苏联在那里是有理由的，它出兵阿富汗同美国应邀出兵格林纳达的方式没有很大的差别。

1980年1月15日，22个不结盟国家向联大提交决议，共同谴责苏联入侵阿富汗，要求无条件撤走所有外国军队。印度投了弃权票。在1983年要求外国军队撤离阿富汗的巴基斯坦提案中，印度再次投了弃权票。不仅如此，印度还迅速承认卡尔迈勒政权，并提供援助。1980年2月6日，印度派前任驻阿富汗大使辛格作为特使访问阿富汗，同卡尔迈勒举行会谈。1980年3月，英·甘地总理表示，我们希望与阿富汗政府保持友好关系。印度外交秘书罗梅什·班达里于1985年4月12—13日对阿富汗进行为期两天的访问，双方还发表联合公报。自1980年后，印度每年向阿富汗提供大约600万美元的援助，还承建医院、学校等公共服务设施。

印度在阿富汗问题上的立场使其承受来自不结盟运动和中东国家的巨大压力。为缓和关系，印度主动谋求政治解决阿富汗问题，积极在各方间游说斡旋。一方面，它同美国、英国、法国、南斯拉夫、阿尔及利亚、匈牙利、尼泊尔、日本、伊拉克、阿联酋、科威特和伊朗等国进行大量外交接触，主张外界停止向阿富汗抗苏游

---

① Verinder Grover and Ranjana Arora, *India Fifty Years of Independence*, New Delhi: Deep & Deep Publications, 1997, p.188.

击队提供援助,以此作为苏联撤军的前奏,缓和危机。另一方面,印度利用不结盟运动这个平台寻求政治解决途径。[①] 1981年2月,在新德里举行不结盟国家外交部长会议上,印度呼吁,在撤出外国军队以及充分尊重阿富汗独立、主权、领土完整和不结盟地位并严格遵守不干预和不干涉原则的基础上,推动政治解决战争。1983年7月,在印度首都新德里召开的第七次不结盟国家首脑会议上,印度再次重申寻求政治解决阿富汗问题,支持联合国秘书长为此所作出的努力。

印度的阿富汗政策主要有三重考虑。第一,基于与苏联的特殊关系,印度和苏联签署准军事同盟的友好条约,接受大量经济援助,采购大批苏制武器,印苏关系是当时印度外交的支柱之一,也是影响印度对阿富汗战争政策的主要因素。第二,阿富汗战争变相强化巴基斯坦的军事实力和外交地位,印度不得不进一步加强与苏联的关系,对冲印巴关系的失衡,维护国家西部安全。第三,在20世纪70年代末80年代初的中美苏大格局调整中,中美缓和、靠近与合作并制衡苏联给印度带去巨大压力,中印战争的惨败和印美关系冷淡使得苏联成为印度在国际社会上唯一的"依靠"。在阿富汗问题上的"亲苏"政策实为无奈之选,印度外交转圜的余地有限。

二 两伊战争与印度的中东政策

两伊战争是继阿富汗战争后,印度在20世纪80年代第二次在中东面临"进退两难"的尴尬局面,再次反映印度中东政策的局限性。

---

① 《不结盟运动主要文件集》,中国对外翻译出版公司1987年版,第105页。

1980年9月20日，伊拉克与伊朗爆发战争。伊拉克、伊朗和印度同为不结盟运动成员国，战争带来的纷争不仅让印度处境艰难，还导致不结盟运动的内部分裂和矛盾，同时严重危及它的经济利益和安全利益，引起印度的极大关注。两伊战争与阿富汗战争不同，它对印度的影响更为直接，冲击力更大。

首先，战争直接影响印度的石油供给，冲击国内经济发展和工业增长。伊朗和伊拉克同为印度主要原油供应国，与印度的关系密切，两国每年提供的石油占印度中东石油进口总量的75%，因此战争严重制约着印度工业生产的增长。印度被迫通过外交途径请求阿联酋、卡塔尔、沙特阿拉伯等国向印度提供石油，以弥补国内的不足。

其次，印度在与中东国家的贸易中一直存在巨额的贸易赤字，为此它不断向中东输出廉价劳力和技术，以赚取外汇弥补贸易赤字，平衡与中东国家的贸易关系。1981年，印度侨民汇回国内的外汇达30亿美元。8月23日，10名印度人在伊拉克巴士拉遇袭身亡，印度外交部要求其驻两伊使团保障印度人的安全，并向他们提供援助。印度在两伊共有侨民4.5万人，但印度没有因战事立即撤回侨民。印度还在伊拉克和伊朗分别承担着价值50亿卢比和10亿卢比的工程项目，战争的爆发必然对印度造成直接的经济损失。

再次，两伊战争有可能造成美国等西方大国的干预，加强它们在波斯湾和印度洋的军事力量，对印度的国家安全形成威胁，进而危及南亚、中东乃至世界和平。印度对美苏两个超级大国卷入阿富汗战争表示担忧，此时印度担心两个大国再度卷入两伊战争，那样的话安全事态的发展和地区的动荡程度会深度影响印度的安全。

最后，中东国家的分歧和阵营化给印度处理与各国的关系带来巨大压力。两伊同属伊斯兰国家，伊朗还在20世纪80年代奉行"输出革命"的政策，引发中东国家阵营的分化。20世纪80年代中期，叙利亚、南也门公开支持伊朗，埃及、沙特、约旦、科威特、阿联酋等国都或明或暗地支持伊拉克，土耳其保持中立。

印度在两伊战争问题上采取中立立场，同时积极斡旋，争取早日和平解决争端，停止战争。1983年3月，英·甘地以不结盟会议主席的身份发表声明指出："我们对历时30个月之久的伊朗—伊拉克冲突和它对两国人民造成的惨重生命损失与财产的破坏深表遗憾。伊朗和伊拉克同是不结盟运动的成员国，不结盟运动的原则中有一条是成员国之间的一切分歧应以和平的方式解决。我们深信结束伊朗—伊拉克冲突将有助于加强不结盟运动的统一团结。因此，我们呼吁伊朗和伊拉克立即结束这场战争。双方立即停止交战，并通过谈判与和平的方式取得光荣、公正和持久的和平，乃是我们普遍的愿望。作为主席，我将继续进行协商，采取一切可能而适当的措施来实现这一目标。"[①]

由于两伊同为不结盟运动国家，有关战争责任和停战的争执不可避免地延伸至不结盟运动中，给印度造成巨大麻烦。1983年4月，在不结盟运动首脑峰会期间，伊拉克副总统塔哈·马洛夫提议应当组成一个两伊战争仲裁委员会，印度认为这是实现停火与和平的好机会，但是伊朗代表赛义德·侯赛尼称伊拉克的建议是一种政治策略，坚持结束战争的四个条件：完全撤走在伊朗境内的伊拉克军队；伊拉克支付2000亿美元的战争赔偿；遣返20万名流放到伊朗境内的伊拉克人；释放战俘和谴责并惩罚伊拉克，包括按照伊斯兰法审判萨达姆·侯赛因总统。1983—1986年，印度

[①]《不结盟运动主要文件集》，中国对外翻译出版公司1987年版，第110页。

一直努力寻求解决两伊战争的方案,但是由于两伊之间的巨大分歧而未能取得成功。

两伊高层频繁出访印度,争取印度和不结盟运动的支持,也给印度带去巨大压力。伊朗希望印度与不结盟运动谴责伊拉克在战争中违背《日内瓦公约》,对伊朗军人和平民使用化学武器。伊朗特使阿里·沙先生在访问印度时说:"不结盟运动对一个国家的主权和领土完整被另一个国家以武力侵犯坐视不管,印度作为该运动的主要成员国应当发挥特别作用。现在不是印度考虑与伊拉克或伊朗做生意的时候,不结盟运动的基本原则就是要插手两伊冲突,不结盟运动有责任站出来并要求伊拉克从伊朗撤出。"[1]印度的中立立场招来伊朗的不满,伊朗代表伊斯拉姆称印度无权调停这一冲突。在1986年召开的不结盟运动新德里会议期间,伊朗甚至指责印度作为主席起草了一个片面的声明,伊朗绝不接受这一声明。由于不能得到印度的充分支持,伊朗将与巴基斯坦发展关系作为外交重点,从而导致20世纪80年代伊朗巴基斯坦战略联盟的形成。伊拉克也对印度在不结盟运动中努力结束两伊战争所发挥的作用不满意,对将1983年不结盟运动会址从巴格达移至新德里感到不快。为此,伊拉克派出一个规格不高的代表团出席英·甘地的葬礼。印度在两伊战争期间保持低调甚至中立并未收到预期的效果,它试图借助不结盟运动终止战争的努力使得自己落入受"夹板气"的被动局面,这场战争不仅损坏印度与两伊的关系,也在客观上削弱了不结盟运动和它的国际影响力。

两伊战争持续八年时间,是中东地区"二战"后最大规模的地区战事。它不仅涉及两伊间的矛盾,背后还有美苏争霸、美伊

---

[1] Pant, "Iran-Iraq Conflict and India: A dimension in South-South Relations," *Quarterly of Strategic Studies*, Vol. 1, No. 1, January 1984, pp. 70–77.

对立、阿拉伯世界与伊朗的对立等多重因素，因此印度和不结盟运动的斡旋能力势必有限。实际上，伊朗和伊拉克也深知印度能力和作用的局限性，因此，双方停火后印度与两伊的关系得到较快的恢复，两伊既没有继续纠结于印度的中立政策，也未对印度采取敌视态度。

三 20世纪80年代印度的"亲阿远以"政策

英·甘地和拉·甘地两位总理在20世纪80年代依然延续印度一贯的"亲阿远以"政策，反对以色列在定居点和首都问题上的扩张，坚定不渝地支持巴勒斯坦人民的建国事业，支持巴勒斯坦解放组织为巴勒斯坦唯一合法代表。但印以关系也在悄然发生变化，其内容不仅表现为印以在美国和联合国大会上双边外交往来更为密切，还体现在经贸科技规模与安全合作水平的提升。除了印度在巴以问题上的立场和态度没有显著变化外，印以关系在20世纪80年代逐渐升温，合作和互信显著增强。

1980年3月26日，印度给予巴解组织全面的外交地位，将其驻新德里代表处升格为享有使馆地位的外交使团。1987年8月，拉·甘地与阿拉法特会谈时称，假如不顺应巴勒斯坦人民渴望通过在国际会议上进行谈判维护和保证人民权利，那只能导致武装冲突的加剧。1988年11月，巴勒斯坦宣布建国，1988年11月12日，巴勒斯坦国民议会投票决定接受联合国安理会第242号决议和338号决议；11月15日，阿拉法特宣布巴勒斯坦独立，印度立即予以承认。1989年3月9日，阿拉法特亲自飞往新德里宣布大使馆开馆。

在联合国内，印度也不遗余力地支持巴勒斯坦人民的解放事业。1980年7月中旬，在联大召开第七次紧急会议上，印度外长纳拉辛哈·拉奥重申印度坚持的全面解决巴勒斯坦方案的立场：巴勒斯坦人民有建立一个独立国家的权利，从所有被占领土包括耶路撒冷撤走以色列军队，所有国家包括巴勒斯坦都有在边界内安全生存的权利，巴勒斯坦人民的代表巴解组织有权在平等的基础上参加就中东局势和巴勒斯坦问题所进行的一切谈判[①]。拉奥批评说："以色列的继续固执己见、扩张主义以及侵略是与联合国解决阿以冲突的方案背道而驰的，由于巴勒斯坦人民无权参加谈判，这是阿拉伯与以色列和谈陷入僵局的原因所在。"[②]联大紧急会议结束时通过决议，要求以色列军队在1980年11月15日之前从1967年6月以来占领的包括东耶路撒冷在内的所有巴勒斯坦和阿拉伯领土无条件地全部撤出；宣布巴勒斯坦人民享有不可剥夺的权利，包括不受外来干涉的自决、民族独立和主权以及建立国家的权利。1980年8月20日，安理会以最强烈的措辞谴责以色列议会颁布的关于吞并整个耶路撒冷并将其作为以色列首都和政府所在地的基本法以及拒不执行安理会有关决议的行为。8月23日，印度政府谴责以色列所制定的关于耶路撒冷的基本法。12月中旬，印度支持联大通过的一系列决议，这些决议要求对以色列实行贸易制裁，宣布以色列颁布的关于耶路撒冷的基本法和定耶路撒冷为以色列首都的行为无效。

在不结盟运动中，印度积极推动阿以冲突的和平解决，维护巴勒斯坦的权利。1983年3月，第七次不结盟运动首脑会议在新德里召开，英·甘地作为大会主席，公开承诺不结盟运动将在缓和国际和地区紧张局势问题上发挥积极作用。首脑会议上，各方达

---

① Government of India, Ministry of External Affairs, *Foreign Affairs Record*, September 1980, pp. 331–332.

② Government of India, Ministry of External Affairs, *Foreign Affairs Record*, September 1980, p. 5.

成一致，努力寻求阿拉伯以色列问题、两伊战争以及不断恶化的黎巴嫩政治局势问题的和平解决。为了采取一些应对巴勒斯坦危机的具体行动，不结盟运动成立由英·甘地担任主席的巴勒斯坦问题委员会，旨在寻求一个全面和平解决方案，借以建立巴勒斯坦国。对于1983年巴解组织内部斗争，英·甘地应阿拉法特的请求，派外交国务秘书鲁迈什·班德里赴沙特、叙利亚和巴勒斯坦等地，调解巴解组织内部矛盾。另外，印度还支持1981年8月沙特法赫德国王提出的"中东八点和平"计划，称赞沙特的计划是为取得公正、持久的解决中东问题所采取的建设性行动。1982年，印度又积极赞扬阿拉伯国家联盟（简称"阿盟"）首脑会议上通过的"菲斯计划"。

在第五次中东战争、空袭伊拉克和突尼斯的问题上，印度对以色列的行为表示强烈反对。印度认为，以色列此举是对黎巴嫩的侵略，也是对巴勒斯坦难民的屠杀，造成黎巴嫩萨布拉和夏蒂拉难民营严重的人道主义灾难。印度还谴责以色列空袭巴解组织在突尼斯的总部，以及1981年6月对伊拉克奥斯拉克原子反应堆的空袭。印度在不结盟会议上提出并通过政治宣言："谴责以色列，因为它蛮横地侵略伊拉克专用和平目的的核设施。会议认为这些国家恐怖主义行为是空前的侵略行为，造成有史以来核反应堆第一次遭到武装攻击。会议声援伊拉克和其他所有发展中国家，行使其为和平目的和发展计划而获得和发展核技术的权利。"[①] 另外，印度还支持叙利亚对戈兰高地拥有领土主权的联大决议，坚决反对以色列对叙利亚主权和领土完整的侵犯。

1950年9月，印度在以色列建国两年多时间之后方才承认以

---

① 《不结盟运动主要文件集》，中国对外翻译出版公司1987年版，第108页。

色列，但却拒绝与以色列建立正式外交关系。一方面，直至20世纪80年代，印度一直坚持奉行"亲阿远以"政策，认为以色列是中东冲突的根源。另一方面，以色列在国际社会上多次支持印度，如1962年的中印边界冲突、1965年和1971年的印巴战争。20世纪80年代初，由于第五次中东战争的爆发，印度减少与以色列的文化往来，拒绝让以色列运动员参加1982年在新德里举行的亚洲运动会。20世纪50年代以来，印以关系一直维持"承认不建交"的基本态势，以色列领事馆也没有设在印度首都，但以色列对印度的"亲阿远以"政策一直采取"理解但不赞同"的态度，始终愿意与印度修好。以色列驻印度领事馆人员在印度的活动不受限制，他们私下和印度政界、商界保持密切的沟通。20世纪80年代印以关系的拓展为冷战后两国关系建交和快速发展奠定了必要的基础。

1984年，拉·甘地任总理后，印度重新审视对以色列政策，印以关系开始"增量提质"。在印度驻美大使馆与美国犹太院外活动集团的努力下，美国拒绝向巴基斯坦出售机载预警和控制系统。这一事件使得印以关系缓和成为现实。以色列与印度展开秘密情报和安全合作，帮助印度培训领导人安保团队。印度则破例允许以色列运动员来印度参加戴维斯杯网球公开赛，并于1988年将孟买以色列代办升级为领事。

四 20世纪80年代印度与中东国家的经贸往来

20世纪80年代，印度与中东的经贸关系延续70年代的发展势头，取得不俗的成果，基本构建出冷战后至今的经贸关系格局。印度加强与中东国家的经贸往来，为发展全面的双边关系奠定基础，成为20世纪80年代印度中东政策的主要手段。

由于印度对中东地区的石油、资金、化肥、原材料和矿物的需求量大,印度凭借其"适用技术"、产品、廉价劳动力和地理位置临近等优势,谋求进一步扩大中东市场。为此,1981年11月,双方在新德里召开了"印度—阿拉伯业务委员会"会议,商讨印度在石油冶炼、技术出口等方面与阿拉伯产油国的合作计划。随着印度石油进口对中东国家的依赖增强,双方经济联系和利益也更加密切,中东国家对印度的石油出口在1971年占整个印度进口的8%,1981年占42%。

20世纪80年代,印度与中东国家发展经济关系的主要形式为开展贸易、建立联合企业、承包工程项目、能源贸易、提供咨询服务和劳务出口。中东地区国家是印度的最大贸易伙伴,印度将中东视为本国的农业、矿物原料以及燃料的贸易对象和商品销售、技术、劳务出口的重要市场。1981—1982年,在印度对发展中国家的贸易总额中,中东地区所占比重为57%,进口的主要是石油及其制品。印度还在中东国家投资建厂,到1983年,印度在海湾国家建立的合资企业76家。承包工程是印度在20世纪80年代扩大对中东出口的重要手段,到1987年,印度在中东的伊拉克、科威特、利比亚、沙特阿拉伯、叙利亚和阿联酋六个国家完成价值2000亿卢比的开发工程项目。

此外,印度向波斯湾阿拉伯国家提供大量的技术工人。据估计,1985年有100万名印度技术工人,如技术员、工程师、医生、教师以及许多半熟练和非技术工人生活在波斯湾阿拉伯国家,他们每年寄回国内的侨汇达20亿美元。不断增长的印度工程商品及服务出口为减少国内的贸易赤字作出巨大贡献。

1980年两伊战争爆发后,印度在中东的石油采购开始调整方向,转向了沙特阿拉伯等君主制国家。这些国家接受大量印度工人和制造商,并成为印度商业在中东的运作中心,这为印度改善与各国的关系提供了条件。以沙特阿拉伯为例,1982年4月,英·甘地成为26年来第一位访问沙特阿拉伯的印度领导人,为改善印度沙特阿拉伯关系铺平道路。1982年,印度与沙特阿拉伯确定建立双边联合委员会,促进两国在经济和技术领域的广泛协作。印度与沙特阿拉伯的贸易呈现出稳步增长的良好态势,1963—1964年,双边贸易额仅为2.43亿卢比,到1979—1980年已增长到54.8亿卢比。1982年,印度向沙特阿拉伯出口的商品价值为1.7亿美元,进口商品价值为2.63亿美元;1990—1991年,印度出口到沙特阿拉伯的商品价值为41.842亿卢比,进口的商品价值达289.773亿卢比。由此可见,印度与沙特的双边贸易额增长迅速,印度对沙特的进口总额远远大于出口价值。当然,两国的贸易逆差严重,印度不得不依靠在沙特工作的14万名印度工人汇回国内的侨汇来弥补。与此同时,印沙的双边经贸合作领域不断扩大,印度的国有和私有公司承包着沙特阿拉伯的巨大工程项目,沙特阿拉伯也以较低利率向印度安得拉邦色塞拉称和纳页肖纳赛加尔电力工程,以及比哈尔邦拉贾斯坦运河工程等提供贷款。[①] 20世纪80年代,沙特阿拉伯为拉耶斯坦运河二期工程提供1亿美元,向比哈尔邦寇埃尔卡罗水电站项目提供3200万美元贷款,给奥里萨邦克拉普特和拉亚古达之间铁路线提供300万美元的贷款,为拉马冈丹热电厂二期工程提供5000万美元贷款。另外,阿联酋、科威特、阿曼、卡塔尔等海湾国家都向印度提供资金援助,在印度建立合资企业,双边经贸往来日益密切。印度与阿联酋的贸易额也在不断上升,1989年印度对阿联酋的出口额居亚洲国家第二位,

---

[①] A. K Pasha, *Perspectives on India and the Gulf States*, New Delhi: South Asia Books, 1999, p. 154.

所占比例由 1980 年的 7% 上升到 1989 年的 9.4%。

值得一提的是，印度与伊朗的经贸往来未因两伊战争和伊朗的不满而中断，主要原因在于八年战争期间，伊朗深受美国孤立和封锁，印度成为伊朗获得工业技术产品的主要国家，伊朗也不愿意拱手出让自己在印度的石油进口份额。同时，伊朗还将印度视为牵制美国的主要伙伴。1978—1979 年，印度与伊朗的贸易总额为 5.232 亿卢比，印度对伊朗的出口额为 4.64 亿卢比，进口额为 5920 万卢比；1980—1981 年，两国贸易额为 146.2 亿卢比，印度出口为 12 亿卢比，进口为 133.6 亿卢比。由于受到战争的影响，1985—1986 年两国贸易额下降至 98 亿卢比，其中，印度出口为 9.5 亿卢比，进口为 88.5 亿卢比。战争的巨大消耗使得 20 世纪 80 年代中期以前印度与伊朗的贸易额居中东各国之首。另外，伊朗还向印度提供不少贷款，开展经济技术合作，例如，1977—1978 年与 1988—1989 年，伊朗共向印度提供 87.7 亿卢比贷款。

第三章 印度与中东国家关系（20世纪90年代至莫迪政府时期）

20世纪90年代至今，印度与中东关系的发展是继往开来的时期，也是高速变动的时期。从继往开来的角度看，这一时期包括印度与中东关系的积累期、转型期和成熟期。20世纪90年代依然是双方关系的积累期，2000—2014年是转型期，2014年莫迪政府开始进入了成熟期。30多年来，印度与中东关系完成了从"政治+经济"的"双柱"格局向"政治+经济+军事+安全"的"四角齐全"格局的提升，完成了以议题视角处理关系向将中东作为一个整体和"外交大舞台"的转变，更是完成将中东视为"经济内陆"到将中东视为"大周边外交"重要组成部分的认知上和战略上的升级。

从高速变动的角度来看，印度与中东关系既保持高速发展又在不断地调整。经济方面，20世纪90年代开始的开放与经济自由化改革为印度带来经济的高速发展和体量的迅速扩张，印度在全球经济中的地位和影响力同步增长，它被视为新的"经济奇迹"与金砖国家的代表。印度与中东的能源、劳工、经贸乃至科技合作都取得较大程度的发展，并形成较为稳定的非对称依赖关系。政治方面，冷战结束助推印度外交发生重大变化，不结盟政策逐渐退出历史舞台,先是被"战略自主"的说法取代,莫迪政府时期又出现"多向结盟"的新趋势。印美、印俄、印中关系的变化对印度和中东关系产生较大的影响。例如,20世纪90年代,印以建交与军事领域双边合作的快速发展、21世纪后伊核危机与美伊关系反复冲击印伊关系、印度参加美以印阿"小四边机制"。中东区内的战争、冲突与社会动乱同样影响双方的关系,例如,印度在海湾战争中的立场导致印度科威特关系跌入低谷,至今仍留有阴影;"阿拉伯之春"运动迫使印度启动撤侨行动;"伊斯兰国"崛起并向印度国内渗透形成"内外联动"效应等。

印度自独立以来,与中东关系得到全方位的发展和提升,内容逐渐丰富,互信日渐增强,双边层次上处理矛盾和分歧的惯例和机制也渐趋成熟。莫迪政府执政后,中东越来越被印度看作实现其经济利益、展现"大国外交"、撬动美中印"大三角"关系的重要地区。印度的经济体量、政治价值乃至可能存在的安全作用也越来越被中东国家接受或看重。印度正在成为中东区内具有潜力的"新玩家"。

第一节 20世纪90年代的印度与中东国家关系

进入20世纪90年代,随着东欧剧变和苏联解体,两极格局崩溃,世界各国综合国力竞争日趋激烈,经济全球化和区域集团化进一步发展,不同国家和地区之间的相互依赖较冷战期间迅速加深。20世纪90年代以来,由于苏联解体与独联体各国经济实力下降,印度与俄罗斯、东欧国家的关系降温,贸易额明显下滑。与此同时,随着经济的快速发展,印度对中东能源的需求逐步增加,经贸往来不断加强,为印度与中东关系的发展奠定良好的基础。例如,1993年,印度22.4%的进口和10.7%的出口是与石油输出国组织（OPEC）国家合作，其中主要是与中东产油国的贸易合作。

冷战结束后，印度对中东的政策作出适当的调整，主要表现为：在阿以问题（巴以问题）上维持平衡中立外交，继续支持巴勒斯坦，同时改善和深化与以色列的关系；对中东地区战乱和政权变更采取中立政策，继续推动用和平方式解决问题；坚决支持打击极端主义和恐怖主义行动，加强反恐合作；坚持反对帝国主义和霸权主义行为，反对干涉中东国家内政；着重加强与海湾地区国家的经济联系，维护印度的经济利益与安全。

一 印度与海湾战争

20世纪90年代的印度开始实施"自由化"改革，经济保持较高的增长速度。同时国内政府更迭频繁，前后有八个政府上台执政。[①] 90年代，印度的地区外交集中在"向东看"上，重点发展与东南亚和东亚国家关系，如新加坡、韩国和日本。因此印度继续保持求和平、反干涉的基本立场，对中东政策以继承为主，适当调整为辅，同时更加重视加强经济联系和双边合作。

与此同时，印度在中东地区面对的挑战也很多，主要表现在应对海湾战争影响、缓解国内教派冲突和克什米尔问题的国际干涉、实现印以关系突破并快速发展等方面。

1990年8月2日，伊拉克军队入侵并占领蕴藏丰富石油的科

---

① 20世纪90年代印度经历的八个政府分别为：维·普·辛格政府，1989年12月2日至1990年11月10日；钱德拉·谢卡尔政府，1990年11月10日至1991年6月21日；纳拉辛哈·拉奥政府，1991年6月21日至1996年5月16日；阿塔尔·比哈里·瓦杰帕伊政府，1996年5月16日至1996年6月1日；德韦·高达政府，1996年6月1日至1997年4月21日；因德尔·库马尔·古杰拉尔政府，1997年4月21日至1998年3月19日；阿塔尔·比哈里·瓦杰帕伊政府，1998年3月19日至2004年5月22日。

威特，引发海湾危机，震惊整个世界。在此后的四个月内，联合国安理会先后通过12个谴责和制裁伊拉克的决议。由于伊拉克拒绝履行联合国安理会相关决议，以美国为首的西方国家为谋求在中东的战略利益，最终导致以美国为首的多国部队与伊拉克进行一场大规模的海湾战争。20世纪80年代以来，印度与伊拉克的政治和经济关系紧密。因此在如何应对海湾战争问题上，印度面临巨大的挑战。

海湾危机爆发之初，印度维·普·辛格政府采取不结盟的传统政策，坚持中立立场，只对伊拉克入侵科威特表示遗憾，要求伊拉克尽快撤军，并以"谴责不是印度禀性的组成部分"为由，为印度拒绝谴责伊拉克的立场进行辩护。1990年11月，钱德拉·谢卡尔政府上台，对印度的海湾战争政策作出调整。它一方面坚持主张充分利用一切可能的外交解决途径化解危机，另一方面在联合国投票中，印度支持授权对伊拉克动武，并否决将入侵科威特与巴勒斯坦问题联系在一起的联合国决议。

印度以中立原则为由，实际上偏袒伊拉克的原因主要有四个方面。首先，当时在科威特打工的印度劳工有10万人之多，辛格政府将其安全撤离作为政府的首要外交考量。1990年8月16日，喀拉拉邦议员在议会大厦静坐一天抗议政府对在科威特的印度工人的处境无所作为，引起国内社会的高度关注，迫使政府将印度工人的安全放在优先地位。印度担心谴责或支持打击伊拉克的行动会危及在伊拉克和科威特两国工作的印度人的安全，妨碍他们安全顺利归国。

其次，担心伊拉克和科威特对印度石油供应有中断的危险。1990年，科威特同意向印度出售150万吨原油，伊拉克的出口计划是625万吨原油，其中450万吨是由于苏联拒绝接受卢比支付而由伊拉克转运给印度的。海湾危机爆发前,两国总额775万吨原油已经交付一半。印度担心与伊拉克交恶会导致石油突然断供,这会给印度工业和经济发展短期内带去巨大冲击,直接危及印度的能源安全和经济利益。

再次,考虑到维护印度的经济利益,避免恶化与两国的关系。海湾危机爆发使国际原油现货市场1990年7月每桶原油由17美元左右上涨到每桶35美元,油价上涨不仅严重制约着印度的经济增长,还加剧外贸失衡。根据保守的估计,1990年,印度仅外汇损失就达30多亿美元,其中包括进口原油额外支付的23.6亿美元,在科威特的劳工遣返费2亿美元,对伊拉克和科威特的出口损失2亿美元,侨汇损失2亿美元。此外,伊拉克和科威特都是印度在中东密切的经贸伙伴,印度在那里有着重要的经济利益。在20世纪80年代的10年中,印度在伊拉克的工程承包占其海外工程承包总额的60%,共计27.78亿美元。根据1990年印度伊拉克签署的合同,印度将向伊拉克出口7000万美元的商品,向科威特出口1100万美元。[①]印度采取中立立场,力主和平解决危机,意在避免海湾危机给印度带来更大的经济损失,继续维持与伊拉克和科威特的经贸关系。

最后,印度与伊拉克长期保持着密切的友好关系,不愿意卷入阿拉伯国家的内部冲突。伊拉克对科威特的兼并、海湾阿拉伯国家合作委员会(简称"海合会")成员国对伊拉克的口诛笔伐都是阿拉伯世界的内部事务,印度不想在这些矛盾斗争中"选边站"。进一步看,印度既不愿在伊朗和伊拉克之间"选边站",也不愿在伊朗和海合会国家之间"选边站"。这是印度中东政策的一贯立

---

① 任钥俊:《海湾危机影响印巴经济》,《人民日报》1990年9月14日。

场,也是不结盟政策的内在含义,保持中立、主动劝和是印度解决中东战乱纷争的固定范式,符合印度的国家利益和传统立场。

1991年后,迫于美国、阿拉伯国家的集体压力,加上撤侨工作进展顺利,印度才开始调整政策,支持联合国授权对伊拉克动武。但印度始终在联合国内积极维护伊拉克主权和利益、反对西方国家干涉其内政,并努力敦促联合国停止制裁。

海湾战争结束后,尊重伊拉克主权与领土完整,确保伊拉克人民的生存权益是印度在伊拉克问题上的两大基本原则;坚持结束外部力量在伊拉克的军事存在,对伊拉克的制裁应考虑人道主义因素,是印度对待伊拉克问题的两大基本立场。

印度在联合国安理会上投票赞成1991年4月3日通过的第687号决议,规定海湾战争正式停火的条件。印度强调应该结束在伊拉克的军事存在,要求联合国与秘书长考虑:伊拉克人民的需求尤其是他们的人道主义需求,伊拉克支付能力的评估应与国际金融机构联合做出,并考虑外债的偿还和伊拉克经济发展的需要。联合国最终制裁措施不包括食品、原料和必要的居民供给品,这是印度和广大第三世界国家共同努力的结果。为提高印度的国际地位,参与解决海湾危机,印度参加由35国组成的联合国伊拉克科威特观察团,负责伊科边界非军事区巡查工作。印度还成为联合国监督委员会的成员,监督伊拉克支付赔偿和销毁大规模杀伤性武器的工作。

印度反对美英等西方国家利用人权干涉伊拉克内政,坚决支持伊拉克主权和领土完整。在库尔德人和伊拉克什叶派问题上,印度反对联合国在人权领域干预伊拉克的内部事务。印度对安理会邀请荷兰人权专家范·德尔·司徒尔列席会议持保留意见,强调即便是不同的联合国机构,也应当按照《联合国宪章》严格限定它们各自领域的行为。印度驻联合国大使秦马亚·贾里科翰说,安理会可以将其合法的注意力集中到威胁或者有可能威胁地区和平与安全上,但是它不应讨论属于人权性质的问题,或者提出超出自身职能的建议和问题。与人权有关的问题应在联合国人权会议上或联合国大会讨论。对于联合国安理会通过的有关伊拉克北部库尔德人问题的第688号决议,印度投弃权票,对美国在伊拉克北部建立所谓的"安全区"持不同意见。

1994年开始,印度与伊拉克开始恢复双边关系。4月,伊拉克新闻部部长穆罕默德·赛义德·萨哈夫作为伊拉克总统特使访问印度,印度外长迪内什·辛格强调,只要伊拉克遵守联合国安理会决议,联合国就应分阶段逐步取消对伊拉克的制裁。1994年1月17日,两国青年联合论坛等团体组织民众在美国驻印度大使馆外举行示威,反对继续对伊拉克实行经济制裁。示威者高举标语牌,谴责美国在波斯湾地区大量增加军队的行为,并向美国驻印度大使递交一份请愿书,指出强制对伊拉克无辜人民实行的不正当制裁已经引起严重灾难。1998年,印度议会代表团访问伊拉克,试图恢复因海湾战争而中断的与伊拉克的经济合作,随后两国实现了部长级官员的互访。在联合国制裁委员会的监督下,印度与伊拉克实施了"石油换食品"计划,即印度用50万吨小麦换取伊拉克250万吨原油。2000年年底,伊拉克与印度签订价值5.5亿美元的电器设备合同。印度外交部发言人说,印度认为联合国对伊拉克长期制裁是不公正和毫无道理的,损害了伊拉克人民的利益,并宣布印度会在当年12月联大会议上与联合国有关制裁机构协商,将伊拉克"石油换食品"的额度提高到150万吨小麦。印度调整对海湾战争的态度、坚决维护伊拉克主权领土完整、迅速恢复与伊拉克经贸关系,既反映它坚持不结盟政策的一贯立场,又体现维护本国国家利益的基本诉求，是20世纪90年代印度现实主义外交的充分展示。

二 平抑克什米尔问题和教派冲突的不利影响

冷战结束后，伊斯兰原教旨主义和泛伊斯兰民族主义在中东发展迅速，克什米尔冲突骤然升温，20世纪90年代的印度在这一问题上受到来自伊斯兰世界和中东国家的巨大国际压力。与冷战期间相似，伊斯兰世界普遍支持巴基斯坦的政策立场，指责印度在克什米尔侵犯穆斯林的人权，并将其提交到联合国人权会议，严重影响到印度与中东国家的关系正常发展。1992年的巴布里清真寺冲突也成为影响印度与中东伊斯兰国家关系的重要干扰因素，中东各国对巴布里清真寺事件反映的教派矛盾和冲突问题的重视程度远超冷战时期，给印度地区外交带去巨大压力。

在克什米尔问题上发难的主要组织是伊斯兰会议组织和海合会，中东地区主要国家几乎都在双边层面上对印度施加外交压力。

1990年8月，在第19届伊斯兰会议组织外长会议上，巴基斯坦将克什米尔问题提交会议讨论。此次开罗外长会议上通过了支持巴基斯坦要求在联合国决议和《印度政府和巴基斯坦政府双边关系协议》（简称《西姆拉协议》）基础上解决克什米尔问题的公报。1991年8月，第20届伊斯兰外长会议在土耳其举行，会上再次讨论克什米尔问题，并首次通过一个关于克什米尔问题的"十点政治决议"。决议要求，印度允许国际人权组织和人道主义组织访问查谟和克什米尔，决定向印控克什米尔地区派出一个由三人组成的实情调查团进行实地调查，该团将向会议秘书长提交报告。与此同时，伊斯兰会议组织对当前印巴两国的紧张局势表示关注，认为这将威胁到南亚地区的安全与和平，号召两国重新将他们的军队部署到和平时期的位置。伊斯兰会议组织关注印巴两国之间的持续对话,决议称:伊斯兰会议组织鼓励进一步的协商,通过和平方式解决他们的主要分歧,坚信持续的对话是解决问题和消除紧张的核心。

印度对伊斯兰会议组织通过的决议表示强烈不满,认为这是对印度内部事务的干涉,同时拒绝该组织向克什米尔派出实情调查团的建议。印度外交部发言人称,伊斯兰会议组织在这一问题上没有任何发言权,印度曾经并将继续拒绝所有将克什米尔问题视为宗教问题的努力,这是不切实际和非建设性的措施。

1991年10月29日,联合国大会采纳加强联合国与伊斯兰会议组织合作的提议,但不付诸表决,印度赞同这一提议。它认为联合国与伊斯兰会议组织之间加强合作表明,伊斯兰会议组织接受《联合国宪章》规定的各项原则。联大通过的决议强调这两个组织的秘书处代表将于1991年11月19—22日举行会谈,要求联合国增加对伊斯兰会议组织及其他研究机构的技术和经济援助。但是印度代表阿布拉尔·艾赫麦德在联合国大会上强调说,印度一直反对以宗派主义或派别来处理问题,也反对利用宗教感情来维护宗派利益。他称,印度拥有世界第二大穆斯林人口,印度为包括穆斯林在内的本国人民选择世俗国家而感到自豪,在这里不同的宗教信仰和睦相处,为国家的文化繁荣昌盛作出贡献。印度与所有伊斯兰国家的多种互惠密切关系历史悠久,在许多重大问题上例如巴勒斯坦问题和其他西亚问题上与伊斯兰国家立场一致。所有的宗教教义都达到共同的目的,就是应当团结而不是分裂人民,以宗教感情或信仰为基础的不同的国家集团必须牢记这一点。

1991年12月,第六届伊斯兰会议组织首脑会议在塞内加尔首都达喀尔举行,印度再次申明,伊斯兰会议组织无权干预查谟和克什米尔问题。印度外交部发言人称,"我们对巴基斯坦利用国际论坛从事反对印度特别是与克什米尔有关的问题深感遗憾"。1992年9月,伊斯兰会议组织外长会议在纽约召开,在巴基斯坦的要求下,伊斯兰会议组织外长会议向印度施加外交压力,会议发表的公报要求公开谴责印度大规模地使用暴力侵犯查谟和克什米尔人民人权包括他们自决权的行为。伊斯兰会议组织决定派实情调查团到冲突持续不断的印控克什米尔地区进行调查。它还决定派遣官方代表团访问印度和巴基斯坦,以结束印巴两国的紧张关系和促进克什米尔问题的和平解决。公报说外长们听取秘书长哈米德·阿尔哈比德的报告,他在报告中强烈批评印度对克什米尔人民的镇压行动,要求印度尊重人权,根据联合国决议和《西姆拉协议》精神迅速地和平解决克什米尔争端,指出问题的核心是印度"拒绝按照联合国安理会决议让查谟和克什米尔人民行使自决权"。印度对此表示极大遗憾,拒绝会议公报所提出的要求,认为伊斯兰会议组织的观点是单方面的、有偏见的、不可接受的和与其毫不相干的,印度不会接受"任何善意的政府、实情调查团或者斡旋使团"。印度向伊斯兰会议组织成员国指出:"我们一直坚持认为这个问题不是宗教问题。"

1997年12月,第八届伊斯兰首脑会议在伊朗德黑兰举行,会议发表《德黑兰宣言》,继续强调对查谟—克什米尔人民的支持。1999年,在布基纳法索举行的伊斯兰会议外长会议重申克什米尔人民的自决权,并且决定任命一名克什米尔特使,调查克什米尔事务。除了伊斯兰会议组织,1999年海合会也呼吁联合国依据克什米尔人民的意愿,参与解决地区冲突和矛盾。

查谟—克什米尔问题同样引起广大伊斯兰国家的关注,它成为中东各国与印度外交的一个主要议题。由于印度在海湾战争中对伊拉克采取暧昧态度，科威特在1990年和1991年的伊斯兰会议组织上强烈反对印度提出的通过两国谈判和平解决问题的立场，坚决支持在查谟—克什米尔举行全民公投。科威特埃米尔·贾比尔在伊斯兰会议上指责印度镇压查谟和克什米尔人口占多数的穆斯林为自决而进行的斗争。海湾战争结束后，两国关系逐渐缓和。1992年2月，印度外长索兰奇在与科威特埃米尔贾比尔和外长举行会谈，科威特软化立场，希望印度与巴基斯坦根据《西姆拉协议》和国际决议通过和平协商解决克什米尔问题。阿联酋的立场也和科威特保持一致，先是强硬，后转而缓和。沙特则要求在联合国决议的基础上寻求解决查谟和克什米尔问题。沙特代表贾法尔·阿莱贾米在联合国大会上说，应当引起注意的是在世界的部分地区穆斯林继续忍受着痛苦，查谟和克什米尔问题继续成为地区不稳定的因素。为此，沙特于1994年5月在联合国人权理事会上帮助巴基斯坦提出谴责印度侵犯克什米尔穆斯林人权的提案。

伊朗在克什米尔问题上的态度比海湾阿拉伯国家更为激烈。一方面，伊朗自伊斯兰革命后，一直强调伊斯兰属性，对全球穆斯林的境遇尤其关注，并将维护其利益看作自己的神圣使命与宗教义务。另一方面，查谟和克什米尔地区的伊斯兰组织在革命爆发后迅速表示支持革命，并公开称赞霍梅尼是革命的领袖。20世纪80年代，伊朗开始向克什米尔地区的伊斯兰组织"穆斯林联合阵线"提供物资和经费援助，并定期邀请他们参加在德黑兰举行的宗教会议和革命日庆典活动。

1990年年初，为了表明对克什米尔事态的关注，伊朗取消了印度外长古杰拉尔对德黑兰的访问。伊朗外长维拉亚提称，伊朗作为一个伊斯兰国家支持穆斯林和伊斯兰教，如果印度或其他地方的穆斯林受到压制，或者他们处境困难，他们会给予人道主义和伊斯兰原则的支持。对克什米尔也同样如此。在这种情况下，伊朗在克什米尔问题上采取"两手政策"。一方面，伊朗全面支持印度领土完整，表示不干预印度内部事务。1991年11月，印度外长索兰奇访问时，伊朗清楚地表明查谟和克什米尔是印度领土不可分割的一部分，不干预别国的内部事务，伊朗无意在解决印巴之间存在的问题上发挥作用。另一方面，伊朗向巴基斯坦表明支持巴方的立场。1992年9月，拉夫桑贾尼总统在访问巴基斯坦时在议会联席会议发表演讲，声明支持查谟和克什米尔穆斯林的自决权，认为查谟和克什米尔不仅是巴基斯坦的问题，也是伊斯兰教问题，伊朗理应从伊斯兰教和邻邦国家出发优先给予考虑，任何对巴基斯坦的损害，一般来说也损害伊朗。两国拥有共同的命运。他还批评美国未能促进实施联合国有关克什米尔问题的决议，在该问题背叛自己的老"盟友"。

　　印度与土耳其关系多年来一直比较冷淡，主要原因在于印度在不结盟运动中对塞浦路斯问题采取强烈的亲希腊立场。为此，土耳其在1991年的伊斯坦布尔伊斯兰会议组织首脑会议上，支持巴基斯坦提出的克什米尔问题决议。1992年3月6日，土耳其外交部秘书长奥兹戴姆·萨波尔科率领代表团访问印度。双方就克什米尔问题交换意见，最终达成一致，两国之间的分歧应当在不干涉对方领土完整和边界神圣不可侵犯的基础上予以和平解决。1994年3月2日，土耳其在联合国人权会议上对克什米尔冲突和灾难表达高度关注，认为这一问题应该在联合国有关决议和1972年《西姆拉协议》框架内和平和公正地解决。1994年12月，土耳其总统德米雷尔在卡萨布兰卡伊斯兰会议组织首脑会议上再次指出："查谟和克什米尔的局势继续成为伊斯兰会议组织关注的焦点。这一争端必须以合法性和国际法原则作为解决方案的基础，并通过相互协商来解决。"土耳其也成为伊斯兰会议组织建立的克什米尔五国联系集团成员之一。在第 48 届联合国大会上，土耳其代表称："我们希望看到巴基斯坦和印度之间就克什米尔问题发生的争端通过恢复持续对话得到解决。为了这一目标的实现，土耳其将继续支持巴基斯坦为寻求协商解决所做的努力。"

1992 年 12 月 6 日，数千名印度教极端分子暴力摧毁位于北方邦阿约迪亚圣城的巴布里清真寺，引发全国教派骚乱和冲突，导致 1000 多人死亡，5000 多人受伤。巴布里清真寺被毁和大规模两教冲突事件不仅再度引发国内宗教对立和矛盾激化，还在广大伊斯兰国家引起强烈反响。印度与中东国家的关系迅速紧张起来。

为压制暴乱，缓解矛盾，拉奥政府采取果断措施，出动军队驱散印度教徒，取缔国民志愿团和世界印度教大会等五个印度教原教旨主义组织，而且对全国发表电视讲话，谴责毁寺行为，提出政府将尽快修复巴布里清真寺，并在它旁边修建一座同样规模的罗摩庙的承诺。

这次毁寺事件严重损害了印度世俗民主国家的形象，国内穆斯林与印度教徒的严重对立到达独立后的"最高峰"。在国际上，毁寺事件引发全世界尤其是中东国家普遍谴责，中东多国还出现游行示威活动。《科威特时报》社论指出，令人难以置信的无耻行径发生了。人们多么希望它从未发生！政府本来可以阻止毁坏清真寺，但是当局并未这样做，残暴行径好像不可避免地就发生了。印度与伊斯兰国家保持着传统的良好关系，为什么印度的印度教徒好斗分子所作所为是以色列都不敢做出的呢？1992 年 12 月，阿联酋表示不愿意立即接受印度时任外交事务国务部部长巴提亚的访问，对拉奥总理和印度海军的访问均低调处理，以此表达对印度的高度不满。伊朗对巴布里清真寺危机的反应最为强硬。伊朗不仅谴责毁寺事件是极端主义分子的不体面行动，是一场"大灾难"和"不光彩行径"，而且强烈要求印度弥补清真寺的损失，安抚国内的穆斯林，采取有效预防措施阻止这类行为的发生。值得关注的是，伊朗精神领袖哈梅内伊公开指责摧毁巴布里清真寺是不可宽恕的卑鄙行径，要求外长韦拉亚提说服印度政府务必采取切实步骤维护印度穆斯林的权利。在伊朗看来，这一事件和它暴露出的两教矛盾不仅是当地的问题，是全球性问题，因为伊朗穆斯林和所有伊斯兰国家都支持印度穆斯林，不愿看到数以千计的印度穆斯林遭受侮辱。哈梅内伊请求印度立即采取措施和步骤制止这一事件的扩散并防止矛盾冲突进一步复杂化。与此同时，德黑兰学生在印度驻伊朗使馆前举行反对印度的游行示威，大约300名愤怒的学生试图进入使馆，并用石块和棍棒袭击和损坏印度大使馆的建筑。另外，在扎赫丹和库姆也举行游行，谴责印度教徒捣毁巴布里清真寺的行为。1992年12月11日，伊朗国内又举行全国性的游行示威，抗议印度教徒的野蛮罪行。

约旦、沙特、伊拉克、阿联酋、土耳其和伊斯兰会议组织都对毁寺事件和穆斯林的伤亡表示高度关注，伊朗、土耳其和沙特三国还在联合国大会提及巴布里事件，要求印度尽早重建清真寺。1992年12月6日，海合会发表声明称，捣毁巴布里清真寺事件是玷污圣地和不可原谅的行为。在阿布扎比举行的第13届海湾阿拉伯国家合作委员会峰会上，委员会通过提案强烈谴责对巴布里清真寺的毁坏，称这是针对穆斯林圣地的犯罪。决议呼吁印度采取进一步措施保护穆斯林及其宗教权利和礼拜圣地，希望印度政府承诺重建清真寺。

相比较之下，埃及对巴布里清真寺的反应较为克制。埃及在谴责暴力行径的同时支持印度政府重建清真寺与惩罚捣毁清真寺罪犯的决定。土耳其的反应也比较低调，只是批评和谴责暴力行径。虽然土耳其国内也发生攻击印度外交官汽车的事件，但矛盾和冲突未再扩大或升级。

克什米尔问题和巴布里清真寺事件是20世纪90年代印度与中东伊斯兰国家之间的主要矛盾和障碍。克什米尔的归属、克什米尔和印度国内穆斯林的境遇与宗教权利都是印度与中东国家双边关系和多边关系中的敏感话题。在国际上，印度反对中东国家靠近或者支持巴基斯坦的立场；在国内，印度担心中东国家的声援和支持会增强和扩大两教冲突。但在处理矛盾分歧时，印度始终采取解释和说服的姿态，努力争取各国的理解，对不少国家的谴责和批评也未给予强硬回击。印度的隐忍态度有效地缓解中东国家尤其波斯湾阿拉伯国家的情绪，有利于事态降级。

从中东国家的角度而言，抛开正在逐步增强的双边关系和在巴勒斯坦等问题上结成的长久友谊，印度拥有世界第二大穆斯林人口，中东国家不敢过分刺激印度，以免激化两教矛盾和仇杀，恶化印度穆斯林的生存环境。因此，印巴冲突、克什米尔问题、两教矛盾，三者深埋在印度和中东关系之中，双方都不愿因为它们恶化彼此的关系。每当危机发生时，印度总会承受来自中东各国的强烈抗议，但中东国家同样不打算深究，危机总是沿着"雷声大、雨点小"的模式，很快就淡化与缓和了。

三 20世纪90年代的印度与阿以问题

冷战结束后，美国成为世界唯一的霸权国。海湾战争结束后，美国借机增加在中东的驻军，成为唯一主导中东事务的国家。在美国的领导下，中东和平进程取得巨大成就，阿以关系明显缓和。在阿以问题上，印度调整坚持长达半个世纪的"亲阿远以"政策，以平衡外交政策取而代之，并加快发展与以色列的双边关系。

1991年，拉奥政府决定调整40多年来印度对以色列的政策。12月，印度投票赞成联合国大会通过的第46/86号决议，赞同撤销1975年11月10日第3379号决议。第3379号决议"确定犹太复国主义为种族主义和种族歧视的一种形式"。这是印度首次公开调整对以色列政策。很快，印以两国官员在联合国、美国和其他地方举行多次会谈。1992年1月29日，印度决定与以色列建立大使级外交关系，2月以色列在印度新德里建立大使馆，5月印度在以色列特拉维夫设立大使馆。至此，印度对以色列"只承认但不建交"的时代正式结束。印度调整与以色列的关系主要有以下几个原因。

首先，苏联解体使得印度在全球的可依赖对象发生变化，迫使印度调整全球战略。冷战时期，印度外交政策在一定程度上受苏联影响。冷战后，印度被迫奉行全方位的外交政策，尤其是迅速调整与美国的双边关系。一方面，美以之间的盟友关系和印美关系缓和升温为印以两国建交打开"方便之门"。另一方面，印美关系和印以关系的发展也有利于印度牵制巴基斯坦和中东国家，扩大印度在中东事务以及在阿以、印巴等问题上的自由空间。

其次，中东和平进程的启动为印度与以色列建交提供可能。1991年以来，国际形势以及海湾政治格局发生巨大变化。阿拉伯国家与以色列经过40多年的敌视与战争后，最终采取以和平谈判的方式推动和平进程。1991年10月30日，举世瞩目的中东和会在西班牙马德里正式开幕，标志着阿拉伯与以色列的冲突进入和平解决阶段。印度外交秘书迪克西特称：西亚形势在海湾战争期间已经发生巨大变化，以色列和阿拉伯国家之间势不两立的敌对关系已经有所减弱。如果印度不能与这种主流态势保持一致，那么这将显示出它缺乏政治判断力。和平与发展成为世界的主流，阿以和谈的举行为印度以色列建交铺平道路。

再次，中东政治格局的变化使印以建交不至于造成损害印度国家利益的严重后果。美国在中东的势力范围的扩大、阿拉伯温和力量的发展和政治格局的重组使印度对极端主义的担忧有所下降，印度判断印以建交不会引起阿拉伯国家的过度反应，反而可以增强印度在中东的制衡力量，有利于维护印度的国家利益。印度认为"其中东政策必须反映后冷战时代以及苏联解体后该地区政治发生剧烈变化的现实。阿拉伯反以声浪的急剧下跌使印度以色列关系加深成为可能"[1]。

最后，共同的安全利益和相互需求是推动印度与以色列建交的重要因素。印以两国周边均毗邻大量伊斯兰国家，同样面临着伊斯兰原教旨主义和极端主义的共同威胁。两国可以加强交流情报、进行军事合作，满足印度对一流武器装备的需求，共同打击宗教极端势力和恐怖主义，维护国家安全。以色列认为印度与它有着共同的安全利益，[2] 以色列工党领袖佩雷斯公开表示，印度与以色列开展合作是因为我们有共同的敌人——恐怖主义。1992年2月23日，时任国防部部长的沙理德·帕沃尔称，印度愿意吸收以色列对付边境恐怖主义的成功经验。

20世纪90年代，印度务实和全方位的外交战略重心已经转移到进行经济建设和增强综合国力上，加之巴勒斯坦与以色列签署了《奥斯陆和平协议》，巴勒斯坦问题在印度外交中的优先地位有所减弱。为此，印度在巴以之间开始采取平衡政策。虽然在一定程度上改变了过去疏远和批驳以色列的立场，印度仍然在政治、

---

[1] "India and the New Middle East," *The Hindu*, July 6, 2000.

[2] "Israel to Back Friend India All The Way," *The Indian Express*, January 8, 2002.

道义、物质和技术上支持巴勒斯坦人，印度宣称它不会改变支持巴勒斯坦事业的基本立场。在印度决定与以色列建立关系的前夕，巴解组织主席阿拉法特受邀访问印度，总理拉奥和巴勒斯坦领导人阿拉法特深入交换意见。阿拉法特认为作为一个主权国家，印度有权与以色列建交，巴解组织无权干预。巴解组织的立场为印以建交做了最好的"背书"。

印度人民党政府上台执政以来，在对待巴勒斯坦问题的政策是：坚持阿拉法特是能够协调巴勒斯坦所有各派意见的唯一可靠的领导人，反对将阿拉法特排除在中东和平进程之外，认为这种行为无助于阿以和平事业的发展。印度希望联合国安理会的第1397号决议和1403号决议，能够推动巴以冲突的解决，对于美国提出的"米歇尔报告""和平路线图""阿拉伯联盟和平计划"等，印度均表示支持，认为它们都有助于促进中东实现和平。

在与以色列实现关系正常化的同时，印度也重视保持与阿拉伯国家、土耳其、伊朗的密切关系，谋求获得它们的经济援助，扩大双边贸易，防止出现双边和多边关系恶化而被巴基斯坦所利用。同时，阿拉伯国家对印度与以色列开展军事合作表示极大关注，2000年，阿拉伯国家联盟专门就印度与以色列的合作发表报告称，"印度已变成以色列最重视的国家之一，以色列正致力于在军事、战略、经济、贸易、情报和核武器等方面同印度发展合作关系"[1]。

四 印度与中东国家关系的新发展

20世纪90年代以来，印度与伊朗关系得到较快发展，双边关

---

[1]《以色列同印度、中国和中亚国家的关系》，沙特阿拉伯《生活报》2000年12月31日。

系向着"战略伙伴关系"的方向迈进。印度与伊朗关系密切的原因主要有三个方面的因素。

第一,印度与伊朗经济互补性强。印度能源短缺、资金匮乏,但是技术较为先进、劳动力廉价、市场潜力巨大,而伊朗虽说资源丰富,但是技术落后、产品技术含量低。20世纪80年代以来,美国对伊朗的孤立和封锁使印度成为向伊朗出口廉价工业技术产品的主要国家,伊朗也看重印度这个正在崛起的能源消费和进口大国。这种互补关系为印度伊朗关系的发展奠定良好的物质基础。

第二,稳定中亚是促进印度伊朗关系发展的"催化剂"。冷战后,中亚各国因其地缘政治因素和丰富的自然资源而成为超级大国和伊斯兰国家的争夺对象。由于伊朗是唯一接近阿富汗、中亚、伊拉克和海湾地区的国家,印度希望通过加强与伊朗的双边关系,扩展它在中亚的商业市场,与伊朗联合在中亚扮演有影响的角色。同时,为了生存和发展,伊朗必须稳定与中亚诸国的关系,需要印度尽可能多的技术援助和资本输入以扩展它在中亚的经济影响。因此,两国在中亚问题上加强合作的意愿"一拍即合"。

第三,确保阿富汗问题朝着符合印度和伊朗战略利益的方向发展是两国的共同愿望。阿富汗地处南亚、中亚和西亚的交汇地带,地缘战略意义十分重要。1989年苏联撤出后,阿富汗塔利班(简称"阿塔")在巴基斯坦和美国等国支持下异军突起,给印度和伊朗的边境安全造成巨大威胁。伊朗担心与自己有教派和政治矛盾的塔利班在边境从事毒品贸易和对什叶派穆斯林的迫害,印度则担心塔利班在巴基斯坦的支持下越境实施恐怖主义活动,危及自身的主权、领土完整、国内稳定和国家安全。于是印伊两国愿意联手打击极端势力、恐怖主义和跨境毒品贸易,加强两国的经济和安全合作,促进阿富汗问题朝着有利于自身利益的方向发展,消除本地区安全的不利因素。

  为此，印伊两国首脑外交频繁，达成一系列共识。首先，1993年拉奥总理访问伊朗，1995年4月拉夫桑贾尼总统回访印度，强调两国必须加强战略合作以防止外部对南亚和海湾地区的干涉和控制。通过两国高层领导互访，印度得到伊朗的保证：充分尊重印度的领土完整，无意干涉包括克什米尔在内的印度内部事务问题，反对将克什米尔问题国际化，承认巴布里清真寺问题是印度内部事务。印度则允诺预防和制止破坏宗教圣地事件的再次发生。2003年1月，伊朗总统哈塔米访问印度，签署《新德里宣言》等七项合作文件，涉及政治、经济、文化和信息技术等领域。

  其次，两国在地区事务中积极合作。伊朗支持印度在伊斯兰会议组织中发挥作用，在1994年召开的联合国人权会议上，伊朗成功说服巴基斯坦撤回关于克什米尔人权问题的提案，1996年，伊朗邀请印度参加在德黑兰召开的阿富汗问题地区会议，共同在解决阿富汗问题上发挥特别作用。

  再次，印伊两国加强贸易往来、经济技术合作和科学文化交流。1995年，伊朗与印度、土库曼斯坦签订谅解备忘录，为印度和中亚的商品经过伊朗陆路进行贸易创造便利条件。印度与伊朗还签署五个在旅游、通信与邮政服务、制止毒品交易、环境和文化交流等方面进行合作的协议，合作领域不断扩大。

  最后，印伊两国正式确立战略伙伴关系。2001年4月，印度总理瓦杰帕依访问伊朗，两国不仅签署三份谅解备忘录和两份议定书，还发表了《德黑兰声明》，决定建立友好合作的"战略伙伴关系"，改善和加强两国已有的友好关系，使印度伊朗关系迈上新台阶。另外，印度与伊朗在军事领域也进行了积极的合作。2003

年1月，印度海军参谋长应邀访问伊朗，双方签署《印度伊朗国防合作协议》，决定加强两国的海军合作，并于3月在阿拉伯海孟买海域举行了联合军事演习。与此同时，印度向伊朗提供军事硬件、训练、维护及其现代化升级支持。

20世纪90年代，印度与沙特关系显现出政治关系停滞、经济关系发展迅速的基本特征。受沙巴关系紧密、克什米尔冲突、印度国内教派冲突、政治体制差异等因素的影响，印度与沙特的关系仍不稳定，两国关系阶段性地遭遇"寒流"。因此，印沙关系表现为20世纪90年代上半期一度趋于紧张和冷淡，90年代下半期两国政治关系才趋于缓和。

受海湾危机和印巴克什米尔军事冲突的干扰，沙特要求在联合国决议的基础上解决查谟和克什米尔问题，并联合巴基斯坦在1994年4月联合国人权会议上共同提出印度在查谟和克什米尔暴力侵犯人权的提案，争取伊斯兰国家对该提案的支持，引起印度的强烈不满。印度外交国务部部长萨尔曼·胡尔希德以沙特存在侵犯妇女人权进行反驳，印度外长辛格指责沙特在联合国人权会议上的举措十分错误，要求沙特阿拉伯不要戴有色眼镜看待印度，说它将只是给印度穆斯林制造困难。沙特强烈谴责印度在克什米尔问题上的强硬立场和巴布里清真寺被毁事件。

冷战后，印度与沙特的经济关系有所加强，且具有巨大合作潜力。虽然双边政治关系在20世纪90年代中出现紧张和波动，但是双边贸易仍然保持增长势头。1990—1991年，印度从沙特进口货物总值为289.77亿卢比，出口货物贸易总值为41.84亿卢比。为减少贸易逆差，印度一方面通过在沙特工作的140万印度劳工侨汇来弥补，另一方面扩大印度公司在沙特承包工程项目合作。印度沙特两国还提出加强在商业贸易、科学技术、工业技术合作以及两国商人间的服务合作，双方同意建立印度沙特联合商业委员会以促进贸易关系发展，协调两国在石油化工和制药业为主的工业企业之间的关系。印度在沙特安装和保养维修包括乡村电气化在内的电力系统，建立人力资源开发和培训中心。从进出口产品结构来看，印度出口的产品主要是工程产品、钢铁、机械、运输设备、纺织品和一些传统商品，如大米、肉类、茶叶、水果、蔬菜等，印度主要进口原油、石化产品和化肥等。在1991年11月举行的印度沙特阿拉伯联合委员会会议期间，沙特向印度方面列出将近50个项目的目录，涉及工程、塑料、食品加工、钢铁冶炼等领域。印度则向沙特提出12个印度希望参与的沙特大型建设项目。

1972年印度与卡塔尔建立外交关系以来，两国关系发展态势良好。1984年4月，印度与卡塔尔签署《经济和技术合作协定》，有力地促进双边贸易的增长。进入20世纪90年代，印度和卡塔尔都调整了对外战略，注重经济外交，扩大对外贸易，以贸易增长带动国民经济的全面发展。1989—1995年，印度与卡塔尔的贸易由3800万美元增长到1.3亿美元，增长240%；而同期印度的贸易总额由350亿美元增长到560亿美元，增长60%；卡塔尔的贸易总额由38亿美元增长到66亿美元，增长70%。因此，与印度和卡塔尔两国全球贸易总额的增长相比，两国贸易的增长幅度是巨大的。从贸易增长情况看，两国经贸存在着严重的贸易不平衡。印度对卡塔尔的出口由1989年的2200万美元增长到1995年的3200万美元，增长45%，而同期卡塔尔对印度的出口由1600万美元增长到9800万美元，增长500%。贸易逆差主要源于石油进口，印度的贸易逆差由1989年的600万美元增加到1995年的6600万美元。印度寻求卡塔尔不断扩大在印度的投资，1991年6月至1997年9月，卡塔尔在印度投资有两个项目，价值945万美元。

印度在卡塔尔承担技术咨询等服务，大约 15 万印度人在卡塔尔工作①。

印度与以色列建立关系后，两国高层领导人不断互访，合作领域广泛，贸易增长迅速。1993 年 5 月，以色列外长希蒙·佩雷斯访问印度。1996 年 12 月，以色列总统魏茨曼访问印度。2000 年 7 月，印度外长贾斯万特·辛格访问以色列，与以色列外长利维联合宣布两国决定在安全、联合打击恐怖活动、高科技和电脑软件开发等领域加强对话与合作。2003 年 9 月，以色列总理沙龙也对印度进行了访问，加快双边关系的发展进程。

印度与以色列之间合作领域不断扩大，双方签署一系列合作协定。例如，1993 年 5 月 17 日，两国签署《科学技术合作协定》；5 月 18 日，两国签署《文化合作协定和旅游协定》；9 月 21 日，两国签署《文化与教育合作项目协定》；12 月 24 日，两国签署《农业合作协定》；1994 年 4 月 4 日，两国签署《航空运输协定》；11 月 20 日，两国签署《通信与邮政协定》；12 月 21 日，两国签署《贸易与经济合作协定》；1995 年 3 月 1 日，两国签署《荒地开发协定》；1996 年 1 月 29 日，两国签署《促进和保护投资协定》《避免双重征税协定和关税协定》；1 月 30 日，两国签署《高技术农业示范计划协定》《工业与技术的研究开发及技术合作协定》。印度与以色列两国在军事、生物技术、医药、工业和农业等领域进行全面合作，最引人注目的是军事技术合作。印度期望从以色列购买先进武器，学习以色列在戈壁滩、沙丘荒地作战经验，大大地提高印度的作战能力。2003 年 9 月，印度与以色列签署从以色列购买"费尔康"预警系统，由俄罗斯安装在苏制飞机上，价值达

---

① A. K. Pasha, *India, Bahrain and Qatar: Political, Economic and Strategic Dimension*, Delhi: Gyan Sagar Publication, 1999, p. 180.

10多亿美元，引起世界关注。另外，印度与以色列达成购买"箭"式反弹道导弹的意向，价值25亿美元。

印度与以色列贸易额增长迅猛。1992年，印度与以色列的双边贸易总额价值为2亿美元，到1996年已达5.65亿美元，年均增长达8700万美元。1992年，印度出口到以色列的产品价值为7500万美元，1993年增长到1.29亿美元，1994年增长到1.52亿美元，1995年增长到1.90亿美元，1996年增长到2.5亿美元，年均出口增长3500万美元。1992年，印度从以色列进口的货物总值为1.27亿美元，1993年为2.28亿美元，1994年为3.52亿美元，1995年为3.15亿美元，1996年达3.15亿美元，年均进口增长3760美元。

20世纪90年代，印度顺应国际和地区局势的变化，有效应对在双边和多边层次上出现的分歧，使与中东国家关系得到全面发展，取得巨大的成绩。

第二节 印度与中东国家关系（2000—2014年）

如果说冷战期间和20世纪90年代印度与中东的关系处于积累期，那么2000—2014年印度与中东关系则进入转型期。转型期的特点主要表现在三个方面，一是印度与中东关系的"增量提质"，即能源、经贸、劳工关系的"增量提质"；二是在政治、经济这两大传统领域之外，印度与地区国家关系在军事、安全领域合作取得不小的突破和进步；三是印度对中东的认知开始发生变化。印度不再仅从伊斯兰教、穆斯林、巴基斯坦、能源供给、侨汇和平衡逆差这些角度单一和割裂地看待与中东国家的关系，而是逐渐开始将中东地区视为一个整体，因此出现辛格政府提出的"向西看"政策。

一 21世纪初印度与中东国家关系发展的原因

21世纪以来,世界政治开始从"一超独霸"向"多极化方向"发展,金砖国家和新兴市场迅速崛起,美欧经济失速,地区战争和政权更迭频繁出现,极端主义和恐怖主义强势发展并快速扩散。世界政治和国际社会在经历20世纪90年代的相对稳定和繁荣后,很快步入危机、动乱、低迷的结构性调整时期。

与此同时,印度与中东的关系经历冷战和20世纪90年代的发展后,从以政治关系为主演变为政治和经济关系"齐头并进"的格局,能源上的依赖与经贸、劳工领域的"捆绑"使印度与许多中东国家双边层面上的联系更为充实。20世纪90年代以来,印度的"向东看"政策引起国际社会和学界的高度重视,取得巨大的成就,但它的西邻——中东对印度政治、经济、安全的意义同样非常巨大,甚至可以说,20世纪70—90年代印度与中东能源、劳工关系的重要性一定程度上被忽略和轻视了。

（一）印度眼中的中东

进入21世纪后,印度官方和学者开始将中东作为一个整体进行考量,思考它与印度关系的内容和发展方向、中东存在的问题以及印度可以在中东发挥哪些作用。

在印度眼中,21世纪以来它在中东的利益包括:（1）地区安全与稳定;（2）对印友好政权的存在和与印度的良好关系;（3）获得中东的石油与天然气;（4）波斯湾、红海区域的海上自由航行;（5）印度贸易、技术、投资和劳动力可以在该地区获得稳定的市场。对这五大利益的总结反映出,经过多年的发展,政治和经济关系已经成为支撑印度与中东关系的"双柱",也是双方关系进一步发展的基础。

在认识到中东价值的同时，印度也从整体上思考中东存在的问题。中东是"三洲五海"之地，也是全球范围内最主要的"是非之地"。20世纪后半期，虽然先后有美苏争霸和美国独霸两种不同形式的地缘政治格局出现，两个格局下的大国都在努力维持地区稳定和平衡，但中东依然是这一时期全球战争最多、最频繁的地区，各种矛盾冲突此起彼伏。2000—2014年，中东地区依旧动乱不止，而且比20世纪90年代更为动荡。巴以和平进程停滞、阿富汗战争、恐怖主义使地区安全受到重大挑战。不仅如此，2011年的"阿拉伯之春"运动席卷中东，多个国家发生政权变更。印度认为，中东地区的安全危机和安全挑战主要表现在"巴勒斯坦问题的停滞不前；伊拉克动乱不止；西方与伊朗在伊核问题上的斗争；中东地区对美国的憎恶日渐增加"。[①] 最让印度担忧的四个问题分别是美国在中东的强大存在、后萨达姆时期的伊拉克、伊核危机与沙特的安全和稳定。

美国"独霸中东"的态势引起印度的关注和担忧。1991年的海湾战争、2001年阿富汗战争和2003年的伊拉克战争都是由美国主导的。"9·11"事件发生后，美国将伊朗、伊拉克和朝鲜定义为"邪恶轴心"，认为三者是地区安全、核扩散、人权等领域的"全球威胁"。2001年9月，美国国防部发表的《四年防务评估报告》将中东称为"动荡弧"，并确认该地区对美国全球战略构成的挑战。借助这三场战争，美国进一步加强了它在中东地区的霸主地位，成功推翻阿富汗塔利班政权和伊拉克萨达姆政权，再以反恐为由加大在中东的驻军。以此为基础，美国还进一步提出"大

---

① A. K. Pasha ed., *India and the GCC States: Historical, Geopolitical, and Strategic Perspective*, Delhi: Wisdom Publications, 2014, p. 95.

中东改造计划",想要改造中东国家,使其按照民主化、世俗化和西方化的路径向西方模式靠拢。耶鲁大学历史学家约翰·加迪斯教授认为,美国2002年《国家安全战略》的核心就是"改造整个中东穆斯林,将其一劳永逸地带入现代世界"[1]。霍普金斯大学教授福阿德·阿贾米认为,美国之所以要在伊拉克冒险,目的就是"使阿拉伯世界现代化"[2]。

对印度而言,一方面,中东国家对美国单边主义、霸权行径和改造他国的霸道与狂妄野心成为引发地区动荡和不稳定的新动因。中东国家认为来自外部的改革方案不符合当地的传统习惯和社会历史,这样的改革只能导致失败、暴力与混乱。埃及总统穆巴拉克表示,"没有人会幻想按一下按钮,自由就会降临。那样的话这个国家就会大乱。如果毫无控制地广开大门,就会导致无政府状态"[3]。在2004年3月举行的阿盟外长会议上,绝大多数国家强烈反对外部向阿拉伯世界强加民主改革模式,并认为这是对阿拉伯国家内部事务的粗暴干涉。另一方面,美国单边主义、霸权行径和改造他国的霸道和狂妄野心引起印度民众的强烈反感。在他们看来,美国长期偏袒以色列,歧视阿拉伯人,反对伊斯兰教,是穆斯林的敌人,也是伊斯兰世界落后的"始作俑者"。美国军事打击伊拉克并对其继续占领以及"虐囚事件"进一步揭露了美国的本质,激起穆斯林民众的反美、仇美情绪。不管是在宗教还是世俗主义的旗帜下,反美情绪和反对美国存在的立场不仅增加各国政府处理对美关系的难度,滋养了地区极端主义和恐怖主义思潮,

---

[1] John Gaddis, "A Grand Strategy of Transformation," *Foreign Policy*, November/December, 2002.

[2] Fouad Ajami, "Iraq and the Arab's Future," *Foreign Affairs*, January/February, 2003, pp. 2–18.

[3] 王传宝:《埃及狙击"大中东计划"》,《经济日报》2004年3月19日。

还成为地区不稳定的主要因素。

　　伊拉克的动荡是中东安全和稳定的主要挑战,也威胁着印度在中东的利益。2003 年,美国以反恐和大规模杀伤性武器两个"莫须有"罪名为借口,不顾国际社会的反对和阻挠,悍然发动侵略战争。多年后时任国务卿鲍威尔承认自己当时在联合国大会的讲台作伪证,向全世界撒谎,诬告伊拉克存有两大罪状。

　　伊拉克是中东地区相对现代化和世俗化的阿拉伯国家,坐拥巨大的石油资源,拥有一支强大的军队,对外采取反美尤其是反对美国主导中东的外交政策。"不仅如此,伊拉克对西亚格局的挑战在于威胁美国在西亚的战略利益,即以色列的安全。"① 2003 年后,伊拉克的改造成为国内动乱的根源,而国家重建更是步履蹒跚。美国以"反恐"为由,主导和设计战后伊拉克政治格局,塑造出一个"所有人反对所有人"的混乱局面,最终导致 2006 年的教派仇杀和"基地组织"的快速发展。不仅如此,"伊拉克的动乱使其成为海湾地区什叶派和逊尼派的代理人战争地,囊括整个中东地区,包括沙特、伊朗、叙利亚和土耳其"②。对伊拉克的争夺和伊拉克混乱的外溢效应使其成为中东地区的主要安全障碍,伊拉克也成为中东的"风暴眼"。

　　伊朗和伊核问题不仅是中东地区的热点和焦点,涉及地区核扩散这样的敏感议题,也是印度"左右为难"的难点。1979 年伊朗伊斯兰革命后,美伊关系发生质的转变,伊朗从亲美的"准盟友"国家瞬间变为反美的"坚定斗士"。伊朗伊斯兰共和国以什叶派"法基赫监护"为建国的理论基石,反对美国霸权和干涉、反对巴

---

① Subhash Kapila, "West Asia's Changing Strategic Dynamics: An Analysis," *South Asia Analysis Group*, Paper No. 695, 2003, http://www.southasiaanalysis.org/papers7/paper695.html.
② Joe Barnes and Amy Myers Jaffe, "The Persian Gulf and the Geopolitics of Oil," *Survival*, Vol. 48, No. 1, 2006, p. 143.

列维王朝成为新国家"合法性"的两大支柱。2002年8月15日，伊朗反政府组织"伊朗全国抵抗委员会"向媒体披露消息称，伊朗自2000年开始在纳坦兹和阿拉克秘密建造两座核设施。2002年9月16日，美国情报机构依据卫星侦察照片对外证实这两处在建秘密核设施。自此以后，伊朗核危机成为21世纪中东乃至世界的热点问题和美伊斗争的新战场。

冷战结束后，印美关系的逐步改善使印伊关系陷入尴尬的境地，在伊核问题上、印度与伊朗的经济能源关系上，印度不得不采取调和的态度，既要维持与美国关系的大局，又要维护与伊朗的关系；既支持伊朗和平利用核能的权力，又不得不减少购买伊朗石油。伊核问题先后经历2002年危机、2004年危机、2006年危机，最终由国际原子能机构提交给联合国，并先后出台第1696号、1737号、1747号、1803号决议对伊朗实施国际制裁。21世纪头十年中，伊朗是世界第四大石油生产国、第三大石油出口国，日产石油380万桶、日出口石油270万桶。2012年以来，"伊朗能源出口因制裁下降60%，财政收入减少800亿美元。伊朗在OPEC的地位从第二位滑落到第六位，另外还有数千亿美元货款无法转账回国"[1]。在美国的压力和协调下，西方国家从2011年开始实施多边经济制裁，减少伊朗石油进口数量并进行金融管制。印度与伊朗的能源、经贸、金融合作也受到严重的损害。

沙特的安全与稳定同样是印度关心的问题。沙特是海合会国家中最大的国家，也是全球最大的能源供给国。21世纪初，沙特的石油产量已经达到每天850万桶，在石油输出国组织和全球能源供

---

[1] Ramsey Al-Rikabi, Anthony Dipaola and Indira A. R. Lakshmanan, "Oil Slump Seen as Knee-Jerk Reaction to Iran Deal," November 25, 2013, http://www.bloomberg.com/2013-11-24/u-s-says-iran-oil-exports-can-t-increase-under-nuclear-accord.html.

给中占有举足轻重的地位和话语权,同样长期位列印度石油进口来源国第一位。沙特在全球范围内长期推动和投资泛伊斯兰主义,宣传瓦哈比派教义,本意是为了争夺伊斯兰世界的领导权,塑造沙特在伊斯兰教中的宗教权威。"9·11"事件后,沙特被美认为是酝酿全球极端主义和恐怖主义"嫌犯"的场所,受到来自美国的巨大压力。"基地"组织的发展壮大和"9·11"事件的爆发重创了沙特的宗教政策,不仅逼迫沙特调整内外宗教政策,也为印度抵制沙特宗教渗透,进行反恐合作打开"大门"。沙特政权的稳定、石油生产的稳定和宗教政策的调整是印度最期待的事。

(二)印度对中东的经济和安全诉求

印度对中东的经济诉求是稳定地获得能源、不断扩大经贸关系和收获巨额侨汇。其中,能源关系多年来一直是印度与中东经济关系的"重中之重",而能源关系又主要集中在波斯湾地区,即海合会产油国和伊朗、伊拉克。经贸关系主要涉及食品、轻工业产品、建筑业、珠宝、纺织品等,石化产品出口是经贸关系的新增大项,也是印度与中东能源关系相互依赖和良性循环的典范。

21世纪以来,印度经济继续保持高速发展的势头,国民生产总值年均增幅在7%以上。国际社会将印度视为"第二个中国"和新的"经济奇迹",是新兴国家和金砖国家中仅次于中国的经济"发动机"和"潜力股"。印度经济的高速扩张自然带来能源消费的持续攀升。印度能源进口量、进口额和进口增速三项指标与印度的经济一起提升,而中东始终在印度能源进口中占据60%左右的份额,地位稳固,无可替代。以2002年为例,印度的石油消费量为1.1亿吨,其中国内产量仅为3200万吨,进口总量占消费量的72%。当年,"印度从全球30多个国家进口石油,但75%的石油进口来自沙特、阿尔及利亚、阿联酋、科威特和伊朗,从波斯湾地区进口的石油占进口总量的67%"①。2007—2011年，印度进口波斯湾的石油从543亿美元增至1039亿美元，占印度进口总额的57.5%—62.9%②。

长期以来，中东动乱总是能给印度经济带来巨大冲击。1973年石油危机期间，印度当年的石油消费额因油价攀升而增加50%。1990年的海湾战争，油价从16美元/桶增加到35美元/桶，印度经济再受重创，不得不向外借贷。"据保守估计，印度损失了30亿美元外汇储备（用于保证石油供给），其中23.6亿美元用于额外进口的石油，2亿美元用于撤侨，2亿美元是伊拉克、科威特两国出口市场损失，2亿美元是伊拉克、科威特两国的侨汇损失"③。

进入21世纪后，印度和中东在能源下游领域的合作发展迅猛。"依据国际能源机构，印度在地理上位置优越，既临近中东石油供给国，又临近高速扩张的亚洲和中东石油炼化市场。"④印度成为世界主要的石化产品生产国和出口国，排名不断攀升。进口石油、出口石化产品成为弥补印度逆差的重要手段，也使它在全球石油生产和炼化链条中占据重要位置。

印度对中东的安全诉求主要表现在宗教与反恐、海上安全、劳工安全等方面。一方面，宗教与国内穆斯林问题是印度的"软肋"，也是与中东国家交往的难点。"9·11"事件后，印度在反恐问题上面临更为严重的挑战，主要是"基地"组织和宗教极端思

---

① A. K. Pasha ed., *India's Political and Foreign Relations with the Gulf Region*, Delhi: Wisdom Publications, 2014, p. 127.

② P. R. Kumaraswamy ed., *Persian Gulf 2013*, California: SAGE Pulications, 2014, p. 16.

③ A. K. Pasha ed., *India's Political and Foreign Relations with the Gulf Region*, Delhi: Wisdom Publications, 2014, p. 127.

④ IEA, "World Energy Outlook 2007," https://iea.blob.core.windows.net/assets/86acf56d-d8cc-4b73-b560-259f061264ad/WorldEnergyOutlook2007.pdf.

想的迅速扩张助长国内极端和恐怖主义的发展态势。另一方面，印度反恐的国际大环境得到质的改善，沙特、卡塔尔等国在宣教和反恐问题上政策收缩，立场软化，印度可以更理直气壮地与这些国家进行反恐合作。海上安全和劳工安全则是21世纪印度在印度洋西部面临的主要挑战，印度有意在环印度洋地区发挥更大的作用。

伊斯兰教和国内穆斯林一直是印度的敏感话题，两教矛盾与冲突是印度与中东国家龃龉的主要战场。冷战以来，印度在巴以问题、印以关系、石油危机等问题上坚决采取亲巴、亲阿立场。从地图上看，印度实际上是被伊斯兰国家包围着。除了伊朗、巴基斯坦和阿拉伯半岛上的伊斯兰国家外，非洲的苏丹、吉布提、索马里都是伊斯兰国家，印度东面的孟加拉国、马来西亚、印度尼西亚也是伊斯兰国家。虽然印度未曾明言，但这一地理分布态势长期以来一直给印度带来巨大的政治和安全压力。印度不得不保持与周边伊斯兰国家的良好关系。在反恐问题上，除了国内的恐怖主义和极端主义问题外，在海湾阿拉伯国家打工的印度劳工成为极端和恐怖主义思想宣传的新目标，接受其思想与观念的印度穆斯林成为人员流动、资金流动和思想流动的媒介，极端和恐怖主义内外联动的新变化增大了印度反恐、反极端主义的难度，也提升了它与中东国家进行反恐合作的迫切度。

印度经济的持续高速发展和外贸的增加使它越来越关注全球航运安全，尤其是印度洋的航运安全。全球八大海上交通线有四个位于印度洋范围，分别是马六甲海峡、霍尔木兹海峡、红海海峡和好望角。其中马六甲海峡是东亚和亚洲其他地区、非洲、欧洲经济交往的"主动脉"，这其中也包括印度与东亚、东南亚的经济交往。"印度洋上80%的航运是地区外航运，只有20%的运量属于该地区国家之间。"① "印度洋区域内每年有 10 万艘货轮经过，运送全球 2/3 的海运石油，1/3 的散装货运与 50% 的集装箱货运。"② 另外，"全球石化产品贸易的 70% 要经过印度洋，全球石油贸易的 40% 要穿越霍尔木兹海峡"③。

印度洋是全球航运的核心地区，是亚洲与欧洲、非洲经贸的必经之地。不仅如此，印度洋一直被印度视为"门前花园"，是"天赋"印度的"势力范围"。全球八大海运交通航线上，与印度密切相关的两个海峡分别是霍尔木兹海峡和红海海峡，前者是印度能源进口和经贸的"主动脉"，后者是印度与欧洲经贸的首选航线。印度有 201 万平方千米海上专属经济区、7516 千米海岸线和 1197 个岛屿，其中一半以上面向中东和非洲。印度排名前 10 位的城市有五个位于西海岸沿线，其中两个是印度主要的港口城市。因此，"印度的海上利益意味着海上航运贸易自由，包括能源和其他自然资源的进口，海岸线沿岸基础设施免于来自海上攻击的安全"④。在印度的海军战略中，保护环印度洋沿岸通道安全是其重要的责任。

（三）印度与中东关系发展的历史基础和客观条件

2005 年，在第一届亚洲中东对话上，新加坡总理吴作栋发言指出："中东与西方的关系历史上就很困难。但是，中东与亚洲的关系没有深刻的历史、文化、宗教或意识形态障碍。相反，我们之间的联系历史悠久，这种历史联系对双方的影响都非常深刻。

---

① Indian Navy, "Indian Maritime Doctrine 2009," https://maritimeindia.org/wp-content/uploads/2021/01/22-3-2016-Indian-Navy-updates-Indian-amritime-doctrine-2009.pdf.
② EIA, "World Oil Transit Chokepoints," *Country Analysis Briefs*, January 2008.
③ Robert Kaplan, "Center Stage for the Twenty-first Century-Power Plays in theindian Ocean," *Foreign Affairs*, March/April, 2009, p. 20.
④ Shuir T. Devare ed., *India and GCC Countries, Iran and Iraq: Emerging Security Perspective*, New Delhi: Pentagon Press, 2013, p. 184.

直到上个世纪，因为殖民主义和冷战的缘故，我们彼此才忽略了对方。融入亚洲符合中东国家的利益。"① 吴作栋的发言用在印度和中东关系上也是非常合适的。

由于地理上相邻，印度和中东（西亚）地区自古就有紧密的商贸和人文交流。古代，印度被西亚和北非国家视为物产丰饶之地，印度的各种物产通过陆路和海路一站一站送往波斯、两河流域、地中海东岸和埃及。中世纪，印度还被西亚和北非视为文化、工艺、技术、科学领先之地，大量的文学、政治、自然科学领域的著作先后被翻译为波斯语和阿拉伯语，印度的智慧结晶是"百年翻译运动"中主要的翻译对象，也是阿拉伯伊斯兰文明昌盛的智慧来源之一。在殖民主义时代以前，印度在与西亚国家商贸过程中始终享受着顺差的优势，不仅如此，印度还是海上丝绸之路上东亚、东南亚瓷器、丝绸、茶叶、香料等大宗商品贸易的中间商和中转站，获得的利益"盆满钵溢"。大航海时代和殖民主义时期开启后，西亚北非的本土帝国衰微，西欧殖民大帝国前呼后拥涌入西亚和印度洋，印度人、波斯人、阿拉伯人逐渐丧失对商贸的控制权，马匹、香料、棉花等大宗贸易的主导权相继失守，印度与西亚的商贸一步步屈从于葡萄牙、法国并最终成为英国殖民统治的附庸。与此同时，由于依附于大英帝国，印度和印度人在西亚北非的存在并没有经历较大的折损，印度商人、文职人员、士兵和印度人社团遍及伊朗高原、两河流域、阿拉伯半岛沿岸和埃及，印度的文化、生活方式、语言词汇渗透进入各地文化，他们直接或间接的（通过殖民当局）政治和经济影响力依然强大，但

---

① Goh Chok Tong, "Statement on Asia-Middle East Dialogue," November 16, 2005, https：// www.mfa.gov.sg/Newsroom/Press-Statements-Transcripts-and-Photos/2005/11/Speech-by-Mr-Goh-Chok-Tong-Senior-Minister-at-Opening-Ceremony-of-EastWest-Dialogue-16-November-2005.

在文化交流方面，双方的联系因为彼此实力的衰落和政治自主权的丧失而衰落了。

进入21世纪后，随着新兴经济体的崛起和全球政治经济秩序重构进程的开启，印度和中东关系开始进入调整的新阶段。

印度和中东开始重新定义自己的对外政策，也开始重新定义彼此的关系。在政治和安全方面，印度一贯重视与中东国家的关系，穆斯林、巴基斯坦、中东战略等是印度关注的老议题，反对极端主义和恐怖主义、海上航运安全、核不扩散、波斯湾地区稳定等是21世纪的新议题。印度重视中东国家在联合国、伊斯兰会议组织、世界穆斯林大会、环印度洋联盟等国际和地区组织中对印度政策或立场采取支持态度。在经济方面，印度经济的高速发展使得它越来越重视周边安全与经济安全，中东是印度不能错失的市场，不仅仅是能源供给地，商贸、投资、科技合作对印度来说都是一块"大蛋糕"。

中东地区国家也日渐重视印度。以波斯湾地区国家为例，它们认为印度的价值主要体现在：（1）印度是其周边崛起中的大国；（2）印度是它们出口的主要对象国；（3）印度是一个有前景的备选投资地；（4）印度是安全、可靠的技术、人力资源的供给地；（5）双方在文化上互通或者可以相互理解。[①] 在政治方面，中东国家认可印度在南亚和全球范围内新兴大国的地位，海合会国家希望可以将印度引入波斯湾安全架构，牵制美国"独霸"格局。在经济方面，中东国家非常看重印度的经济潜力和不断增长的"经济体量"，印度势必成为继中国之后新崛起的长期"能源消费大国"，是全球能源消费增量中的"主力军"。对印度石油炼化行业

---

① I. P. Khosla ed., *India and the Gulf*, New Delhi: Konark Publishers, 2009, pp. 33 - 34.

的投资已经是中东国家投资印度的主要内容,中东国家认为随着印度经济发展、对外开放和营商环境的改善,印度未来可以成为中东投资和盈利的新选择。

在这样的背景下,双方出现了海合会国家提出的"向东看"政策与辛格政府提出的"向西看"政策,这是印度和中东国家相互重视的集中体现,印度甚至提出将波斯湾地区视为印度的"经济内陆"。尽管2014年之前,印度的"向西看"政策执行的成果不如波斯湾地区的"向东看"政策,但这本身意味着双方都有政策方向调整的意愿和实施政策对接的可能。

二 印度与中东国家的政治关系(2000—2014年)

2000—2014年,印度与中东国家关系主要表现为三大特点:第一,双边和多边关系保持稳定,但呈现出前期成果突出、后期投入和成果不足的特点。第二,印度中东政策"东重西轻"的格局稳固,波斯湾地区成为印度与中东关系的核心,同时印度与地区重点国家的关系获得重大进展。第三,印度与中东国家之前的"老难题"对双边或多边关系的影响显著下降,印度在中东的战略空间和自由度明显上升。

在双边层面上,印度与中东国家保持友好、稳定关系,高层互访不断,但2010年后到莫迪总理就职并于2015年首访阿联酋前,印度对中东的高层访问出现五年的断层期。在这14年中,访问印度的中东国家元首包括:阿尔及利亚总统布特弗利卡(2001年)、伊朗总统哈塔米(2003年)、以色列总理沙龙(2003年)、科威特埃米尔萨巴赫(2006年)、沙特国王阿卜杜拉(2006年)、叙利亚总统阿萨德(2008年)、埃及总统穆巴拉克(2008年)、伊朗总统内贾德(2008年)、卡塔尔埃米尔萨尼(2005年和2012年)、巴林王储萨勒曼·阿勒哈里法（2007年和2012年）。其中伊朗总统哈塔米、沙特国王阿卜杜拉和阿尔及利亚总统布特弗利卡都享受了印度国庆日特邀嘉宾国的殊荣，阿曼国王卡布斯2013年的国庆访问未能成行。

印度总理对中东国家的访问主要有：伊朗（2001年）、土耳其（2002年）、阿曼（2008年）、卡塔尔（2008年）、阿曼（2009年）、沙特（2010年），阿卜杜勒·卡拉姆总统和普拉蒂巴·帕蒂尔总统曾先后访问阿联酋（2003年与2010年）。2010年后，印度对中东的高层访问进入"低谷期"。另外，印度与伊朗的关系受到伊美关系与伊核危机的影响，自2007年后开始进入下降期。

波斯湾地区成为印度中东政策的重点，"东重西轻"的格局基本定型。20世纪70年代后，印度与中东的经济关系发展迅速，经济互利和对中东能源的依赖使波斯湾地区对印度经济的稳定与发展日益重要。印度虽然继续与埃及、利比亚、叙利亚等国保持传统友好关系，但客观上缺乏实际利益的支撑，它们在印度中东政策和整体对外政策中的价值显著下降。进入21世纪后，沙特、阿联酋、伊朗、以色列是印度中东外交中重点关注的国家，政治关系或稳步发展，或取得重大突破。这四个国家中，沙特、伊朗、阿联酋三国属于波斯湾地区。例如，为表示对阿联酋的重视，印度于2004年和2006年两次实施"葬礼外交"，卡拉姆总统和谢卡瓦特副总统先后参加阿联酋总统扎耶德和迪拜酋长马克图姆的葬礼。

2006年和2010年，印度与沙特完成高层互访，两国先后签署《德里宣言》和《利雅得宣言》，双边关系取得显著进展。2006年时，沙特就已开始调整对印政策。"沙特支持印度争取伊斯兰会议组织的观察员资格，愿意调解缓和印巴在克什米尔问题上的紧张对立。"① 2010 年，辛格的访问除了加强双边政治和经济关系，还特别强调反恐与地区和平问题。他表示，"《利雅得宣言》是战略伙伴关系的新纪元，它意味着两国的合作包括安全、经济、国防、科技和政治领域，也包括反恐"②。除此之外，"沙特保证现在和未来将向印度提供稳定的石油供给"③。

2000—2014 年，印度和以色列的关系表现为稳定、低调、务实。尽管国内对印以关系仍有不同的声音，但印度政界在发展两国关系问题上已取得共识，这些年里印以在政治、经济、科技、军事、反恐等领域的合作进展顺利。与此同时，巴以问题不再是阻碍印以关系的障碍，印度在联合国和不结盟运动上调整对以色列的态度。例如，印度在 2003 年不结盟运动吉隆坡峰会的《第十三届不结盟运动首脑会议最后文件》和《吉隆坡宣言》中软化了对以色列的表态。

2000—2003 年，印以之间有四次访问，为拓宽印以关系作出重大贡献。2000 年 6 月，印度副总理兼国土部部长阿德瓦尼访以、2000 年 7 月，印度外交部部长贾斯万特·辛格再访以色列、2003 年 5 月，印度国家安全顾问访美期间访问美国犹太人委员会并发表演说、2003 年 9 月，以色列总理访问印度。其中第一次访问和第二次访问讨论的重点是国土安全、反恐、边境控制、军售等议题，这些内容就足以反映出 21 世纪初印以关系发展的迅猛势头。沙龙对印度的访问更是具有里程碑的意义，这是两国承认外交关系以

---

① A. K. Pasha ed. , *India and the Gulf Region: Maritime History, Trade, Security and Political Reforms*, Delhi: Wisdom Publications, 2014, p. 139.
② A. K. Pasha ed. , *India and the Gulf Region: Maritime History, Trade, Security and Political Reforms*, Delhi: Wisdom Publications, 2014, p. 257.
③ Rumel Dahiya, *Developments in the Gulf Region, Prospects and Challenges for India in the Next Two Decades*, New Delhi: Pentagon Press, 2014, p. 6.

来以色列总理的首次公开访问。此次访问意味着印以关系正式摆脱巴以问题的束缚,也为后续各领域的合作打开"方便之门"。

2004年,印度国大党再次执政后,印以关系实现务实、低调的转变。一方面,2004年以后,很少有内阁部长级成员访问以色列,总理辛格也努力回避访问以色列或公开对印以关系发表评论。① 另一方面,国大党上台后采取"亲阿不反以"的政策,两国在经济、军事领域的合作与人民党执政时期相比"不减反增"。在2009年、2010年和2012年的加沙冲突中,印度都给予温和的外交表态。"印度既没有谴责以色列发动了一场毫无根据的战争,也没有谴责以色列发动了一场不能以自卫为理由的战争。"②

2000—2003年,印度和伊拉克保持友好关系,但受联合国制裁的制约,两国经贸关系发展缓慢。2000年9月,印度外交部部长贾斯万特·辛格访问伊拉克,表示支持联合国尽早结束对伊拉克的经济制裁,谴责美英两国出动飞机频繁空袭伊拉克。他向伊拉克总统萨达姆·侯赛因转交瓦杰帕伊总理的信,表示印度愿意与伊拉克加强在政治、经济和文化等领域的广泛合作。2000年,在联合国"石油换食品"计划框架内,印伊贸易额超过5亿美元。

2003年,印度明确反对美国发动伊拉克战争,拒绝美国提出的驱逐伊拉克外交官的请求。印度人民党政府认为,发动伊拉克战争是不正常和不公正的,在野的国大党也认为这是严重违背国际法、《联合国宪章》和国际关系准则的行为,对美英等国的侵略行为予以强烈谴责。印度议会发表公开声明称:"代表全国人民的愤怒,印度议会认为美国领导的联军军事行动危害伊拉克的主权。

---

① Nicolas Blarel, *The Evolution of India's Israel Policy: Continuity, Change and Compromise Since 1922*, London: Oxford University Press, 2015, p. 317.
② Sujata Ashwarya Cheema, *Essays on Iran and Israel: An Indian Perspective*, New Delhi: KW Publishers Ltd., 2014, p. 139.

用军事方式改变伊拉克政府是不可接受的。"① 印度副总理阿德瓦尼称：真理不在美英一边，印度外长辛格要求安理会尽快采取行动，结束伊拉克战争。伊拉克战争结束后，美国认为印度参加国际维和经验丰富，又与伊拉克关系友好，不会招致伊拉克民众的反感，于是邀请印度派遣一个陆军师进驻伊拉克北部库尔德地区参加"维和"行动，但印度坚持只有在联合国授权的情况下才会向伊拉克派遣军队，参与稳定局势的行动，拒绝美国的邀请。

2004—2010年，印度在伊拉克保持代办级别的外交关系，印度发布伊拉克旅行禁令，但前往伊拉克的印度劳工仍络绎不绝。2011年，印度和伊拉克恢复大使级外交关系。2012年，伊拉克议长乌萨玛·努贾伊菲访问印度。伊拉克战争结束后，印度始终主张联合国参与战后重建工作，要求建立一个多文化、多种族的非宗教民主国家，同时保证伊拉克的领土完整。印度多次重申其准备在伊拉克的基础设施以及人力资源的开发方面提供任何可能的协助，并通过伊拉克重建捐助国会议所成立的信托基金，向伊拉克提供承诺以单边形式提供2000万美元、以多边形式提供1000万美元的重建援助。

巴以问题和巴基斯坦不再成为阻碍印度与中东国家发展关系的主要障碍，但劳工问题依然给印度与中东尤其是海合会国家的关系造成诸多困扰。首先，在巴以问题上，印度在与阿拉伯国家的交往中公开和反复强调发展印以关系不会以巴勒斯坦为代价，印度保证将始终支持阿拉伯人和巴勒斯坦人在耶路撒冷的历史和现实权利，印度将继续支持联合国有关巴以问题的各项决议和原则。

---

① A. K. Pasha ed., *India's Political and Foreign Relations with the Gulf Region*, Delhi: Wisdom Publications, 2014, p. 111.

2004年，卡拉姆总统在两院联席会议中发言称："发展与以色列的关系是基于互惠合作的原则，这是非常重要的。但这一关系不会稀释印度对巴勒斯坦人民合法权益的原则性支持。"[1] 其次，印度较好地处理巴以平衡关系。印度部长级访问以色列一般都要同时访问巴勒斯坦。例如，2001年印度外长辛格访问中东，分别会见阿拉法特和佩雷斯。2003年9月，在以色列总理沙龙访问印度前夕，印度邀请巴勒斯坦外长沙阿斯访问印度，借此在巴以间保持平衡。2005年印度邀请巴勒斯坦阿巴斯总理访问。在联合国，印度继续投票支持有关巴勒斯坦的决议。例如，2001年在联合国通过的19个反对以色列的决议中，印度对其中的18个投赞成票。印度对以色列攻击阿拉法特官邸和巴勒斯坦民族权力机构表示谴责，反对伤害阿拉法特，要求停火，重建互信，并支持巴勒斯坦建国。多年来，印度一直向巴勒斯坦提供人道主义捐赠，如药品、食品和医疗设备援助；向巴勒斯坦留学生提供奖学金。

进入21世纪后，巴基斯坦因素在印度中东政策中的作用显著下降。冷战结束使巴基斯坦在美国外交政策中的重要性显著下滑，美巴、苏印对峙的局面变为印巴争相加强与美关系。美国主导的反恐战争一定程度上延续巴基斯坦在美国外交政策中的地位，但两者在阿富汗、塔利班、极端主义组织定性等问题上矛盾更为复杂。21世纪头十年里印美关系改善，双方妥善解决"拥核问题"客观上为中东国家尤其是阿拉伯国家发展与印度关系做了"背书"。20世纪90年代以来，印度的经济增长使印巴两国的国力差距日益扩大。经济自信与外交自信不仅减少了巴基斯坦对印度中东政策的干扰，还促使中东国家主动调解印巴关系。2000—2010

---

[1] Abdul Kalam, "President Kalam's Address to the Joint Session of Parliament," June 12, 2004, https://architexturez.net/doc/az-cf-21867.

年，沙特、伊朗都在缓和与调解印巴关系中发挥过重要作用。

2011年"阿拉伯之春"运动爆发，发展赤字和治理赤字使一贯稳定的北非成为"草根革命"的首发地，突尼斯执政23年的本·阿里政权在小贩穆罕默德·布瓦吉吉自焚后的第29天轰然倒台，并引起连锁反应危及海合会国家与伊朗的政治稳定与社会安全。这场动乱和政权变更对印度的影响主要表现在四个方面：其一，中东多国的动乱和政权变更对地区安全和稳定造成严重冲击。其二，地区局势混乱造成全球油价的短期剧烈波动，影响印度经济。其三，印度在中东的移民安全受到威胁。例如，2011年，迫于"阿拉伯之春"运动造成的安全威胁，"印度从埃及撤侨750人，从利比亚撤侨17927人，从也门撤侨846人"①。其四，造成"阿拉伯之春"的原因之一——高失业率与维护社会稳定的需要共同推动海合会国家加速、从严实施"就业本土化"政策，恶化了印度劳工的就业环境，减少就业的机会。

"阿拉伯之春"运动对印度与中东政治关系的冲击是短暂的，即便突尼斯、埃及、利比亚等国发生政权变更，印度与新政权或冲突各方或继续保持良好的政治关系，或保持有效的接触，有效地维护了印度的利益和印度在各国的政治存在。

三 印度与中东国家的经济、能源关系（2000—2014年）

21世纪里的中东是印度最重要的经贸合作伙伴之一。此时的印度与中东经济关系已经涉及经贸、投资、能源、劳工四大领域，并且与政治关系相似，显现出"东重西轻"的特点。所谓"东重西轻"主要表现为两大特点：第一，双方经济关系的主体集中在波斯

---

① Government of India, Ministry of Overseas Indian Affairs, *Annual Report 2011 – 2012*, p. 37.

湾地区，东地中海沿岸和北非国家与印度的经贸规模小；第二，波斯湾地区和以色列的贸易规模较长时间内始终保持较大幅度的增长态势，但与东地中海沿岸和北非国家的经贸增长乏力、发展前景有限。

首先，印度与中东经济关系的规模和占比都较高，整体来看仅次于印中、印美经贸关系。与此同时，印度与中东的经济关系整体上基本保持出超态势。以2011年为例，印度和中东的贸易额是当年贸易总额的25.58%，其中印度出口568亿美元，进口1058亿美元①。另外，沙特、科威特、阿联酋、阿曼、伊拉克、伊朗六个国家总是跻身外贸前25位，其中阿联酋和沙特长期跻身前10位。

2000—2014年，印度和以色列的经济关系取得长足进步，但存在规模较小、提升难度大的问题。1992年，印以双边贸易额为2.02亿美元，2002年为12.7亿美元②；2011年提升至65亿美元。2011年时印度已经成为以色列的第五大出口对象国，占以色列出口总额的4.5%③。2011年时，印以贸易只占印度贸易总额的0.85%，以色列也只是印度中东区内的第四大贸易伙伴。

印度和伊拉克的经济关系逐步恢复，经贸规模不断扩大。2009—2011年，双边贸易额从75亿美元增至197亿美元，印度出口的主要产品是药品、珠宝、电子产品、交通工具、纺织品等，大米和糖是食品出口中的大项，印度替代美国成为伊拉克的主要大米来源国。伊拉克出口的主要产品是石油。2009—2011年，印度从伊拉克进口的石油总额为69.8亿—188.5亿美元，占当年进口

---

① P. R. Kumaraswamy ed., *Persian Gulf 2013*, California: SAGE Pulications, 2014, p. 27.
② Nicolas Blarel, *The Evolution of India's Israel Policy: Continuity, Change and Compromise Since 1922*, London: Oxford University Press, 2015, p. 316.
③ Federation of Indian Chambers of Commerce and Industry, "India-Israel Economic Relations," January, 2012.

石油总额的 7.25%—10.9%，进口量、进口额和占比均保持增长势头。2012 年 2 月，自海湾战争以来中断 20 多年的印伊直航恢复，伊拉克航空每周有四个航班飞往新德里和孟买。

其次，中东能源是印度中东贸易的"主干"，中东能源对印度来说具有不可替代性。以 2010 年为例，印度进口碳氢能源总值为 1159.3 亿美元，其中来自沙特、伊拉克、科威特、阿联酋、卡塔尔和伊朗的进口总额为 666.9 亿美元（见表 3.1）。2011 年以来，受美国制裁的影响，进口伊朗石油的规模显著下降，一方面，从此时开始印伊（朗）石油关系一直处于波动不稳定状态，伊朗不再是印度的稳定供油方；另一方面，伊朗石油的减少并未明显削弱中东石油在印度石油进口中的占比，除了寻找类似于伊朗原油的替代油外，印度进口伊拉克石油的规模逐年攀升。

表 3.1　　　　　　　2007—2011 年印度进口

波斯湾国家石油额　　　（单位：百万美元,%）

	2007 年	2008 年	2009 年	2010 年	2011 年
巴林	599.46	1215.37	248.34	219.19	591.46
伊朗	10048.97	11248.63	10362.04	9377.88	11528.97
伊拉克	6384.57	7660.78	6981.32	8954.66	18848.26
科威特	7289.57	9193.78	7909.80	9729.09	15667.11
阿曼	688.68	624.70	2904.41	3293.14	2081.05
卡塔尔	1897.18	2890.14	4101.68	6060.95	11702.89
沙特	17755.00	18386.52	15394.04	17932.31	27940.11
阿联酋	7806.25	10317.90	6443.36	9398.23	14599.83
也门	1445.39	745.07	1563.15	1722.95	955.26
波斯湾总额	54365.01	62282.89	55904.14	66688.40	103915.24
进口总额	86384.04	103933.77	96321.16	115929.06	172753.97
占比	62.93	59.93	58.04	57.53	60.15

资料来源：P. R. Kumaraswamy eds., *Persian Gulf 2013*, California: SAGE Pulications, 2014, p.16。

再次，劳工和朝觐是侨汇和人员往来的重要支柱。航班数量可以反映出印度中东人员往来的密集程度，"印度飞往海湾地区的航班总数比印度飞往世界其他地区国家的要多。印度航空最盈利的航线就是前往海湾地区的航线"。① 印度与中东的人员往来中，劳工和侨汇是主干和支柱，数百万技术和非技术劳工在中东尤其是海合会国家工作。2000 年，印度约有 250 万劳工在海合会国家工作，到 2007 年，印度劳工的人数增至 400 万人；2012 年，印度在海合会国家劳工的总数增至 569 万人。以 2012 年为例，根据世界银行的数据，印度从海合会国家获得的侨汇总额达到 296.9 亿美元。这占印度当年全球侨汇总额 630 亿美元的 47%②。

朝觐是穆斯林的"五功"之一。伊斯兰教规定，每一位有经济能力和体力的成年穆斯林，一生中应至少前往麦加朝觐一次。印度的朝觐有大朝和小朝之分，大朝的名额每年由沙特给予，小朝的时间和人数不限。除了前往麦加和麦地那朝觐外，印度的什叶派穆斯林每年还去伊朗和伊拉克朝觐什叶派诸位伊玛目的"圣陵"。

印度和中东的投资关系增长相对缓慢，投资关系依然呈现"东重西轻"的特点，中东地区的主要投资国集中在海合会国家，且中东国家对印度市场的接受度和认可度尚显不足。印度统一大市场的成熟度、投资法规的缺失、中央和地方政策的稳定性不足是制约投资关系发展的主要因素。在开发利用自身经济要素相对优势、吸引外国投资、提供投资便利方面，印度与西方国家相比仍有巨大的差距。因此，投资关系发展的困境是一个长时段问题，

---

① I. P. Khosla ed., *India and the Gulf*, New Delhi: Konark Pubilishers, 2009, p. 41.
② Arab Business, "Gulf Remittances 2012: Which Countries Sent Money Where?" May 13, 2013, https://www.arabianbusiness.com/gallery/gulf-remittances-2012-which-countries-sent-money-where-501228.

不仅仅限于 21 世纪前 14 年，也是莫迪政府上台后努力改善但收效不大的"难题"。

海合会国家是中东投资印度的主力军，中东区内投资印度排名前四位的国家都是海合会国家。2005 年，海合会国家投资印度的总额为 2.23 亿美元，到 2012 年增至 26.4 亿美元。海合会国家是世界主权财富基金规模最大，对外投资实力最强的国家集团。但与它们在全球数千亿美元的投资总额相比，对印度的投资只占极小的比例。"这表明尽管印度与海合会国家的关系有明显改善，它仍然不能吸引海湾地区的投资者。"[①] 究其原因，对海合会或者更大范围的中东地区国家而言，印度市场可投资的范围有限，投资回报率总体较低，市场的成熟度、开放度和透明度不足导致投资风险大，削弱了各国主权财富基金或者公司的投资信心。例如，进入 21 世纪后，印度在较长时间里没有一份有关投资的法律、法规、程序的法律文件，也没有全国范围内通行的吸引外国投资者的经济政策。土地问题、审批手续问题、工程施工进度问题、各邦政策差异和政策稳定性问题、排外和政策歧视问题、供水供电问题等长期困扰着外国投资方。就连印度中央政府推动的国家战略项目——国家石油战略储备库实施起来亦艰难和缓慢，前往印度是海外投资中令人望而却步的高风险行为。

四 印度与中东国家的军事和安全关系（2000—2014 年）

进入 21 世纪后，印度非常重视发展与中东国家的军事和安全合作，具体表现在双边军事合作、海上安全合作与反恐合作三个方面，另外印度积极支持依据联合国各项决议的精神和原则，以

[①] Rumel Dahiya, *Developments in the Gulf Region, Prospects and Challenges for India in the Next Two Decades*, New Delhi: Pentagon Press, 2014, p. 95.

谈判方式解决巴以问题，反对巴以冲突升级。印度和中东军事安全合作的主要对象是海合会国家、伊朗和以色列，军事合作内容全面，安全合作富有成效。印度已经初步成为中东尤其是波斯湾和红海地区安全的参与方，从合作的深度和广度上看，它对中东安全的介入比同时期的中国更多。

印度在中东的主要军事合作对象是海合会国家、伊朗与以色列。从双边角度看，印度与海合会国家和以色列的军事合作始终保持稳定，海合会国家中军事合作关系发展较快和成果较大的是阿联酋与阿曼，与伊朗军事合作在2007年后转向收缩和冷淡；从合作内容和收效上看，印度与海合会国家的军事合作限于常规层面的军事友好和保持沟通，而与以色列的合作更为深入，最具军事和安全价值。

2014年前，印度积极与波斯湾国家建立安全联系，同阿联酋、卡塔尔、阿曼、伊朗四国签署了国防合作协议。"双方合作的范围涉及国防和安全议题，如联合军事演习、信息分享、友好访问、探讨联合研发、作训和军事人员培训等。"[1] 例如，"阿曼是中东地区最早与印度签署国防协议的国家之一"[2]。2003年开始，印度和阿曼建立年度海军演习合作，此后又扩展到空军之间的交流。印度与阿联酋于2003年、2004年、2007年和2008年先后举行海军与空军联合军事演习。印度与以色列军事合作的价值在于国防技术转让和军售领域，涉及"高技术领域如监控设备（无人机、电子传感器设备、夜视仪、空中预警系统）、导弹防御体系"[3]。以色

---

[1] Prasanta Kumar Pradhan, "India's Defence Diplomacy in the Gulf," *Journal of South Asian and Middle Eastern Studies*, Vol. 35, No. 2, 2012, pp. 48 – 64.

[2] Rumel Dahiya, *Developments in the Gulf Region, Prospects and Challenges for India in the Next Two Decades*, New Delhi: Pentagon Press, 2014, p. 51.

[3] Nicolas Blarel, *The Evolution of India's Israel Policy: Continuity, Change and Compromise Since 1922*, London: Oxford University Press, 2015, p. 323.

列的帮助填补了印度诸多军事领域的空白，对于提升印度的国防能力和国防工业水平发挥了重大的作用。印度与伊朗的军事合作除了常规军事交流和互访，还有各型苏制武器的维修和保养、雷达军购、导弹技术等。

海上安全合作是印度21世纪以来重视的新领域，重点是建立环印度洋的海上安全体系，发挥印度在印度洋安全中的地位和作用，维护关键水道的航运安全和自由。印度认为自己在印度洋海上安全方面有两大优势："印度拥有该地区国家中最强大的海军，其装备水平与（基地）布局最适合维持印度洋安全。从地理上看印度拥有独特的优势来维护海路安全。"[1] 印度还有一个潜在和羞于明言的优势是美印关系的快速发展使美国默许它在印度洋区内发挥安全作用，也使波斯湾与红海沿岸国家可以无负担地接受印度的参与。用最直白的话来解答，美印关系使印度获得印度洋安全"协警"的合法身份。

印度海军多次访问阿联酋、阿曼、卡塔尔、巴林等国港口，自2008年10月开始，印度正式派遣军舰参加亚丁湾联合护航行动，重点保护印度商船的安全。亚丁湾巡航期间，印度不仅多次保护本国商船的安全，还应答沙特商船、渔船的求救并及时到达提供保护。

反恐合作是21世纪印度与中东安全合作的新内容，也是取得显著成绩的领域。2001年的"9·11"事件、2006年沙特国王访问印度和2008年的"孟买恐袭"是印度与中东反恐合作的转折点。"9·11"事件后，沙特调整宗教政策，愿意参加和推动全球反对恐怖主义和极端主义行动，沙特政策的调整对中东伊斯兰国家具有"风向标"和引领作用；阿卜杜拉国王访印期间，两国重

---

[1] A. K. Pasha ed., *India and the GCC States: Historical, Geopolitical, and Strategic Perspective*, Delhi: Wisdom Publications, 2014, p. 43.

点讨论恐怖主义威胁和犯罪威胁,并签署合作备忘录;"孟买恐袭"是中东国家认可印度遭受极端主义和恐惧主义威胁的转折点,恐袭后沙特等国纷纷予以公开谴责并支持印度国内的反恐行动。反恐合作经历私下讨论、公开商讨和公开表态三个发展阶段,以沙特的变化为核心,进而使得印度与中东伊斯兰国家的反恐合作取得全面突破:中东国家越来越少地以印巴矛盾和克什米尔问题为印度国内穆斯林极端分子和恐怖分子辩护;印度越来越多地与中东国家进行情报交换、人员培训、金融监管、嫌犯抓捕和引渡等方面的合作。

第三节　莫迪执政以来印度与中东国家关系

多年来,能源和人力资源一直是推动印度与中东国家关系发展的主"引擎"。"9·11"事件和"伊斯兰国"的兴起使得应对极端主义、恐怖主义威胁以及安全合作成为双方关系的新增长点。印度与中东国家实现政治关系稳定、经济关系紧密、安全关系初步发展的良好局面。在经历积累期和转型期的发展后,以2014年莫迪当选为分水岭,新政府以"西联"政策为思想指导,将中东列为印度"大周边外交"的"四柱"之一,使其成为印度外交中货真价实的重要组成部分。此后,双方在经贸、投资、安全等方面的相互依赖进一步加深,印度与中东的关系进入全面、稳定、平衡与合作共赢的新时期。同时需要指出的是,莫迪政府中东政策依然延续自20世纪90年代以来逐渐成型的"东重西轻"的特点。

2015—2020年,莫迪高调的中东外交既是将中东视为印度大国外交的舞台,也是莫迪政府对中东重要性的认可与强调。尽管还存在印巴矛盾、两教冲突、战略规划和政策不清晰、自身实力和投入不足等新老制约因素,但印度继续探索和深化与中东国家关系的趋势已清晰可见,印度正在成为中东大国舞台上隐隐欲现的"新玩家"。

一 莫迪政府对中东国家的政策定位

基辛格称:"在任何一种演变进程中,印度都将是21世纪世界秩序的一个支点。"① "2014年印度成为世界第三大经济体(按照购买力平价计算);到2030年,以名义GDP衡量,印度的经济规模也能达到世界第三。印度的国防预算位居世界第八,军队人数则是世界第二。"② 因此,在印度人看来,"印度在世界舞台的再次崛起是其经济和战略能力增强的结果"③。谋求大国地位是印度独立以来不变的奋斗目标,今天的印度比过去更有自信和实力去实现"大国梦"。

印度经济的高速发展为其追求大国地位提供物质基础和信心,印度与中东国家的关系经过数十年的积累、扩展与磨合,其重要性和价值日渐凸显,并在莫迪政府时期成为实现民族复兴和"大国梦想"的新舞台。20世纪90年代以来,印度的年经济增长率基本保持在6%—10%,2003年后大部分年份都超过8%,印度被视为继中国之后又一个"经济奇迹"。不仅如此,它还是金砖五国和十大新兴市场的重要成员。依据中国外交部印度国家概况数据,2018—2019财年国民生产总值约合2.72万亿美元,经济增长率6.8%,人均GDP约2038美元,外汇储备4486亿美

---

① Henry Kissinger, *The World Order*, New York: Penguin Press, 2014, p. 208.
② [印]拉贾·莫汉:《莫迪的世界:扩展印度的影响力》,朱翠萍等译,社会科学文献出版社2016年版,第266页。
③ [印]桑贾亚·巴鲁:《印度崛起的战略影响》,黄少卿译,中信出版社2008年版,第7页。

元。依据世界银行数据，2018年印度贸易总额11771.9亿美元，占全球当年贸易总额的3%，其中出口总额5355.8亿美元，进口总额6416.1亿美元。在2010年国际货币基金组织的改革方案中，印度的投票权增加到2.627%，居第8位，超过俄罗斯、沙特和加拿大。2008年国际金融危机后，以美国为首的西方国家陷入低迷和低增长阶段，印度成为拉动世界经济增长的"发动机"之一。

2014年5月26日，以倡导改革和经济增长为竞选纲领的纳兰德拉·莫迪代表人民党在第16届大选中胜出并宣誓就任总理，开始对印度外交的新一轮调整与重塑。2015年2月，莫迪声称要带领印度发展成为"全球领导大国"，而不只是一支制衡力量。[1] 7月，时任外交秘书贾什卡在新加坡进一步阐述："印度欢迎多极世界的到来……印度的变化赋予其更大的自信，其外交致力于追求领导地位。总之，印度希望承担更大的全球性责任。"[2]

"国际社会将3月莫迪胜选视作印度外交的决定性节点和新阶段，尤其是他以总理身份对诸多大国和小国进行一系列的访问。"[3] 莫迪政府就任以来，在坚持多边主义和利益最大化的原则下，实施既谋求加强与大国关系又确保自身战略自主的平衡外交，尤其突出经济主题，加强与相关国家的经贸关系。但莫迪的外交政策不再公开强调不结盟主义或"战略自主"，转而强调印度作为一个大国应该在国际社会中拥有其应有的地位。

---

[1] Ashley J. Tellis, "India as a Leading Power," April 4, 2016, http://carnegieendowment.org/2006/04/04/india-as-leading-power-pub-63185.

[2] S. Jaishankar, "India, the United States and China," *FullertonHotel*, *Singapore*, July 2015. 转引自孙现朴《印度莫迪政府的大国战略评析》，《当代世界与社会主义》2018年第4期。

[3] Rajesh Basrur, "Modi's Foreign Policy Fundamentals: A Trajectory Unchanged," *International Affairs*, Vol. 93, No. 1, 2017, p. 7.

莫迪政府对印度的定位是成为"全球性领导大国",周边外交则是其外交的基础和出发点,意在为发展创造良好的周边环境与机遇,并为塑造大国地位提供支撑。由此,莫迪政府提出"邻国是首要"的外交战略,以巩固在南亚和印度洋地区的领导地位、发展与中东关系、增强在亚太地区影响为外交"三大优先"。中东是印度的"邻居",自古代至今一直保持着密切的经贸文化联系。1947年建国以来,中东第一次作为一个整体被纳入印度外交战略规划。在莫迪的外交大棋局中,中东成为印度一衣带水的"左邻右舍",也是东西方向上的"两个基本点"之一,重要性和位次得到显著提升。

具体而言,莫迪继承、认可和实践印度著名学者和战略家拉贾·莫汉的周边外交思想。印度外交部2014—2015年的年度报告将其周边地区分为两部分:直接邻国/地域和扩展邻国/地域,其中,扩展邻国是指不与印度直接相邻但与印度陆上和海上战略利益密切相关的国家和地区,包括东亚、中亚、东南亚、海湾、西亚等地区。[①] 中东所在的西亚北非地区属于"大周边外交"的范畴,是外交活动不可忽视的重要地区。为此,莫迪政府进一步强化对中东的"西联"政策,与"东向行动""南控"(Control South)与"北连"(Connect North)三大政策并列。2014年9月,莫迪在启动"印度制造"活动的仪式上首次明确提出,"在一段时间内,我们始终在讨论'东望'(Look East)政策,我们也应当讨论'西联'政策"[②]。莫迪的表态是印度对中东政策的定位和宣誓。实际上,上届莫迪政府和2019年莫迪连任至今,印度政要尤其是莫迪

[①] Government of India, Ministry of External Affairs, *Annual Report 2014 – 2015*, p. i.

[②] Narendra Modi, "India needs policy to look east, link west," September 25, 2014, http://www.deccanherald.com/content/432698/india-needs-policy-look-east.html.

本人频繁出访中东国家，签署大量合作协议，引起国际社会的高度关注，在行动上践行"西联"政策的理念。

二 莫迪政府与中东国家的政治关系

莫迪政府上任后，印度与中东关系进入全面发展的新阶段，新政府的中东政策以扩展经济关系、维护双边/多边政治友好关系、促进有利于印度的安全合作为三大"支柱"，将中东视为助推国内经济发展的市场和谋求大国影响力的舞台。在外交实践中，莫迪政府中东政策主要体现为三大原则。

第一，维护和发展印度的国家利益，不盲目介入中东热点问题和事务。2014年后，莫迪政府将深入发展与中东国家在双边和多边层次的全面关系既看作是外交成就，也看成是促进本国经济发展的重要助力，同时莫迪政府深知印度尚无实力或有效途径干涉与介入中东事务。在第一任期中，莫迪率团连续访问以色列、阿联酋、沙特、伊朗等国；2019年连任后，他又接连出访阿联酋和巴林。在这些国家中，对阿联酋、以色列和巴林等国的访问或是历史性首访，或是多年后第一次国事访问，成果丰厚。而伊朗、以色列和沙特等国领导人也相继回访，元首外交如火如荼。

与此同时，莫迪政府对中东的诸多热点问题保持谨慎态度。一方面，2011年"阿拉伯之春"运动后，第一次世界大战（简称"一战"）后逐渐成型的中东民族国家体系受巨大冲击，多国政权变更，剩余国家则普遍面临严峻的改革压力；另一方面，美国有意实现战略转移，减少和分担在中东的投入，由此导致中东地缘政治格局松弛，地区内大国纷纷填补权力真空，努力扩大本国利益和地区影响力。中东局势的剧烈变化给莫迪政府带去巨大挑战，印度在叙利亚、也门和利比亚的内战、卡塔尔危机、沙特伊朗斗争等问题上均保持谨慎立场，不冒进表态，不挑头斡旋、不出谋划策，也不选边站队。在伊核问题和国际制裁中，它一方面支持JCPOA谈判，遵守联合国相关制裁条款；另一方面迫于美国压力减少能源进口或与美谈判申请石油采购豁免。

第二，务实平衡的中东外交理念基本成型和稳固。"务实"主要反映在三个方面。首先，反对美国在中东地区的单边主义行动，同时又在涉及自身事务上与美国密切协调。例如，印度对美国实施战略东移、退出伊核协议等行动表示不满或者抗议，但在面对伊核制裁时又积极说服美国给予豁免权。其次，加强与中东各国关系，其中以色列、伊朗、沙特和阿联酋四国为重。这四国在贸易、能源、军售、劳务四大领域对印度至关重要。最后，积极参与反恐事务。目前，印度已经和沙特、阿联酋、卡塔尔在情报共享、嫌犯遣返、人员培训、金融监管、去极端化等方面展开密切合作。鉴于国内穆斯林以逊尼派为主，印度尤其看重与沙特的政策协调与合作。另外，考虑到印巴关系和阿富汗的混乱局势，印度和伊朗也在反恐方面建立有效沟通。

"平衡"主要反映在能够妥善处理阿以/巴以关系、卡塔尔危机、沙特伊朗争斗，印度不选边站队的立场获得各方理解。20世纪90年代以来印度逐渐放弃"亲阿反以"的传统政策，印以建交后双边关系得到快速发展，尤其在军售、训练和武器试验等方面合作较为深入。印度成功说服并获得阿拉伯国家对印以关系的谅解和认可，确保印以和印阿关系同步发展，并行不悖。在巴以问题上，莫迪政府始终坚定支持联合国的相关决议，既不追随美国也不偏袒以色列。在卡塔尔危机引发的海合会分裂中，印度成功保持与最大石油进口国沙特和最大天然气进口国卡塔尔的友好关系。

第三,淡化中立不结盟政策,重视"互不干涉内政"原则。一方面,中立不结盟政策和不结盟运动是印度冷战期间谋求大国地位,超脱两极争霸的主要手段,也是其外交的重要遗产。莫迪政府不再通过不结盟运动或77国集团的视角看待中东或处理与地区国家关系,和海湾国家关系也已超越不结盟运动中与埃及、阿尔及利亚等国结下的传统友谊。另一方面,反对他国干涉内政是印度中东政策的一条红线。莫迪政府重视和强调"万隆精神"中的互不干涉内政原则,坚决反对中东国家尤其是海合会诸国对印度两教矛盾、冲突和国家政策的指责与非议,对中东相关国家的经济支持、宗教捐赠、宗教教育和培训、教义宣传等保持高度警惕。

莫迪两届任期中均高频出访中东国家,与各国签署涉及诸多领域的合作协议,中东成为莫迪外交的重要舞台,收获巨大。自2015年首访阿联酋后,莫迪接连访问沙特、巴林、以色列、伊朗等国,其中对阿联酋的访问多达四次,凸显印阿两国双边政治和经济合作的重要价值与吸引力。从元首互访情况看,莫迪政府中东外交的重点依然是波斯湾地区(见表3.2)。

表3.2　　　　　莫迪两届任期内出访的中东
国家和中东元首回访情况　　　（单位:百万美元）

	出访国家		中东元首回访
2015年8月	阿联酋	2015年3月	卡塔尔埃米尔阿勒萨尼到访
2016年4月	沙特	2016年2月	阿联酋阿布扎比王储扎耶德·阿勒纳哈扬到访
2016年5月	伊朗	2017年1月	阿联酋阿布扎比王储扎耶德·阿勒纳哈扬参加国庆庆典
2016年6月	卡塔尔	2018年1月	以色列总理内塔尼亚胡到访

续表

	出访国家		中东元首回访
2017年7月	以色列	2018年2月	伊朗总统鲁哈尼到访
2018年2月	阿曼、巴勒斯坦、阿联酋	2019年2月	沙特王储萨勒曼到访
2019年5月	巴林、阿联酋	—	—
2019年10月	沙特	—	—
2020年11月	阿联酋	—	—

资料来源：笔者自制。

印伊关系是印、伊、美三角关系中的"两难"问题，伊核危机与伊核协议的命运一次又一次地挑战印伊双边关系。2014年后印度和伊朗的政治关系始终保持稳定，鲁哈尼总统于2018年对印度进行国事访问，双方签署多份合作备忘录，并开启恰巴哈尔港合作项目。印度还公开支持伊朗和平利用核能的权利，反对美国单边制裁，支持通过谈判解决问题并高度赞扬2015年伊核协议的签署是国际多边主义的重大成就。但印伊的经济关系受伊核问题走势的影响，表现为2015年伊核协议签署后能源经贸关系的复苏和2018年美国"极限施压"后能源经贸关系的再次萎缩。伊朗对印度迫于美国压力的妥协退让采取谅解态度，但这种"政治平淡经济冷淡"的清冷局面是印伊两国都不想看到的结果。可以预期在未来较长时期内，印伊关系将继续成为美伊关系的"牺牲品"。

巴以问题依然是印以关系、印度与伊斯兰世界关系中的一个重要症结性问题。与冷战期间和20世纪90年代不同，印度在巴以问题上的立场出现从亲阿向中立，再向以色列靠拢的"回摆"趋势。2014年，印度支持联合国决议成立调查委员会，调查以色列在加沙地带实施"保护边缘行动"（Operation Protective Edge）期间，在占领区违反国际人道主义和人权法的行为。与以前的做法相反,莫迪政府向议会施压阻止其通过谴责以色列的决议。在联合国人权委员会,印度对该调查委员会的调查报告表示欢迎,但投票时投了弃权票,这也是印度首次在联合国拒绝对以色列投反对票。虽然印度政府在投票后表示:这并不意味着印度对巴勒斯坦独立的传统支持发生了变化,但实际上印度在巴以问题上的立场仅仅局限于支持"两国方案"和联合国相关决议。不仅如此,"除了孟买的一些伊斯兰教徒威胁要对以色列发动圣战外,印度公众并不赞成对以色列采取惩罚性措施"①。莫迪访问以色列期间,两国的联合声明中没有提及解决巴以问题应当遵从"两国方案",也没有提及巴勒斯坦的未来首都东耶路撒冷。

印度继续平衡印巴冲突和教派冲突对印度外交的不利影响。1947年的印巴分治不仅没有解决印度教徒和伊斯兰教徒的思想、文化和认同隔阂,反而促生新的领土争端,为此先后发生三次印巴战争。巴基斯坦的穆斯林和伊斯兰国家身份获得中东各国的广泛认同,因而建立亲密的关系与深度合作。巴基斯坦在印巴冲突、克什米尔与核问题等争端中均得到中东国家的支持或声援,相反,印度则长期陷于被动局面。印度国内两教人口比例分别为79.8%与14.2%。21世纪以来,教派冲突规模不断扩大,冲突频次和伤亡人数明显增长。莫迪所在的印度人民党带有浓厚的教派色彩,将教派主义装饰为民族主义,崇尚暴力,希望净化印度社会;党派和教派集团的联合也已成为印度政治的常态。因此,莫迪执政以来印度教和伊斯兰教的原教旨主义思想和力量尖锐对立,例如,

---

① Ariel Ben Solomon, "Mujahedeen in India Threaten Attacks in Mumbai in Response to Israeli Gaza Ops," *Jerusalem Post*, August 3, 2014, https://www.jpost.com/Operation-Protective-Edge/Mujahideen-in-India-threaten-attacks-in-Mumbai-in-response-to-Israeli-Gaza-ops-369818.

2019年12月议会通过并颁行的《公民身份修正法案》带有歧视穆斯林的特征,引发全国范围的抗议示威。

自尼赫鲁时代以来,印度坚决支持巴勒斯坦合法权益、对中东国家在印巴关系和教派问题上的批评采取容忍态度、积极推动不结盟运动发展,这些都是为了平衡与缓和两大冲突不利影响。尽管近几年印度与中东各国关系发展势头良好,但印巴冲突和教派冲突仍是中东外交的敏感议题和难题,也将是印度中东外交的长期"负面清单"和"软肋"。

三 莫迪政府与中东国家的经济和能源关系

印度与中东国家的经贸关系发展迅猛,前景广阔。独立后,双边贸易以农产品和轻工业品为主,例如,中东国家出口棉花、肉类、椰枣等产品,印度出口纺织品、木材、橡胶制品、珠宝首饰等。20世纪90年代后,印度的出口中增加家电、机器设备、电子产品、技术等项目。2014年后,进出口贸易商品大类继续保持稳定性。总体而言,印度在技术、矿产、服务、食品等方面有优势,而中东国家在能源和资本领域有优势。由于能源进口的替代性小,因此印度和中东的双边经贸始终存在非对称依赖问题。

目前,印度已与埃及、两伊、海合会成员国、土耳其等国签署贸易协定,出口产品包括农产品、服装、珠宝首饰、机器设备、信息技术和咨询服务等。2018—2019年,印度与中东国家双边贸易中进口额为1101亿美元,占进口总额的21.5%;出口638.69亿美元,占总出口额的19.34%。在印度的外贸中,阿联酋是印度第二大出口对象国;阿联酋和沙特分别是第三和第四大进口来源国,仅此于中国和美国。另外,阿联酋对印度的直接投资稳居阿拉伯世界首位,位列印度海外直接投资的第11位。2016年,印度投资

5亿美元建设伊朗恰巴哈尔港港区,并租赁港口10年。该港是贯穿俄罗斯、中亚、伊朗的"国际南北运输走廊"(简称"南北走廊")的南部出海口之一,因此也成为印伊投资合作的典范。2019年开始,阿富汗经由该港的进出口商路启用。2020年,印度对阿富汗的粮食援助也顺利运达恰巴哈尔港。吸引海合会国家主权财富基金的投资是印度多年的愿望和其经济外交的主要目标。莫迪政府着眼未来,竭力推销国内回报率高的投资机会和日益改善的宏观投资环境,希望实现本国新技术和服务优势与中东资本优势之间的强强联合,并将医药、医疗保健、数字技术和信息产业、"绿色经济"和环保产业等领域作为双方未来合作的重要方向。2022年2月,印度与阿联酋在两国元首的虚拟峰会上签署《全面经济伙伴关系协定》,达成十多年来的第一个自由贸易协定,双方承诺在五年内将双边贸易额从现在的600亿美元增至1000亿美元。2022年7月的首届I2U2峰会上,阿联酋计划投资20亿美元,在印度各地开发一系列综合食品园区,并部署可再生能源。以色列决定提供技术支持和资金支持,在古吉拉特邦推进3.3亿美元规模的混合可再生能源项目。

确保能源供应安全是印度在中东的核心战略利益。印度是全球第二大发展中国家,也是一个贫油国,石油探明储量为56.7亿桶,天然气探明储量为1.49万亿立方米,均居世界第22位[①]。长久以来,印度都是油气净进口国,对外依赖度高。中东与印度地理毗邻,海运便利,进口成本低廉,加之近年来全球能源生产和消费呈现板块化趋势,因此数十年来它一直是印度最主要的能源来源地。印度的领导人很早就认识到中东能源对印度的意义,而"对

---

① "The World Factbook: India," CIA, https://www.cia.gov/library/publications/resources/the-world-factbook/geos/in.html.

中东国家的石油进口依赖是其与中东地区关系的重要组成部分"。①

依据英国石油公司《世界能源统计年鉴（2019）》报告，2018年印度进口石油 2.275 亿吨，来自中东的石油进口为 1.5143 亿桶，占进口总量的 66.5%，位居进口量前四位的分别是伊拉克、沙特、阿联酋和科威特。2018 年印度全年进口天然气 306 亿立方米，从卡塔尔和阿联酋分别进口 148 亿和 50 亿立方米，占总进口量的 64.7%，另外埃及和阿尔及利亚还有少量对印天然气出口。为加强能源领域合作，固化与中东在能源领域的相互依赖，自莫迪政府上台后，印度积极推动与两伊和沙特的能源合作，业务涉及勘探、开采、管道建设等不同领域，尤其重视拓展油气上中下游全产业链的投资②。

以 2017—2019 年为例，印度进口中东石油总量分别为 1.39 亿吨、1.51 亿吨和 1.38 亿吨，分别占当年进口总量的 65.6%、66.7% 和 61.1%（见表 3.3）；同期，进口中东天然气总量分别为 151 亿立方米、173 亿立方米和 187 亿立方米，分别占当年进口总量的 57.9%、56.5% 和 56.8%（见表 3.4）。③ 2020 年，印度的石油与天然气能源消耗与进口仍然呈现稳定增长趋势，中东的石油与天然气进口达到 1.6 亿吨和 210 亿立方米，进口占比分别为 78% 和 59%④，相较于前三年都呈现增长趋势。在新冠疫情冲击全球经济的背景下，印度对中东能源需求的增长充分显示出它与

---

① Prithvi Ram Mudian, *India and the Middle East*, London and New York: British Academic Press, 1994, p.133.

② Jennifer Bell, "I2U2: Only Partnerships Can Overcome Complex Challenges, Says UAE President," *Al Arabiya English*, July 15, 2022, https://english.alarabiya.net/News/gulf/2022/07/15/I2U2-Only-partnerships-can-overcome-complex-challenges-says-UAE – President-.

③ BP, "Statistical Review of World Energy (2018/2019/2020)," https://www.bp.com/en/global/corporate/energy-economics/statistical-review-of-world-energy.html.

④ BP, "Statistical Review of World Energy 2021," https://www.bp.com/en/global/corporate/energy-economics/statistical-review-of-world-energy.html.

中东的能源依赖关系依然稳固。2018年特朗普退出伊核协议、进行"极限施压"后，印度与伊朗的贸易全面萎缩。石油贸易是印伊经贸关系的"支柱"，也是经贸关系的"重灾区"。受美国制裁影响，印度的进口额从2018年的135亿美元衰减到2021年的4.6亿美元，双边贸易也从逆差100亿美元变为顺差与占比9.8亿美元。

表3.3　　2017—2019年印度从中东国家进口石油总量与占比

（单位：万吨,%）

	伊拉克	科威特	沙特	阿联酋	其他西亚国家	北非国家	进口总量	占比
2017年	4100	1120	3410	1640	3170	410	13850	65.6
2018年	4770	1140	3930	1600	3240	400	15080	66.7
2019年	4920	1060	4260	1960	1080	560	13840	61.1

资料来源：BP, "Statistical Review of World Energy（2018/2019/2020），" https://www.bp.com/en/global/corporate/energy-economics/statistical-review-of-world-energy.html。

表3.4　　2017—2019年印度从中东国家进口天然气总量与占比

（单位：亿立方米,%）

	阿曼	卡塔尔	阿联酋	阿尔及利亚	埃及	进口总量	占比
2017年	7	132	5	3	4	151	57.9
2018年	15	148	5	3	2	173	56.5
2019年	13	132	36	3	3	187	56.8

资料来源：BP, "Statistical Review of World Energy（2018/2019/2020），" https://www.bp.com/en/global/corporate/energy-economics/statistical-review-of-world-energy.html。

稳定获取侨汇是印度的重要经济利益。印度对中东地区劳工的大规模输出起于20世纪70年代，主要集中在低劳动附加值行业。90年代之后，印度劳工开始向金融、教育、医疗、咨询等高端行业进军并站稳脚跟，同时造就数量众多的富豪与巨大的商业网络。

数量庞大、廉价和熟练的印度劳工填补中东的人力资源缺口，为各国经济建设和社会服务提供支撑，也为印度的发展提供强大助力。海湾地区是印度劳工的主要输出地，阿联酋和沙特两国多年来位居海外劳工第一和第二目的地国。2010年，印度政府在迪拜开设了第一个咨询中心。2016年，迪拜中心收到了近2.5万个咨询电话。2017年，印度决定在沙迦"为在海湾国家就业的印度移民建立一个新的咨询中心，将有助于降低工人被贩卖到假工作岗位和被剥削的风险"[①]。2018年印度在中东侨汇总额达786亿美元；2021年中东的印度劳工超过890万，占海外劳工总数的66.7%（见表3.5）。巨额侨汇一般用于偿还债务、买房置地、教育医疗等方面，不仅提高劳工输出地的生活与教育水平，还拉动消费，并带动和培育新一批或新一代的劳工前往中东。经过40年的发展，印度劳工与商人群体已成为双方沟通的重要渠道，不仅为国内企业、个人牵线搭桥，提供商机和服务咨询，还助推影视、食品、服装等领域的发展和合作。

表3.5　　中东22国海外印度人口统计（截至2021年12月）　　（单位：人）

	人数		人数
阿富汗	3087	阿联酋	3419875
伊朗	4000	阿曼	779351

---

① Anuradha Nagaraj, "India Sets Up Center to Help Migrant Workers in the Gulf," *Reuters*, September 12, 2017, https://www.reuters.com/article/us-india-workers-gulf/india-sets-up-center-to-help-migrant-workers-in-the-gulf-idUSKCN1BN1SY.

续表

	人数		人数
伊拉克	18000	也门	500
科威特	1028274	埃及	3950
沙特	2592166	约旦	20569
巴林	323292	巴勒斯坦	20
卡塔尔	745775	叙利亚	94
以色列	12467	土耳其	1609
塞浦路斯	7254	黎巴嫩	8500
突尼斯	121	阿尔及利亚	5700
摩洛哥	250	利比亚	1500
中东总人数	8976354	全球总人数	13459195

资料来源：印度外交部，海外印度人人口统计表，http://mea.gov.in/images/attach/NRIs-and-PIOs_1.pdf。

2019—2021年，受全球经济放缓、油价下滑、地区地缘政治格局调整、中东基础设施建设收紧、海湾国家就业本土化政策等因素的影响，印度与中东国家在保持政治关系稳定的基础上，经贸、投资、劳工输出等领域都受程度不同的冲击。例如，在美国停止豁免后，印度逐渐减少并停止从伊朗进口石油。新冠疫情的蔓延又对双方关系产生新的不利影响，受损最直接和最严重的领域是海外劳工。首先，受疫情影响，双方相继关闭劳工输出和输入的大门，劳工流动趋于冻结。其次，回国劳工人数不断增加。一方面，中东国家的社会隔离政策和经济停摆导致大量劳工失业；另一方面，生活和医疗条件不佳、人身权利保障不足是多年的"顽疾"，疫情期间劳工继续滞留海外的生命和财产风险过高。2020年3月18日后，"仅孟买每天就有23个来自海湾地区的航班,当地政府不得不对2.6万归国的无症状劳工进行监测"①。

四 莫迪政府与中东国家的军事安全合作

莫迪时期印度与中东的军事合作仍是以双边为主,不同国家军事交流的深度和内容有所区别。其基本特点是海合会国家的军事交往保持稳定,与以色列的交往持续"高歌猛进",与伊朗和其他中东国家的军事交往继续维持在较低层次。

印度与海合会国家的常规军事合作保持稳定,双边的军事交流、军舰互访、高层军官互访有序展开。印度和沙特的防务合作联合委员会于2016年启动,至2022年7月已召开五次会议。印度与阿联酋的军事合作亮点在于,印度积极参加阿布扎比国际防务展览会、印阿举办空军联合演习,另外两国还签署国防制造业合作备忘录,印度有意向阿联酋出售武器。阿曼是唯一与印度进行海、陆、空三军联合演习的中东国家,两国都有意在环印度洋地区相互助力,提升影响力。印度和卡塔尔也建立国防合作联合委员会,至2021年已召开五次会议。卡塔尔和阿曼均公开支持印度在印度洋发挥主导作用,支持印度在构建波斯湾地区安全中发挥重要作用。由于卡塔尔、巴林和科威特是美国中央司令部海空军基地或陆军驻扎基地,这三国在防务上形成高度对美依赖,同时卡塔尔在防务安全合作上保持最大的开放度,除了与美印有深入的军事合作关系,与英国、土耳其等也有历史悠久的深层次军事合作,因此印度与海合会国家的军事合作不具备替代美国军事存在的潜质,影响力上也远逊于英、土等国,但合作的范围与交往

---

① Vijay V Singh, "Coronavirus: Mumbai Prepares to Quarantine 26k Indians Coming from Gulf," March 19, 2020, https://timesofindia.indiatimes.com/india/mumbai-prepares-to-quarantine-26k-indians-coming-from-gulf/articleshow/74701638.cms.

的频率上呈现上升势头。

这一时期的印度与以色列军事合作成果最为丰富。军事合作是推动印以建交的重要因素，也是以色列吸引印度的重要优势。自20世纪90年代以来，以色列在军用技术和设备、军民两用技术、大型武器装备军售上一直保持遥遥领先的地位。莫迪政府上任后，除了常规的军事交流和机制建设外，军事合作进一步提升为军火贸易与武器联合研发"并驾齐驱"的新格局。印以防务合作联合工作组召开会议已达15次，数量上远胜印度与阿拉伯国家的双边防务会议。此外，印以还联合制定军事合作的中长期规划。2017年以来，以色列成为印度第二大武器来源国，印度也成为以色列武器的战略伙伴和共同生产国。

恐怖主义威胁日增，反恐和维护国内安全成为印度与中东关系的重大议题与合作领域。历史上，克什米尔和印度国内的极端宗教分子发动的恐怖袭击给人民生命财产造成巨大损失。20世纪90年代和2014年以来，"基地"组织和"伊斯兰国"相继在中东、南亚等地成长壮大，危害巨大。

莫迪政府面临的恐怖主义威胁兼具内源性和外源性两个特征，且有合流趋势。首先，印度有1.7亿穆斯林人口，与印度教之间的宗教矛盾长期存在，从而为中东伊斯兰极端主义和恐怖主义传播提供广阔的空间。其次，"基地"组织和"伊斯兰国"两大组织发展迅速，尽管本·拉登和巴格达迪相继伏法，但这两个组织依然生命力顽强，衰而不亡。2014年，"印度圣战军""印度学生伊斯兰运动""哈里发的印度士兵"等本土组织相继效忠"伊斯兰国"。"伊斯兰国"使用印地语、乌尔都语、古吉拉特语和泰米尔语在社交网络里进行宣传。来自印度的组织成员成为其网络、金融领域的技术骨干，而归国成员又加剧国内安全威胁。再次，海外印度人成为打着"伊斯兰"旗号的极端主义和恐怖主义的新目标。一方面，分布在叙利亚、伊拉克、阿富汗等国的海外印度人成为"基地"组织和"伊斯兰国"等组织的恐袭目标和劫持目标；另一方面，居住在波斯湾阿拉伯国家的海外印度人成为极端主义、恐怖主义思想宣传、募集资金的重要目标。在中东区内的印度人面临人身安全的挑战，而印度则面对防止极端化和阻断对内渗透的挑战。

2008年的"孟买恐袭"成为印度和中东国家反恐关系的重要分水岭，2010年《利雅得宣言》和2015年《迪拜宣言》促推双方安全领域合作达到新的高度。例如，2016年和2017年，印度与沙特分别在印度帕坦科特与乌里恐袭事件、麦加恐袭事件和也门导弹袭击事件上快速给予对方外交支持，彰显双方在反恐问题上的相互支持力度。目前，印度与沙特、阿联酋、卡塔尔在情报共享、嫌犯遣返、人员培训等方面展开合作。考虑到印度国内穆斯林基本都是逊尼派，因此沙特和埃及的支持就显得尤为重要。与伊朗的反恐合作主要在于对阿富汗境内"伊斯兰国"和其他极端恐怖主义组织的情报共享。与以色列的反恐合作更具有实战价值，除了信息和情报交换外，以色列多年来还一直向印度提供大量反恐装备、分享维护国内安全的实战经验，并帮助印度培训反恐情报人员。反恐合作已经成为与以色列、伊朗、海合会国家关系的重要内容。

第四章　印度与海合会国家关系概述

选择海合会作为单独的研究对象，主要有以下几个原因。首先，从地理、民族、宗教角度看，海合会国家基本覆盖阿拉伯半岛，是阿拉伯人的发源地，也是伊斯兰教的发源地，因而它具有典型性和特殊价值。其次，古代至近代，印度与环阿拉伯半岛——也就是波斯湾南岸、阿曼与也门海岸、红海北岸有着密切的经贸、社会联系，也曾存在过紧密的政治联系。这里自古至今留存着印度商人、印度社团的诸多印记。再次，今天的海合会国家在经贸、能源、劳工、投资领域成为印度主要的合作对象，是印度与中东经济关系的"支柱"，是影响印度经济安全的关键地区。

印度与海合会国家的关系发展较为迟缓，这部分是因为阿联酋、卡塔尔、阿曼于1971年建国，双边关系起步本就较晚；部分因为两者关系有着"经济先热，政治跟进"的特点，主要表现为1973年后能源关系的发展、20世纪80年代后劳工关系的发展、20世纪90年代后经贸关系的发展与冷战后初期双边层次上政治关系的相互调适和莫迪政府时期"伙伴关系"的建立。与此同时，印度与海合会国家的关系内部也有差异，例如和阿曼的关系具有历史继承性，政治互信和军事合作都走在前列，而与科威特的关系因海湾战争而受损，印科关系成为印度与六国关系中最清冷的一个。值得一提的是，受自然禀赋和发展需求内外两重因素的影响，当前，印度中东政策已经显现出"东重西轻"的特点，海合会就是"东重"的重要组成部分，也是印度与中东关系中最为成熟和机制化的部分。

第一节　印度与阿拉伯半岛的历史交往

印度与西亚北非地区的交往历史悠久，交往对象包括两河流域文明和尼罗河流域古埃及文明，也包括此后的波斯帝国、亚历山大帝国和伊斯兰文明时期的两大帝国与诸王国。阿拉伯半岛地处印度文明与尼罗河、两河流域两大古代文明之间，自然成为文明交往的必经之地和中转站。古代的陆路交通主要通过波斯湾北面的伊朗高原，阿拉伯半岛则是海路交通的承接者。阿拉伯半岛北部的波斯湾和南部的红海自古就是印度洋与西亚地区主要的航道，阿拉伯人也一直是这一区域内海上航运的主要参与方。陆海商路经年的交往带动的不仅是商品的互通，也有语言、技术、生活方式和宗教物种的交流，其中涉及的不仅是物质文明，也有精神文明和制度文明。在更大视野中，阿拉伯半岛和阿拉伯人承接的不仅是印度与西亚的交往，也承接了中国与西亚和欧洲的文明交往，是人类古代东西方文明交往的主要"中间人"。

一　古代印度与阿拉伯半岛的交往

阿拉伯半岛位于印度洋的西北部，它北临波斯湾、阿曼湾，南临亚丁湾和阿拉伯海，西隔红海与非洲大陆相望，西北方向与亚洲大陆的分界大致在西起红海东北部的亚喀巴湾北端东至波斯湾的阿拉伯河口一线。阿拉伯半岛与印度半岛、中南半岛并称亚洲三大半岛，也是世界最大的半岛。

阿拉伯半岛南北长度约为2240千米，东西宽度为1200—1900千米，总面积322万平方千米。阿拉伯半岛属于古老平坦台地式高原，地势自西南向东北倾斜。除西南端海拔2700—3200米的也门高地外，仅在西部和东南部有小部分山地。其中，西岸南段的希贾兹山脉高1500米，山峰多为死火山锥，最高峰哈杜尔舒艾卜峰海拔3760米。中部为广阔的沙漠，面积约120万平方千米，约占阿拉伯半岛面积的40%，较大的沙漠自北向南依次为大内夫得沙漠、代赫纳沙漠和鲁卜哈利沙漠。其中鲁卜哈利沙漠最大，面积65万平方千米。

阿拉伯半岛与伊朗高原、两河流域、小亚细亚高原共同组成西亚。阿拉伯半岛自然环境恶劣，常年受副热带高压带与信风带控制，因此几乎整个半岛都是热带沙漠气候区，并有面积巨大的无流区。除了南部阿曼和也门有山区和少量农耕地外，大部分地区都是沙漠或荒漠，其中存在大小不等的绿洲。半岛地处北纬13°—20°，北回归线横贯其中，气候干热，降水稀少。大部分地区年平均降水量不足100毫米，北部地区冬季因受地中海气候影响，年降水量可达200毫米左右，也门高地和南部沿岸山前平原，夏季因受印度洋气流和地形的影响，年降水量可达500—1000毫米。

阿拉伯半岛是阿拉伯人世代居住之地，也是族源地。阿拉伯人是以游牧为生的闪米特居民，"阿拉伯"作为民族指代词最早出现于公元前9世纪亚述征服埃兰时的阿卡德文文献"库尔恩独石"上，欧洲人则称阿拉伯人为萨拉森人。在伊斯兰教兴起之前，阿拉伯半岛上的阿拉伯人主要分为南北两支，南部也门和阿曼两地的阿拉伯人称为盖哈唐人，北部沙漠和希贾兹山脉中的称为阿德南人。"阿拉伯半岛上遍布数量众多的游牧部落,他们有着不同的习俗、特点和传统。北部阿拉伯人一般为游牧者,南部阿拉伯人多定居生活。"① 南部阿拉伯人在沿海地区造就发达的商业文明,有不少港口和城市。而北部阿拉伯人是在伊斯兰教兴起后才兴盛起来的。

自古以来,阿拉伯半岛北部的海路交通在波斯湾内,最终到达今天的科威特和伊拉克沿海,再由阿拉伯河进入两河流域,或改陆路继续向西;南部的海路交通通过也门,进入红海后到达埃及,再由埃及转运地中海沿岸和欧洲。不管是北路还是南路,都需要经过今天的阿曼。公元1世纪前后,人们对印度洋季风日渐熟悉,航海技术显著提高,由印度西南部海岸起航直达阿曼或者也门的航路逐渐兴盛起来。航路的发展不仅带来商品贸易和物种的交换,还带动人口迁徙定居、技术交流和文化交往。例如,也门曼德海峡附近的索科特拉岛是印度阿拉伯商路联系的重要一环。贸易联系的记忆沉浸在印度西部,尤其是古吉拉特海岸居民的记忆中,当地人崇拜的萨克蒂女神就是以索科特拉岛命名的。②

"霍尔木兹岛和海湾地区从远古时代开始就是阿拉伯人和印度人会面的地方,也是更遥远地区如中国和其他地方人相聚的地方。"③ 公元前三千纪到公元前两千纪是波斯湾内迪尔蒙文明最繁盛的时期,地处波斯湾南岸的迪尔蒙文明控制着今天从科威特到巴林的广大地区。两河流域乌尔第三王朝（公元前 2350—公元前

---

① A. K. Pasha ed., *India and the Gulf Region: Maritime History, Trade, Security and Political Reforms*, Delhi: Wisdom Publications, 2014, p. 2.
② A. K. Pasha ed., *India's Political and Foreign Relations with the Gulf Region*, Delhi: Wisdom Publications, 2014, p. 3.
③ A. K. Pasha ed., *India's Political and Foreign Relations with the Gulf Region*, Delhi: Wisdom Publications, 2014, p. 3.

2000)的泥版文书里记载了该王朝与迪尔蒙文明的交易记录,如购买柚木、铜、象牙、青金石等,显示出后者在两河流域和印度河流域之间的中间商地位。更有学者提出,迪尔蒙文明曾长期垄断印度与两河流域间的海路商贸,海运的印度商人只能将货物运送到阿曼。当代的考古学家在巴林的迪尔蒙遗址23层到19层中发现了大量印度哈拉帕文明的权重,哈拉帕文明的罗塔尔港口遗址中也发现过迪尔蒙文明的印章。这些都说明早在公元前三千纪,印度就已经和波斯湾南岸沿线地区保持了稳定和常规化的商业与人员往来。

公元前3世纪开始,托勒密王朝和之后的罗马帝国借助印度洋季风,打通红海商路,使得阿拉伯半岛南部沿海到也门沿岸的商业不断繁荣,罗马人终于摆脱了波斯人对商路的钳制。"麦加附近的希拉城就经常停靠来自中国和印度打算穿越红海的商船。"[1] 古代半岛上的阿拉伯人不仅需要从印度进口大量日常商品,还因为自然条件或技术的匮乏而特别喜好印度的柚木和铁剑。"古代的印度商人在丝绸之路上通过阿曼将商品输往阿拉伯世界与希腊和罗马的市场。"[2] 印度商人们沿着海岸线定居,分布在阿拉伯半岛北岸、东岸和南岸,其范围由今天伊拉克的巴士拉延伸到阿曼马斯喀特、也门的亚丁和埃及苏伊士,印度商人在阿拉伯半岛周边都留下了自己的印记。

有学者认为:"自公元前3世纪开始,阿拉伯人就实际上垄断了印度洋的海上商业。"[3] 公元前2世纪以后,阿拉伯人的船只可

---

[1] A. K. Pasha ed., *India and the Gulf Region: Maritime History, Trade, Security and Political Reforms*, Delhi: Wisdom Publications, 2014, p. 1.
[2] A. K. Pasha ed., *India and the GCC States: Historical, Geopolitical and Strategic Perspective*, Delhi: Wisdom Publications, 2014, pp. 173 – 174.
[3] A. K. Pasha ed., *India and the GCC States: Historical, Geopolitical and Strategic Perspective*, Delhi: Wisdom Publications, 2014, p. 1.

以顺利到达印度大陆西海岸各地。印度各地,包括今天南部泰米尔纳德邦的印度商人也将货物运往阿拉伯半岛南部各大港口,然后由阿拉伯人转运进入两河流域或尼罗河流域。伊斯兰教兴起前,阿拉伯半岛南部也门和阿曼境内的阿拉伯人经海路到达印度西海岸沿线的港口和商业中心。"他们到达南印度不是出于政治野心或者传教热情。他们的主要目的是贸易和获益。"[①] 在南印度,阿拉伯人的商贸活动得到马拉巴尔沿岸居民和当地印度教统治者的认可与支持。

"由于6、7世纪后印度战乱不止,阿拉伯人的势力不断东扩,此时西印度的贸易主动权逐渐转移到阿拉伯人手中。他们定居在印度海岸,从印度商人手中收购货物,然后渡海与西方贸易。"[②] 另一方面,印度人的定居点也遍布阿拉伯半岛。先知穆罕默德时代就有印度人长期定居在阿拉伯半岛和今天的科威特与伊拉克。先知的妻子阿伊莎生病时也曾请印度医生来治疗。7世纪伊斯兰教兴起后,伊斯兰化的阿拉伯人延续先人在印度洋上的航海地位。"阿拉伯人是伟大的旅行者和世界商人,他们利用自己的政治霸权成为中世纪早期主要的航海者和商人。"[③] 由于倭马亚王朝和阿拔斯王朝在西亚建立强大的帝国,阿拉伯人和伊斯兰教一步步向印度次大陆扩张,所以11世纪之前,阿拉伯人和印度南部各邦的跨印度洋商贸有了显著的增长。例如,阿拔斯王朝在公元8—10世纪与统治印度西海岸大部分地区的拉什特拉库塔王朝(Rastrakuta Dynasty)保持着良好的商业关系。虽然该王朝没有有关阿拉伯人

[①] Victor Salvadore D'souza, The Navayats of Kanara, Dharwad: Kannada Research Institute, 1955, p. 2.
[②] 林太:《印度通史》,上海社会科学院出版社2012年版,第76页。
[③] [印] D. P. 辛加尔:《印度与世界文明》(上卷),庄万友等译,商务印书馆2015年版,第163页。

的官方记录留世，但阿拉伯人却有关于该王朝统治者和人民的大量记载。与早于拉什特拉库塔王朝统治中印度和南印度的遮卢迦王朝不同，拉什特拉库塔王朝甚至没有建立自己的海军来争夺海上权力，足见两大王朝间的友谊和相互信任。

二 殖民地时代印度与阿拉伯半岛的交往

在伊斯兰教兴起之前，参与波斯湾、红海和印度洋内海运的民族包括犹太人、波斯人、阿拉伯人、腓尼基人、印度人、古埃及人等。不同民族在不同区域有自己的优势，例如，地理临近和各大波斯帝国的存在使波斯人在印度洋北岸和波斯湾北岸占据海运的优势，而腓尼基人和古埃及人在红海沿岸也因地理与王朝因素占据优势。事实上，西亚各大民族都在"两海一洋"的海运中占有一席之地，受造船技术、航海技术的制约，没有哪个民族可以在海上"独霸"。伊斯兰教兴起后，随着阿拉伯两大帝国的建立和伊斯兰文明的繁荣，阿拉伯人在从伊朗到大西洋的广大区域内占据主导地位，阿拉伯人在印度洋上的发言权也得到明显的提升。这是西亚地区"大一统"产生的陆权惠及了阿拉伯人在海上的权力，导致其在印度洋海运中超越其他民族，拥有主导权。"自此之后，阿拉伯商人超越印度，远航到东南亚和中国，使得印度成为亚洲东西两端知识和商贸的中转站。"[1]

15世纪以后，人类文明进入"大航海时代"，随之而来的是西方殖民主义席卷东方的"狂潮"。葡萄牙人、西班牙人、荷兰人、英国人、法国人在向西或者向东的航海中逐渐探索出环绕地球的航线，并在地球上四处"圈地"，建立殖民地。他们因所遇国度的

---

[1] A. K. Pasha ed., *India and the Gulf Region: Maritime History, Trade, Security and Political Reforms*, Delhi: Wisdom Publications, 2014, p. 101.

强弱采取不同的策略,遇弱则欺凌、掠夺和屠杀,遇强则展开商贸,友好相处。西方殖民主义的确推动了世界历史的发展,也同样显现出西方国家——其统治者与民众的野蛮、残暴和贪婪。"欧洲列强对海上商贸的控制改变了印度和阿拉伯商人的命运。印度洋区内古老的贸易团体不得不面对新团体的挑战。殖民主义者不停的骚扰和掠夺当地居民,借此树立印度洋海上贸易的霸权。"①

"以葡萄牙人1498年到达卡利卡特为起点,欧洲人的到来打破波斯湾阿拉伯人的海上霸权,直到阿曼人控制东非后才略有改观。"② 欧洲到印度的海路开通后的大约一个半世纪里,葡萄牙人逐渐掌控了波斯湾的贸易。1588年,葡萄牙人占领马斯喀特和霍尔木兹,并修筑城堡,完成对海峡和波斯湾的控制。印度商人不得不向他们缴纳税金,以获得海运的许可。1622年时,英国人与荷兰人一起挑战葡萄牙人在波斯湾的贸易霸权,并击败后者,逼迫他们放弃对霍尔木兹海峡的控制。1650年,葡萄牙人在与阿曼人长达26年的起义斗争中败北,撤离马斯喀特。波斯湾恢复到阿曼人、波斯人、英国人等自由航行的状态。阿曼人反对葡萄牙人的斗争获得了印度信德地区商人的巨大支持,战火中结成的友谊带来巨大的政治和商业回报。例如,信德的印度商人不需要缴纳非穆斯林必须缴纳的人头税,他们还获准建立印度教神庙。

1624年建立的阿曼亚里巴王朝与1749年建立的赛义德王朝都与印度保持良好的商业关系,不仅有大量印度商人定居阿曼,还有印度商人参与政治,成为执掌财税的宰辅。例如,来自古吉拉特的苏基·土潘·塔克尔和他的家族支持赛义德王朝的本·艾哈

---

① A. K. Pasha ed., *India and the Gulf Region: Maritime History, Trade, Security and Political Reforms*, Delhi: Wisdom Publications, 2014, p. 22.

② A. K. Pasha ed., *India and the GCC States: Historical, Geopolitical and Strategic Perspective*, Delhi: Wisdom Publications 2014, p. 305.

迈德国王筹集海外征服的巨款，因而被任命为马斯喀特、桑给巴尔和东非的海关总监，权势滔天。他的家族在阿曼宫廷宦海沉浮60多年，地位显赫。在外交上，阿曼赛义德王朝与印度南部的迈索尔王国东西呼应，于18世纪后半期成为印度洋与南印度抵御英国殖民势力扩张的最后堡垒。"迈索尔是莫卧儿帝国解体后地方首领建立的一个国家，大权掌握在军队司令穆斯林海德尔·阿里手中。"[1] 阿里和他的儿子提普苏丹是最深刻认识到英国殖民者侵略本质和最坚决进行抵抗的印度王公，迈索尔也是英国征服印度过程中最强硬的对手。

赛义德王朝和迈索尔王国都采取反英的海洋贸易政策。两者合作在印度洋上打击西方殖民者的商船，签署互惠贸易协定，相互降低关税。提普苏丹还在马斯喀特、霍尔木兹、巴士拉等地投资新建工场，生产紧缺商品，与英国竞争海外市场。1798年，英国与赛义德王朝签署和平条约；1799年，提普苏丹在第四次英迈战争阵亡，迈索尔沦陷。此后，不仅英国对印度的征服进入"快车道"，阿拉伯人对印度洋的控制权也彻底丧失。

进入19世纪后，英国用印度的士兵搭配自己的行政官员，形成新的殖民力量，逼迫波斯湾里的阿拉伯部落与英国签署特鲁西尔协定，并逐步控制波斯湾南岸地区。"英国人迅速的对阿拉伯半岛上的部落施加各种限制，剥夺他们对外交往的权利。由于阿拉伯半岛上的部落高度分散且严重依赖与印度的贸易，因此他们不得不依赖已经控制印度和海上贸易的英国。"[2] 不仅如此，英国人还系统性破坏阿拉伯人的海船、港口，将与印度做生意的阿拉伯

---

[1] 林承节：《印度史》，人民出版社2014年版，第178页。
[2] A. K. Pasha ed., *India and the GCC States: Historical, Geopolitical and Strategic Perspective*, Delhi: Wisdom Publications, 2014, p. 334.

商人定义为海盗、走私者或者奴隶贩子,将其剿灭。"整个波斯湾的事务都由波斯南部布什尔的政治当局监管,并向印度政府报告……印度陆军部队(或是使用印度雇佣军的当地军事力量)驻守在关键的位置,包括亚丁、马斯喀特和巴林,同时印度皇家海军的战舰在波斯湾海域巡航。"①"在印度士兵的帮助下,英国人控制了海湾地区、苏丹、埃及,还侵占了奥斯曼土耳其在西亚的国土。西亚地区民众将部分印度人看作英国殖民者的合作者。"② 在20世纪初伊拉克人反对君主制和英国委任统治的斗争中,有数以千计的印度士兵死在镇压伊拉克民族主义者的战场上。"一战和一战后,还有大量印度士兵为英国战死在西亚各地。"③ 例如,1914年,英国已经将印度士兵部署在沙特、巴林和伊拉克。1915年,1.2万名印度士兵在英国将领的领导下在泰西封附近惨败于土耳其军队,到1916年时全军因物资供给和医疗不足,几乎全军覆灭,当时英国国内称之为"美索不达米亚灾难"。

三 印度与阿拉伯世界的文化交往

"印度与阿拉伯世界之间的接触可以上溯到有文字记载的早期阶段。波斯湾和印度之间长期确立的贸易产生了几部著名的阿拉伯著作,如《历史链》和《印度奇迹》,此外还有用散文和韵文写的航海指南。"④ 印度与阿拉伯人的文化交往是双向的,也是互补

---

① [澳]大卫·布鲁斯特:《印度之洋:印度谋求地区领导权的真相》,杜幼康、毛悦译,社会科学文献出版社2016年版,第143页。
② A. K. Pasha ed., *India's Political and Foreign Relations with the Gulf Region*, Delhi: Wisdom Publications, 2014, p. 301.
③ A. K. Pasha ed., *India's Political and Foreign Relations with the Gulf Region*, Delhi: Wisdom Publications, 2014, p. 302.
④ [印]D. P. 辛加尔:《印度与世界文明》(上卷),庄万友等译,商务印书馆2015年版,第168页。

的。阿拉伯人对印度的贡献在于对山川、河流、政治、民众、物产等的记载填补较长历史时段中印度历史的空白,是古代印度史料的重要来源之一;而印度对阿拉伯世界的贡献在于大批印度典籍被翻译成阿拉伯语,印度的知识向西传播,推动伊斯兰文明的昌盛乃至影响欧洲文明。

"在印度与阿拉伯的知识和文化交流中,阿拉伯人的收益远比印度人的收益多。现在很少有证据说明当时的印度人对阿拉伯的著作有兴趣。"[1] 阿拔斯王朝"百年翻译运动"之前的阿拉伯世界脱胎于半岛上的游牧社会,在文化和知识上都处于"低地"。"阿拉伯人没有多少本地文化,仅有的一点儿大多也没有吸引力。他们主要是借用印度、希腊和波斯的文化。这些不同思潮的保留和结合是阿拉伯对世界文明的主要贡献。"[2] 扩张和进取精神以及建立大帝国的自信使阿拉伯统治者与旅行家、商人以开放的姿态记录所到和所征服之地的人文风貌。因此,印度与阿拉伯世界的交往既是历史的偶然,也是历史的必然。

"阿拉伯商人和旅行家是多产的作者,他们在著作中保存了许多有关印度半岛的记载。很多阿拉伯语的著作后来被翻译成英文。当时印度人的生活被这些作家原汁原味的保存下来。"[3] 其中著名作者包括苏莱曼、阿布·扎伊德、伊本·法基、阿布·法拉杰等,另外还有大量非专业人士的零散记录。阿拉伯作家记录北印度、中印度和南印度的山脉、河流、森林、气候和城市等。例如,他们

---

[1] A. K. Pasha ed., *India and the Gulf Region: Maritime History, Trade, Security and Political Reforms*, Delhi: Wisdom Publications, 2014, p. 104.

[2] [印] D. P. 辛加尔:《印度与世界文明》(上卷),庄万友等译,商务印书馆2015年版,第164页。

[3] A. K. Pasha ed., *India and the Gulf Region: Maritime History, Trade, Security and Political Reforms*, Delhi: Wisdom Publications, 2014, p. 13.

将喜马拉雅山脉称为希马山（Hima Mountains）；认为梅鲁神山（Mount Meru）与北极是对称的；他们重点关注南印度的河流与河流间的森林，这里是阿拉伯人喜爱的各种木材的来源地；他们还记录西海岸的众多港口和城市，如苏巴拉、塔纳、康坎、新里、坎贝等；阿拉伯人记录南印度炎热潮湿的环境，生长着如葡萄、椰枣、棕榈树、柠檬、黑胡椒、椰子、大米等各种作物。"印度人善于雕刻半身像和全身像，有多彩的绘画，有雄伟的建筑，他们是象棋的发明者，这是一种脑力运动游戏，他们还制造锋利的宝剑，有出色的武技，印度的音乐是迷人的，印度人喜好诗歌与演说，他们富有勇气、外表俊美、个子高。"①

倭马亚王朝和阿拔斯王朝早期，阿拉伯帝国横跨亚非欧三大陆，阿拉伯伊斯兰文明走向鼎盛，帝国的文治武功推动不同地域的文化交流与互鉴。印度也成为文明交流的重要组成部分。"印度人是讲科学和有思想的人。他们在每一门科学上都超越了其他民族，他们对天文问题的判断是最好的，在医学上，他们的思想非常先进，在逻辑和哲学上，他们有大量关于基本原理的书籍。"②阿拉伯史学家赛义德·安达卢西在《知识分类》一书中称印度是"智慧的宝库，法律和政治的源泉"。公元8—10世纪，大量印度典籍被翻译成阿拉伯语，大批印度学者前往巴格达、麦加、麦地那和开罗。尤其在曼苏尔、拉希德和马蒙三位哈里发时期，他们任命印度人在宫廷任职，享有伯尔麦克的称号，并使巴格达成为印度学术的中心。

最早有文字记载的文化交流是公元771年，当时一位印度教天

---

① N. N. Vohra, *History, Culture and Society in India and West Asia*, Delhi: Shipra Publications, 2003, p. 271.
② Najma Heptullah, *Indo-West Asian Relations, the Nehru Era*, New Delhi: Allied Publications, 1991, p. 24.

文学家和数学家到达巴格达，随身携带大量梵文著作。阿拉伯人翻译的印度专著包括天文学、数学、医学、药学、逻辑学、伦理学、军事学、炼金术等。在印度和阿拉伯文明交往中最著名的两个案例是《一千零一夜》和"阿拉伯数字"（十进制计数法）。《一千零一夜》中许多故事起源于印度，而"阿拉伯数字"与零的概念都来自印度，在翻译成阿拉伯语后传往西方。不过，"由于宗教的敏感性，印度的史诗和哲学著作如《奥义书》《罗摩衍那》等没有翻译成阿拉伯语"[①]。但部分印度宗教和神学的著作被翻译成波斯文。

阿拔斯王朝灭亡后，阿拉伯人未再建立西亚地域中的大一统帝国，蒙古人、塞尔柱突厥人、波斯或中亚族裔在小亚细亚、两河流域与伊朗高原建立大小不等的诸多王国。它们成为伊斯兰世界后续的政治实体和代表，与东方和西方或是维持和平或者征战攻伐。由于缺少强大政权的支撑与推动，印度与阿拉伯人和阿拉伯半岛交往的层次和深度大幅衰退，两大帝国时期阿拉伯和印度文明交往互鉴的盛况一去不返。

四 南印度的穆斯林和西亚的印度商人

印度与阿拉伯人的交往有两大产物，一是南印度的穆斯林群体，二是遍及阿拉伯半岛周边港口的印度商团。伊斯兰教的兴起不仅在宗教上规范了阿拉伯人，还创立标准的阿拉伯语用于日常对话和书写。伊斯兰教诞生之前曾有大量阿拉伯人往返印度和阿拉伯半岛之间，但7世纪前阿拉伯人驻留印度的记载非常稀少。从8世纪开始，阿拉伯帝国扩张到印度河流域，伊斯兰教用约500年

---

① A. K. Pasha ed., *India and the Gulf Region: Maritime History, Trade, Security and Political Reforms*, Delhi: Wisdom Publications, 2014, p. 104.

时间缓慢地渗透北印度,并最终建立莫卧儿帝国。10 世纪以后,中亚的穆斯林逐渐成为进入北印度的主导力量,因此北印度的穆斯林群体民族属性复杂,与阿拉伯人的关系较为疏远。南印度的情况则完全不同,今天阿曼、也门、伊拉克与波斯湾南岸各地的阿拉伯人通过海运直达南印度的西海岸。阿拉伯人在伊斯兰教兴起前就是这条海路的主要参与者,两大帝国的兴起更是刺激海上贸易的发展与人口的流动。相比较北印度,南印度穆斯林的阿拉伯属性更为浓厚。

10—14 世纪,阿拉伯人在北印度和中印度的两大聚集地分别是古吉拉特和康坎。康坎盛产柚木,在阿拉伯人的海运业中占有重要地位。在南方,阿拉伯的商人随印度洋季风到达南印度,在完成货物交接和采买后,还要等待一段时间才能乘风返航。因此,这些商人每年都要在印度留驻三四个月甚至更长的时间。由于他们的家人留在阿拉伯半岛,这些商人慢慢开始在印度购买房产或租买地产,并和当地妇女形成婚姻关系。

"阿拉伯穆斯林从事与喀拉拉香料有关的海上贸易,因此娶当地妇女为妻,并在南印度海岸建立起穆斯林家庭。这一进程从伊斯兰教在阿拉伯半岛创立时就开始了。"[①] 阿拉伯穆斯林的后代在当地被称为马皮尔拉人(Mappilas),他们占今天喀拉拉邦人口的24%,多数人信奉逊尼派沙斐仪教派。南印度穆斯林群体的产生与伊斯兰教的宣教没有直接关系,经商才是阿拉伯人在当地的主要目的。马皮尔拉人因为是阿拉伯人的后裔,又信仰伊斯兰教,所以主要分布在沿海的港口城市,工作多为海员、船舶维修、仓储等。

---

① A. K. Pasha ed., *India and the Gulf Region: Maritime History, Trade, Security and Political Reforms*, Delhi: Wisdom Publications, 2014, p. 40.

1746年，也门的穆斯林谢赫赛义德来到南印度宣教，成为马皮尔拉人的宗教领袖，同时推动他们向内陆迁徙。18世纪后半期开始，赛义德家族带领马皮尔拉人进行了长达百年的轰轰烈烈的反英斗争。他们先是与迈索尔王国结盟，与阿里和提普苏丹两位国王进行密切的合作；19世纪上半期，马皮尔拉人又自发组织多次反英大起义，并寻求埃及国王和奥斯曼帝国苏丹的支持。英国人在与他们的征战中屡吃败仗，因而将马皮尔拉人的起义称为"马皮尔拉人的愤怒"。

目前，学术界对马皮尔拉人是否都是阿拉伯人的后裔还有不少争议，有人认为他们的祖先除了阿拉伯人外还有波斯人，另外当地印度教徒改宗者也不在少数，这使马皮尔拉人的族源变得混乱与模糊，难以统一。但各方都承认与认可，阿拉伯人是马皮尔拉人父辈血缘的主要来源。

地理上看，西亚的古代文明并列分布在埃及、两河流域和伊朗高原上，阿拉伯半岛地理环境恶劣、人口稀少、物产匮乏，因此不仅没有诞生伟大的文明和强大的国王，还被历史上的各大帝国视为蛮荒之地，理论上统治该地，实际上半岛内部长期处于松散的自治状态。伊斯兰教创立后，阿拉伯帝国虽崛起于阿拉伯半岛西南，但均迁都叙利亚和伊拉克。印度与阿拉伯半岛的贸易自然而然受这些自然与人文条件的限制。物产和人口的特征导致半岛对印度商品的需求量小，但依赖度高。印度作为波斯湾南岸部落和阿拉伯半岛内部落日用品的主要来源地，这一点到19世纪仍未发生明显变化。另一方面，印度不重视与半岛的贸易，半岛的价值更多表现在其中转站特征上，也就是阿曼和也门，尤其是亚丁港对印度洋与红海贸易的独特作用。这个特点同样贯穿西亚和印度洋地区的历史。例如，亚丁港是西亚乃至东亚各国各族商船停靠的主要港口，因此不仅一直有印度商团驻留，并形成街道和固定的社群，殖民地时期他们还得到英国人的庇护。

"石油时代之前，采珠业是特鲁西尔诸酋长国的经济支柱。"① 当时的采珠业与20世纪的石油石化产业格局有些相似。采珠业类似于石油开采，控制在当地酋长或商人手中。采珠业的注资类似于对石油公司的投资，印度人居主导地位。原珠大小圆润度不一，必须经过拣选和打磨后才能用在珠宝首饰上，类似于石化工业，这道工序和产品的升值是在印度完成的。

19世纪末，阿联酋阿布扎比的采珠船有410艘，沙迦有360艘，迪拜有335艘，阿治曼有40艘，乌姆盖万有70艘。当时阿联酋的七个酋长国人口约为7.9万，其中从事采珠业的达到2.2万人。而印度人和印度资本在阿联酋的采珠业中占据核心地位。印度商人每年在采珠季之前借贷给采珠船主，许多印度商人和银行家常驻迪拜。由于大部分珍珠要送往印度加工，因此印度商人处于上游垄断地位。为维护采珠权，卡塔尔谢赫还曾与印度商人进行过激烈的斗争，驱逐过当地的印度商人。另一方面，阿拉伯或者印度的商人将珍珠运往印度，回程的时候采购各种生活用品。阿拉伯商人或部落首领会带现金或特产到阿布扎比或迪拜，采购印度商品，再销至阿拉伯半岛内部或者带回自己的部落。其购买的商品包括食物、药物、工具、家具、厨具、冷兵器，也包括珠宝、地毯、丝绸、服装等高端奢侈品。18—19世纪，由于英镑价值较高，印度的卢比在科威特、阿联酋、巴林、沙特等国广泛使用，成为当地的通用货币。阿拉伯半岛各国与印度的贸易还培养了不少著名的阿拉伯商人家族。例如，沙特的阿尔巴萨姆和艾戈

---

① A. K. Pasha ed., *India's Political and Foreign Relations with the Gulf Region*, Delhi: Wisdom Publications, 2014, p. 133.

塞比家族，科威特的阿尔巴西姆和阿吉纳家族，巴林的阿兹雅尼和阿鲁瑞亚德家族，特鲁西尔酋长国的阿米德法和阿萨雅格家族等。他们大都是起家于采珠业，再转行商贸与银行业。

18世纪和19世纪，阿曼、巴林、阿联酋的诸酋长国都存在人数庞大又实力强大的印度社团，其中阿曼作为印度洋贸易的重要节点，印度商人数量最多，社团规模最大。18世纪，阿曼保持独立，并与英国殖民者争夺海洋控制权。19世纪，阿曼虽然成为英国的保护国，但它依然是印度洋海上贸易不可忽视的节点。印度商人在阿曼先后形成三大商团，分别是塔塔商团、喀奇商团、霍加商团，前两者是印度教商团，霍加商团是穆斯林商团。直到20世纪初，驻留在阿曼的印度商人还有2050人。当然，在阿拉伯半岛上的印度人不仅仅是商人与其家属，还有大量的印度士兵和文官，他们都是英国殖民统治的基层力量，相对于当地阿拉伯人，他们享有高人一等的社会地位。

第二节 印度与海合会国家关系概述

海合会国家是中东地区重要的地理"组团"和政治"组团"，在经济结构和政治制度上具有较高的相似性，各王室之间交往和纠葛也将彼此紧紧地联系在一起。在印度与中东的关系中，海合会国家占据重要地位，甚至可以被认为居于首位。首先，能源供给、经贸、劳工与侨汇三大关系确立了它们在印度经济中的"分量"；其次，军事与安全方面的合作是未来印度洋地区和波斯湾区内双方合作的"新增长点"。海合会国家与伊朗、以色列可以被视为印度中东外交中"三大重点"之一，因而本书将其作为一个整体进行探讨。

印度与海合会国家的关系是经济关系拉动政治关系的典型案例。以石油的开采和价格攀升为主线，一方面是印度石油需求、经贸规模、劳工规模的持续增长，另一方面是海合会国家石油出口的攀升、高速现代化与城市化、富裕后消费与服务需求的激增。双方的关系经历"政冷经冷"到"政冷经热"再到"政热经也热"的发展阶段，莫迪政府上台后印度更是积极的构建与海合会诸国的战略伙伴关系。时至今日，印度与海合会国家间已经成功建立起成熟、全面和牢固的关系，其发展历程是南南国家间友好合作、互补互谅、携手发展的典范。

一　20世纪90年代前印度与海合会国家关系

19世纪和20世纪初，英国通过武力胁迫波斯湾南岸的巴林、科威特、阿曼、卡塔尔和特鲁西尔酋长国签订一系列不平等条约或协定，确立英国与它们的殖民地的宗主国关系。当时波斯湾南岸沿线诸国仍处于落后的部落社会，未形成现代意义的民族国家，国与国之间没有明确的边界线，各部落大范围迁居流动，彼此间的争执与仇杀频繁。20世纪20年代末和50年代，巴林、科威特和卡塔尔、阿联酋、阿曼相继发现石油，而"二战"前巴林和科威特成为六国中最早进行石油开发和开采的国家。战后，相关国家的石油开发加速进行，但都只能获得"矿区使用费"，油田被西方石油财团，尤其是"石油七姐妹"以土地租让的方式垄断，将90%以上利润收归石油财团所有。

经历两次世界大战的消耗和损毁后，英国的全球殖民霸权走向衰落。"在中东和海湾，英国受到两股力量的冲击：一是美国的渗透扩张，二是海湾各国在战后不断掀起的反帝反殖争取民族解放的高潮。"① 阿曼、巴林等国都发生过激烈反英和反殖民大起义。1961年，英国被迫宣布废除1899年协定，承认科威特独立。1968年1月，英国宣布将于1971年年底前从波斯湾撤军。1968年2月，包括巴林、卡塔尔以及阿联酋七个酋长国在内的九位酋长在迪拜开会，宣告未来将建立阿联酋，组建联邦最高委员会、执行委员会和秘书处。此后巴林和卡塔尔相继退出协议中成立的联邦，选择独立建国。由此，巴林、卡塔尔、特鲁西尔②诸酋长国分别于1971年8月14日、9月1日和12月2日宣布独立，波斯湾南岸的阿拉伯酋长国终于摆脱英国百余年的殖民统治。海合会国家在1971年年底正式成型。

印度和海合会国家关系大致可以分为三个阶段，即1971年之前、1971—2014年以及2014年之后。其中，1991年苏联解体是第二阶段内的分界线。1971年，英国宣布终止与波斯湾诸酋长国签署的特鲁西尔和约，阿联酋、卡塔尔、巴林三国于1971年相继独立，正式成为主权独立国家。2014年5月16日，印度人民党赢得大选。莫迪领导的印度人民党组建新一届印度联邦政府；2019年5月24日，印度人民党赢得大选，莫迪获得连任。莫迪政府高度重视与中东尤其是波斯湾地区的外交，与海合会国家关系达到建国以来从未有过的高度与热度。海合会国家成为莫迪政府"西联"政策的重点，不仅双边高层互访不断，政治、经济、安全关系快速发展，印度还开始谋求与各国的战略伙伴关系。

---

① 彭树智主编：《阿拉伯国家史》，高等教育出版社2002年版，第379页。
② 特鲁西尔是英语"休战的"（Trucial）一次的音译。特鲁西尔协定是英国确立对波斯湾南岸诸阿拉伯酋长国殖民宗主权的协定。1820年1月，英国与各酋长国签署《总和平条约》，初步确立对波斯湾南岸的控制。1853年，英国再次与各酋长国签署"海上永久休战协定"，即特鲁西尔协定。此外，英国还在1830年、1839年和1847年与各国签署多个多边条约和协定，巩固对包括阿曼、巴林在内的各国的控制。

印度与海合会国家关系有着较为明显的阶段性特征。1971年之前，印度和海合会国家关系平淡无奇，国别上主要是它与沙特、阿曼的关系。印度与各国的双边政治关系总体"乏善可陈"，经济关系水平低；同时还容易受外部事务性因素干扰，例如，第一次印巴战争、拉巴特会议等问题就曾引起过双边矛盾和对立。1971年之后，印度与海合会国家关系基本保持"政冷经热"的状态。20世纪90年代后，印度对发展与各国经济关系的认知和政策由被动转为主动。不仅如此，美国在波斯湾的驻军、恐怖主义的外溢、战争与海上航道安全等使印度日益重视与各国的安全关系与合作。2014年后，印度与海合会国家走上全面发展的"快车道"。波斯湾地区尤其是海合会国家被印度视为"周边外交"的重要组成部分，也是印度展现大国地位和影响力的重要舞台。贸易、投资、安全、旅游、科技、医疗等领域都成为合作的重点领域。

印度独立时与这一地区（西北印度洋）的战略联系很大程度上被切断了。印度内向型的经济政策、社会主义辞藻、对不结盟的执着，使其在这一地区的战略作用受损。[①] 1947年，印度独立后不久就与沙特建交。不仅如此，殖民地时期的印度还是1932年沙特第三王国成立时最早与其建交的三个国家之一。1953年，印度与阿曼签署商业、航海友好条约。与科威特建交的时间相对较晚，1961年，科威特获得独立后两国才建立外交关系。1964年，王储兼总理萨巴赫访问印度，第二年印度副总统托基尔·侯赛因回访科威特。1971年之前，印度与海湾各酋长国的政治关系附属于英国对诸国的殖民关系，由于后者缺少主权和外交独立，因此双方实际上仅保持半官方的联系。同时，在不结盟政策和支持民族

---

① ［澳］大卫·布鲁斯特:《印度之洋：印度谋求地区领导权的真相》，杜幼康、毛悦译，社会科学文献出版社2016年版，第144页。

独立政策的指导下，印度于 20 世纪 50 年代上半期公开支持海湾阿拉伯国家，如沙特、巴林、卡塔尔和科威特的石油国有化政策，赞扬各国获得石油"对半分成制"这一重大成果，1960 年，支持由海湾地区产油国和委内瑞拉等倡导成立的石油输出国组织。

印度和海合会国家在文化、商业和人员往来上有着悠久的历史和紧密的联系。19 世纪到"二战"结束前，波斯湾地区的采珠业在资金和贸易上依然严重依赖印度商人和高利贷者，每年采珠季都带动印度和波斯湾地区的商贸流转，也带动阿拉伯半岛内部的商业活动。不仅阿拉伯半岛上诸多阿拉伯商人大家族的崛起得益于与印度的贸易活动，许多大家族还循例每年夏季前往孟买度假，打理生意，处理与英印当局和印度商人的关系。到 1966 年之前，印度卢比都是海湾地区的合法通用货币。[①] 1947 年前，印度在马斯喀特设有总领馆，另外它还在迪拜设有贸易代办处。

20 世纪 70—80 年代，印度与海合会国家关系的特点是"政冷经热"。20 世纪 70 年代上半期，印度一方面忙于和新独立的阿联酋等三国建立外交关系，一方面努力缓和与修复受第二次印巴战争影响的与各国的关系。"1972—1974 年，印度的地区外交是尽全力修复因 1971 年战争影响而破损的与海合会国家的关系。"[②] 1972 年 7 月，印度和巴基斯坦签署的《西姆拉协议》多少起到安抚海合会国家的作用。尽管如此，20 世纪 70—80 年代，印度与孟加拉国和巴基斯坦的关系都是阻碍双边政治关系发展的主要障碍。

---

① A. K. Pasha ed., *India's Political and Foreign Relations with the Gulf Region*, Delhi: Wisdom Publications, 2014, p. 68.

② Bhabani Sen Gupta ed., *The Persian Gulf and South Asia: Prospects and Problems of Interregional Cooperation*, New Delhi: South Asian Publishers, 1987, p. 219.

"(20世纪70年代)印度与沙特的关系不佳,它与巴林、科威特和阿联酋的关系则是保持一种不冷不热的友谊。"① 为了缓和关系,印度在巴以问题上高调支持巴勒斯坦民族独立解放运动。1981年5月,英·甘地访问阿联酋和科威特;1982年4月,她又启程访问沙特。不仅如此,她还在"1982年致信海合会国家与其他中东伊斯兰国家,告知它们她在努力采取措施改善印巴关系,但印度反对巴基斯坦购置F-16战斗机"②。"英·甘地成功说服海湾国家领导人(落实)独立和不结盟的政策只能通过紧密的合作与相互沟通实现。她热烈祝贺海合会的成立,认为该组织的成立是历史性的进步。借此,英·甘地向海湾地区民众表达了与巴基斯坦建立紧密和友好关系的决心。"③ 作为对英·甘地外交的回应,巴林埃米尔伊萨·本·萨勒曼和沙特外长费萨尔王子于1981年先后访问印度。但在访问中,费萨尔坚持将为巴基斯坦购买F-16战斗机提供经费资助。

20世纪70年代以后,印度与海合会国家的经济关系得到长足和快速的发展,这主要得益于"石油美元"和由其带动的基础设施建设。"70年代初的石油繁荣改变了印度和海湾国家的旧有关系,那时孟买是海湾国家珍珠和椰枣的首要消费市场。"④ 1974—1980年,石油价格增长14倍,从2.5美元/桶跃升到35美元/桶。在这六年里,沙特的石油收益从100亿美元增长到1200亿美元,

---

① Alvin Z. Rubinstein ed., *The Great Game: Rivalry in the Persian Gulf and South Asia*, New York: Praeger Publishers, 1983, p. 158.
② Alvin Z. Rubinstein ed., *The Great Game: Rivalry in the Persian Gulf and South Asia*, New York: Praeger Publishers, 1983, p. 168.
③ Bhabani Sen Gupta ed., *The Persian Gulf and South Asia: Prospects and Problems of Interregional Cooperation*, New Delhi: South Asian Publishers, 1987, p. 222.
④ Shuir T. Devare ed., *India and GCC Countries, Iran and Iraq: Emerging Security Perspective*, New Delhi: Pentagon Press, 2003, p. xi.

阿联酋的石油收益从30亿美元增长到300亿美元。① 同时期,海合会各国的国民收入也增长了5—10倍。巨额财富的快速积累带来大规模的基础设施建设,道路、机场、公园、医院、住宅区、港口、学校以及通信、电力系统等如雨后春笋一般在各国广袤的沙漠中拔地而起。不仅如此,家庭收入的增加带来家佣行业的繁荣。石油贸易、工程承包和劳工成为20世纪70—80年代印度与海合会国家经济关系中的三大支柱。

石油贸易给印度带来巨大的经济压力。1970年和1980年,印度进口石油总量在1500万—1700万吨,增幅有限。但支付的油款却从1970年的1.46亿美元激增到63亿美元。"1980年,石油进口消耗印度80%的出口收益,逼迫印度向国际货币基金组织申请52亿美元的贷款援助。"② 石油繁荣带来的基建"狂潮"给印度带来新的商机。印度充足和低廉的劳动力成为支持海合会国家大规模基建的重要力量,印度成为20世纪70—80年代海合会国家的主要建筑承包商和分包商,印度劳工的人数和占比也显著提升。20世纪80年代初,印度公司参与沙特的建设和工程项目总金额达到4亿美元。印度与科威特的基建项目包括桥梁、立交桥、供水、排污、机场、跑道、学校、工业综合体、医院、政府办公楼等。在阿联酋,印度主要参与炼油厂的建设、管道铺设、机场建设;在迪拜,印度合资制造压力容器、硫酸、集装箱、电线等,并在巴林,印度投资进行硫酸生产和电脑设备组装;在阿曼,印度的合资企业包括贸易、城市基建、饮水和灌溉工程等。其中,"石化产品和化肥这两大领域是印度技术专家与海湾阿拉伯国家资本和原材料

---

① A. K. Pasha ed., *India's Political and Foreign Relations with the Gulf Region*, Delhi: Wisdom Publications, 2014, p. 71.

② Alvin Z. Rubinstein ed., *The Great Game: Rivalry in the Persian Gulf and South Asia*, New York: Praeger Publishers, 1983, p. 151.

的最佳契合点"①。

从进出口贸易额可以看出，1975年后印度对海合会国家的出口规模增幅不大，涨幅在2—4倍。进口额则呈现大幅增长，涨幅在3—10倍。由于沙特、阿联酋和科威特三国是当时主要的石油供给国，因此印度长期处于出超状态，且数额巨大。20世纪70年代中期以前，印度与巴林的贸易都是出超，1977年后转为入超（见表4.1）。总的来说，印度在海合会国家经济中所占份额较低，但海合会国家在印度经济中所占份额较高。"印度只占整个海湾地区出口的1%，但波斯湾地区占印度进口的30%，占印度出口总额的20%。"②

一直以来，印度出口海合会国家的产品种类和数量一直较小，无法平衡巨额的石油进口款。究其原因，主要是印度商品存在难以忽视的缺点，限制双边经贸关系的平衡发展。第一，除农产品互补性较强外，其他印度产品的质量和技术水平无法与西方国家产品比较，缺少竞争力。第二，印度产品的包装质量差，外包装设计落后，吸引力弱。第三，印度产品普遍存在交货不及时和商品质量不稳定的现象，影响印度产品的信誉度。因此，除珠宝首饰行业外，印度商品的口碑总体较差，市场狭小。

印度在20世纪70—80年代与海合会国家签署诸多双边经济、文化、科技类的合作协议。印度承诺向海湾国家提供各种发展项目所需的商品和技术服务，如铁路、钢铁厂、变电设施、造船和维修等，为海湾国家的化肥厂、水泥厂和轻工业厂家提供建材和配件。印度分别在1973年、1975年、1985年和阿联酋、巴林与卡

---

① Bhabani Sen Gupta ed., *The Persian Gulf and South Asia: Prospects and Problems of Interregional Cooperation*, New Delhi: South Asian Publishers, 1987, p. 55.

② Alvin Z. Rubinstein ed., *The Great Game: Rivalry in the Persian Gulf and South Asia*, New York: Praeger Publishers, 1983, p. 169.

第四章　印度与海合会国家关系概述

表 4.1　1970—1983 年印度与海合会国家进出口额

(单位: 百万美元)

	1970 年		1975 年		1977 年		1979 年		1980 年		1981 年		1982 年		1983 年	
	出口	进口	出口	进口	出口	进口	出口	进口	出口	进口	出口	进口	出口	进口	出口	进口
沙特	14.51	24.17	60.13	290.13	123.63	246.8	155.64	363.12	165.33	540.05	180.13	829.78	227.29	1496.24	244.85	1078.21
科威特	15.74	5.6	47.24	62.64	112.8	68.73	123.81	165.51	97.07	337.63	132.74	277.97	129.01	282.45	117.08	264.4
阿联酋	6.2	0.04	66.33	81.55	143.3	88.36	130.82	208.8	116.06	196.12	139.55	231.58	140.19	232.75	NA	NA
阿曼	2.2	0.02	19.4	4.9	30.1	2.7	34.83	4.32	23.68	NA	45.47	NA	49.9	NA	NA	NA
巴林	4.5	0.04	17	14.6	22.8	26.7	21.29	27.6	16.62	41.75	20.1	81.72	32.13	141.71	NA	NA
卡塔尔	5.7	NA	9.9	3.7	20.82	8.8	NA	43.23	NA	NA	25.3	48.37	29.7	26.84	NA	NA

资料来源: Bhabani Sen Gupta edi., *The Persian Gulf and South Asia: Prospects and Problems of Inter-regional Cooperation*, New Delhi: South Asian Publishers, 1987, pp. 225 – 226。

塔尔签署文化合作协议，将双边合作扩展到教育、文化、体育、广播、电视和旅游业等新的领域。"到70年代末期，印度已经和海湾国家建立多维度的联系，这种联系植根于广泛的经济和服务需求，而不仅仅是政治认同。"①

二 20世纪90年代至莫迪政府时期的印度与海合会国家关系

冷战后，印度迅速调整对外战略，积极改善与美国等西方大国的关系，恢复与俄罗斯的传统友谊，调整与中国关系，主动发展与东南亚国家关系。总体来看，"印度对外战略的演变'以我为中心'，实行'全方位平衡'战略，以维护与大国关系为重点"②，同时聚焦印度洋和整个亚洲，具有明确的地缘视野与经济诉求。印度战略家和官员普遍认为，印度必须首先成为亚洲的主要力量，争取获得与日本、中国相同的地位，才能成为国际社会认可的主要玩家。因此印度的外交和经济政策必须突破狭小和整体落后、困顿的南亚次大陆，融入亚太地区和世界体系。这是印度的未来所在，也被视为未来30年印度对外战略的主要方向。

1990—2010年，印度主动调整与海合会国家关系，对它们的重视度日益提升。这既源于国际和地区格局的深度变化和调整，也源于印度经济、社会发展和融入全球经济的需要。以20世纪70—90年代尤其是90年代的经济交往为基础，印度在21世纪初开始从政治的高度看待中东，海合会国家所在的波斯湾地区是重中之重。

第一，20世纪90年代初苏联解体是当代世界历史的重大转折

---

① Bhabani Sen Gupta ed., *The Persian Gulf and South Asia: Prospects and Problems of Inter-regional Cooperation*, New Delhi: South Asian Publishers, 1987, p. 223.
② [印]桑贾亚·巴鲁：《印度崛起的战略影响》，黄少卿译，中信出版社2008年版，第220页。

点，国际秩序和格局因此发生质的变化。"二战"后持续近半个世纪的"两极格局"宣告终结，美国成为世界第一大国。由于苏联和两大集团的消失，印度多年坚持的不结盟政策和不结盟运动的意义与光环迅速衰弱。为此，拉奥政府提出推动全方位外交和经济外交，弱化外交中传统的意识形态因素。人民党主导的全国民主联盟政府又进一步提出大国外交的主张，不仅使印度成为有核国家，还强调印度对印度洋的"传统主权"。印度的独立自主外交开始从"不结盟时代"走向"争当世界大国"的新时代。

第二，印度和美国关系的持续变化和调整是影响印度与海合会国家的重要因素。这主要在于两个方面：一方面是印美关系的靠近，另一方面是在中东搭美国霸权的"便车"。1991年，拉奥政府首次宣布新的经济外交政策时就直言，印度非常重视获得美国的支持。此后，在欢迎投资、允许海湾战争中美军战机在印加油、支持美国撤销联合国把犹太复国主义与种族主义等同的决议、支持美国建立国家导弹防御系统等诸多方面向美国示好。2000年，印美两国签署《印美关系：21世纪展望》框架协议；2004年，双方达成《战略伙伴关系后续步骤》。2009—2012年，印度总理三次访问美国，美国总统两次访问印度，各种外长级的访问则更多。2012年11月，奥巴马总统访印时，两国发表《面向21世纪全球战略伙伴关系》联合声明，奥巴马明确表示欢迎印度作为地区和全球主要力量的崛起。印度以全球第一大民主国家自居，在核问题、反恐、军售、高科技、投资等方面与美国合作，受益巨大。

借助海湾战争和驻军波斯湾，美国成为主宰中东格局和秩序的唯一霸权国。从20世纪90年代开始，美采取"东遏两伊，西促和谈"的政策，控制着中东主要事务的走势，"美国治下的中东"日益成型。受海湾战争的影响，海合会国家也就是波斯湾南岸的阿拉伯君主国在军事、政治和安全上的对美依赖快速提升。印度认识到要想与各国稳定的发展经贸合作，就必须处理好与美国的关系；反之亦然。为此，20世纪90年代的巴以和谈与21世纪的反恐战争中，印度都迅速和坚定地支持美国立场。印美关系的升温是印度和海合会国家政治、经济关系稳定的重要"背书"。

第三，印度经济"自由化"改革的全面展开，进一步促进印度与世界经济的接轨，同时也迎来一个稳定的快速发展阶段。进入20世纪90年代以后，自由化、市场化和全球化成为世界经济发展的主要趋势，也是发展中国家改革的主要方向和普遍选择。就印度而言，"（经济改革）是为了使印度在变化了的国际经济形势下能跟上时代潮流，把现代化视野推向前进……（改革）也反映了印度经济发展的客观要求和社会各界多数人的愿望"[①]。拉奥政府、辛格政府等多届政府都坚持自由化、私有化、市场化和全球化的经济改革方向，尤其2004—2014年的曼莫汉·辛格政府居功至伟，曼莫汉·辛格也被誉为"印度经济改革之父"。经济改革带来高速和稳定的经济增长，同时引发对原料如石油、天然气等需求的快速增长。海合会国家是印度最重要的能源进口地和劳务出口地，也是其投资来源地和商品出口地。

21世纪初，印度对海合会国家的认知达到新的高度，主要表现在2005年7月辛格总理正式提出的"经济内陆"观点和"向西看"（Look West）政策。他认为："海湾地区，向东南亚和南亚一样，是我们经济内陆的自然组成部分。我们必须与经济内陆中的广大亚洲国家建立更紧密的经济关系。印度已经成功的采取'向

[①] 林承节：《印度史》，人民出版社2014年版，第503页。

东看'政策推动与东南亚国家的关系。我们同样应当靠近我们在波斯湾的西部邻国。"①

印度副总统哈米德·安萨里认为，波斯湾地区对印度的重要性体现在七个方面。第一，它在印度的安全范围和印度海军的行动半径范围内；第二，它是印度进口碳氢化合物能源供应的主要来源；第三，它是印度人力资源出口的首要目的地；第四，它是印度主要的贸易伙伴；第五，它是印度工程和信息项目的目的地；第六，它是印度投资的来源地之一；第七，波斯湾地区国家对印度和印度人都很友好，并愿意加强与印度的政治、经济和科技联系。而印度在波斯湾的五大利益在于："第一，地区安全和稳定；第二，对印友好的地区政权；第三，要获得稳定的石油和天然气供给；第四，波斯湾和霍尔木兹海峡的航行自由；第五，它是印度贸易、技术、投资和劳动力的主要市场。"②

21世纪初，当印度总理提出"向西看"政策时，波斯湾地区国家提出"向东看"政策。海合会国家认识到亚洲大国，如日本、韩国、中国以及印度的经济发展速度和市场是一个无比巨大且绝不能丢失的"蛋糕"和机会。同时，"9·11"事件后，海合会国家发现，它们与西方的关系受到宗教极端主义和恐怖主义思想和活动的危害，不但其与美欧的双边关系受到直接冲击，如沙特和美国关系一度非常紧张与艰难，而且"伊斯兰恐惧症"在西方世界发展迅猛，反对和仇视伊斯兰教与穆斯林的言论和宣传让海合会国家与民众颇为不满和不适。"向东看"政策是海合会国家外交政策进行整体性调整的第一个阶段性事件，也是冷战后西方在中

---

① "Look West Policy to Boost Ties with Gulf," *The Financial Express*, July 29, 2005, https://www.financialexpress.com/news/story/139350.

② I. P. Khosla ed., *India and the Gulf*, New Delhi: Konark Pubilishers, 2009, p. 33.

东和波斯湾地区影响力首次削弱的体现。"海湾国家承认印度在许多关键领域的进步,并表示愿意向印度学习并从中受益,这是一个海湾国家新的观点。印度不再被看作只提供廉价劳动力和劣质商品的落后国家。"[①] 这样一来,海合会国家在印度的"向西看"政策里,而印度在海合会国家的"向东看"政策中。

20世纪90年代以来,印度和海合会国家的政治关系总体稳定,其中90年代初因为海湾战争和圣寺事件,印度与海合会国家在双边和多边层次上多有分歧和争执。21世纪以来,双边政治交往常态化,高层互访不断,印度还和海合会建立联合国对话机制。1990年8月,伊拉克对科威特发动侵略战争,意图将其变为伊拉克的第19个省。1991年1月,美国发动海湾战争,伊拉克惨败。20世纪70年代后,印度和伊拉克政府一直保持良好的外交关系,伊拉克在20世纪80年代是印度的重要石油来源国。另外,战争爆发时有大批印度劳工在伊拉克和科威特境内,生命安全难以保障。为此,印度不得不采取保守的外交姿态,赞同联合国有关伊拉克问题的所有声明和决议,但不公开批评伊拉克。印度的立场引起科威特的愤怒,也引发其他海合会国家的不快。事后多年,印度的立场对科威特而言始终如鲠在喉,科威特对此评价尤为尖锐:科威特可以原谅,但绝不会忘记。

1992年,巴布里清真寺事件引起海合会国家的集体不满。在12月6日第13届海合会峰会上,各国领导人齐聚阿布扎比,会上通过名为"对巴布里清真寺的侵略"的决议,强烈谴责印度教极端主义的暴行和人民党政府的政策。决议要求印度政府对事件负责,并采取行动保护印度穆斯林、宗教场所和他们的宗教权力,

---

① Abuullah Al Madani, "The GCC Finally Takes a Note of the Indian Giant," *Gulf News*, September 4, 2004.

并要求重建清真寺。印度政府对此表示强烈不满，外交部发言人回应称："这些问题涉及印度的内部事务，国外在这方面表达的关切可能是善意的，但无助于应付共同因素构成的挑战。"[1]

2000—2010年，印度和海合会国家中的沙特、科威特、卡塔尔等国都实现了高层互访，只有巴林不在高层回访之列（见表4.2）。为了促进印度和海合会的关系，同时也效仿中国和海合会的对话机制，印度于2003年在联合国大会上首次与海合会进行政治对话。印度和海合会都认为，这种常态化的对话模式是印度和海合会关系提升的产物，也是印度与海合会国家双边关系稳定和紧密的结果。

表4.2　　2000—2012年印度与海合会国家高层互访情况

印度访问海合会国家			海合会国家访问印度		
时间	国家	领导人	时间	国家	领导人
2003年	阿联酋	阿卜杜·卡拉姆总统	2005年	卡塔尔	埃米尔萨尼
2008年	阿曼	辛格总理	2006年	沙特	国王阿卜杜拉
2008年	卡塔尔	辛格总理	2006年	科威特	埃米尔萨巴赫
2009年	科威特	哈米德·安萨里副总统	2007年	巴林	王储哈利法
2009年	阿曼	阿卜杜·卡拉姆总统	2007年	阿联酋	总理和迪拜酋长马克图姆
2010年	沙特	辛格总理	2010年	阿联酋	总理和迪拜酋长马克图姆
2010年	阿联酋	普拉蒂巴·帕蒂尔总统	2011年	阿联酋	总理和迪拜酋长马克图姆
—	—	—	2012年	卡塔尔	埃米尔萨尼
—	—	—	2012年	巴林	王储哈利法

除了与海合会国家实现"经济对接"外，安全议题也成为新世纪双方关系中的一个新维度。21世纪初，印度与该地区的安全

---

[1] A. K. Pasha ed., *India's Political and Foreign Relations with the Gulf Region*, Delhi: Wisdom Publications, 2014, p. 307.

关系主要表现在海上安全和反恐两个领域。印度洋是世界第三大洋,总面积为7056万平方千米,约占世界海洋总面积的19.5%。印度洋的主体位于赤道带、热带和亚热带范围,故而被称为热带海洋。它北部封闭,南部敞开,由于与亚洲大陆的交互作用,印度洋北部形成独特的季风洋流,也是古代跨印度洋航海的主要依靠。当代的印度洋非常热闹,每年有至少10万艘货轮航行其中,全球海运石油的2/3、滚装船货运的1/3和集装箱船货运的一半要途经印度洋。20世纪80年代,美国海军划定全球范围内16个必须掌控的海上交通要道,其中七个位于印度洋地区。2009年时,印度洋地区52个国家总人口达到26.53亿,占世界人口总数的39.1%;按购买力平价计算,2008年印度洋地区52个国家的经济总量为10.8万亿美元,占当年全球份额的15.4%。[1] 另外,依据美国能源署(EIA)发布的报告,2009年全球探明石油储量的55%,天然气储量的40%在波斯湾,澳大利亚、印度和南非分别位列全球煤炭储量的第四、第五和第六位。

  从20世纪70年代开始,印度对印度洋的"海权意识"就已经觉醒,它将印度洋视为自己的"门前花园",认为印度洋是印度天然的势力范围。"印度位于亚洲大陆中部和印度洋的顶端,这一位置赋予印度在欧亚大陆和从东非到印度尼西亚广大印度洋地区内的重要地缘战略价值。"[2] 20世纪90年代以后,"西方国家在波斯湾区内和周边强大的海军存在给印度带来巨大压力,印度反复强调,西方国家应该在印度洋上就安全问题与印合作"[3]。2007年,

---

  [1] 郑迪:《21世纪印度洋的地缘态势与大国博弈》,时事出版社2017年版,第63页。
  [2] Shuir T. Devare ed., *India and GCC Countries*, *Iran and Iraq*: *Emerging Security Perspective*, New Delhi: Pentagon Press, 2003, p. 183.
  [3] A. K. Pasha, India, *Iran and the GCC States*: *Political Strategy and Foreign Policy*, New Delhi: Manas Publications, 2000, p. 233.

印度外长穆克吉指出，"经过多年偏向陆地的战略聚焦，我们再次把目光指向海洋，这是一个寻求重新缔造自己国家地位的自然方向，即它不仅仅是作为一个传统陆权国家，还将是作为一个强大的海权国家，进而成为一个全球举足轻重的力量"[1]。从地理上看，波斯湾国家和印度好像串联在一起，共享印度洋西北部的政治稳定和海上安全。它不仅关乎印度的能源进口安全，还关乎商贸和人员往来安全。作为"硬币的另一面"，它也关乎地区国家的能源出口、商品进口、投资安全、人员往来。"印度和波斯湾之间不断显现的海上安全合作需要正在变成双向需求，培养共生关系是一种迫切需要的共同必需品。"[2] 双方进行海上安全合作是必然的。

海上安全合作主要表现为印度在波斯湾地区和印度洋西北部开展军事活动。早在1999年3月，印度就派出"维特拉"号航母前往波斯湾巡航。2008年，印度又参与亚丁湾巡逻。1月，"塔巴尔"号护卫舰在亚丁湾受到沙特商船塔巴那的求救信号，此后轮替的"迈索尔"号驱逐舰又收到"吉巴"号的求救信号，两者都受到海盗的威胁。"2008年10月，印度政府派出多艘军舰在亚丁湾巡航，保护那里的印度商船。"[3] 21世纪的头十年，印度军舰多次出访波斯湾沿岸国家，仅2005—2007年派出军舰就近40艘（次）。2004年9月，印度组建一支由七艘军舰组成的大型舰队，分别停靠在阿曼、巴林、伊朗和阿联酋等国港口，引起国际社会和地区舆论的热议。

---

[1] Pranab Mukherjee, "Speech for the Admiral A. K. Chatterjee Memorial Lecture," June 30, 2007, http：//pib. nic. in/newsite/erelease. aspx？relid＝28921.

[2] A. K. Pasha ed., *India and the GCC States: Historical, Geopolitical, and Strategic Perspective*, Delhi: Wisdom Publications, 2014, p. 42.

[3] A. K. Pasha ed., *India and the GCC States: Historical, Geopolitical, and Strategic Perspective*, Delhi: Wisdom Publications, 2014, p. 192.

2014年前，印度积极与波斯湾国家建立安全联系，并已和阿联酋、卡塔尔、阿曼、伊朗建立军事联系，签署国防合作协议。① 双方合作的范围涉及国防和安全议题，如联合军事演习、信息分享、友好访问、探讨联合研发、作训和军事人员培训等。② 例如，2003年开始，印度和阿曼建立年度海军演习合作，此后又扩展到空军间的交流。2008年，沙特军舰访问孟买港，次年印度海军回访沙特。2012年2月，印度国防部部长访问沙特。2008年11月，印度总理出访卡塔尔，签署双边防务协议，内容包括作训、情报共享、海上安全合作等。

除了高层次的军事合作，印度还与海合会国家在四个领域开展反恐与其他安全合作。一是联合打击毒品走私活动。阿联酋尤其是迪拜是全球毒品贸易非常重要的中转站和买卖交易地。二是打击武器走私。武器通过波斯湾地区转运巴基斯坦、阿富汗，再由两国渗透进入印度境内，成为印度国内宗教极端主义和民族分离运动手中的"利器"。三是对哈瓦拉系统的监管。哈瓦拉系统是全球穆斯林进行异国异地支付和存取的非正式地下网络，印度劳工收入中相当一部分就是通过该系统汇回国内。"许多不法分子通过使用哈瓦拉系统，避免银行监管，可以安全和快速的支付与转移资金，恐怖分子和罪犯尤其喜欢使用该系统来实现无法跟踪与核检的资金流通。"③ 四是有关反恐的情报共享、培训、人员遣返和去极端化等。印度与海合会国家分享参加"基地"组织的极端分

---

① Rumel Dahiya, *Developments in the Gulf Region, Prospects and Challenges for India in the Next Two Decades*, New Delhi: Pentagon Press, 2014, p. 11.

② Prasanta Kumar Pradhan, "India's Defence Diplomacy in the Gulf," *Journal of South Asian and Middle Eastern Studies*, Vol. 35, No. 2, 2012, pp. 48–64.

③ Prasanta Kumar Pradhan, "India and Gulf Cooperation Council: Time to Look Beyond Business," *Strategic Analysis*, Vol. 34, No. 3, 2010, pp. 415–416.

子信息，海合会国家协助抓捕与遣返在印度实施恐袭外逃的极端分子。

印度与海合会国家的经济联系既表现在双边经贸关系上，也表现在以海合会为平台的多边领域，涉及贸易、投资、金融、侨汇等诸多领域。进入21世纪后，双边贸易的规模显著增长，其中阿联酋、沙特两国是印度在地区和全球范围内最主要的贸易伙伴国。海合会国家中除了巴林，其他国家都位列印度外贸的前25位，阿联酋更是多年蝉联第一大贸易伙伴国。

除国际金融危机、油价大幅波动等情况外，印度与海合会国家的贸易额自1990—2010年，总体保持上升趋势。除石油贸易外，1999年，印度与海合会贸易总额为120亿美元（见表4.3），其中印度出口50亿美元，进口70亿美元；2006年，印度出口达到163.8亿美元，进口310.3亿美元，总金额超过474亿美元。2008年，印度对海合会国家出口占总出口额的11%。[1] 2014年，印度和海合会国家贸易总额为1469.5亿美元，占当年印度贸易总额的18.9%，超过同年的中、美、欧盟等国家或地区。印度出口的主要商品是纺织品、食品、香料、机械、信息技术和电器产品、黄金首饰与珠宝、钢铁、药品等，进口主要是石油和天然气，以及各种石化产品和化肥。

人员往来是带动双边贸易的重要桥梁和纽带。印度到波斯湾的距离比印度东西两端的距离还短，20世纪70年代起步的劳工大潮在90年代和21世纪初仍汹涌澎湃。印度国内国营和私营航空公司都在波斯湾地区布局，"印度航空19%的收益来自波斯湾地区，其中30%的收益来自沙特"[2]。卡塔尔航空、阿提哈德航空、沙特航

---

[1] I. P. Khosla ed., *India and the Gulf*, New Delhi: Konark Pubilishers, 2009, p. 152.
[2] I. P. Khosla ed., *India and the Gulf*, New Delhi: Konark Pubilishers, 2009, p. 127.

空、阿联酋航空等航空公司每天都有大量航班往返印度各大城市。另外，来自海合会国家的侨汇始终是印度侨汇的第一大来源地。"依据世界银行的统计数据，2012年印度从海合会国家获得296.9亿美元侨汇，占当年印度侨汇总额（630亿美元）的47%。"[1]

海合会国家投资的首选地不是印度，其在印投资的总额和占比都不高。印度对海合会国家的投资较为广泛，主要投资领域是软件服务、工程服务、房地产业、旅游业、石化产品、农业等，其中房地产业是印度投资海合会国家的一大热点。阿联酋始终稳居海合会国家投资印度的首位。2005年，海合会国家在印度的投资额为2.23亿美元，到2011年，投资额增长到25.09亿美元。到2021年年底，海合会国家对印度的总投资额为164.48亿美元（见表4.3、表4.4）。"在印度的投资是海合会国家海外投资的一小部分。尽管印度努力改善与该地区国家的关系，但未能有效吸引投资。"[2] 海合会国家投资者对印度的基础设施建设水平、营商环境、工作效率等不满，对印度的产业布局、产品科技含量、制作工艺等也存有较多疑虑，认为投资印度的收益回报率总体不高，缺乏吸引力。

表4.3　　　　2005—2011年海合会国家对印投资额　　（单位：百万美元）

	2005年	2007年	2009年	2011年
阿联酋	141.0	588.4	1507.2	2090.9
阿曼	24.0	53.5	64.0	338.6
沙特	19.1	15.3	29.1	33.8

---

[1] "Gulf Remittances 2012: Which Countries Sent Money Where?" *Arabian Business*, May 13, 2013, http://www.arabianbusiness.com/photos/gulf-remittances-2012-which-countries-sent-money-where-501228.html?img=2.

[2] Rumel Dahiya, *Developments in the Gulf Region, Prospects and Challenges for India in the Next Two Decades*, New Delhi: Pentagon Press, 2014, p. 95.

续表

	2005 年	2007 年	2009 年	2011 年
巴林	32.7	24.7	25.8	27.0
科威特	6.1	6.7	15.3	17.4
卡塔尔	0.1	0.1	0.1	1.6
海合会国家	223.0	688.7	1641.5	2509.2

资料来源：Rumel Dahiya, *Developments in the Gulf Region, Prospects and Challenges for India in the Next Two Decades*, New Delhi: Pentagon Press, 2014, p.96。

表 4.4　　2021 年年底海合会国家对印投资额及排名　（单位：亿美元）

国家	投资额	六国排名	总排名
阿联酋	120.37	1	9
沙特	31.39	2	18
阿曼	5.59	3	35
卡塔尔	4.46	4	40
巴林	1.81	5	47
科威特	0.86	6	54
合计	164.48	—	—

资料来源：Government of India, Ministry of Commence and Industry, Department of Industial Policy and Promotion, "FDI Statistics," 2021, https://dpiit.gov.in/sites/default/files/FDI%20Factsheet%20December,%202021.pdf。

在多边平台上，印度和海合会举办多届工业研讨会，并启动印度—海合会自贸区谈判。首届工业研讨会 2004 年在孟买举办，会议主题聚焦贸易、投资、工业和技术合作，并发表"孟买宣言"。第二至四届工业研讨会分别于 2006 年 3 月、2007 年 5 月、2013 年 2 月在马斯喀特、孟买和吉达举办。第五届研讨会 2021 年 11 月在新德里举行。

2004年8月，为了促进商业和经贸关系，印度与海合会国家签署经济合作框架协议，启动自贸区谈判。翌年1月，首个海合会代表团到访印度，讨论汽贸区谈判内容和关税壁垒等问题。前三轮的自贸区谈判分别于2006年3月、2008年9月和2009年1月在沙特首都利雅得举行。谈判组共4个工作组，分别负责商品贸易、服务贸易、投资与经济合作、原产地法规和海关合作。自贸区谈判未能成功，主要原因在于："一些海湾国家，特别是阿联酋和沙特阿拉伯，要求将石油进口纳入自由贸易协定，因为这样印度将失去进口关税的收入；由于可能丧失竞争力，以及海合会成员国遵循的不同法规、程序和模式，印度石化部门感到焦虑。"① 另外，国际金融危机也是导致谈判未再延续的重要原因。当前，"印度已决定重启与海合会国家的自由贸易协定谈判，官方谈判可能在几个月后开始。初步讨论的最后期限已确定为2022年年底"②。

三 莫迪执政以来印度与海合会国家的关系

2014年5月26日，以倡导改革和经济增长为竞选纲领的纳兰德拉·莫迪代表人民党在第16届大选中胜出并宣誓就任总理，开始对印度外交的新一轮调整与重塑。2015年2月，莫迪声称要带领印度发展成为"全球领导大国"，而不只是一支制衡力量。③ 7

---

① Rumel Dahiya, *Developments in the Gulf Region, Prospects and Challenges for India in the Next Two Decades*, New Delhi: Pentagon Press, 2014, p. 95.

② Subhayan Chakraborty, "Official free-trade talks with Gulf Cooperation Council may restart soon," February 22, 2022, https://www.moneycontrol.com/news/business/economy/official-free-trade-talks-with-gulf-cooperation-council-may-restart-soon-8147601.html.

③ Ashley J. Tellis, "India as a Leading Power," April 4, 2016, http://carnegieendowment.org/2006/04/04/india-as-leading-power-pub-63185.

月，时任外交秘书贾什卡在新加坡进一步阐述："印度欢迎多极世界的到来……印度的变化赋予其更大的自信，其外交致力于追求领导地位。总之，印度希望承担更大的全球性责任。"[1] 因此，莫迪政府就任以来，在坚持多边主义和利益最大化的原则下，实施既谋求加强与大国关系又确保自身战略自主的平衡外交，积极推动在印度洋和太平洋两大区域的合作与对话，尤其突出经济主题，加强与相关国家的经贸关系。

周边外交或者说"圈层外交"始终是印度外交的主要组成部分，或者说是与大国外交并列的"双柱"之一。印度著名学者和战略家莫汉在2006年撰文指出："印度大战略将世界划分为三个同心圆。第一个同心圆包括'小周边'，印度追寻在该区域的主导地位并防止外部大国的干预；第二个同心圆包括所谓的'大周边'，横跨亚洲和印度洋沿岸，印度力图平衡其他大国的影响，防止其损害本国的利益；第三个同心圆包括整个国际舞台，印度试图取得大国地位，并在国际和平与安全中扮演关键角色。"[2] 莫汉的思想是21世纪以来印度周边外交的指导思想和灵魂，莫迪上任后迅速认可、延续和充实莫汉的外交思想。外交部2014—2015年的年度报告中称，印度周边地区主要由两部分构成：直接邻国/地域和扩展邻国/地域，其中，"直接邻国"是指与印度领土、领海直接相邻的国家，包括阿富汗、巴基斯坦、中国、尼泊尔、斯里兰卡、不丹、孟加拉国、缅甸与马尔代夫。"扩展邻国"是指不与印度直接相邻但与印度陆上和海上战略利益密切相关的国家和地区，

---

[1] S. Jaishankar, "India, the United States and China," *Fullerton Hotel*, *Singapore*, July 2015. 转引自孙现朴《印度莫迪政府的大国战略评析》，《当代世界与社会主义》2018年第4期。

[2] C. Raja Mohan, "India and the Balance of Power," *Foreign Affairs*, Vol. 85, No. 4, 2006, pp. 17–34.

包括东亚、中亚、东南亚、海湾、西亚等地区①。在印度看来,波斯湾地区是印度洋的组成部分,属于"大周边外交"的范畴,是外交活动不可忽视的重要地区。

2014年以来,针对"小周边"的南亚邻国,莫迪政府提出"邻国优先"政策(Neighbours First)。针对南亚区域外的扩展邻域也就是"大周边",莫迪政府将其划分为"东、西、南、北"四大板块,依据情况差异提出各自的外交策略,即"东向行动"、"西联"、"南控"与"北连"政策。波斯湾与西亚和北非一起统属于"西联"政策的范围。2014年9月,莫迪在启动"印度制造"活动的仪式上首次明确提出,"在一段时间内,我们始终在讨论'东望'政策,我们也应当讨论'西联'政策"②。莫迪的表态是印度对波斯湾、西亚和北非地区政策的定位和宣誓。实际上,自5月新政府成立后,印度政要尤其是莫迪本人频繁出访波斯湾地区国家,在行动上践行"西联"政策的理念。

第一,莫迪两届任期中均高频出访中东国家,与各国签署涉及诸多领域的合作协议,引起国际社会高度关注,其中海合会国家是其出访的主要对象国。自2015年8月到2019年10月,莫迪先后访问沙特、阿联酋等国,各国领导人也相继回访(见表4.5)。元首外交成为印度中东外交最浓墨重彩的一笔。部长级和主管层级的外交访问更为频繁。从元首外交上可以看出,当前印度政府放弃以不结盟运动或阿拉伯世界等看待和处理对中东国家关系的传统视角,而是强调和选取重要的地区国家如阿联酋、沙特和卡塔尔,加强和深化双边层次上的全面关系。受新冠疫情的影响,

---

① Government of India, *Ministry of External Affairs*, *Annual Report 2014–2015*, p. i.
② Narendra Modi, "India needs policy to look east, link west," September 25, 2014, http://www.deccanherald.com/content/432698/india-needs-policy-look-east.html.

莫迪出访海合会国家的热潮有所减退,但他依然以网络会议的模式与各国领导人保持联系。

表4.5 莫迪两届任期内出访的海合会国家与海合会国家元首回访情况

	出访国家		海合会国家元首回访
2015年8月	阿联酋	2015年3月	卡塔尔埃米尔阿勒萨尼到访
2016年4月	沙特	2016年2月	阿联酋阿布扎比王储扎耶德·阿勒纳哈扬到访
2016年6月	卡塔尔	2017年1月	阿联酋阿布扎比王储扎耶德·阿勒纳哈扬参加国庆庆典
2018年2月	阿曼、阿联酋(巴勒斯坦)	2019年2月	沙特王储萨勒曼到访
2019年5月	巴林、阿联酋	—	—
2019年10月	沙特	—	—
2020年11月	阿联酋	—	—

第二,印度与海合会国家的经济上互补性较强,为拓展双边经济合作提供良好的基础和条件。除能源贸易外,印度与各国的经贸合作呈现多元化特点,在交通基础建设、投资、环保、医疗、金融等领域都建立紧密的合作关系。"2015年4月,莫迪政府提出印度第一个五年外贸政策,计划在2020年时将印度在全球外贸中的比例从2.1%提高到3.5%,总额翻倍达到9000亿美元。"[①] 发展与海合会国家的经贸关系成为莫迪的主攻方向。"海合会国家已经成为印度最大的贸易伙伴,2014—2015财年双边贸易已经达到

---

① "Narendra Modi Govt Unveils its First Trade Policy, Targets Doubling of Exports at $900 Bn," *Financial Express*, April 1, 2015, https://www.financialexpress.com/economy/narendra-modi-govt-unveils-its-first-trade-policy-targets-900-bn-in-exports/59535/.

1600亿美元。"① 2016—2017财年，印度出口总额为2758.5亿美元，进口总额为3843.6亿美元，其中，出口海合会六国的总额为417.65亿美元，占出口总额的15.1%，进口额为551.69亿美元，占进口总额的14.4%（见表4.6）。② 印度主要出口黄金、珠宝、珍珠、石化产品、纺织品与大米等；主要进口为原油、天然气、石化产品、药品原材料、黄金珠宝、铝、铜等。在印度的外贸中，阿联酋是印度第二大出口对象国，阿联酋和沙特分别是第三和第四大进口来源国，仅次于中国和美国。另外，阿联酋对印度的直接投资稳居阿拉伯世界首位，位列印度海外直接投资的第11位。③ 2019年，印度与海合会六国的贸易额为1200亿美元。2020年，阿联酋是印度第三大出口对象国；阿联酋、沙特、伊拉克位居进口第三、第五和第七进口对象国。④ 2020年，这一数字降至872亿美元，2021年4—12月，这一数字就达到1088亿美元。⑤ 2021年2月18日，印度与阿联酋在两国元首的虚拟峰会上签署《全面经济伙伴关系协定》（CEPA），达成十多年来的第一个自由贸易协定，双方承诺在五年内将双边贸易额从现在的600亿美元增至1000亿美元。印度将在许多劳动密集型行业获得更大的免税市场准入，

---

① Government of India, *Ministry of External Affairs*, *Annual Report 2015 – 2016*, p. 58.
② Government of India, Ministry of Commerce & Industry, *Annual Report 2017 – 2018*, pp. 49 – 57.
③ "UAE has 80% of GCC investment in India," February 10, 2016, https：//www. emirates247. com/business/uae-has-80-of-海合会-investment-in-india-2016-02-10-1. 620519；Binsal Abdul Kader, "UAE investments in India rise as trade relations strengthen," *Gulf News*, October 8, 2016, https：//gulfnews. com/business/uae-investments-in-india-rise-as-trade-relations-strengthen-1. 1908891.
④ Government of India, Ministry of Commence and Industry, Department of Commerce, Annual Report 2021 – 2022, New Delhi：Policy Planning and Research Division, 2022, p. 31.
⑤ Subhayan Chakraborty, "Official free-trade talks with Gulf Cooperation Council may restart soon," February 22, 2022, https：//www. moneycontrol. com/news/business/economy/official-free-trade-talks-with-gulf-cooperation-council-may-restart-soon-8147601. html.

例如宝石和珠宝、纺织品和服装、皮革和农产品、药品和工程产品等。同样，阿联酋将更容易进入印度的金属、矿产和石油行业。依据协议，印度向阿联酋出口的商品中约90%包含在自由贸易协定范围内。

表4.6　　海合会国家与印度的进出口额（2015—2018年）（单位：亿美元）

	出口				进口		
	2015—2016年	2016—2017年	2017—2018年		2015—2016年	2016—2017年	2017—2018年
阿联酋	302.9	311.75	171.65	阿联酋	194.45	215.09	129.27
沙特	63.94	51.1	29.26	沙特	203.21	199.72	119.75
阿曼	21.9	27.28	14.97	阿曼	16.74	12.90	22.38
科威特	12.47	14.97	7.61	科威特	49.69	44.62	35.72
卡塔尔	9.02	7.84	6.99	卡塔尔	90.22	76.46	44.93
巴林	6.54	4.71	3.12	巴林	3.56	2.9	2.08

注：2017—2018年数据为半年统计数据，即2017年4月至2017年10月。

资料来源：Government of India, Minstry of Commence &Industry, *Annual Report 2017 - 2018*, https：//commerce. gov. in/archive/publication-reports-archived/annual-report-2017-2018/.

第三，海合会国家的能源对印度而言具有战略价值。除巴林外，其他五国都是能源富集国。依据BP《世界能源统计年鉴（2021）》，2020年沙特、科威特、阿联酋的石油探明储量分别位列第二、第七和第八位。海合会国家日产石油2041.2万桶，占全球日常量的23.1%。而卡塔尔的天然气储量为24.7万亿立方米，位列世界第三，占全球探明总储量的13.1%。[1] 海合会国家是世界最大的能源生产和供应地区，其能源出口不仅关系到各国自身的

---

[1] BP, "Statistical Review of World Energy," 2021, https：//www. bp. com/content/dam/bp/business-sites/en/global/corporate/pdfs/energy-economics/statistical-review/bp-stats-review-2021-full-report. pdf.

经济状况与发展，同时对国际能源市场的稳定具有重要影响。

从地理上看，波斯湾地区的能源具有地缘优势。它和印度均在印度洋中，两者之间只有阿拉伯海一海之隔，有利于海上能源战略通道的使用与开发。海合会国家的石油和天然气具有航程短、储量大、运费低、交通便利的特点。多年来，海运一直是印度能源进口的主要方式，例如，"印度对沙特的能源依赖在高速增长，从2001—2002年的26.8万桶/天到2013—2014年的77.4万桶/天"[1]。当前，作为印度的第二大石油来源国，沙特的供油都依靠海运。

2016年，印度超越日本成为全球第三大石油消费国。2015年，印度的石油消费量占全球的4.5%，日需求量为415.9万桶，仅次于美国的1939.6万桶和中国的1196.8万桶，高于日本的415万桶。[2] 印度还将增大天然气在能源消费中的比例。印度政府计划到2030年将天然气消费份额从目前的6.5%提高到能源消费的15%。如果达到此目标，印度将成为天然气最大进口国。[3] 实际上，长期以来，印度的能源生产并不能满足本国经济和社会的需要，且随着需求量的增加，对外依赖度越来越高。截至2017年年底，印度石油探明储量47亿桶，占全球总储量的0.3%；总产量4000万吨，占全球产量的0.9%；总消耗量为2.22亿吨，占全球总量的4.8%。截至2016年年底，印度的天然气探明储量1.2万亿立方米，占全球储量的0.6%；产量为285亿立方米，占全球产量的

---

[1] Zakir Hussain, *Saudi Arabia in a Multipolar World*, New York: Routledge, 2016, p. 199.

[2] BP, "Statistical Review of World Energy," 2016, https://www.bp.com/content/dam/bp-country/zh_cn/Publications/StatsReview2016/BP%20Stats%20Review_2016E4%B8%AD%E6%96%87%E7%89%88%E6%8A%A5%E5%91%8A.pdf.

[3] 《能源消费大国：中国VS印度》，搜狐财经，2017年12月1日，https://www.sohu.com/a/207925171_813870。

0.8%；总消耗量为542亿立方米，占全球的1.5%。① 因此，印度的石油对外依存度高达81%，天然气对外依存度达到47.4%。2017年时，印度的原油进口量2.11亿吨，从海湾地区进口1.53亿吨，占进口总量的72%。液化天然气进口量为257亿立方米，其中海湾地区出口143亿立方米，占总量的55%。② 2018年，印度进口原油耗费1145亿美元，居全球第三位，在前十位进口来源国中，沙特、阿联酋和科威特分别位列第二、第五、第七位，阿曼和卡塔尔两国则位列第12和14位。

第四，海外劳工与侨汇是印度的重要利益。"印度劳工对中东的输出主要源于20世纪70年代……与更早时期印度的移民相比，此后的劳工输出主要有两个特点。首先，大部分移民都在低劳动附加值行业工作且工资低廉……其次，绝大部分移民都是临时移民，他们一般工作两年后就必须回国。"③ 波斯湾地区是印度劳工的主要输出地，占全球海外劳工的65%。波斯湾地区的印度劳工主要集中在海合会国家，其中阿联酋和沙特两国多年来占据海外劳工第一和第二目的地国。2012年，"印度侨汇的47%，大约330亿美元来自海合会国家"④。到2017年，"（海合会国家）接纳超过900万且仍在增长的印度人社团，每年提供350亿美元左右的侨汇"⑤。

海合会对劳工的需求非常大，劳工遍布三大产业，不仅是产业

---

① BP, "Statistical Review of World Energy," 2018, https：//www.bp.com/content/dam/bp-country/zh_cn/Publications/2018SRbook.pdf.

② BP, "Statistical Review of World Energy," 2018, https：//www.bp.com/content/dam/bp-country/zh_cn/Publications/2018SRbook.pdf.

③ Prithvi Ram Mudian, *India and the Middle East*, London and New York：British Academic Press, 1994, p.131.

④ G. Gurucharan, "The Future of Migration from India Policy-Strategy and Modes of Engagement," 2013, http：//www.mea.gov.in/images/attach/I_G_Gurucharan.pdf.

⑤ Government of India, Ministry of External Affairs, *Annual Report 2017–2018*, p.57.

工人、建筑工人等，医生、教师、金融和管理、法律、IT 等行业中印度人的比例也非常高。相比之下，"印度在服务业领域对海合会国家具有相对优势。考虑到近年来海合会国家正在推动石油天然气以外的经济多元化战略，他们的服务业需求还将扩大，这为印度提供利用其低成本劳动力和英语熟练程度的机会"[1]。巨额侨汇主要给劳工家庭偿还债务、买房置地和教育医疗等事务。除了拉动国内经济外，在海湾地区的劳工群体还成为双方沟通的渠道，向本国人、整个海外劳工团体以及各类企业提供其所在国的需求和信息，推动印度与地区国家之间经贸、文化、金融、科技等领域合作。

第五，反恐和维护国家安全是印度与海合会国家合作的新增重要内容。过去，印度的恐怖主义问题主要源于克什米尔争端和伊斯兰教与印度教的矛盾，是印度社会多年积累的矛盾和冲突。但进入 21 世纪，尤其是 2014 年后，"基地"组织的全球网络和"伊斯兰国"的强势崛起，加上网络和信息技术的普及，使得印度遭受的恐怖主义威胁迅速加大。首先，"海湾地区一直被本土组织用作避风港，如印度学生伊斯兰运动和印度圣战者组织，其历史比'基地'组织与'伊斯兰国'都要长"[2]。20 世纪 90 年代以来，海湾地区庞大的印度移民社团和丰沛的商机更便于国内极端和恐怖组织潜藏，也方便展开经济活动筹集资金，或者与其他极端恐怖组织联络与交换信息。其次，"一个重要的进展是'伊斯兰国'和'基地'组织在印度次大陆的'崛起'加剧了人们对印度公民在海

---

[1] John Calabrese, "'Linking West' in 'Unsettled Times': India-G. C. C. Trade Relations," April 11, 2017, http://www.mei.edu/content/map/linking-west-unsettled-times-india-海合会-economic-and-trade-relations.

[2] Viswavnathan Balasubraminayan, "Indian Mujahideen: The Face of 'New Terrorism' in India?" Geopolitical Monitor, October 4, 2013, https://www.geopoliticmonitor.com/indian-mujahideen-the-face-of-new-terrorism-in-india-4867/.

外活动的担忧"①。当前,海外非居民的印度人和印度裔主要集中在海湾地区、美国、欧洲。海外印度人的人身安全与防极端化问题成为新的挑战与课题。因此,"印度面临的恐怖主义威胁不仅来自国内因素,而且来自这些因素与在国外活动的个人和团体之间的跨国联系"②。印度一方面加强与海合会国家在情报共享、嫌犯遣返、人员培训等方面展开合作;另一方面坚决反对海合会诸国及其国内的各种非政府组织在宗教名义下进行的捐赠、教育和培训、教义宣传。

---

① Arif Rafiq, "The New Al Qaeda Group in South Asia Has Nothing to Do with ISIS," *New Republic*, September 6, 2014, https://newrepublic.com/article/119333/al-qaeda-indian-subcontinent-not-response-islamic-state.

② Mohammed Sinan Siyech, "India-Gulf Counterterrorism Cooperation," December 21, 2017, https://www.mei.edu/publications/india-gulf-counterterrorism-cooperation.

第五章 印度与海合会国家的双边关系

海合会国家在民族、宗教、语言、政治结构和经济结构上具有较高的相似性，在与印度交往的历史进程和发展阶段上，也具有一定的相似度，因此我们将它们作为一个整体加以研究。但在双边关系层面仔细研究，各国与印度的关系又或多或少有着差异。

造成这些差异的原因，既有必然性因素，也有偶然性因素。例如，阿联酋的经济发展战略与成绩是阿印两国关系高质量、快速发展的必然性因素；而印度在伊拉克入侵科威特问题上的反应为限制印科友好关系的"暗伤"，至今难以愈合，可被视为偶然性因素。另外，各国关系的表现形式也不相同。与印阿关系的全方位"热火朝天"相比，印度与阿曼的关系就显得"静水流深"。自然禀赋、发展策略、外交政策、偶然性事件等左右着两国关系的历程和当下的成就，也决定着未来双边关系的发展方向和成果。

第一节 印度与沙特关系

沙特，全称沙特阿拉伯，领土面积约225万平方千米。它位于阿拉伯半岛，东濒波斯湾，西临红海，同约旦、伊拉克、科威特、阿联酋、阿曼、也门等国接壤。沙特海岸线全长为2448千米。除西南高原和北方地区属亚热带地中海型气候外，沙特国内其他地区均属热带沙漠气候，夏季炎热干燥，最高气温可达50℃以上；冬季气候温和。年平均降水量不超过200毫米。依据美国中央情报局国别报告，沙特2022年人口为3535.4万人，其中阿拉伯人占90%，非阿拉伯人占10%。2019年，外国移民占全国人口总数的38.3%。沙特人口中，90%为逊尼派穆斯林，10%为什叶派穆斯林。[1]

以印度与阿拉伯世界的历史交往和英印统治下的联系为基础，印度独立后很快就与沙特建立双边外交关系。受国际和地区局势限制，也因为两国采取不同的战略方向和外交政策，冷战期间，印度和沙特的政治、经济、国防、安全和反恐等方面合作进展得相对缓慢。

"1947—1990年，双方除了偶尔的高层友好互访，并未成功建立紧密的关系。"[2] 印度和沙特的贸易水平在较长时间里局限在较低的水平，人员交往也限于每年的朝圣活动上。20世纪70年代后，石油繁荣在较大程度上改变了印度与沙特的经贸和人员往来状态，能源贸易规模的不断提升、沙特在大规模基建中对印度劳工需求的扩大以及劳工带来的侨汇收益使两国在经济层面上的交往建立起坚实的基础。冷战后，全球秩序的变化为印沙构建多领域合作创造更为有利的环境和条件。巴基斯坦、伊斯兰教、克什米尔等因素的干扰逐渐降低，国防、安全、反恐等议题的合作不断深化，进入21世纪后印沙关系进入全面发展的新阶段。自莫迪

---

[1] CIA, "The World Factbook: Saudi Arabia," May 15, 2022, https://www.cia.gov/the-world-factbook/countries/saudi-arabia/#people-and-society.

[2] P. R. Kumaraswamy ed., *Persian Gulf 2014*, California: SAGE Pulications, 2014, p. 197.

的人民党政府成立开始,印度与沙特发展战略伙伴关系的意愿日益增强。沙特在能源供给、劳工、侨汇、投资等方面对印度具有重大的意义,同时沙特是海湾地区的大国,也是海合会中最强大的国家。在印度看来,"两国都是各自地区的崛起大国和重要参与者,是应对地区面临的各种挑战的天然伙伴"[①]。发展与沙特的良好关系是印度经营与海合会国家和整个中东地区国家关系不可或缺的内容。

印度与沙特的关系大致可以分为三个阶段。第一阶段是自印度建国到20世纪60年代末,这一时期主要特点是双边经贸关系规模小,水平低,政治关系不稳定,双边关系总体冷淡。第二阶段是20世纪70年代到90年代末,这一时期主要特点是双边关系分阶段、分内容逐步提升和改善,例如20世纪70年代开始双边经贸规模增长迅猛,20世纪80年代后双边政治关系缓和并逐渐改善。第三阶段是21世纪后的印度与沙特关系,这一时期的主要特点是双边关系全面发展,并向着战略伙伴关系方向迈进。

一 20世纪70年代前的印度与沙特关系

印度和沙特都是各自所在地区内首屈一指的大国。1932年9月,沙特王国在阿卜杜拉·阿齐兹国王的带领下建立,历史上称之为沙特第三王国。1947年8月,印度获得独立。自此,印度和沙特作为两个政治独立的新兴民族国家,正式迈进冷战期间的国际舞台。1948年,印度和沙特建交。

早期的印度与沙特关系继承了英印时期的经济、社会和文化关

---

① Cmde Deshmukh, "India Saudi Arabia Bilateral Relationship in Current Global Scenario," Augest 22, 2021, https://dras.in/india-saudi-arabia-bilateral-relationship-in-current-global-scenario/.

系，双方关系主要在商业和朝圣两大领域。沙特建国后成为麦加与麦地那两大伊斯兰教圣地的"护主",负责圣地的保护和每年的朝圣事宜。

1956—1982年,印度和沙特的关系算不上不友好,但同时也从未亲密过。[①] 20 世纪40 年代末到60 年代末20 年的时间里,印度和沙特关系平淡,或者说冷淡。此时的印度和沙特经济上缺少互补性;政治上疑虑和隐患仍存,缺少互信;安全上无法互帮互助,尤其是印度没有能力为沙特提供安全保障。1955 年和1956年,因为两国元首互访出现过一次外交友好的高潮,但双边友好关系的热度很快就消散一空。

1955 年2 月,伊拉克与土耳其建立巴格达条约组织,随后巴基斯坦、英国、伊朗相继加入,美国以观察员身份加入。巴格达条约组织由美国幕后操纵,是全球范围内遏制和围堵苏联的重要"一环",该组织的出现成功撕裂中东尤其是波斯湾,将美苏两极争霸的斗争引入波斯湾。对于伊拉克、伊朗和巴基斯坦加入该组织,沙特非常不满。1955 年5 月,沙特王储兼外交部部长费萨尔亲王到访印度,受到尼赫鲁总理的热烈欢迎。以王储访问为基础,沙特国王阿齐兹在12 月对印度进行为期17 天的访问。访问期间,国王特别强调他与沙特对印度4000 万穆斯林和他们的生存状态的关注,"我要对全球的穆斯林兄弟说,印度穆斯林的生存状态是安全的,我很满意。作为'两圣地'的护主,我要感谢伟大的印度领导人尼赫鲁,感谢他执行平等和公平的政策"。12 月12 日,两国领导人发表联合声明,宣布将加强两国政治、经济和文化领域的合作。1956 年,尼赫鲁回访沙特,沙特打出"迎接和平先知"

---

① A. K. Pasha ed., *India and the GCC States: Historical, Geopolitical, and Strategic Perspective*, Delhi: Wisdom Publications, 2014, p. 237.

的标语，显示出对尼赫鲁访问的重视。这次会谈与国王访问时一样，重点强调发展中国家应以"万隆会议"精神为原则处理和发展相互间关系，避免卷入美苏争霸斗争。

1956年苏伊士运河战争后，沙特与美国的关系日渐紧密，沙特和巴基斯坦的关系也从巴格达条约组织的阴影中走了出来。沙美关系和沙巴关系的改善不可避免地带来印沙关系的下滑和"遇冷"。整个60年代，印沙之间保持正常的外交往来，部长级以上的外交互访非常稀少，也没有签署重要的双边协议。

在经济关系方面，印沙之间主要是商贸和朝圣旅游业两大类。印度向沙特出口粮食、日用品、木材、家具、香料、黄金珠宝等产品。沙特出口椰枣、马匹、石油等产品。印度每年有数万穆斯林前往沙特朝圣，他们均搭乘轮船，由印度西海湾出发到达曼德海峡后，再在希贾兹地区登陆。朝圣给沙特带来较大的商机，涉及餐饮、住宿、交通等诸多方面。总的来说，20世纪70年代以前印沙双边贸易规模一直较小，如1963年贸易总额为2430万卢比。

二 20世纪70—90年代的印度与沙特关系

20世纪70—90年代，印度和沙特关系每十年都有一次调整。其中两国经济关系的调整与发展起源于20世纪70年代，且具有持续性，贯穿30年的历程。由于能源贸易和劳工两大领域的交往有重大突破，与20世纪70年代之前相比，印沙经贸的规模和互补程度可谓"今非昔比"。20世纪80—90年代，双方关系两次调整的重点在政治关系方面，前者是沙特看待印度的视角不再受困于巴基斯坦和伊斯兰教因素；后者是印度和沙特的交往不再受美国因素的牵制，不结盟政策的影响也在衰减。

1973年10月6日，第四次中东战争爆发。印度与其他国家立即在联合国通过第338号决议①，同时要求以色列执行1967年通过的第224号决议②。与此同时，为了支持埃及和叙利亚，打压以色列和支持以色列的美国，沙特领导阿拉伯石油输出国组织（OAPEC）和石油输出国组织（OPEC）中的阿拉伯国家，决定自10月开始每个月减低石油产量5%，并以各国对战争的态度决定是否实施禁运。10月20日，沙特阿拉伯宣布对美国实行石油禁运，其他阿拉伯产油国紧随其后，并将禁运范围扩大到对荷兰以及其他一些支持以色列的国家。

在阿拉伯国家禁运引发的石油危机中，印度并未受到直接的冲击。自独立以来，印度始终支持巴勒斯坦独立事业，反对以色列对周边国家的侵略和非法占领。因此，印度在1973年战争和石油危机中不需要进行政策调整来迎合以沙特为首的阿拉伯产油国，整个危机中对印度的供油没有受到影响，印度也被视为阿拉伯世界的"朋友"。但是，石油危机带来的油价大幅提升对印度经济造成重大的冲击。在进口数量没有明显变化的情况下，1973年印度石油进口额为4.14亿美元，1974年却猛增至9亿美元。"这（石油进口支出）相当于印度出口总额的40%，也是当年外汇储备的2倍。"③ 石油供给和油价高低成为印度不得不重视的严峻经济问题，

---

① 1973年10月22日，联合国安理会通过第338号决议。决议主要内容是：1. 要求各方立即停止一切军事活动；2. 要求各方在停火之后立即执行安理会第242号决议的全部规定；3. 要求各方在停火的同时，立即在有关方面主持下由有关各方之间开始旨在中东建立公正和持久和平的谈判。

② 1967年11月22日，联合国安理会通过第224号决议。决议主要内容是：1. 以色列军撤出在最近战争中占领的领土；2. 终止一切交战要求或交战状态，尊重和承认该地区每个国家的主权、领土完整和政治独立及其在牢固和被认可的疆界内和平地生活而免遭武力的威胁或行为的权利。决议还确认了以下的必要性：保证该地区国际水道的通航自由；使难民问题得到公正的解决；通过包括建立非军事区在内的各项措施，保障该地区每个国家的领土的不可侵犯性和政治独立。

③ Bhupendra Kumar Singh, *India's Energy Security: the Changing Dynamics*, New Delhi: Pentagon Energy Press, 2010, p. 27.

与此同时，印度与沙特等产油国关系的重要性也大幅提升。石油危机后的油价提升给沙特带来"石油繁荣"，巨额资金除了投资西方国家，沙特在国内掀起基础设施建设的"大潮"。印度劳工具有薪酬低、勤劳、易于管理、数量巨大等优势，成为继阿拉伯人、巴基斯坦人之外的第三大外国劳工来源。

"20世纪70和80年代，印度与海湾国家关系的提升来自进口需求不断增长的劳工侨汇，出口和投资也变得越来越重要。这些因素使印度和海合会国家关系日渐紧密。"[1] 经济关系的发展进一步引发印度与沙特政治关系的变化，印度开始认识到必须在传统伙伴如埃及、叙利亚、伊拉克和沙特的关系间保持平衡，与中东的关系中必须保持政治利益和经济利益间的平衡。

进入20世纪80年代后，沙特和印度都产生调整双边关系的愿望和需求。从沙特方面看，1979年伊朗伊斯兰革命在政权合法性和宗教合法性上带来巨大挑战。同时，被誉为世界第五大军事强国，与沙特隔海相望的伊朗从亲美的伙伴变成反美的地区对手，沙特第一次面临非常真切的安全威胁。1982年的第五次中东战争和持续不断的两伊战争，尤其是战争第二阶段伊朗攻入伊拉克境内让沙特对地区安全的忧虑激增。沙特认识到应该在中东区内和周边地区里寻觅新的朋友与伙伴，避免孤立。另外，"沙特认识到与巴基斯坦军事合作的有限性，它与巴基斯坦的紧密关系不应该阻碍与印度发展良好的关系"[2]。

从印度的角度看，能源关系是推动其改善与沙特关系的重要动力。20世纪70年代，伊朗和伊拉克都是印度主要的石油供给国。

---

[1] A. K. Pasha ed., *India's Political and Foreign Relations with the Gulf Region*, Delhi: Wisdom Publications, 2014, p. 14.

[2] A. K. Pasha ed., *India and the Gulf Region: Maritime History, Trade, Security and Political Reforms*, Delhi: Wisdom Publications, 2014, p. 138.

印度与伊朗有着悠久的历史联系，对新成立的伊朗伊斯兰共和国保持善意。同时伊拉克和伊朗一样，都与苏联在冷战中建立紧密的政治、经济和军事合作关系。印度不得不在两伊之间保持艰难的平衡，它的外交表态因未谴责伊拉克入侵而得罪了伊朗，也因有意保持中立而得罪了伊拉克。在这种情况下，印度不得不为战争导致的两伊石油进口缺口寻找新的卖家。另外，沙特对巴基斯坦的军事资金援助、两国在阿富汗战场上的配合以及沙特在南亚、东南亚资助瓦哈比主义宣教都给印度带来巨大压力。

进入20世纪90年代后，冷战结束成为推动印度改善与沙特关系的核心因素，外交政策的转型、经济改革与发展的诉求成为印沙关系发展的强大推动力。第一，冷战的结束彻底改变当时国际体系的性质，两极格局特有的地缘政治格局被美国"一家独大"取代。"尽管印度并非苏联集团的正式一员，但印度也不是被美国认可的西方阵营的成员。"[①] 同时，与苏联的准结盟关系带来的投资、技术援助彻底消失。因此，印度必须在新的环境中调整对外关系的方向。

第二，印度的经济乏善可陈，不得不推动经济改革。"20世纪80年代里，印度的财政赤字近乎翻倍；印度作为工业国的排名下降；当发展中国家工业品出口占比上升时，印度已经微不足道的工业品出口却下降了。"[②] 在苏联计划经济模式无法实现印度经济发展的事实面前，印度在20世纪90年代中展开全球化、自由化和私有化改革，这一政策贯穿了10年。

第三，印度与沙特关系调整是以印美关系调整为大背景的。海

[①] 赵干城：《印度大国地位与大国外交》，上海人民出版社2009年版，第158页。
[②] ［美］芭芭拉·D.梅特卡夫等：《剑桥现代印度史》，李亚兰等译，新星出版社2019年版，第284页。

湾战争结束后，美国不仅奠定了它作为全球唯一霸主的地位，也塑造了其作为中东秩序"掌舵人"的地位。虽然冷战期间美印之间有过各种矛盾和分歧，但在拉奥政府的"经济外交"和"全方位外交"中，美国都是印度必须争取友谊、寻求合作并获得帮助的对象。沙特自"二战"开始就一直是美国在中东的盟友、伙伴和随从，用石油美元换取美国的安全保护。印美关系的逐步缓和与改善使得印沙关系的发展变得更为通畅。

20 世纪 70—90 年代，印度与沙特的双边政治关系总体趋向缓和，但外交成果较少。20 世纪 70 年代双边政治关系中的重大事件主要是印度总统阿里·艾哈迈德于 1975 年 3 月前往沙特参加费萨尔国王的葬礼。这是印度总统第一次参加其他国家元首的葬礼，一般情况下印度的惯例都是由副总统或者高级内阁部长参与此类活动。当时人们称之为"葬礼外交"，这么高规格的出席体现出印度对沙特的重视。但此次出访活动是礼仪性的，并非国事访问，也没有产生有价值的外交成果。

20 世纪 80 年代主要的双边外交成就是 1982 年 4 月英·甘地访问沙特，这是时隔 26 年的元首访问，也是甘地家族第二位访问沙特的领导人。在访问中，英·甘地向沙特国王解释印度有意改善与巴基斯坦和孟加拉国的关系，促进南亚稳定，同时她还高度赞扬法赫德国王在解决巴以问题上提出的和平计划。"我们欢迎您的提议，这和我们的基本原则一致。"[①] "她的访问为发展更好的印度和沙特关系铺平道路，也开启双边关系的新时期。"[②] 英·甘地访问的成果在于缓解印度和沙特之间长期的误解与分歧，释放建立

[①] A. K. Pasha ed., *India and the GCC States: Historical, Geopolitical, and Strategic Perspective*, Delhi: Wisdom Publications, 2014, p. 237.

[②] A. K. Pasha ed., *India's Political and Foreign Relations with the Gulf Region*, Delhi: Wisdom Publications, 2014, p. 319.

良好政治关系的信号，虽然它并未签署有价值、有分量的双边条约或协议，但确实为低谷中的两国关系开启"回暖"的大门，因此可以被视为印沙关系的历史性转折点。印度与沙特之间重要的外交访问还有1981年沙特外长费萨尔王子到访印度，1994年印度财政部部长曼莫汉·辛格访问沙特，1996年王储阿卜杜拉·本·阿卜杜勒—阿齐兹访问印度。

20世纪70—90年代，印度与沙特经济和政治关系不断改善和提升的过程中，也曾多次出现过矛盾。除了巴基斯坦和穆斯林问题这两个双边关系中的长期摩擦点，1989年的克什米尔武装冲突、印度在海湾战争中的中立立场、1992年的巴布里清真寺事件都造成双边关系的紧张。

值得注意的是，巴基斯坦因素和两极格局是冷战期间持续影响印度沙特关系的两大干扰原因。1947年印巴分治后，沙特和巴基斯坦的关系一直是阻碍印沙关系的主要因素。自巴基斯坦建国后，它就和沙特保持良好的外交关系，长期得到沙特的财政支持，沙特在克什米尔问题上、两次印巴战争中、伊斯兰会议组织的拉巴特峰会上公开支持巴基斯坦。1953年，阿齐兹国王访问巴基斯坦，公开表示在克什米尔问题上支持巴基斯坦。1955年，巴基斯坦加入巴格达条约组织后，两国关系一度跌入低谷。费萨尔王子和阿齐兹国王访问印度很重要的原因就是向巴基斯坦表达沙特的愤怒。在1965年第二次印巴战争中，沙特谴责印度是侵略者；1971年的孟加拉国独立战争中，沙特在联合国强调这是巴基斯坦的内部事务，外国无权干涉。1969年的拉巴特会议上，沙特响应巴基斯坦号召，取消已参会印度的参会资格。1971年之后的伊斯兰会议组织历次峰会上，巴基斯坦都借助沙特的支持，通过决议支持巴基斯坦在克什米尔问题上的立场。自20世纪70年代开始，沙特开始加强与巴基斯坦的军事合作,尤其是资助巴基斯坦发展军事力量。不仅大量巴基斯坦军人受雇加入沙特军队,沙特还帮助支付巴基斯坦的对美军购。英·甘地访问时就曾提出沙特停止帮助巴基斯坦购买美国 F-16 战斗机。巴基斯坦总统齐亚·哈克称,如果沙特的安全受到威胁,巴基斯坦将提供帮助,他将亲自带领巴基斯坦军队保卫沙特。[①] 1994 年,沙特在联合国支持巴基斯坦提出的印度在克什米尔和查谟地区侵犯人权的提案。

两极格局是影响印沙关系的主要结构性因素,冷战期间印度似乎总是站到沙特的"对立面"上。首先,印度与阿拉伯世界共和制国家的友好关系阻碍印沙关系的发展。印度独立后采取不结盟政策,推动不结盟运动发展。不结盟政策是印度视角中广大发展中国家摆脱美苏两极争霸,谋求独立和发展的道路。在这一运动中,印度与埃及建立良好的合作关系,尼赫鲁和埃及总统纳赛尔更是在国际、地区问题上取得大量共识,产生了可贵的友谊。沙特方面,在 1957 年阿齐兹国王访美后,沙特的外交政策向美国靠拢,沙特与埃及逐渐疏远。同时沙特对埃及的阿拉伯民族主义政策、社会主义色彩的计划经济、埃及和苏联的军事合作等深为不满。在这样的情况下,同为不结盟运动的成员国,印度支持埃及,沙特支持巴基斯坦,这种分裂和隐形的对峙一直持续到 20 世纪 80 年代初。另外,印度与叙利亚、伊拉克、也门的关系也令沙特不快。

其次,在美苏争霸格局中,沙特成为美国的盟友,而印度多多少少倾向于苏联。这成为影响印沙关系,尤其是发展政治关系的重要障碍。沙特投靠美国与印度亲近苏联成为双方关系中的隐形

[①] A. K. Pasha ed., *India and the Gulf Region: Maritime History, Trade, Security and Political Reforms*, Delhi: Wisdom Publications, 2014, pp. 137 – 138.

但又重要的"芥蒂"。一方面，自20世纪50年代开始，美国、巴基斯坦、沙特三国的关系日渐紧密。美国向沙特提供安全保障，沙特和伊朗在20世纪80年代前都是美国在中东的重要盟友。巴基斯坦成为美国在南亚的重要盟友和阻止苏联进入南亚的战略支撑。沙特成为巴基斯坦的"金主"，成为它在阿拉伯世界和伊斯兰会议组织上的重要支持者。巴基斯坦则愿意为沙特提供军事力量和安全保障，双方有着全面和深入的军事合作关系。另一方面，即出于现实主义和利益诉求的考量，印度和苏联的关系取得实质性的进展。虽然印度坚持高举不结盟政策大旗，但从1953年开始，印苏关系开始向着"准盟友"方向发展。除了得到苏联大量军事、经济和技术援助，1971年8月，双方签署带有军事联盟性质的印苏和平友好合作条约。印度还学习和效仿苏联的计划经济模式，制定五年发展计划。这种情况下，两国关系多少有一些"道不同不相为谋"的意味和"各站一边遥相望"的距离感。

20世纪70—90年代，印度与沙特的经济关系得到稳步发展，在贸易规模、投资、工程项目承包等领域都取得显著成绩，同时印度劳工的人数和侨汇的规模也逐年增加。

1981年4月，印度和沙特签署经济和技术合作协定，共同筹建联合委员会，负责促进两国经济和科技合作。建立委员会的初衷在于"印度的技术、人力资源与沙特的资金可以有效推动南南合作"①。此后，该委员会分别在1983年、1986年、1991年、1996年在两国境内轮流召开。1990年印度从沙特进口289.7亿卢比，出口41.8亿卢比②。到1999年时，印度和沙特的贸易总额达

---

① Bhabani Sen Gupta ed., *The Persian Gulf and South Asia: Prospects and Problems of Interregional Cooperation*, New Delhi: South Asian Publishers, 1987, pp. 227–228.

② 1990年，美元：卢比的汇率为1:17—18。

到37.5亿美元①，其中印度出口7.5亿美元，进口30亿美元。

20世纪80年代初，印度公司参与沙特的建设和工程项目总金额达到4亿美元，赢得天然气发电站、高压线和变电站、利雅得大学、全球连锁酒店等大型电力设施项目和基建项目。沙特对印度在发电站和远程电力输送设施建设方面的能力有较高的评价，巴拉特重型电气有限公司单独获得吉赞河谷的电气化项目，印度疏浚公司参与延布港的管理工作，印度工程项目有限公司获得吉达港储油罐建设项目。

在第五个五年计划（1976—1979年）中，沙特向印度提供1.32亿美元贷款。1977年，印度向安得拉邦的斯里赛拉姆和纳佳遒纳·萨加尔电站项目提供7.5亿卢比低息贷款，向比哈儿邦的寇尔·哈罗水电站提供3200万美元的贷款，还向拉贾斯坦邦的运河一期项目提供9亿卢比的贷款。1983年，向科拉普特铁路项目贷款1.72亿卢比。1985年3月，印度和沙特签署发展贷款，总额达到5000万美元，用于拉马贡丹电站的二期项目。1987年，向孟买新港提供5亿卢比贷款。到1996年，沙特发展基金向印度提供15.2亿卢比的低息贷款。

三　21世纪印度与沙特关系的新发展

进入21世纪后，印度和沙特的关系保持了20世纪90年代的良好发展势头，沙特成为印度在波斯湾地区的重要伙伴。经过2006年沙特国王阿卜杜拉、2010年印度总理辛格、2016年印度总理莫迪三次高访，双方的政治、经济、安全和文化联系得到全面发展，尤其是莫迪继任总理后，印度谋求与沙特建立战略伙伴

---

① I. P. Khosla ed., *India and the Gulf*, New Delhi: Konark Pubilshers, 2009, p. 125.

关系，双方在各个领域的互动和新成果不断涌现。"利雅得和新德里都认为，他们在维护和促进该地区的和平与稳定方面有共同利益。"①

第一，政治方面，2006年沙特国王访问和2010年印度总理访问分别签署《德里宣言》和《利雅得宣言》，这是两份确定印沙双边友好关系的重要文件。2006年1月26日，阿卜杜拉国王受邀访印，并作为当年印度国庆日的特邀嘉宾。这是沙特王国首次享有此等殊荣，也是波斯湾地区国家第一个享受此等殊荣的元首，更是相隔51年后沙特国王的再次访问。访问中，两国签署四个合作协议，涉及投资、避免双重征税、打击犯罪、加强青年交往与体育合作。

2010年2月，辛格总理受邀对沙特进行为期三天的访问，卫生和家庭福利部部长、石油和天然气部部长、商业和工业部部长、外交部部长随团访问。会谈中，辛格向沙特介绍印巴关系、对巴以问题的立场和对伊核危机的看法，双方签署10项双边协议，包括移交罪犯、文化合作、和平使用外层空间、联合科研等，并共同发表《利雅得宣言》。"《利雅得宣言》被两国称为加强关系的战略伙伴关系的新时代。"② 自2010年辛格访问开始，印沙关系开始向战略伙伴关系转型。2014年，时任王储、沙特副首相兼国防大臣萨勒曼王子对印度的访问进一步深化了两国关系。

2016年4月，莫迪总理访问沙特。"访问中，莫迪表达深化与沙特关系的强烈愿望，尤其强调加强双边贸易、投资、安全和战

---

① Zakir Hussain, "Prime Minister Modi's Visit to Saudi Arabia: New Dawn in Bilateral Relation," Indian Council of World Affairs, 2016, p. 1.
② A. K. Pasha ed., *India and the GCC States: Historical, Geopolitical and Strategic Perspective*, Delhi: Wisdom Publications, 2014, p. 256.

略合作。"① 萨勒曼国王授予莫迪"阿卜杜拉·阿齐兹勋章",这是沙特国内最高级别的民事奖章。莫迪则赠送国王一个7世纪由阿拉伯人在喀拉拉邦建成的清真寺的镀金模型。此次访问旨在加强印度和沙特间能源、贸易和安全领域的合作。莫迪称:"我们正在从纯粹的买卖关系转向更紧密的战略伙伴关系,其中包括沙特对下游石油和天然气项目的投资。"两国在联合声明中称:"双方能够更好地了解和理解彼此的关切和观点,认识到海湾地区和印度次大陆的稳定与安全之间的密切联系,以及为该地区各国的发展维持安全与和平环境的必要性……两国领导人认识到印度和沙特正在进行的经济积极转型,强调扩大贸易和投资联系对推动战略接触的重要性。"② 2019年2月,受卡舒吉事件困扰的小萨勒曼王储访问,得到莫迪总理的热烈欢迎。双方在联合声明中强烈谴责在查谟和克什米尔普尔瓦马发生的恐怖袭击。

2019年10月28—29日,应萨勒曼国王的邀请,莫迪总理访问沙特,访问期间两国签署《印度沙特阿拉伯战略伙伴关系委员会协议》,确定印度为"沙特2030愿景"的战略伙伴国家,并设立高层领导级别的战略伙伴关系委员会。访问期间,双方签署了12份协议或谅解备忘录,涉及能源、安全、打击毒品走私、国防生产、民航、医疗产品、战略石油储备、中小产业、外交官培训合作、证券交易所合作等领域。"战略伙伴关系委员会下设两个委员会,分别是政治、安全、社会和文化、经济与投资委员会。每个委

---

① P. R. Kumaraswamy and Meena Singh Roy eds. , *Persian Gulf*, *2016–2017*, New York: SAGE Pulications, 2018, p. 143.
② Government of India, Ministry of External Affairs, "India-Saudi Arabia Joint Statement during PM Modi's Saudi visit," April 4, 2016, https: //www. mea. gov. in/bilateral-documents. htm? dtl/26595/IndiaSaudi + Arabia + Joint + Statement + during + the + visit + of + Prime + Minister + to + Saudi + Arabia + April + 03 + 2016.

员会又分为四个层级：1. 最高级（总理和王储），2. 部长级，3. 高级官员级，4. 联合工作组。每个联合工作组又下设四个专项委员会。政治工作组下设政治与领事、法律与安全、社会与文化、防务合作共四个委员会。经济工作组下设农业与粮食安全、能源、技术和信息技术、工业与基础设施四个委员会。"[1] 委员会的精细设置反映出印度对印沙合作的高度重视。新冠疫情暴发后，印度和沙特加强抗疫合作，主要在药品、医疗方面，沙特阿拉伯为包括数百万印度人在内的大量外籍人口提供免费医疗，超过1500名印度医护人员在疫情期间前往沙特提供援助。

第二，经济方面，印度和沙特都非常重视经贸关系发展，并建立各种制度性框架，尝试解决各种问题。双边贸易规模总体上持续稳定增长，其中能源关系一直是双边经济关系的"主干"；非能源经贸关系增长稳定但规模有限，导致双边经济关系长期处于逆差状态；投资关系规模较小，增长缓慢，拓展难度较大。

2009年，沙特和印度建立商业委员会，按规定每年举行一次会议。2016年，两国发表有关贸易投资问题的联合声明：两国领导人强调扩展贸易和投资关系的重要性，希望借此推动两国战略伙伴关系。他们商定由两国的财政和贸易部合作寻找提升经贸水平的办法，以便从根本上提升两国投资和贸易关系。[2] 印度国内高度重视沙特市场，各行业与各层级的代表团接连不断地访问沙特。例如2012年访问的行业代表团就有旅游业代表团、珠宝业代表团、

---

[1] Government of India, Ministry of External Affairs, "India-Saudi Arabia Bilateral Relations," February 2022, https://mea.gov.in/Portal/ForeignRelation/India-Saudi_Arabia__1_.pdf.

[2] Government of India, Ministry of External Affairs of India, "India-Saudi Arabia Joint Statement during the visit of Prime Minister to Saudi Arabia," April 3, 2016, https://www.mea.gov.in/bilateral-documents.htm? dtl/26595/IndiaSaudi + Arabi.

香料出口代表团、贸促会代表团等。

2002年，印度沙特双边贸易额为50亿美元。2005年，沙特是印度的第13大出口目的地国；印度则是沙特商品的第四大市场和第10大进口来源地。印度进口沙特的商品，除了石油，还有化工产品、化肥、塑料、橡胶、干果、坚果、珍珠、五金制品等。印度出口的产品主要是动物和奶制品、谷物、棉花、石化产品、纺织品、机械等。2009年，沙特成为印度的第四大贸易伙伴，也是仅次于阿联酋的海湾地区第二大贸易伙伴。2009年，两国贸易总额达到210.0亿美元（见表5.1）。2012年，双边贸易总额增至439.1亿美元。2014—2015年，受全球石油价格下跌的影响，双边贸易额也同步下滑。2016年，双边贸易额跌至250.8亿美元（见表5.2）。2016年，沙特是仅次于中国、美国、阿联酋的第四大贸易伙伴，也是印度出口的第八大市场。[1] 同年，印度是沙特的第四大出口市场和第七大进口来源地。2019年后，受新冠疫情影响，印度经济发展速度减缓，两国经贸关系再度出现下滑趋势。

表5.1　　　　2007—2012年印度沙特双边贸易额　　　（单位：亿美元）

	2007年	2008年	2009年	2010年	2011年	2012年
印度出口	37.1	51.1	39.0	46.8	56.8	97.8
印度进口	194.7	199.7	170.9	203.8	318.2	342.3
总额	231.8	250.8	210.0	250.6	375.0	439.1

资料来源：Rumel Dahiya, *Developments in the Gulf Region, Prospects and Challenges for India in the Next Two Decades*, New Delhi: Pentagon Press, 2014, p. 103。

---

[1] Government of India, Ministry of External Affairs, "India-Saudi Relations," July 2016, https://www.mea.gov.in/Portal/ForeignRelation/Saudi_July_2016.pdf.

表 5.2　　　　　2015—2020 年印度沙特双边贸易额　　（单位：亿美元）

	2015 年	2016 年	2017 年	2018 年	2019 年	2020 年
印度出口	63.9	51.3	54.1	55.5	62.4	58.5
印度进口	203.2	199.4	220.6	284.8	268.4	161.9
总额	267.1	250.8	274.8	340.3	330.7	220.4

资料来源：Government of India, Ministry of External Affairs, "India-Saudi Arabia Bilateral Relations," February, 2022, https://mea.gov.in/Portal/ForeignRelation/India-Saudi_Arabia__1_.pdf。

能源关系是双方经济关系的"主干"，多年来，印度与沙特的能源进口规模稳步上升，能源领域合作不断深化。印度进口沙特石油总体呈上升趋势，其中 2014 年和 2015 年受全球油价下滑的影响，印度的进口额同步下滑，但沙特石油在印度石油进口的占比基本保持稳定。2005 年，印度日均进口沙特石油 50 万桶，全年进口总量达到 2400 万桶，占印度进口石油总量的 1/4。2010 年，辛格总理访问期间，沙特向印度保证现在和将来对印度的能源供给。2008 年，印度进口沙特石油 183.86 亿美元，占进口总额的 17.7%。2011 年，印度进口沙特石油总额达到 279.4 亿美元，占进口总额的 16.2%。2015 年，印度进口沙特石油总额下降至 151.8 亿美元，占进口总额的 15.7%。2020 年，印度进口沙特石油 3760 万吨，占进口总量的 18.4%，沙特成为印度第二大石油进口来源国。[1] 2016 年莫迪访问后，印度石油天然气部部长达尔门德拉·普拉丹汉率团访问沙特，与阿美石油公司主席、沙特石化部副部长讨论投资石油、天然气、石化、开采和生产方面的投资

---

[1] BP, "Statistical Review of World Energy," 2021, https://www.bp.com/content/dam/bp/business-sites/en/global/corporate/pdfs/energy-economics/statistical-review/bp-sta ts-review-2021-full-report.pdf.

问题。2019 年，沙特石油也被纳入印度石油战略储备。目前，印度国内购买沙特石油的主要石化企业有：印度石油公司、巴拉特石油公司、印度斯坦石油公司和芒格洛尔炼油厂和石化有限公司。

  印度和沙特的投资关系表现为印度对沙特直接投资远远领先于沙特对印度的投资。在 2016 年世界银行的全球营商环境排名中，沙特和印度分别位列第 82 位和第 130 位；到 2018 年，两国的排位分别是第 92 位和第 100 位。相比较而言，沙特的投资环境和投资回报率显著高于印度，因而对印度的投资兴趣较小。"2005 年 4 月，印度在沙特投资获批总额为 4.11 亿美元，涉及 42 个项目。另外还有 40 个非工业项目，涉及总额 5620 万美元，使得对沙投资总额达到 4.67 亿美元"①，截至 2021 年 10 月，有 745 家印度公司注册为合资企业或独资实体，在沙特的投资价值约 20 亿美元，涉及的行业包括管理和咨询服务、建筑项目、电信、信息技术、金融服务和软件开发、制药等②。印度著名的企业如塔塔集团、拉森特博洛集团、印度电信咨询有限公司等都在沙特开设分公司。

  印度多年来一直致力于吸引沙特的投资，但始终效果不佳。从 2000 年 4 月至 2012 年 10 月，沙特在印度投资额为 4082 万美元。"沙特在印度的外国直接投资中排名 45 位，占外国直接投资总额的 0.02%。"③ 其中，2011 年沙特直接投资总额为 70 万美元；2012 年沙特投资总额增长最明显，当年投资总额 713 万美元；

---

  ① A. K. Pasha ed. , *India's Political and Foreign Relations with the Gulf Region*, Delhi: Wisdom Publications, 2014, p. 322.

  ② Government of India, Ministry of External Affairs, "India-Saudi Arabia Bilateral Relations," February 2022, https://mea.gov.in/Portal/ForeignRelation/India-Saudi_Arabia_1_.pdf.

  ③ Government of India, Ministry of Commence and Industry, *Factsheet on FDI: From April 2000 to October 2012*, October 2012.

2015年和2016年分别为866万美元和1611万美元。沙特投资的领域主要集中在造纸业、化学制品、电脑软件、编程、机械制造、水泥、冶金业等。2020年,沙特阿拉伯公共投资基金宣布向信实工业公司下属的Jio数字平台投资14.9亿美元(占股2.32%),向信实零售投资有限公司投资13亿美元(占股2.04%)。在食品领域,当年沙特农业和畜牧业投资公司以1723万美元的投资收购达瓦特食品有限公司29.91%的股份。另外,沙特阿美石油公司还就收购信实公司石化部门20%股份和参与西海岸炼厂投资项目与印度进行磋商。自2000年4月至2021年12月,沙特对印度直接投资总额31.39亿美元,占投资总额的0.55%,居第18位,在中东与海合会国家中,居第二位。[1] "整体来看,沙特对印度的直接投资75%都是2014年后进入印度的。"[2] 印度同时希望沙特可以投资国内的农业、基础设施建设、制造业、制药和能源行业。

"印度与沙特的双向投资在双边关系中虽然占比较小,但是在塑造双边关系和各国的经济增长与发展中扮演着重要的角色。"[3] 印沙联合商业委员会主席阿卜杜拉·比哈称,"两国政府为推动两国商业的便利化做了许多工作,但商业交往的水平还没有达到我们预期的目标"[4]。2013年3月,他访问印度时称:"沙特向印度商人提供总价值为6250亿美元的机会,涉及基础设施建设、石化、

---

[1] Government of India, Ministry of Commence and Industry, *Factsheet on FDI: From April 2000 to December 2021*, December 2021, p. 6.
[2] P. R. Kumaraswamy and Muddassir Manjari Singh ed., *Persian Gulf 2018*, New Dehli: Palgrave Macmillan, 2019, p. 180.
[3] P. R. Kumaraswamy ed., *Persian Gulf 2013*, California: SAGE Pulications, 2014, p. 202.
[4] P. K. Abdul Ghafour, "KSA offers India $625 Bn Investmen Opportunities," *Arab News*, April 15, 2013, http://www.arabnews.com/saudi-arabia/ksa-offers-india-625-bn-investment-opportunities.

电力、IT、旅游业、天然气生产、农业和教育。"① 2014 年，莫迪政府上台后，印度希望沙特大型公司来印度投资，如沙特阿美石油公司、沙特基础工业公司等。"沙特的公司表达了对印度基础设施进行投资的愿望，例如铁路、港口、道路。印度则想要吸引沙特主权财富基金的投资。"②"随着印度政府放宽国防、娱乐、汽车等领域的外国直接投资标准，加上商品服务税的实施，印度的商业环境变得更加有利于外国投资。"③ 莫迪政府提出的诸如"印度制造""数字印度""智慧城市""启动印度"和"技能印度"等新倡议都为沙特提供了巨大的投资空间。

第三，军事与安全方面，军事与安全合作属于高级政治，是两国关系发展到一定阶段和层次的结果。印度和沙特在这方面的合作起步较晚，到 21 世纪后才有实质性的进展。21 世纪初，沙特对印度和伊朗的军事合作表示担忧，尤其是 2003 年印沙军事合作协定中涉及装备调整、人员培训、联合军事演习等诸多内容。从印度的角度看，"阿拉伯半岛的安全和稳定与南亚的安全密切相关，因此印度高度重视与沙特在国内安全和地区安全方面的合作关系"④。印度认为沙特是地区安全的中心，双边安全合作将有利于

---

① P. K. Abdul Ghafour, "KSA offers India ＄625 Bn Investmen Opportunities," *Arab News*, April 15, 2013, http://www.arabnews.com/saudi-arabia/ksa-offers-india-625-bn-investment-opportunities.

② P. R. Kumaraswamy and Meena Singh Roy eds., *Persian Gulf 2016 - 2017*, New York: SAGE Pulications, 2018, p. 145.

③ Zakir Hussain, "India-Saudi Arabia Relations: New Bilateral Dynamics," April 25, 2017, https://www.mei.edu/publications/india-saudi-arabia-relations-new-bilateral-dynamics#_ftn2.

④ "Opening Statement by External Affairs Minister at Joint Press Conference with Foreign Minister of Kingdom of Saudi Arabia, in Jeddah," May 25, 2013, https://view.officeapps.live.com/op/view.aspx? src = https% 3A% 2F% 2Fmea.gov.in% 2FPortal% 2FCountryNews% 2F795_ Opening_ Statement_ of_ EAM_ at_ Joint_ Press_ Conference_ at_ Jeddah_ on_ May_ 24_ with_ Saudi_ FM. doc.

地区安全和应对共同的恐怖主义威胁。① 在2013年"麦纳麦对话会"上,印度外交部部长萨勒曼·库尔希德称:"印度有能力也有意愿不仅保护自己的海岸线和岛屿,也将致力于整个印度洋地区海上交通线的开放与安全运输。"②

2001年5月,印度国防学院出访沙特,这是该学院时隔十年后第一次访问沙特,也预示着新世纪双边军事合作的开始。2012年2月,印度国防部部长安东尼访问沙特,这是印度防长历史上对沙特的首次访问,也是两国军事合作发展历程中的标志性事件,两国商定进一步推动国防合作,其中也包括反恐合作。双方同意建立联合委员会讨论未来军事合作的路线图,印度同意帮助沙特建立一座山地作战学院,印度和沙特还计划在红海与波斯湾进行联合军事演习。9月,第一次防务合作联合委员会在新德里召开,双方同意重点加强国防交流和武装力量的互访,此后委员会于2016年、2017年和2019年举行三次会议。2014年2月,时任沙特王储的萨勒曼·本·阿卜杜勒·阿齐兹国王访问印度期间签署了防务合作谅解备忘录。沙特副总理兼国防大臣是加强两国战略伙伴关系的重要里程碑。两国领导人一致认为,应加强双边防务合作,开展军事人员和专家互访、联合军事演习、舰艇和飞机互访、武器弹药供应和联合研制等。双方还欢迎防务合作联合委员会决定在利雅得召开第二次会议,以跟进莫迪总理的访问。其中,

---

① "Opening Statement by External Affairs Minister at Joint Press Conference with Foreign Minister of Kingdom of Saudi Arabia, in Jeddah," May 25, 2013, https://view.officeapps.live.com/op/view.aspx?src=https%3A%2F%2Fmea.gov.in%2FPortal%2FCountryNews%2F795_Opening_Statement_of_EAM_at_Joint_Press_Conference_at_Jeddah_on_May_24_with_Saudi_FM.doc.

② Indrani Bagchi, "Can India Take on a Bigger Role in the Persian Gulf?" *The Times of India*, December 14, 2013, https://timesofindia.indiatimes.com/india/Can-India-take-on-a-bigger-role-in-the-Persian-Gulf/articleshow/27363253.cms.

武器弹药供应是以往双边军事合作中未曾触及的领域,预示着两国军事合作领域的再度拓宽和深化。2017年11月,印沙防务合作联合委员会第三次会议在新德里召开,沙特派出12人军事代表团。会谈商定沙特皇家卫队军官将在印度国防研究院、国防参谋学院、国防学院接受培训。沙特将在印度国防研究院有三个长期职位,并于12月开始接受第一批沙特学员。另外,印度军舰在打击海盗的巡航和护航行动中先后访问红海的吉达港与波斯湾的朱拜勒港,与沙特海军进行深入的交流。2018年2月,印度参谋长委员会主席苏尼尔·兰巴访问沙特,参观海军作战中心、海军消防和救援学校,以及位于吉达的西部舰队。2020年2月,印度海岸警卫队军舰访问沙特。

"进入21世纪后,沙特和印度都面对程度不同的恐怖主义与跨国犯罪的问题,例如洗钱、毒品和军火走私。"[1] 反恐问题成为印度和沙特合作的新领域。"9·11"事件前,受宗教、穆斯林、巴基斯坦等因素的影响,印度和沙特两国在反对极端和恐怖主义方面难以达成共识。"9·11"事件后,以"基地"组织和2014年出现的"伊斯兰国"为代表的恐怖主义组织威胁全球安全,印度和沙特都成为其受害者,双方在反恐问题上的立场渐趋一致。2001年,沙特主动谴责针对印度议会的恐袭事件。但是,印度和沙特在恐怖主义组织的认定与恐怖主义的概念上仍存在分歧。

2005年,沙特国王阿卜杜拉访问印度期间向印度总理辛格保证:沙特已经向恐怖主义宣战,并将持续进行反恐战争。国王明确提出:"(反恐战争)是一场长期斗争,必须争取最后的全面胜利。沙特反对任何形式对恐怖主义的支持,不管它是财政支持还

---

[1] A. K. Pasha ed., *India and the Gulf Region: Maritime History, Trade, Security and Political Reforms*, Delhi: Wisdom Publications, 2014, p. 145.

是道德支持。"① 2005年8月,沙特批准印度国家银行在吉达建立分行。这是经过多年的拖延后,两国金融方面合作的重大突破。允许印度国家银行进入沙特的重要原因是两国想要分流哈瓦拉系统在两国金融中的资金流,降低这种脱离国际金融组织和两国政府监控的金融渠道在双边经济关系中的占比,也更为有效地压缩恐怖主义组织金融往来的空间。2006年,印沙两国签署反恐备忘录,双方商定在打击恐怖主义、洗钱、贩毒和武器走私等方面加强合作。这份协议为两国推动和扩展反恐合作奠定了坚实的基础,也规划了路线图。2010年,辛格总理访问沙特时称,恐怖主义是和平、稳定和两国发展的最大威胁。国际社会应当努力维护多元价值观、和平共存和法治。所有的海合会成员国都理解印度在极端主义和恐怖主义问题上的忧虑。印度反对将某种宗教与对平民实施恐怖暴力行动挂钩。② 辛格强调:"印度和沙特是打击极端主义和恐怖主义的坚强盟友,两国将致力于维护世界和平与安全。"③ 2012年6月,沙特遣返2008年孟买恐怖袭击嫌犯安萨里,10月沙特又遣返了两名印度通缉的恐怖分子。

　　2014年,莫迪总理访问沙特期间,两国再次强调反恐合作问题,双方强烈谴责一切形式和表现的恐怖主义现象,不论肇事者是谁及其动机如何。印度和沙特两国再次明确提出,极端主义和恐怖主义威胁着所有国家和社会;双方拒绝任何将这种现象与任何特定种族、宗教或文化联系起来的企图;呼吁所有国家拒绝对

---

① A. K. Pasha ed., *India and the Gulf Region: Maritime History, Trade, Security and Political Reforms*, Delhi: Wisdom Publications, 2014, p. 145.
② A. K. Pasha ed., *India and the GCC States: Historical, Geopolitical, and Strategic Perspective*, Delhi: Wisdom Publications, 2014, p. 249.
③ Manmohan Singh, "PM's Interview with Saudi Journalists," https://archivepmo.nic.in/drmanmohansingh/interview-details.php?nodeid=3.

其他国家使用恐怖主义，摧毁恐怖主义基础设施，切断对恐怖分子在其领土上对其他国家实施恐怖主义活动的任何支持和资助，并将恐怖主义的作恶者绳之以法。为此，印度和沙特将加强在反恐行动、情报共享和能力建设、反洗钱、贩毒等跨国犯罪领域的合作，签署关于在洗钱、相关犯罪和恐怖主义融资方面交换情报合作的谅解备忘录，对非法资金转移采取行动。2016年1月和9月，沙特谴责巴基斯坦恐怖分子从巴控克什米尔地区进入印度造成帕坦科特与乌里恐怖袭击事件。2017年6月和11月，印度先后谴责麦加恐怖袭击事件和也门导弹袭击事件。

第四，穆斯林朝觐和瓦哈比宣教是印度与沙特宗教关系中的主要问题。进入21世纪后，印度的朝觐人数有着明显的提升。20世纪90年代末，每年"大朝"期间前往沙特朝觐的印度人多达10万人，前往沙特进行"副朝"的也有数千人。到2010年，印度前往沙特进行"大朝"的人数达到17万人。印度国内在控制朝觐人数上出现了不同声音，最高法院在2011年提出限制以VIP身份进行朝觐的人数，认为这是一种资源浪费和错误的宗教行为。同时它也要求政府减少对朝觐者的补贴。印度朝觐委员会则选择沙特航空为朝觐指定航空公司，停止印度航空参与朝觐运输业务，借此控制朝觐人数。2013年，印度外长艾哈迈德率领朝觐代表团访问沙特，与沙特朝觐部部长班达尔·哈贾尔会谈，并签署朝觐合作协议。2016年，朝觐人数下降至13.5万人。2017年和2018年，朝觐人数再度恢复到17万人的规模。去沙特朝觐大约70%的人是由印度朝觐委员会安排组织的，30%的人是个人独立出行。另外，每年前往沙特进行"副朝"的人数迅猛增加，提升到了30万人。新冠疫情暴发后，沙特于2020年暂停海外朝觐，2021年将海外朝觐人数压缩至6万人。印度穆斯林的朝觐也受到影响。

20世纪70年代末以来,沙特在伊斯兰世界中寻求领导者的地位,在东南亚、南亚、中亚和中东区内资助瓦哈比宣教,通过提供教材、扩大留学名额、人员培训、经费支持等多种方式提升瓦哈比主义和沙特在伊斯兰世界中的地位,借此与以伊朗为代表的什叶派伊斯兰复兴主义和以穆兄会为代表的逊尼派伊斯兰复兴主义争夺伊斯兰世界的话语权与宗教权威地位。考虑到沙巴关系、"阿富汗圣战"、印巴冲突等因素,南亚次大陆自然而然地成为沙特宣教的重要方向。沙特的宗教教育和宗教资助对沙特瓦哈比主义在巴基斯坦的发展起到决定性的作用,同时也渗透到印度国内,使得印度面临境内和境外双重的压力。印度对沙特的宗教活动与宗教资助非常不满,双方在宣教和宗教渗透方面始终存在较大的争议和分歧。在印度看来,"沙特阿拉伯应该控制流向印度和其他机构的资金,尤其是神学院。沙特还应该对资金使用的透明度做出强制性要求,要求任何向其寻求资金的印度机构都要透明。沙特应该与印度分享这些信息。沙特还需要控制私人慈善机构和个人捐赠者,并允许印度获取这些资助印度机构的私人机构的信息"[1]。多年来,在逐步减少宗教教育和资助方面的投入和增加此类经济资助信息开放度问题上,印沙之间未能达成一致。这是印沙关系之中不便明言的"隐痛"。

第二节 印度与阿联酋关系

阿联酋,全称阿拉伯联合酋长国,领土面积8.36万平方千米。它位于阿拉伯半岛北部,北濒波斯湾,海岸线长734千米,西和南

---

[1] Zakir Hussain, *Prime Minister Modi's Visit to Saudi Arabia: New Dawn in Bilateral Relation*, Indian Council of World Affairs Under Ministry of External Affairs, March 2016, p. 3.

两个方向与沙特阿拉伯交界，东和东北两个方向与阿曼毗连。阿联酋属热带沙漠气候，夏季（5—10月）炎热潮湿，气温40℃—50℃，冬季（11月—翌年4月）气温7℃—20℃，偶有沙暴，全年降水量约100毫米。

依据美国中央情报局国别报告，阿联酋2022年人口为991.5万人，2015年各国人口占比情况为：阿联酋本国人口只占11.6%，南亚人口占59.4%（印度人占38.2%，孟加拉国人占9.5%，巴基斯坦人占9.4%，其他南亚国家人占2.3%），埃及人占10.2%，菲律宾人占6.1%，其他国家人口占12.8%。阿联酋以逊尼派穆斯林为主体，其他宗教群体还有什叶派、基督徒、犹太人、巴哈伊教徒、德鲁兹教徒等①。阿联酋由阿布扎比、迪拜、哈伊马角、富查伊拉、阿治曼、沙迦和乌姆盖万七个酋长国组成。阿布扎比的酋长任总统，迪拜酋长任副总统。

一 阿联酋建国前的双边关系

阿联酋建国前，印度与阿联酋关系以20世纪30年代作为分界线，其变化主要表现在阿联酋传统的采珠业衰败与其带来的印度商人社团在阿联酋各酋长国地位的下降。20世纪30年代之前，印度商人在阿联酋拥有强大的经济、社会和政治影响力；20世纪30年代后，印度商人在社团规模上、经济影响力上逐步下降。石油开发使阿联酋经济获得新生，印度和印度商人此后的40年中未在这一领域获得资本、技术、人力资源的优势，使印度丧失与阿联酋延续数千年的紧密的经济捆绑和相互依赖关系。但是，印度卢比仍在阿联酋经济中扮演重要角色，这既得益于英国殖民统治区

---

① CIA, "The World Factbook：UAE," May 16, 2022, https://www.cia.gov/the-world-factbook/countries/united-arab-emirates/#people-and-society.

域内卢比作为英镑替补的货币地位,也得益于阿联酋长期使用卢比和对卢比的认可,但最根本的原因在于阿联酋未获得独立,没有发行本国货币的需求。

20世纪初,阿联酋尚未建国,当时该地区被称为"特鲁西尔国家",除了今天的阿联酋七个酋长国之外,还包括卡塔尔。文中为方便起见,20世纪初到1971年建国前的时间都使用阿联酋这个名字。

20世纪初,印度商人构成阿联酋最大的商人集团,也是除了当地阿拉伯部落之外的第一大社团。印度商人不仅掌握阿联酋各酋长国的采珠业,还掌握着零售业、金融业。因此,印度商人在当地代表着富有和权力,也代表着身份和地位。与此同时,大批印度行政官员与士兵充斥英国在波斯湾的殖民机构,成为英国落实殖民统治、加强军事存在的"肌肉"和"毛细血管",这也使印度人社团在波斯湾南岸享有特殊的政治地位与特权。19世纪,每年往返孟买和迪拜的蒸汽船只有四五艘,到1902年,往返的频次提升至每周一班。这一时期,印度卢比彻底击败奥斯曼土耳其的货币,成为仅次于英镑的通用货币。由于英镑价值偏高,因此卢比的使用频次更为普遍,是日常生活中的基础货币。

阿联酋是波斯湾中主要的采珠区,采珠业自公元前4000年就已兴盛起来,绵延至20世纪初。印度商人是近代以来波斯湾区内采珠业的"掌控者"。每年采珠季开始前,印度商人就借贷给采珠船主,让他们修理船只、雇佣采珠工、支付工资等。采珠季结束后,采珠船主将珍珠支付给印度商人。许多印度商人常驻阿联酋,每年放贷和收取珍珠,再运回印度加工;或者船主将珍珠直接运往印度销售。采珠业由当地的阿拉伯商人或者部落首领垄断，禁止外国人介入采珠环节，向印度商人交付或自行出售珍珠的盈利则用于在当地或印度市场上购买日用品与奢侈品。这是阿联酋与波斯湾南岸各地的经济循环模式。

20世纪初，有学者对印度在阿联酋从事采珠业的商人进行统计，其中印度教商人为194人，穆斯林商人为214人，合计408人（见表5.3）。[1]

表5.3　20世纪初特鲁西尔酋长国与采珠业有关的印度商人统计　　　（人）

	印度教商人	穆斯林商人	总数
阿布扎比	65	0	65
迪拜	67	23	90
乌姆盖万	11	0	11
哈伊马角	0	33	33
沙迦	51	158	209
总数	194	214	408

资料来源：J. G. Lorimere, *Gazetteer of the Persian Gulf, Oman and Central Arabia*, I Historical Part 2, Superintendent, Government Printing, Calcutta, 1970, pp. 2379 – 2384。

"20世纪初期，阿联酋拥有大量的采珠船：阿布扎比有410艘，沙迦有360艘，迪拜有335艘，乌姆盖万有70艘，哈伊马角有57艘，阿治曼有40艘。'特鲁西尔'海岸各国有7.2万人的当地人口，其中2.2万从事采珠业，占总人口的31%。"[2] 1929—1933年，世界经济危机和人工养殖珍珠技术成为打击波斯湾采珠业的两击"重拳"，波斯湾地区的采珠业遭到前所未有的重创，可

---

[1] Rupert Hay, *The Persian Gulf States*, Washington: Middle East Institute, 1959, p. 380.
[2] A. K. Pasha ed., *India's Political and Foreign Relations with the Gulf Region*, Delhi: Wisdom Publications, 2014, p. 133.

谓"一蹶不振"。1929年的经济危机是资本主义发展史上延续时间最长、波及范围最广、打击最为沉重的一次经济危机，企业破产倒闭的数目创造了有史以来的最高水平。这次危机的蔓延和持续成为"二战"爆发的主要经济原因。19世纪早期，日本商人御木本幸吉引进中国广西北海合浦珠母贝。1904年，日本成功地育成第一颗有核圆形海水珍珠，一时轰动世界。此后日本海水珍珠开始投入批量生产。与此同时，日本开始研究与探索养殖淡水珍珠技术并获得成功，尽管早期的日本淡水珍珠品质欠佳，但也成为国际珍珠市场上的"新秀"。

日本养殖珍珠的出现和量产重创波斯湾采珠业。"许多采珠船主宣布破产或者背负高额利息的欠债。"[1] 采珠业的衰落带来连锁反应，首先是财源枯竭导致当地经济整体恶化，这甚至引起英国殖民当局的注意和警惕。其次是印度商人与当地采珠船主的关系快速恶化。大批印度商人向英国当局施压，要求其施加影响督促当地商人偿付他们的欠债。"保护印度商人和他们的财产成为两次世界大战期间英国殖民当局介入各酋长国内部事务的主要原因。"[2] 英国殖民者要求各酋长担负起支付欠款的责任或者负责追讨欠款，例如，当地著名的信德商人查布里达斯·卜哈吉，"得到了阿布扎比酋长家族的帮助。谢赫·哈利发·本·扎耶德·阿勒纳哈扬给予他一片土地，并自费建造两座别墅，作为对他的经济补偿"[3]。

20世纪40年代以后，印度社团依然是当地首要的非阿拉伯人

---

[1] A. K. Pasha ed., *India's Political and Foreign Relations with the Gulf Region*, Delhi: Wisdom Publications, 2014, p. 135.

[2] A. K. Pasha ed., *India's Political and Foreign Relations with the Gulf Region*, Delhi: Wisdom Publications, 2014, p. 136.

[3] N. N. Vohra, *History, Culture and Society in India and West Asia*, Delhi: Shipra Publications, 2003, p. 130.

社团，印度商人的商业活动虽有衰败，但仍是当地主要的商业团体。不过，印度人的社会地位和政治权力明显不如往昔，20世纪50年代，印度人被排挤出各酋长国的市政委员会与酋长国间的协商会议，印度商人失去对当地事务上的发言权。

二 1971年到20世纪末的印度与阿联酋关系

1971年12月2日，阿联酋建国。独立未对印度与阿联酋两国关系造成不良的冲击，20世纪70—90年代末，印度和阿联酋的双边政治关系始终保持稳定，经济关系发展得也较为顺畅。在新的历史时期和条件下，阿联酋是波斯湾阿拉伯国家中最重视与印度关系的国家，它不仅最早给予印度贷款，还是直接外国投资中数额最高的一个。

20世纪70—90年代，印度和阿联酋高访接连不断，两国政治关系稳定。冷战期间的两极格局对印阿关系的冲击较小，双边关系没有"选边站"的压力与负担。究其原因，一方面，阿联酋的经济体量与地区影响力有限，对地区格局和全球能源供给的影响也较小。在1973年能源危机、两伊战争、阿富汗战争和海湾战争等重大地区冲突中，阿联酋都不是拨动局势发展的参与方。另一方面，这一时期印度的不结盟政策、经济改革与"经济外交"都有利于双边关系的发展。印度将阿联酋视为劳工就业、能源、商贸的重要对象，在巴基斯坦、穆斯林、巴布里清真寺事件等问题上，都采取主动、谦卑的外交姿态，介绍情况并试图获得阿联酋的理解与认可。

阿联酋一贯重视与印度的关系，这是近代以来双方经济关系紧密的自然结果。1970年，阿布扎比酋长扎耶德在接受印度穆斯林记者采访时称："我们的关系可以回溯到4000年前，自那时起我们就有繁荣的贸易和商业关系。现在我国即将成为一个独立的国家，我们应当尽各种可能保持和加强这种经济联系……阿联酋有着庞大而繁荣的印度社团，我们对他们的存在满意，也希望这个社团可以继续壮大。"[1] 20 世纪 70 年代，印度和阿联酋有两次高访，20 世纪 80 年代双方进行了三次高访，20 世纪 90 年代中也有三次高访。整体来看，阿联酋访印的次数显著超过印度访阿，而印度的高访总是与具体争议问题有关，访问的目的在于解困与缓解关系。双边第一次高级别的政治访问是 1974 年阿联酋副总统、迪拜酋长拉希德·马克图姆，这次访问的主要目的是在 1974 年石油危机中巩固阿联酋和印度的能源供给关系。马克图姆还向印度阿拉伯协会捐资 30 万卢比。1975 年，阿联酋总统扎耶德访问印度，双方签署经济合作协定，扎耶德总统向阿里格尔穆斯林大学捐款 20 万美元，用于资助建立石油研究所。1976 年，印度总统艾哈迈德回访阿联酋，先后访问阿布扎比和迪拜。

1981 年 5 月，拉·甘地开启海湾之行，到访阿联酋。当时两伊战争爆发，海湾地区能源的稳定供给再度危及印度的经济安全。由于战争涉及的伊朗和伊拉克都是印度的主要供油国，印度对待战争的中立与劝和态度引起战争双方的不满。拉·甘地的访问一方面是要向海湾阿拉伯国家阐述自己的不结盟政策，避免因中立立场导致其他海湾供油国在石油供给上为难印度；另一方面也希望未来可以开拓海合会国家的石油市场，减少对两伊石油的依赖。访问期间，他还重点解释克什米尔境况、印度的穆斯林政策与当时缓和与巴基斯坦关系的外交举措，争取阿联酋对这些敏感议题的谅解。1982 年 5 月，沙迦酋长苏尔坦访问新德里、克什米尔、

---

[1] A. K. Pasha ed., *India's Political and Foreign Relations with the Gulf Region*, Delhi: Wisdom Publications, 2014, pp. 251–252.

卢克瑙等地。1983年3月，阿联酋总统扎耶德再次访问印度，参加不结盟峰会。1991年2月，拉·甘地和索尼娅·甘地夫妇以在野党身份访问迪拜，与迪拜酋长和沙迦酋长会面。1992年，扎耶德总统第三次出访印度，与拉奥总理会谈。访问期间，双方讨论冷战结束、苏联解体、不结盟运动的前景、巴以问题、南亚与波斯湾安全等议题，决定进一步深化合作基础和传统友谊，使其惠及两国人民。一同出访的还有迪拜王储哈马丹·马克图姆。20世纪90年代初，印度和阿联酋在巴布里清真寺事件和克什米尔问题上发生争议。1992年，阿联酋谴责巴布里清真寺事件是可耻的行为，要求印度采取切实行动保护印度穆斯林的宗教权力和宗教场所。另外，阿联酋国内有大批穆斯林聚集到印度使领馆门口进行抗议示威活动，并投掷石块。不少印度劳工在这一过程中被遣返归国。此后，阿联酋又在伊斯兰会议组织公开呼吁尊重克什米尔人民的公民权利与伊斯兰教身份。

20世纪70年代后，印度与阿联酋的经济关系以经贸为主，能源进口是"主体"，劳工、投资和援助是经济关系的"新增长点"。1975年，两国建立联合委员会，并在此后的十年间召开四次会议，讨论两国经贸关系和产业合作问题。1981年，英·甘地访问后，印度财政部部长文卡塔拉曼访问阿联酋，双方签署古吉拉特120万吨炼油厂和阿联酋钢铁厂相互投资协议。1992年访问期间，印度和阿联酋签署避免双重征税协定。

1976年，印度和阿联酋的贸易总额为24.5亿卢比。到1999年，阿联酋成为印度在海合会国家中的最大贸易伙伴，双边贸易总额达到44亿美元，其中印度出口20亿美元，进口23亿美元。印度和阿联酋在诸多领域建立合资企业，如压力容器、硫酸、集装箱、钢缆、涂料、茶叶袋、钢脚手架等。参与这些项目的印度企业有塔塔集团、印度钢铁管理局和许多小型企业。①"在沙迦、阿治曼、乌姆盖万等酋长国,印度还建有软饮料厂、冰淇淋厂、制药厂、石棉板厂、电缆厂、静电除尘器厂等。"②

印度商人是两国商贸的主体,阿联酋独立后,印度商人社团积极参与新国家的建设,发挥了重要的作用。20世纪80年代早期,驻留和生活在迪拜的印度商人就超过3000人,印度商人基本垄断当地零售业、珠宝业、纺织业,在食品行业也占据重要的地位。印度商人在阿联酋有三种商业运营模式:第一种是在自贸区中开办独立、全资企业;第二种是与当地居民合资开办企业;第三种是赞助企业。第二种和第三种企业的区别在于前者印度商人和当地合伙人是平等合作关系;后者则处于被动地位,需要听从当地合伙人安排。

印度劳工是两国关系的"新增长点",也是主要的创汇点。20世纪70年代的石油繁荣将阿联酋带入高速"现代化"与"城市化"的轨道。大型基础设施建设项目比比皆是,商业、自贸区、港口、航空港等快速发展,高度繁荣,用工需求激增。1975年,在阿联酋的印度劳工为10.7万人,1983年增加到25万人,1990年增加到50万人。印度劳工从事的行业包括建筑业、服务业、家佣、司机等非技术或低技术行业。20世纪90年代后,医生、护士、管理人员、行政人员、金融从业人员等具有较高知识含量的专业人才快速增长。19世纪到20世纪上半期,印度商人和由其组成的印度人社团是阿联酋仅次于当地阿拉伯人的第二大社团,到20世纪90年代,印度商人和印度劳工组成的印度社团依然稳居第二位。"据相关调研显示,21世纪初,阿联酋印度人社团中35%

---

① Bhabani Sen Gupta ed., *The Persian Gulf and South Asia: Prospects and Problems of Interregional Cooperation*, New Delhi: South Asian Publishers, 1987, p. 229.
② Richard Thomas, *India's Emergence as an Industrial Power: Middle Eastern Contracts*, London: C. Hurst & Co, 1982, pp. 18 – 19.

的人来自喀拉拉邦，剩下的人来自马哈拉施特拉邦、古吉拉特邦和北方邦。印度人社团中56%是逊尼派，26%是基督徒，16%是印度教徒。"①

阿联酋是海合会国家中最早对印度产生投资兴趣的国家。20世纪80年代初，阿联酋的两家银行就在印度设立分行，负责贸易和金融业务。双方合资的项目包括印度西海岸年产量1200万吨的石油炼厂，马哈拉施特拉邦的两个铝厂、橡胶种植园、电子元件厂等。另外，迪拜运输公司和马哈拉施特拉邦联合投资西海岸高速公路项目与孟买港口水道清理项目。

阿联酋是海合会国家中第一个给予印度经济援助的国家，当时实施援助计划的机构是阿布扎比发展基金会。1974年，阿联酋向印度提供3.75亿卢比的援助；1976年，阿联酋的援助资金给予印度北方邦的奇拉水电项目。20世纪80年代初，阿联酋向印度提供3.25亿美元贷款，资金总额远超沙特和科威特。

三 21世纪印度与阿联酋关系的新发展

21世纪以来的印度与阿联酋关系始终保持稳定和健康的发展势头，克什米尔、穆斯林等传统的障碍性因素已不能像以往那样构成短时的不良影响。从政治角度看，印度和阿联酋的关系经历前期的积累后，于2015年莫迪访问后迈进新的阶段，两国正式步入"战略伙伴关系"时代。以此为基础，印度和阿联酋在国防、安全、反恐等领域的合作也有较快的进展。从经济上看，双边贸易规模不断扩大，石油、投资、劳工和侨汇等方面都在往深度合作的方向发展，大批印度企业在阿联酋的自贸区设厂。当然，阻

---

① A. K. Pasha ed., *India's Political and Foreign Relations with the Gulf Region*, Delhi: Wisdom Publications, 2014, p. 139.

碍性因素依然存在，它们也是机制性和长期性的"顽症"，例如，印度国内营商环境不佳导致对阿联酋投资吸引力不足、印度商品技术含量低竞争力大导致商品贸易规模提升难度大、阿联酋能源上游领域开放度依然较小等。另外，与沙特、科威特等国一样，劳工问题是印度和阿联酋关系中长期存在的摩擦点，但劳工问题上的矛盾层次较低，对双边关系的冲击与挑战较小，无碍大局。

21世纪以来，印度和阿联酋的政治关系稳步发展，主要表现在两个方面。第一个方面是高级别的访问持续不断。其中头十五年的互访层级相对较低，或者带有特定的政治意图，如"葬礼外交"。因此，这一时期的政治往来并未带来两国关系的"质变"，可以将其视为"量变"的过程。2015年莫迪出访后，两国元首级互访频繁，表现出很高的政治热度，也体现出两国元首对双边关系的高度重视和认可。第二个方面是作为高级政治的国防和安全合作逐步扩展和深化。印度和阿联酋的国防、安全、反恐合作从无到有，不断扩展，在金融反恐、海上安全、人员培训、情报共享等方面有较多的共同利益。阿联酋将印度视为地区安全合作中的一个重要伙伴，印度则将其与阿联酋的国防安全合作视为介入波斯湾地区安全和维护印度洋安全的重要"抓手"。

21世纪首个高层次访问是2003年10月印度总统阿卜杜·卡拉姆的访问，这也是他2002年上任后出访的第一个国家。2004年11月和2006年1月，印度总统卡拉姆和副总统拜龙·辛格·谢卡瓦特先后前往阿联酋，参加阿布扎比酋长扎耶德与迪拜酋长拉希德·马克图姆的葬礼。2007年3月，阿联酋副总统、新任迪拜酋长穆罕默德·马克图姆率团访问印度，这是他继位后的第一次外交出访。"我们知道世界的权力中心正在发生转移，阿联酋必须准备好和新的权力中心进行合作，其中包括印度。我们的访问反映阿联酋热切希望加强与印度的关系,在经济与科技领域扩展和开发更广阔的合作渠道,同时保持两国人民的历史传统联系。"[1] 同年6月,第九届两国联合委员会会议在新德里召开,"此次会议上,双方讨论推动在贸易、投资、打击犯罪和恐怖主义、教育、文化、体育、医疗卫生、科技、农业和环境、人力资源、能源、石化、化肥、海关、民用航空、电信和其他互利相关问题"[2]。2010年11月,印度总统普拉蒂巴·帕蒂尔访问阿联酋,双方讨论重点加强教育、科技、地区安全等领域合作。印度在声明中称,此次出访的目的是重申加强与中东地区国家关系是印度的利益所在,因为这里是印度的扩展邻邦。

自1981年英·甘地访问阿联酋后,印度总理再未对阿联酋进行过国事访问。2014年11月,印度外交部部长瓦拉吉·斯瓦拉杰访问阿联酋,为莫迪总理的访问做铺垫。2015年8月,莫迪总理历史性的访问阿联酋,开启印阿关系的"新篇章"。此次访问中,印阿两国决定发展全面战略伙伴关系,双方在联合声明中称,过去,两国关系发展没有跟上两国人民友谊或者承诺中的两国关系的指数级增长速度。然而,发展印度和阿联酋紧密战略伙伴关系的需求已经前所未有的强烈和急迫,它的前景在不确定的未来中更为吸引人。[3] 2016年2月,阿联酋副总统,阿布扎比王储穆罕默德·扎耶德回访印度,双方签署九项协议或合作备忘录,涉及网

---

[1] Abdul Hamid Ahmad, "Grab offers to invest in India," *Gulf News*, March 27, 2007, https://gulfnews.com/uae/government/grab-offers-to-invest-in-india-1.168328.

[2] A. K. Pasha ed., *India's Political and Foreign Relations with the Gulf Region*, Delhi: Wisdom Publications, 2014, p. 260.

[3] Government of India, Ministry of External Affairs, "Joint Statement between the United Arab Emirates and the Republic of India," August 17, 2015, http://www.mea.gov.in/bilateral-documents.htm?dtl/25733/Joint_Statement_between_the_United_Arab_Emirates_and_the_Republic_of_India.

络空间、网络安全、可再生能源、空间技术等领域。此后，莫迪于2018年2月和2020年11月再次访问阿联酋。2018年的访问正值扎耶德·本·苏丹·阿勒纳哈扬诞辰100周年，因此王储穆罕默德·扎耶德授予莫迪扎耶德勋章。阿联酋副总统、阿布扎比王储于2017年1月访问印度，他也是印度历史上第四个受邀参加印度国庆庆典的特别嘉宾。此次出访中，印度和阿联酋举办第一次双边战略对话，并签署全面战略伙伴关系协议。该协议的签署是2015年莫迪访问的重大阶段性成果。双方还签署多达14个协议或合作备忘录，内容包括网络空间、国防工业、海上交通合作、多边海军训练、公路、阻止偷渡、农业和小型工业企业合作、签证等诸多合作备忘录。[1]"此次访问的最大亮点是阿布扎比国家石油公司、沙特阿美石油公司和印度石油天然气部签署在马哈拉施特拉邦共同开发拉特纳吉里炼油厂和石化有限公司的三方协议。预计开发费用为440亿美元的拉特纳吉里炼油厂将成为世界上最大的炼油厂之一，预计年产量为6000万吨。"[2] 不仅如此，王储还会见泰米尔纳德邦、卡纳塔克邦、泰伦加纳邦、马哈拉施特拉邦和古吉拉特邦的领导人和官员。阿联酋和以色列一样，在对印关系中采取"下沉"模式，重视与各邦展开经贸往来。2022年5月，阿联酋总统谢赫·哈利法·本·扎耶德·阿勒纳哈扬去世，王储穆罕默德·扎耶德继任阿布扎比酋长并当选阿联酋总统。5月16日，莫迪致电问候："我向阿布扎比酋长穆罕默德·本·扎耶德·阿勒纳哈扬当选阿联酋新总统致以最良好的祝愿。我相信，在他充满

---

[1] Rajya Sabba, "Agreements with the UAE," March 20, 2017, http://www.mea.gov.in/rajya-sabba.htm？dtl/28273/question + no3212 + agreements + with + uae.
[2] The Hindu Business Line, "ADNOC joins Saudi Aramco to build Ratnagiri Refinery," June 25, 2018, https://www.thehindubusinessline.com/economy/adnoc-signs-pact-to-take-stake-in-ratnagirirefinery-project/article24252135.ece.

活力和远见的领导下，我们的全面战略伙伴关系将继续深化。"此外，阿联酋和印度还存在一些特殊关系，诸如印度逮捕逃往的迪拜公主，并将其交给阿联酋方面，这遭到了诸多国际组织的批评。

印度与阿联酋国防和安全合作的主体是军舰访问与军事培训和交流计划，"除此之外，合作还包括武器的制造和研发、联合军事演习、战略和军事原则共享、技术合作等"。双方国防合作的起点是2003年阿联酋军队总参谋长和军队副总司令穆罕默德·扎耶德访问印度，推动国防安全合作的深化。两国签署国防合作协议，并讨论建立反恐与跨国犯罪联合工作组。"这份协议框定两国进行安全和国防合作的基本框架，商定可以进行军火贸易。同时也寻求在作训、军事医疗、军事文化以及由军事活动引发的污染等方面进行合作与相互支持。"[1] "联合工作组的出现使两国安全机构，尤其是反恐金融合作方面得到机制性保障。阿联酋军方定期派出人员前往印度国防学院受训。"[2] 2006年4月，双方首届联合国防合作委员会会议在新德里召开，两国讨论海岸卫队合作的事宜。该会议机制延续至今，是双边军事合作机制化的重要成果，也是合作有序推进的重要"机制保障"。同年，阿联酋军事人员到印度参加防务培训。2007年，印度和阿联酋海军对话启动，目的是加强海路安全，这为两国海军加强人员交流和沟通建立新的渠道。继2003年、2004年、2007年和2008年的海军与空军联合军事演习后，2011年3月，三艘印度军舰到访阿布扎比；2013年4月，印度海军参谋长访问阿联酋。

---

[1] Abdul Kareem, "Mohammed Bin Zayad Begins Landmark Visit," *Gulf News*, June 30, 2003, https://gulfnews.com/today-history/june-30-2003-mohammad-bin-zayed-begins-india-visit-1.2244071.

[2] A. K. Pasha ed., *India's Political and Foreign Relations with the Gulf Region*, Delhi: Wisdom Publications, 2014, p. 257.

印度每年都积极参加在阿布扎比举办的国际防务展览会,例如,2013年参展的印度国防企业就达10家。事实上,"2015年8月,莫迪访问期间签署联合声明中31项内容中有16项与安全议题有关"①。2016年5月,印度国防部部长马诺哈尔·帕里卡尔访问阿联酋,除了加强军事合作外,印度还想向阿联酋出售军事装备。同年5—6月,两国还举行为期10天的名为"沙漠之鹰2"的空军联合演习。2017年1月,王储穆罕默德·本·扎耶德访印期间,两国签署国防制造业合作备忘录。不仅如此,王储参加印度国庆庆典时,印度邀请阿联酋陆、海、空军和总统卫队组成军事方阵与印度军队一起接受检阅,这是印度建国后国庆庆典阅兵仪式中首次邀请他国武装力量参加,不仅显示出两国的牢固友谊,更显示出两国军队合作的深度和相互认可程度。

双边安全合作源于2001年7月印度副总理阿德瓦尼访阿。访问中,他分别会见阿联酋总统和副总统,讨论联合打击国际犯罪的问题,并就2000年5月生效的引渡条约、共同防范国际犯罪法律协助协定和民事法律协助协定的执行情况交换了意见。2010年,印度总统帕蒂尔访问时重点讨论加强反恐和海事安全合作。2011年11月,印度和阿联酋签署安全合作协议,这是两国国防安全领域合作发展的"里程碑"。协议"意在加强和发展现存安全合作的框架和机制,打击各种形式的恐怖主义,监控有组织犯罪团伙,打击贩毒和武器走私,并发起新的人员培训计划"②。2012年,两国建立安全事务联合委员会,并于2013年3月在阿布扎比召开首次会议。印度抓捕的多名恐怖分子如萨义德·安萨里、阿卜杜

---

① P. R. Kumaraswamy and Muddassir Manjari Singh eds., *Persian Gulf 2018*, New Dehli: Palgrave Macmillan, 2019, p.205.

② "UAE, India Sign Security Agreements," India Strategic, November, 2011, https://www.indiastrategic.in/topstories1269_UAE_India_sign_agreement.htm.

拉·卡瑞米·吞陀、亚辛·巴特迦尔等，都与阿联酋的紧密合作密不可分。

　　印度与阿联酋的经济关系主要有经贸、投资、能源、劳工等方面。总体来看，两国的经济关系各有优势，互为补充，是印度与海合会国家关系中发展迅速、规模最大和结构较为合理的典范。阿联酋独特的地理区位，国际化与开放的营商环境、现代化的城市和物流基础设施以及配套齐全、功能完备的自贸区使其成为南亚、西亚、中亚和非洲东海岸范围内最有活力和吸引力的国家。印度在农业、食品加工、医药、旅游、医疗服务、人力资源、中小型企业等方面的比较优势和庞大的能源需求与阿联酋的发展需求高度契合。因此，经济关系是两国关系中发展最快、成就最高的领域，对两国关系和印度对中东政策的调整都发挥不可忽视的重要作用。

　　印度和阿联酋的贸易基本保持均衡态势，顺差和逆差的情况均有出现，但贸易规模还是受到油价涨跌的影响。印度出口的大宗商品包括珠宝、重型机械、石化产品、纺织品、食品和乳制品、水果等。而阿联酋出口的主要是石油、宝石、珍珠、铜、铝等。2008—2015年中除2011年外，阿联酋蝉联印度第一大贸易伙伴国。其他年份，阿联酋总是与中国、美国一起长期占据印度外贸前三位。2008年后，阿联酋在经济方面与印度的紧密联系对于提升印度与海合会国家关系发挥重要的作用。2003年，印度与阿联酋双边贸易额为72亿美元，其中出口51亿美元，进口21亿美元。2007年，双边贸易总额增至291.2亿美元。2012年，双边贸易额增至747.0亿美元，其中大部分财政年度印度都保持入超状态（见表5.4）。2013年，黄金出口是双边贸易波动的主要原因。当年印度将黄金进口税从2%提升至10%，阿联酋出口到印度的黄金相较于2012年减少90亿美元。[1] 2014年后，油价成为影响贸易规模的主要因素。当年国际油价飙升至140美元/桶后不断下行，到2016年跌至30美元/桶。尽管印度进口石油的规模保持稳定，但双边贸易额相较于高油价时期还是出现了"腰斩"的现象。2017年后，印度和阿联酋的经贸规模总体保持增长态势，到2021年贸易总额达到728.78亿美元，入超和出超的情况都有出现（见表5.5）。值得一提的是，印度与阿联酋在空间领域也展开了合作，2016年2月，两国签署空间合作备忘录，一年后，印度帮助阿联酋发射纳伊夫一号卫星。

表5.4　　　　2007—2012年印度与阿联酋贸易额　　（单位：亿美元）

	2007年	2008年	2009年	2010年	2011年	2012年
印度出口	156.4	244.8	239.7	338.2	359.3	362.7
印度进口	134.8	237.9	195.0	327.5	367.6	384.3
总额	291.2	482.7	434.7	665.7	726.9	747.0

资料来源：Rumel Dahiya, *Developments in the Gulf Region, Prospects and Challenges for India in the Next Two Decades*, New Delhi: Pentagon Press, 2014, p. 104。

2022年2月18日，印度和阿联酋签署"全面经济伙伴关系协议"[2]，标志着两国战略合作达到新的高度。从阿联酋的角度看，

---

[1] Florence Eid, "UAE-India: Trade growth of 5 fold in 10 yrs, critical to further diversification," Arabia Monitor, Regional Views Issue #56-21. IV, 2016, p. 2.

[2] "全面经济伙伴关系协议"旨在5年内将两国双边贸易额从目前的600亿美元提高到1000亿美元。从印度的角度看，该协议将促进不同领域的贸易、投资和创新，包括经济、能源、气候行动、新兴技术、技能和教育、粮食安全、医疗保健以及国防和安全。印度将受益于阿联酋对其97%以上关税项目提供的优惠市场准入，这些关税项目占印度对阿联酋出口价值的99%，特别是劳动密集型行业，如宝石和珠宝、纺织品、皮革、鞋履、体育用品、塑料、家具、农产品和木制品、工程产品、药品、医疗设备和汽车行业等。在服务贸易方面，印度服务提供商将有更多机会进入阿联酋11个服务行业大类中的约111个细分行业。

"到2030年该协议将使阿联酋国民生产总值增加1.7%，也就是89亿美元，出口增长1.5%，也就是76亿美元"[1]。该协议已于5月1日正式生效，这是两国经贸关系中具有"里程碑"意义的重大事件，"也是两国经济和贸易长期关系的延伸，将使印度纺织、农业、家具、制药、工程设备等领域直接收益"[2]。2017年，每周有多达1070架次航班往返于两国各大机场，其中580架次由印度航空公司运营，剩余的由阿联酋或其他海湾国家的航空公司运营。2019年后，受新冠疫情的影响，印阿两国间的航班和日常往来人数锐减，至今尚未恢复到疫情前的水平。

表5.5　　　　　　　2017—2021年印度与阿联酋贸易　　　　（单位：亿美元）

	2017年	2018年	2019年	2020年	2021年
印度出口	281.46	301.27	288.54	166.80	280.45
印度进口	217.39	297.85	302.57	266.23	448.33
总额	498.85	599.12	591.11	433.03	728.78

资料来源：Government of India, Ministry of Commence and Industry, Department of Commerce, Export Import Data Bank, Country-wise：UAE, 2022, https：//tradestat. commerce. gov. in/eidb/iecnt. asp。

不仅如此，阿联酋的独特贸易政策、完善和先进的物流配套措施，优质的港口和货运能力使它成为印度商品转口贸易的主要承接者。大量印度商品通过阿联酋转运伊朗、中亚诸国、

---

[1] Deena Kamel, Sarmad Khan and Ramola Talwar Badam, "UAE and India Sign Comprehensive Economic Partnership to Boost Trade and Investment Ties," February 18, 2022, https：// www. thenationalnews. com/business/economy/2022/02/18/uae-and-india-sign-landmark-trade-deal/.

[2] Deena Kamel, Sarmad Khan and Ramola Talwar Badam, "UAE and India Sign Comprehensive Economic Partnership to Boost Trade and Investment Ties," February 18, 2022, https：// www. thenationalnews. com/business/economy/2022/02/18/uae-and-india-sign-landmark-trade-deal/.

土耳其、高加索乃至俄罗斯和欧洲。印度总统普拉蒂巴·帕蒂尔访问时重点强调,希望阿联酋加强对印度农业和食品加工业的投资。她和阿联酋总统一致认为:阿联酋是印度对中亚、非洲和西亚的出口的"门户",提供杰出的转口贸易服务和优质的设施。

能源既是印度和阿联酋经济关系的主要内容,也是印度进口排名第一的大宗产品。进入21世纪后,印度经济的发展使其能源消耗呈现稳定增长的趋势,印度成为全球仅次于中国和美国的能源消费大国。阿联酋是印度在中东主要的能源进口来源国,其地位仅次于沙特和伊拉克。2016年,阿联酋王储访问期间,双方签约印度将阿联酋的石油纳入国家战略储备计划。按照协定,阿布扎比国家石油公司将在印度芒格洛尔的战略石油储备库中存储原油,印度拥有2/3储量的所有权。不仅如此,2017年,阿联酋还向印度开放石油上游产业,印度获得下扎库姆油田10%的股份,这是印度首次参与海合会国家能源上游产业的开发。印度进口阿联酋石油数量的增长是印度能源消耗增长的真实反映。2009年,印度进口额为64.4亿美元,占进口总额的6.69%;2012年,进口额为149.8亿美元,占进口总额的8.26%;2016年,进口额为94.6亿美元,占进口总额的9.17%(见表5.6)。依据BP《世界能源统计年鉴(2021)》的数据,2020年,阿联酋是仅次于伊拉克和沙特的第三大石油来源国,进口石油2220万吨,占当年进口总量的10.9%[1]。

---

[1] BP, "Statistical Review of World Energy," 2021, https://www.bp.com/content/dam/bp/business-sites/en/global/corporate/pdfs/energy-economics/statistical-review/bp-stats-review-2021-full-report.pdf.

表 5.6　　　　2009—2016 年印度进口阿联酋石油与占比

（单位：亿美元,%）

	2009 年	2012 年	2014 年	2016 年
进口总额	64.4	149.8	135.1	94.6
全年进口总额	963.2	1813.4	1564.0	1031.6
占比	6.69	8.26	8.64	9.17

资料来源：Directorate General of Foreign Trade, https://www.dgft.gov.in。

投资是印度和阿联酋经济关系的另一个重要"维度"。两国投资关系的特点表现在两个方面。第一，阿联酋是海合会国家乃至中东国家中对印投资最多的国家；第二，印度对阿联酋的投资远大于阿联酋对印度的投资，这一局面短期难以改观。

2017 年，阿联酋是印度的第十大投资来源国。从 2000 年 4 月至 2017 年 12 月，阿联酋对印度的投资总额为 53.3 亿美元，其中 2014—2017 年投资总额分别为 2.79 亿、5.42 亿、12 亿和 6.89 亿[1]，占投资总额的 50.6%。由此可以看出，莫迪对阿联酋的访问是推动阿联酋投资的主要原因。作为莫迪访问的重要成果，两国同意建立总额为 750 亿美元的阿联酋—印度基础设施投资基金，其目的在于"投资印度新一代基础设施建设，促进其快速发展，重点投资领域为铁路、港口、公路、机场、工业走廊和公园"[2]。印度和阿联酋原本计划在 2017 年 1 月王储访问期间正式签署该协议，

---

[1] Government of India, Ministry of Commence and Industry, Department of Industial Policy and Promotion, "FDI Statistics," 2018, https://dpiit.gov.in/sites/default/files/FDI_FactSheet_21February2018.pdf.

[2] Government of India, Ministry of External Affairs, "Joint Statement between the United Arab Emirates and the Republic of India," August 17, 2015, http://www.mea.gov.in/bilateral-documents.htm?dtl/25733/Joint_Statement_between_the_United_Arab_Emirates_and_the_Republic_of_India.

但印度国内官僚机构效率低下、行政手续复杂缓慢、腐败和制度阻碍丛生等问题成为阿联酋投资的重要障碍,双方在签约问题上争议较大,协议签署被迫推迟。阿联酋驻印度大使艾哈迈德·班纳称,"问题出在印度一边,印度需要为基础设施建设投资提升其治理能力和管理问题,阿联酋这边已准备好了"[①]。2017年8月,两国签署"关于促进阿联酋机构投资者参与国家基础设施投资基金框架的谅解备忘录"。10月,阿布扎比投资局就同意拨款10亿美元交付国家基础设施投资基金。这笔投资是该基金建成后收到的首笔外国直接投资。2021年,阿联酋对印投资为8.43亿美元,占全年外国直接投资的1.9%。从2000年4月至2021年12月,阿联酋对印投资总额为120.4亿美元,占同期外国直接投资总额的2.1%,位列第九位。[②]

印度对阿联酋的投资主要在两个方面,一种是商业性投资,另一种是工业性投资。金融、房地产、旅游等领域是印度商业性投资的主要板块。例如,印度著名的奥拜瑞酒店集团、泰姬陵酒店集团均在阿联酋建立连锁酒店。与此同时,印度商人长期看好阿联酋,尤其是迪拜的房地产业,将其视为可以实现保值和增值的重要资产,因此印度商人是阿联酋房地产业最大的"金主"。

工业性投资主要表现为参与阿联酋自贸区建设和投资设厂。印度的公司参与迪拜杰贝阿里自贸区、沙迦机场自贸区、沙迦哈玛瑞亚自贸区、阿布扎比工业城等园区的建设工作,同时也有大批印度企业入驻各大园区。2006年,有1152名印度投资者和85000

---

① Archis Mohan, "UAE says ball in India's court to set up $75 billion investment fund," January 24, 2017, https://www.business-standard.com/article/economy-policy/uae-says-ball-in-india-s-court-to-set-up-75-billion-investment-fund-117012301042_1.html.

② Government of India, Ministry of Commence and Industry, Department of Industial Policy and Promotion, *Factsheet on FDI: From April 2000 to December 2021*, December 2021, p.6.

个公司进驻阿联酋并在迪拜工商业联合会注册,阿联酋国内的印度合资企业总数达到 1.12 万个。① 截至 2013 年,印度在阿联酋投资总额达到 50 亿美元,印度是阿联酋的第 3 大投资来源国,同期阿联酋对印度的投资总额仅为 18 亿美元。② 大型印度企业如辛杜佳集团下属的车企阿斯霍克雷兰德、埃肯集团、阿玛瑞克化学公司、JK 水泥、马恒达集团、艾萨尔钢厂、阿波罗轮胎、ZEE 网络电视、布尼劳埃德集团等都在阿联酋投资设厂。

  文化交流是印度与阿联酋交往的重要内容之一。自 1975 年以来,两国在促进文化交流、人员交往方面签署诸多合作协议。两国文化部门是推动文化交流项目的主要力量,其中印度电影、绘画展、瑜伽、文学作品等都是双方交流的主要领域。2009 年,印度文化关系委员会在印度驻阿布扎比的大使馆中设立有印度文化中心,定期举办印度文化活动、讲座、恳谈会、展览、手工艺产品展示会、诗歌朗诵会等,将其作为宣传印度文化的主要阵地。2012 年,阿联酋的印度电影协会又举办为期三天的印度电影影展。2015 年 6 月,印度在阿联酋举办了第一届国际瑜伽节。在宗教方面,阿联酋国内目前建有一个锡克教教堂和两个印度教神庙,方便两种教徒进行日常宗教活动,其中阿布扎比印度教神庙的土地是阿布扎比酋长捐赠的。阿联酋允许在当地的印度移民和印度社团进行传统的民俗活动,过传统节日。2019 年,LuLu 集团因其大型连锁超市而被称为中东零售之王,其董事长兼总经理尤素福·阿里获得阿联酋的永久居留权。他在阿联酋生活超过 45 年,是

---

  ① A. K. Pasha ed., *India's Political and Foreign Relations with the Gulf Region*, Delhi: Wisdom Publications, 2014, p. 296.
  ② Rumel Dahiya, *Developments in the Gulf Region, Prospects and Challenges for India in the Next Two Decades*, New Delhi: Pentagon Press, 2014, p. 104.

6800 名投资者中第一个获得阿联酋永久居留权的人。①

第三节 印度与阿曼、卡塔尔等国的关系

一 印度与阿曼关系

阿曼，全名阿曼苏丹国，领土面积 30.95 万平方千米。阿曼位于阿拉伯半岛东南部，与阿联酋、沙特、也门等国接壤，濒临阿曼湾和阿拉伯海。除东北部山地外，阿曼大部分地区均属热带沙漠气候。全年分两季，5—10 月为热季，气温高达 40℃ 以上；11 月至翌年 4 月为凉季，平均温度约为 24℃。

依据美国中央情报局国别情况报告，2022 年阿曼人口为 376 万，其中外国移民占 46%。阿曼的穆斯林人口占 85.9%，基督教教徒占 6.4%，印度教徒占 5.7%。常住居民中除了本国公民，主要的外国移民社团还有俾路支人、印度人与非洲人。俾路支语、乌尔都语、斯瓦西里语、印度方言是阿拉伯语和英语外的常见语言。②

印度与阿曼的关系历史久远。公元前 3000 年，阿曼沿海就是印度向西海运的必经之地，在漫长历史中，阿曼在印度与波斯湾、红海和非洲的经贸与人文往来中一直占据重要地位。正是因为久远和紧密交往的历史积淀，阿曼是海合会国家甚至是中东地区对印度长期保持友好的国家之一。

（一）印度与阿曼的政治关系

印度和阿曼是地理、历史、文化相通的海洋邻邦。1955 年建

---

① Ramola Talwar Badam, "Lulu Group Chairman Yusuff Ali Receives UAE's First Residency Golden Card," June 3, 2019, https://www.thenational.ae/uae/government/lulu-group-chairman-yusuff-ali-receives-uae-s-first-residency-golden-card-1.869964.

② CIA, "The World Factbook: Oman," May 15, 2022, https://www.cia.gov/the-world-factbook/countries/oman/#people-and-society.

交以来，两国秉承5000多年的文明和历史纽带，不断扩大双边合作与交流，建立了互利共赢的战略伙伴关系。印度阿曼双边关系的基础是共同利益、相互理解和尊重对方的重点、关切和敏感问题。阿曼对印度的政治友好表现在诸多领域，具有非常显著的特征——阿曼是第二次印巴战争中唯一没有支持巴基斯坦的阿拉伯国家，也是少数在克什米尔问题上始终不批评印度的伊斯兰国家，它还是海合会国家中第一个与印度进行防务与反恐合作的国家。因此，印度与阿曼的政治关系是印度与海合会国家中最为沉稳的一个，可谓"静水流深"。

印度和阿曼相互承认外交关系是1953年。5月13日，两国签署《通商与航海友好条约》，并相互给予最惠国待遇。这是替换1939年英印殖民当局与阿曼所签的通商条约。1955年，印度驻阿曼使领馆建成，首任驻阿曼领事派驻马斯喀特，因此，两国将1955年定为建交的元年。1970年，阿曼苏丹卡布斯·本·赛义德发动政变，推翻其父闭关锁国与依附英国的内外政策，对内发展经济，推动改革；对外实施独立自主外交政策。卡布斯的上任使阿曼进入实现现代化与国际化的历史新阶段，也为印度和苏丹关系的发展打开大门。

进入20世纪70年代后，印度与阿曼的政治关系走上良性循环的轨道。印度与阿曼政治关系的最大特点是低调与平稳，即便在两国高层往来较为稀疏的时期，两国关系始终平稳友好。印度与阿曼关系未遭遇明显的波折，阿曼也没有在诸多传统、敏感议题上与印度起冲突。印度和阿曼的政治发展进程大约可以分为三个阶段。第一阶段是20世纪70年代初到1998年，印度在发展双边政治关系中居于主动一方。第二阶段是1998—2018年，这20年两国关系虽保持平稳，但高层政治交往稀疏，印度不再有那么多主动、积极的高访活动。第三阶段是 2018 年以后，这一阶段以莫迪访问阿曼为起点。2014 年莫迪执政后访问诸多中东国家，其中对阿曼的访问较为滞后，但访问取得诸多成果。

"在 1971 年孟加拉危机中，阿曼是唯一没有坚定支持巴基斯坦的阿拉伯和伊斯兰国家。"① 1973 年 1 月，印度外长斯瓦兰·辛格首访阿联酋；4 月，首任印度驻阿曼大使沙里·辛格就职。1985 年 11 月，印度总理拉·甘地率领庞大代表团访问阿曼，参加阿曼国庆庆典活动，这是印度总理首访阿曼。1993 年 6 月，拉奥总理再度率团访问阿曼，双方签署贸易、经济和技术合作协定。1996 年 10 月，印度总统尚卡尔·达亚尔·夏尔马、1998 年 8 月总理瓦杰帕伊、1999 年 10 月卸任总理因德尔·库马尔·古杰拉尔等相继访问阿曼。卡布斯则在 1997 年 4 月访问印度。20 世纪 90 年代的互访中，双方签署诸多协议，包括"科学和技术合作协议、联合打击犯罪备忘录、双边投资保护协议、避免双重征税协议等。"②

进入 21 世纪后，阿曼是印度在波斯湾地区的战略伙伴，也是双边、海合会和伊斯兰会议组织的重要对话者③，但这一时期两国的政治交往主要停留在部长层级上。2002 年 2 月，两国签署建立阿曼印度战略咨询小组备忘录。自 2003 年开始，战略咨询小组每年召开一次，主要讨论双边、地区和国际事务。2004 年，印度外交部部长和海外印度人部部长访问阿曼。2006 年，双方签署引渡条约，并同意加强在教育、旅游、IT、医疗卫生和中小型企业方面

---

① Sudhir Devare, Swaran Singh and Reena Marwah eds. , *India and GCC Countries*, *Iran and Iraq*, New Delhi: Pentagon Press, 2013, p. 207.
② A. K. Pasha ed. , *India and the Gulf Region: Maritime History, Trade, Security and Political Reforms*, Delhi: Wisdom Publications, 2014, p. 327.
③ Government of India, Ministry of External Affairs, "India-Oman Relations," June 2013, https://mea.gov.in/Portal/ForeignRelation/India-Oman_ Relations. pdf.

的合作。印度阿曼联合委员会是两国处理双边事务的机制性机构，会议在马斯喀特与新德里轮流召开。到 2006 年，印度和阿曼签署多达 38 个双边协定，涉及两国关系的各个领域。2008 年，辛格总理访问阿曼，这是近 20 年时间里两国唯一的一次高访。访问期间，双方同意将双边关系提升为战略伙伴关系，同时印度授予阿曼苏丹卡布斯"尼赫鲁奖"。2012 年，印度曾打算邀请卡布斯苏丹作为（2013 年印度）国庆庆典特邀嘉宾，但印度低效的外交导致这一计划未能实现。[①] 2014 年 10 月，印度和阿曼在新德里签署关于刑事问题和司法合作的协议和关于标准和措施的谅解备忘录。2015 年，为庆祝两国建交 60 周年，印度和阿曼分别在国内举行众多的庆祝活动；2 月，为庆祝建交 60 周年，印度外交部部长斯瓦拉吉访问阿曼。阿曼还为 60 周年专门发行纪念邮票。2014 年，莫迪政府上任后，阿曼是第一个表示祝贺的国家。2018 年 2 月，莫迪访问马斯喀特，这是时隔 10 年后印度对阿曼的又一次国事访问。访问期间，双方共签署八项协议/谅解备忘录，涉及各领域合作。2020 年 1 月，阿曼苏丹卡布斯去世，印度立即发出唁电。

（二）印度与阿曼的军事和安全合作

印度和阿曼的军事安全合作启动时间早、涉及内容多、进展速度快，在海合会国家中处于领先的地位。两国的军事安全合作主要集中在军事与安全两大领域，其中安全领域包括反恐合作，打击贩毒、走私、跨国犯罪以及维护海上安全等方面。印度和阿曼的合作之所以可以呈现出"早、快、顺"的特点，原因主要有三个方面。

首先，印度与阿曼的政治关系有着悠久的历史和深厚的积淀，

[①] P. R. Kumaraswamy and Muddassir Manjari Singh eds., *Persian Gulf 2018*, New Dehli: Palgrave Macmillan, 2019, p. 130.

这种长期、稳定和持久的信任关系消除在军事安全领域进行合作的各种障碍。其次,阿曼所处的战略位置尤为重要,是环印度洋与波斯湾区域的枢纽。阿曼地处阿拉伯半岛东部,北部与伊朗共同扼守霍尔木兹海峡,东部直面辽阔的阿曼湾和印度洋,自古就是海上航路的中转站与枢纽。最后,阿曼有加强其在环印度洋地区战略地位和影响力的强烈愿望,与印度展开合作符合阿曼的利益。1997年3月,阿曼和印度等七个国家创立环印度洋地区合作联盟(建成"环印盟")。阿曼不仅希望借此促进与区内成员国经济交往的持续增长和平衡发展,也希望以它为平台维护印度洋地区的稳定和航路安全。

军事合作是印度与阿曼合作的"亮点"。印度阿曼防务合作已成为两国战略伙伴关系的关键支柱。两国国防部之间一直有定期的高层互访。[1] 阿曼还是海湾地区海、陆、空三军都与印度定期举行联合军事演习的国家。[2] 1983年12月,印度与阿曼签署首个国防合作备忘录,双方讨论进行军事医疗方面的合作。1972年,两国签署军事协议。1993年,两国首次开启海上联合军事演习,到2013年共先后进行九次海上联合军演。

进入21世纪后,双边军事合作进入"快车道"。2001年,印度国防学院和国防部部长两个代表团先后访问阿曼。次年9月,印度国防部部长访问阿曼探讨合资进行军工生产。2005年12月,阿曼国防部部长率军事代表团访问印度,双方签署举行联合军事合作的备忘录,合作内容包括军事训练和信息技术专家的交换、军

---

[1] Government of India, Ministry of External Affairs, "India-Oman Bilateral Relations," December 2018, https://www.mea.gov.in/Portal/ForeignRelation/India-Oman_ Bilateral_ Realtions_ for_ MEA_ Website.pdf.

[2] P. R. Kumaraswamy and Muddassir Manjari Singh eds., *Persian Gulf 2018*, New Dehli: Palgrave Macmillan, 2019, p.130.

事培训和教育计划、互换军事观察员和定期军事访问等。其他合作领域包括协助确定军事设备的技术规格，以促进两国共同制造的协议。① 作为2005年两国建交50周年庆典的组成部分，印度派出"孟买号"军舰于2006年5月访问马斯喀特，印度武装力量总参谋长阿伦·普拉卡什随行访问阿曼。普拉卡什访问时重点强调海军合作的必要性，认为海洋是能源、矿产、商业和贸易的承载者，是未来所在，两国的海军需要合力应对。同月到访的印度国防部部长普拉纳布·慕克吉则指出："两国要扩展国防合作，尤其应将重点放在军械工厂和装备制造上。两国已经举办常规军事演习，印度希望可以推动实施联合防御训练方案。"② 访问期间，印度和阿曼同意建立由两国国防部副部长共同支持的军事合作联合委员会，负责加深两国军事合作和军事关系。2006年，印度空军和阿曼皇家空军开始国防合作，并在2009年和2011年两次举行名为"东部桥梁"的联合军事演习。2008年辛格总理访问阿曼，两国决定加速海上安全合作与应对地区安全挑战，尤其是2008年11月26日的孟买恐袭让印度更为焦虑和急于推动合作。③ 2006年5月和2009年2月，阿曼国防部副部长穆罕默德·纳赛尔·拉斯比与国防部部长赛义德·班达尔·布赛迪先后访问印度。莫迪政府上台后，两国的联合军演和军舰访问不断，两国海、空军司令相继互访。除了定期举行国防问题专家交流，印度海军每年都在阿曼部署机动训练队。2016年2月，印度国家安全顾问率团前往阿

---

① Sudhir Devare, Swaran Singh and Reena Marwah eds., *India and GCC Countries, Iran and Iraq*, New Delhi: Pentagon Press, 2013, p. 186.
② A. K. Pasha ed., *India's Political and Foreign Relations with the Gulf Region*, Delhi: Wisdom Publications, 2014, p. 330.
③ P. R. Kumaraswamy ed., *Persian Gulf 2013*, California: SAGE Publications, 2014, p. 153.

曼参加第八届两国联合军事合作委员会会议，两国达成一致将继续扩展双边国防合作。5月，国防部部长访问阿曼，印度感谢阿曼在印度军舰和空军打击海盗护航行动中给予的后勤支持和保障，两国还签署四个合作协议或备忘录。2018年9月，阿曼国防部部长回访印度。

阿曼是印度推进与海湾国家海洋安全合作的重点。2015年9月和2016年5月，多艘印度军舰访问马斯喀特。2016年5月，印度国防部部长访问阿曼，双方签署印度与阿曼就海上问题的谅解备忘录、防务合作谅解备忘录、预防海上犯罪领域的谅解备忘录，着重加强双边海洋安全合作。2018年2月，莫迪访问阿曼，双方签署防务合作谅解备忘录附录，阿曼为印军舰停靠其杜克姆港提供维修、补给等服务。

早在20世纪70年代，印度和阿曼就开始合作打击和预防犯罪。1999年，阿曼成为海合会国家中第一个与印度签署打击跨国犯罪和恐怖主义合作备忘录的国家。2008年，辛格总理访问阿曼是安全领域合作深化的"节点"，两国在已有合作的基础上，"同意进一步加深在安全领域的合作，共同应对海盗、恐怖主义、跨国犯罪等威胁"[①]。

（三）印度与阿曼的经济关系

印度与阿曼的经济关系与政治关系一样久远。18世纪，阿曼与印度南部迈索尔王国合作打击英国在印度洋的海上霸权，抵制英国工业品，简化贸易和海关手续，削减关税税率，相互投资建设手工工场，双方的经济合作达到前工业时代的顶峰。

1962年，阿曼发现第一个油田。1967年，阿曼第一个油

---

① Rumel Dahiya, *Developments in the Gulf Region, Prospects and Challenges for India in the Next Two Decades*, New Delhi: Pentagon Press, 2014, p.6.

田投产。苏丹卡布斯继任后,阿曼利用石油财富,推动经济改革与对外开放,逐渐将国家从一个前现代社会带入成为中等发达国家行列。2011年,阿曼的人均国民生产总值达到2万美元。

印度和阿曼经贸关系的特点是经贸规模不大,经贸关系平稳,且印度总体处于入超状态。20世纪70—80年代,印度与阿曼经济关系较为简单,规模较小。这一方面是因为两国经济科技水平较低,因此经贸内容长期局限在传统项目上,提升幅度有限。另一方面,阿曼的石油产量不大,且印度不是其主要出口对象国,因此能源贸易未能成为扩大经贸规模的"发动机"。20世纪90年代以后,印度外交政策和内外经济政策发生重大转变和调整,带动并刺激印度与阿曼的经济关系的发展。

1993年拉奥总理访问时,印度和阿曼签署经济、贸易和科技合作协定,并建成印度—阿曼联合委员会。印度—阿曼联合委员会的主要任务是加强食品、化肥、旅游、医疗旅游、投资、化学、药品等领域的合作,提升非石油贸易的规模。1995年,两国签署建立联合商业委员会的协议。21世纪以来,印度是阿曼的第三大出口对象国。2008年辛格总理访问中,双方在经济、能源、国防和安全领域签署众多协议。其中包括签署建立"印度—阿曼联合投资基金备忘录",启动资金为1亿美元,后续提升目标为15亿美元。它是辛格总理访问的重要成果,也是为了方便两国在基础设施、旅游、健康和农村城镇化等领域加强合作。双方还签署扩展高等专业人员雇佣合作备忘录,以便消除非法佣工和偷渡现象。[①] 2011年时,两国间有1527个合资项目,涉及13个经济社会

---

① Rumel Dahiya, *Developments in the Gulf Region, Prospects and Challenges for India in the Next Two Decades*, New Delhi: Pentagon Press, 2014, p. 98.

领域。① 2012 年，印度是阿曼的第四大进口来源国，仅次于日本、美国和沙特。在 2022 年的第十届印度—阿曼联合委员会会议上，阿曼商务、工业和投资促进部部长凯伊斯·尤瑟夫称，在阿曼"2040 愿景"雄心勃勃的框架下，两国可以在可再生能源、制药，以及发展和制造等领域建立新的合作伙伴关系，这些是阿曼和印度有共同兴趣和专长的领域。②印度银行早在 1975 年就进驻阿曼，2004 年后印度国家银行、新印度保险有限公司、印度工业信贷投资银行、印度人寿保险公司等先后进驻阿曼。

20 世纪 90 年代以来，印度和阿曼的经济合作主要集中在石化和化肥生产领域。"印度优先强调与阿曼在石化、天然气和化肥领域的合作，而阿曼则强调在制造业和信息技术方面加强合作。"③阿曼参与了印度国内两个炼油厂的投资建设。两国投资 10 亿美元在印度建设年产尿素 165 万吨和 25 万吨氨水的化肥厂。2001 年，印度化工部与阿曼签约，在马斯喀特合资建设化肥厂。以 2009 年为例，当年印度阿曼的合资化肥厂对印度的出口额为 9.69 亿美元，索哈尔港的钢铁厂出口额为 4.64 亿美元。④阿曼是印度的"五大化肥"来源国之一，占印度化肥进口的 5.26%。印度每年进口 800 万吨尿素，其中 1/4 来自印度阿曼化肥公司。

---

① "India Could Become Top Exporter to Oman in 5 Years," *The Economic Times*, September 6, 2012, https：//economictimes.indiatimes.com/news/economy/foreign-trade/india-could-become-top-exporter-to-oman-in-5-years/articleshow/16280556.cms.

② "Oman-India Trade to Cross ＄5bn," *Times News Service*, May 11, 2022, https：//timesofoman.com/article/116589-oman-india-trade-to-cross-5bn#：~：text=Muscat%3A%20Trade%20between%20Oman%20and%20India%20is%20expected，countries%20make%20efforts%20to%20push%20bilateral%20relations%20forward.

③ Sudhir Devare, Swaran Singh and Reena Marwah ed., *India and GCC Countries, Iran and Iraq*, New Delhi：Pentagon Press, 2013, p.209.

④ Sudhir Devare, Swaran Singh and Reena Marwah ed., *India and GCC Countries, Iran and Iraq*, New Delhi：Pentagon Press, 2013, p.209.

印度向阿曼出口的主要产品有矿物燃料、矿物油、蒸馏产品等，锅炉、机械及机械用具，钢铁制品，电机设备，纺织服装，化工，茶叶，咖啡，香料，谷物，肉类产品和海鲜。印度从阿曼进口的主要产品有化肥、矿物燃料、矿物油及其蒸馏产品；沥青物质、矿物蜡、铝及其制品、有机化学品、硫、抹灰材料、石灰和水泥。[①] 例如，2012 年受禽流感的影响，阿曼 3 月进口鸡蛋 550 万个，5 月时骤降至 240 万个，为 10 年来最低进口量。

多年来，印度和阿曼贸易额始终保持增长态势。两国贸易额从 1990 年的 9600 万美元提升到 1996 年的 1.34 亿美元，其中出口额从 5600 万美元提升到 1.14 亿美元，进口额从 4000 万美元降到 2000 万美元。1999 年，双边贸易额达到 1.94 亿美元，其中出口 1.32 亿美元，进口 6200 万美元。2001 年和 2002 年的贸易总额分别为 1.57 亿美元和 2.12 亿美元，印度始终保持入超状态。2005 年和 2006 年，两国贸易总额分别为 6.74 亿美元和 10.89 亿美元。[②] 2009 年，印度和阿曼贸易额为 45.3 亿美元，2013 年贸易额增至 57.7 亿美元[③]，2017 年贸易额为 67 亿美元。2021 年，印度阿曼经贸总额为 99.89 亿美元，其中印度出口 31.48 亿美元，进口 68.41 亿美元（见表 5.7）。

表 5.7　　　　　　2017—2021 年印度与阿曼贸易额　　　　（单位：亿美元）

	2017 年	2018 年	2019 年	2020 年	2021 年
印度出口	24.39	22.46	26.62	23.55	31.48

---

① Government of India, Ministry of External Affairs, "India-Oman Bilateral Relations," December, 2018, https: //www. mea. gov. in/Portal/ForeignRelation/India-Oman_ Bilateral_ Realtions_ for_ MEA_ Website. pdf.

② Sudhir Devare, Swaran Singh and Reena Marwah eds., *India and GCC Countries*, *Iran and Iraq*, New Delhi: Pentagon Press, 2013, pp. 208 – 209.

③ Government of India, Ministry of External Affairs, "India-Oman Relations," December 2014, https: //mea. gov. in/Portal/ForeignRelation/Oman_ Dec_ 2014. pdf.

续表

	2017年	2018年	2019年	2020年	2021年
印度进口	42.64	27.59	36.69	30.88	68.41
总额	67.03	50.05	63.31	54.43	99.89

资料来源：Government of India, Ministry of Commence and Industry, Department of Commerce, Export Import Data Bank, Country-wise: Oman, 2022, https://tradestat.commerce.gov.in/eidb/iecnt.asp。

旅游业也是两国经济关系的重要组成部分，印度和阿曼互为两国旅游的重要目的地国。2013年，前往印度的阿曼游客达到6.2万人之多。2015年，莫迪政府与阿曼签署加强旅游业关系谅解备忘录。两国间的航班密集，2013年印度航空公司（包括印度航空公司和印度航空快运公司）每周运营34个航班，捷特航空每周运营21个航班，靛蓝航空从马斯喀特到孟买每周运营4个航班。香料航空公司开通了孟买至马斯喀特的每日航班。阿曼航空每周有75个航班飞往印度的10个目的地。

能源关系是两国贸易中的大项，一般都占进口额的80%。多年来，阿曼一直是印度主要的石油进口来源国，但进口量相对较小，只占进口总量2%左右。例如，2009年，印度进口阿曼石油29亿美元，占石油总进口的3%；2013年进口石油15.1亿美元，占进口总量的0.83%。

2005年，阿曼对印直接投资额为2400万美元，到2012年增至3.4亿美元，是海合会六国中仅次于阿联酋的第二大对印投资国，也是印度第26大投资来源国。[①] 从2000年4月到2017年12

[①] Government of India, Ministry of External Affairs, "India-Oman Relations," June 2013, https://mea.gov.in/Portal/ForeignRelation/India-Oman_Relations.pdf.

月，阿曼投资总额为45.7亿美元。①印度在阿曼生产运营的公司总数达到2900家，投资总额为45亿美元。②到2022年，印度在阿曼的投资额达到75亿美元。③印度公司在阿曼的投资主要集中于钢铁、水泥、化肥、纺织、电缆、化工、汽车等领域。双方的大型合资项目包括：位于阿曼的阿曼—印度化肥公司、拉尔森模块制造厂、印度太阳能工业公司、位于印度的巴拉特阿曼炼油厂等。

（四）印度与阿曼的文化联系

自古以来，印度商人一直是两国文化交往的主要载体。20世纪70年代初阿曼苏丹卡布斯实施对外开放的经济政策，使大量海外阿曼人可以回国经商与投资，因而与印度商人形成激烈的竞争关系。④同时，按照阿曼的法律，印度商人不能继续独立拥有企业，必须与阿曼人合资。因此，20世纪70年代后的印度商人主要有两种类型，一种是印度裔阿曼人，一种是往返两地的印度商人。1948年，阿曼的印度人有1145人，1970年时为4500人，1981年时达到6.6万人，到1992年增加到15万人。⑤1999年，阿曼人口220万人，其中印度人31.1万，约占总人口的14.1%。2017年，阿曼人口为461万，其中印度人78.4万，约占总人口的17%。

印度在阿曼建有19所学校、3座印度教神庙、5座锡克教神庙

---

① P. R. Kumaraswamy and Muddassir Manjari Singh eds., *Persian Gulf 2018*, New Dehli: Palgrave Macmillan, 2019, pp. 133 – 135.

② Government of India, Ministry of External Affairs, "India-Oman Relations," June 2013, https://mea.gov.in/Portal/ForeignRelation/India-Oman_ Relations.pdf.

③ "Oman-India trade to cross $5bn," Times News Service, May 11, 2022, https://timesofoman.com/article/116589-oman-india-trade-to-cross-5bn#:~:text=Muscat%3A%20Trade%20between%20Oman%20and%20India%20is%20expected, countries%20make%20efforts%20to%20push%20bilateral%20relations%20forward.

④ A. K. Pasha ed., *India and the Gulf Region: Maritime History, Trade, Security and Political Reforms*, Delhi: Wisdom Publications, 2014, p. 276.

⑤ A. K. Pasha ed., *India and the Gulf Region: Maritime History, Trade, Security and Political Reforms*, Delhi: Wisdom Publications, 2014, p. 278.

和 7 座基督教教堂。印度社交俱乐部在马斯喀特、苏拉赫和索哈尔有 17 个分支机构，在印度社区中形成一个覆盖全国的伞形组织。该俱乐部还定期在阿曼不同地区举办文化活动。

多年来，印度与阿曼之间举办了各种形式的商业、文化、影视博览会，印度电影和音乐艺术家在阿曼非常出名，他们的访问加强了两国的民间文化联系。2016 年 6 月，阿曼继阿联酋之后，举办了第二届国际瑜伽节，全球有超过 3000 人到达马斯喀特进行瑜伽表演和比赛。在印度文化部的支持下，印度驻阿曼大使馆于 2016 年 11 月至 2017 年 3 月举办首届印度节，并由阿曼外交部部长主持开幕仪式。

二 印度与卡塔尔关系

卡塔尔，全名卡塔尔国，领土面积 1.15 万平方千米。卡塔尔是一个半岛国家，位于波斯湾西南岸的卡塔尔半岛上，南面与沙特接壤，海上与巴林、阿联酋、沙特相接。周边的海岸线长度为 563 千米。卡塔尔属热带沙漠气候，夏季炎热漫长，最高气温可达 50℃；冬季凉爽干燥，最低气温 7℃。它的年平均降水量仅 75.2 毫米。

依据美国中央情报局国别情况报告，2022 年卡塔尔人口为 250.8 万人。卡塔尔的常驻居民中穆斯林占 65.2%，印度教徒占 15.9%，基督教徒占 13.7%，佛教徒占 3.8%，其余为其他信仰者。2015 年时卡塔尔本国公民占 11.6%，外国移民占 88.4%。卡塔尔的外国移民主要来自印度、巴基斯坦和东南亚国家。[1]

印度与卡塔尔的政治和经济关系可以回溯到英印统治时期。

---

[1] CIA, "The World Factbook: Qatar," May 15, 2022, https://www.cia.gov/the-world-factbook/countries/qatar/#people-and-society.

1971年卡塔尔建国后，印度与卡塔尔在各个领域保持良好关系。双边政治关系保持稳定的同时，经济关系在20世纪90年代后发展迅速，国防和投资领域的合作也稳步推进，另外劳工、教育和文化交往也是双边关系中的重要组成部分。经济关系是印度与卡塔尔关系的核心，而液化天然气的进口又是经济关系的"重中之重"。由于印度的管道天然气项目始终未能落实，印度的天然气进口全部依靠液化天然气，而卡塔尔是印度最大的供气国，在天然气供给上印度对卡塔尔形成不可替代的能源依赖。

应当看到和承认，印卡关系在印度中东政策中排位相对靠后，其重要性不能和伊朗、阿联酋、沙特等地区大国相媲美。主要原因在于卡塔尔是中东与波斯湾区内的小国，政治影响力有限，对地区局势的安全和稳定作用较小。尽管21世纪以后，卡塔尔的"小国大外交"产生了一定的地区影响力，但它仍然不是地区安全、稳定的决定性力量。从经济上看，塔卡尔虽然是波斯湾区内最富有的国家，拥有全球最高的人均GDP和收入，但它的经济体量较小，社会开放和国际化程度明显弱于阿联酋，在国际金融和地区贸易中的地位也不如阿联酋。除了天然气供给，卡塔尔与印度的经贸、投资规模较小，对两国经济和政治关系发展的推动作用有限。

（一）印度与卡塔尔的政治关系

1973年，印度与卡塔尔建交。卡塔尔自建国以来，先后经历三位埃米尔，分别是哈利法·本·哈马德·阿勒萨尼（执政期：1972年2月22日—1995年6月27日）、哈马德·本·哈利法·阿勒萨尼（执政期：1995年6月27日—2013年6月25日）、塔米姆·本·哈马德·阿勒萨尼（执政期：2013年6月25日至今）。印度和卡塔尔政治关系的提升始于哈马德埃米尔时期，21世纪后两国关系步入发展的"快车道"。

哈马德埃米尔在位期间曾经三次访问印度，分别是1999年4月、2005年5月和2012年4月。1999年的访问是卡塔尔埃米尔对印度的首次国事访问，它是印度与卡塔尔政治和经济关系发展的结果，也代表着卡塔尔开始重视与印度的关系，因此此次访问在印卡关系中占据重要的地位。2015年3月，塔米姆埃米尔访问印度，"塔米姆埃米尔是莫迪总理上任后第一个对印度进行国事访问的阿拉伯国家，双方讨论同意寻找办法构建前瞻性的合作关系，进一步扩大和深化双边接触，更好地利用两国关系的互补性，加强在关键领域如能源、电力、石化、投资、基础设施、发展、项目出口、教育、文化、卫生、人力资源、媒体和信息技术等方面的合作。"[1] 此次访问成果突出，双方签署六项合作协议或合作备忘录，涉及刑事诉讼转移、对外事务研究所与外交学院合作、信息和通信技术、大气与海洋科学、广播电视、卡塔尔通讯社和联合通讯社新闻交流等。依据协议，印度或卡塔尔的公民在对方国家犯罪和审判后可以被转移回本国监狱服刑。[2] 应莫迪总理邀请，卡塔尔首相兼内政部部长阿卜杜拉·哈利法·阿勒萨尼于2016年12月2—3日对印度进行首次正式访问。访问期间，双方签署多项协议/谅解备忘录，包括《关于外交、特殊和公务护照持有者免签协议》、关于网络空间技术合作和打击网络犯罪的谅解备忘录等。另外，卡塔尔港口管理公司与印度港口全球私人有限公司也单独签署了一份谅解备忘录。与此同时，两国建立卡塔尔—印度商业委

---

[1] Government of India, Ministry of External Affairs, "India-Qatar Relations," July 2016, https://www.mea.gov.in/Portal/ForeignRelation/Qatar_July_2016.pdf.

[2] "PM Modi in Doha: India, Qatar Inks Seven Agreements to Bloster Ties," Zee News, June 5, 2016, https://zeenews.india.com/news/india/pm-modi-in-doha-india-qatar-inks-seven-agreements-to-bolster-ties_1891976.html.

员会。

2008年11月,辛格总理对卡塔尔进行国事访问。2016年6月,莫迪总理对卡塔尔进行国事访问,这次访问的重点是改善碳氢能源和劳动力领域的关系。[①] 双方签署了七项协议或备忘录,包括印度国家投资和基础设施基金投资备忘录,关于印度金融信息部门和卡塔尔金融信息部门的谅解备忘录,技能培养和资格认可合作谅解备忘录,卫生领域合作谅解备忘录,海关合作互助协定,旅游合作谅解备忘录以及首个青年和体育领域谅解备忘录执行计划。为了回应莫迪访问,卡塔尔埃米尔还在斋月第一天特赦23名印度囚犯。2018年10月,外交部部长斯瓦拉杰访问多哈,她是印度历史上第一个到访卡塔尔的外长。访问期间,印卡两国签署建立联合委员会的联合声明。2019年9月23日,莫迪总理和塔米姆埃米尔在联合国大会期间会晤,进一步讨论改善两国关系的措施。2020年10月和2021年6月,印度外长苏杰生两次访问卡塔尔,双方重点讨论进一步扩大能源领域双边合作。

2017年6月,卡塔尔危机爆发后不久,印度发表声明强调,各方应该依据国际法准则,在相互尊重主权领土完整和不干涉内政的前提下,通过建设性对话与和平协商来解决分歧。[②] 8月,卡塔尔外交部部长阿卜杜拉·赫曼·阿勒萨尼到访印度,对印度在危机中所持立场表示赞赏和感谢。

从卡塔尔的角度来看,它在印度关切的核心或敏感议题上一直

[①] P. R. Kumaraswamy and Meena Singh Roy eds., *Persian Gulf 2016 – 2017*, New York: SAGE Pulications, 2018, p. 123.

[②] Government of India, Ministry of External Affairs, "India's Official Statement Following the Recent Developments Related to Qatar," June 10, 2017, https://www.mea.gov.in/press-releases.htm?dtl/28523/Indias+official+statement+following+the+recent+developments+related+to+Qatar.

采取中立或支持立场,从而为两国关系稳定奠定坚实的基础。例如,卡塔尔一直支持印度争取联合国常任理事国,在印度发展核武器和国际制裁期间保持中立,始终支持以双边对话的方式解决克什米尔问题,并对印度国内印度教和伊斯兰教两教纷争保持克制。

(二) 印度与卡塔尔的经济关系

在20世纪的大部分时间里,印度和卡塔尔的关系主要是珍珠进口和香料出口,虽然规模不大,但很繁荣。[①] 直到1966年,卡塔尔都使用印度卢比作为货币。1966年印度卢比贬值,卡塔尔推出自己的货币,并于1973年5月19日开始发行卡塔尔里亚尔。

印度和卡塔尔经贸关系有三大特点:第一,印度在经贸关系中长期保持逆差状态;第二,21世纪之前印度和卡塔尔经贸水平始终在低位徘徊,进入21世纪尤其是2010年后,经贸规模才快速提升;第三,印度与卡塔尔经贸关系主要体现在天然气进口方面,对印度而言卡塔尔的天然气供给具有单一性和不可替代性,而印度对卡塔尔的出口多年来始终没有显著提升。

20世纪80—90年代,印度和卡塔尔的双边贸易额都较小。1989年两国贸易额为3800万美元,1995年为1.3亿美元,至1999年贸易额才增至2.45亿美元。[②] 2005年、2006年和2007年,印度卡塔尔双边贸易额分别为11.6亿、23.97亿和29.95亿美元。[③] 2010年,双边贸易额为71.95亿美元,2011年飙升至137.24亿美元(见表5.8)。受新冠疫情影响,2020年双边贸易额

[①] Mohammed Sinan Siyech, "India-Qatar Relations: Navigating Turbulent Seas," April 9, 2019, https://www.mei.edu/publications/india-qatar-relations-navigating-turbulent-seas.

[②] I. P. Khosla ed., *India and the Gulf*, New Delhi: Konark Publishers, 2009, p. 133.

[③] Sudhir Devare, Swaran Singh and Reena Marwah eds., *India and GCC Countries, Iran and Iraq*, New Delhi: Pentagon Press, 2013, p. 206.

跌至92.1亿美元，其中印度出口12.8亿美元，进口79.3亿美元。① 近两年，由于卡塔尔和印度的港口间开通直航，食品、蔬菜、药品、钢铁产品和建筑材料等是卡塔尔进口中增长较为显著的领域。

印度对卡塔尔的主要出口包括谷物、铜制品、钢铁制品、蔬菜、水果、香料和加工食品、电气和其他机械、塑料制品、建筑材料、纺织品、服装、化学品、宝石和橡胶。印度进口的主要项目除了石油天然气之外，排名第三和第四位的是塑料和有机化学品，其他进口项目主要是石化和化肥类产品，如乙烯、丙烯、氨、尿素等。进入21世纪后，印度成为卡塔尔的第三大出口对象国，仅次于日本与韩国；同时也是卡塔尔的第十大进口来源国。

表5.8　　　　　2007—2012年印度与卡塔尔贸易额　　　（单位：亿美元）

	2007年	2008年	2009年	2010年	2011年	2012年
印度出口	5.39	6.74	5.37	3.75	8.08	6.87
印度进口	24.56	34.99	46.49	68.20	129.16	156.17
总额	29.95	41.73	51.85	71.95	137.24	163.04

资料来源：Rumel Dahiya, *Developments in the Gulf Region, Prospects and Challenges for India in the Next Two Decades*, New Delhi: Pentagon Press, 2014, p.100。

卡塔尔是印度天然气进口的主要来源国。能源占印度进口总额的88%，占双边贸易总额的80%。② 2017年，卡塔尔的液化天然

---

① Government of India, Ministry of External Affairs, "India-Qatar Bilateral Relations," July 12, 2021, https://mea.gov.in/Portal/ForeignRelation/Qatar_2021_new.pdf.
② P. R. Kumaraswamy and Muddassir Manjari Singh eds., *Persian Gulf 2018*, New Dehli: Palgrave Macmillan, 2019, p.152.

气占印度进口总量的65%，占卡塔尔出口总量的15%。① 1999年6月，印度石油和天然气公司与卡塔尔拉斯拉凡公司签署25年期500万吨液化天然气/年的长期供气合同，每年供气金额约为8.59亿美元。依据25年供气协议，印度于2004年1月开始接收卡塔尔的500万吨液化天然气，天然气运达位于古吉拉特与科钦的液化天然气接收终端。印度和卡塔尔签署另一份为期25年，每年250万吨的供气合同，2009年开始供气。到2010年1月，卡塔尔的年供气总量才达到合同中规定的750万吨/年。另外，从2007年7月至2008年9月，印度从卡塔尔获得额外的125万吨液化天然气。2015年12月，印度石油和天然气公司与卡塔尔拉斯拉凡公司又签署了100万吨/年的长期供气协议。受全球能源价格下跌和天然气供气国增加的影响，卡塔尔同意调整对印天然气销售价格，每单位12/13美元降低到6/7美元。新合同将于2016年1月1日生效，截止日期为2028年，新合同的年出口量为850万桶。② 另外，卡塔尔免除了印度所欠的20亿美元债务，原因是印度没有遵守此前商定的天然气运输数量。③

天然气现货市场价格较低导致长期供气合同价格的盈利空间狭小，为此，印卡两国在天然气价格上始终存在分歧。2020年，印度再度提出卡塔尔的天然气价格应该与石油价格脱钩，以便降低对长期大客户的供气价格。卡塔尔则坚持认为，"根据目前的合

---

① Government of India, Ministry of External Affairs, "India-Qatar Relations," July 2016, https：//www.mea.gov.in/Portal/ForeignRelation/Qatar_ July_ 2016.pdf.

② The Hindu-business Line, "Petrol strikes deal with Qatar's RasGas, to get LNG at half-price," December 31, 2015, https：//www.thehindubusinessline.com/news/petronet-strikes-deal-with-qatars-rasgas-to-get-lng-at-halfprice/undefined.

③ "Revised Qatar LNG deal cuts gas price to below $5 per mmBtu：Dharmendra Pradhan," *Economic Times*, May 3, 2016, https：//economictimes.indiatimes.com/articleshow/52084660.cms?utm_ sourc%E2%80%A6.

同，卡塔尔不会重新协商价格问题，而且为了满足印度日益增长的天然气需求，已经做好了供应更多天然气的准备"[1]。印度国内的天然气进口企业主要为印度石油公司、印度巴拉特石油公司、印度燃气公司和古吉拉特邦国家石油公司。新增的天然气接收终端在蒙德拉和金奈两地，两者于2019年启用。

除了天然气，印度也从卡塔尔进口石油。2009—2011年，印度进口石油额为41亿美元、60.6亿美元和117亿美元，占当年印度进口石油总量的4%—7%。[2]

根据卡塔尔工商商会的数据，有6000多家大大小小的印度公司在卡塔尔运营。如今，印度公司正在卡塔尔寻求在基础设施、通信和信息技术、能源和其他领域的合作。[3] 大量印度公司进入卡塔尔市场，设立分公司或者办事处。其中比较著名的公司有印度拉森图博公司、朴尼劳埃德公司、瓦尔塔公司、塔塔咨询服务公司、马恒达科技公司、威普罗公司等。在卡塔尔设立分支机构的银行是印度国家银行与印度工业信贷投资银行，后者是印度第二大银行，也是印度最大的私有银行。卡纳拉银行、印度银行、辛迪加银行等也进入卡塔尔市场，但除了印度国家银行在2016年8月获准进行零售金融业务，其他印度银行均不具备进行存取款、贷款、结算、汇兑、投资理财等服务的资质。

印度航空公司、捷特航空公司和卡塔尔航空公司主营两国间的航线，卡塔尔航空公司航线每周客运航班102架次，主要是新德

---

[1] Nidhi Verma, "India wants to delink Qatar gas supply deals from crude; Qatar says no," January 27, 2020, https://www.reuters.com/article/us-india-gas-idUSKBN1ZQ0VA.

[2] P. R. Kumaraswamy ed., *Persian Gulf 2014*, California: SAGE Pulications, 2015, p. 175.

[3] Government of India, Ministry of External Affairs, "India-Qatar Bilateral Relations," July 12, 2021, https://mea.gov.in/Portal/ForeignRelation/Qatar_2021_new.pdf.

里、孟买等13个大城市，印度航空公司与捷特航空公司一直是印度飞赴卡塔尔的主要公司。2020年，卡塔尔航空与印度香料航空签署单向代码享用协议，卡塔尔航空在往返多哈、德里、孟买和海德拉巴的航班可以使用香料航空的代码。

印度一直想要吸引卡塔尔的投资。2012年，卡塔尔投资局曾考虑在印度市场投资50亿美元，但实际落实情况不佳。2000年4月至2017年12月，卡塔尔主权财富基金在印度的投资总额仅为2388万美元，居第68位。[①] 2019年1月，卡塔尔投资局向印度巴帝电信公司投资2亿美元；9月，科技教育公司BYJU获得卡塔尔投资局1.5亿美元投资。总的来说，卡塔尔是海合会六国中对印度投资最少的国家，截至2021年12月，卡塔尔对印直接投资仅为4.46亿美元，居第40位。[②]

（三）印度与卡塔尔的国防、安全、文化交往

国防与安全合作是印度与卡塔尔双边关系中的重要组成部分。印度与卡塔尔的军事、国防、安全合作起步相对较晚，但发展速度快，尤其国防和军事合作深度超越其他海合会国家。印卡军事合作成果丰硕的主要原因有两个方面。第一是卡塔尔在军事对外合作上采取高度开放的态度。卡塔尔是科威特与巴林之后第三个与美国签署军事合作协议的国家，也是美国第五舰队的驻扎地，它与英国、土耳其等诸多国家有着长久和深入的军事合作关系。第二，卡塔尔和阿曼均公开支持印度在印度洋发挥主导作用，支

[①] Government of India, Ministry of Commence and Industry, Department of Industial Policy and Promotion, "FDI Statistics," 2018, https://dpiit.gov.in/sites/default/files/FDI_FactSheet_21February2018.pdf.

[②] Government of India, Ministry of Commence and Industry, Department of Industial Policy and Promotion, "FDI Statistics," 2021, https://dpiit.gov.in/sites/default/files/FDI%20Fact-sheet%20December,%202021.pdf.

持印度在构建波斯湾地区安全中发挥重要作用。

2008年11月,辛格总理访问期间,两国签署国防合作协议和安全与法律事务合作协议。国防合作协议的内容包括联合作训、军官培训和海上安全合作等,并于2013年和2018年分别延期五年。安全协议的内容包括打击恐怖主义、海盗、跨国犯罪等,并建立相关情报机制。同时,两国同意建立国防合作联合委员会,并于2008年、2011年、2013年、2015年和2019年在两国首都轮流召开。2008年的访问奠定了两国在国防、海事、反恐等领域合作的基础。印度官员称:"国防合作协议只差允许印度在波斯湾驻军了。"[1] 卡塔尔是中东地区第一个与印度签署如此深度国防合作协议的国家。[2] 两国的陆、海、空军,以及军事指挥学院、国防学院、国防研究分析研究所、国防服务参谋学院等教学科研机构进行了众多的军事交流和学术互访活动。2018年6月,卡塔尔武装部队参谋长加尼姆中将访问印度,并在访问期间签署了一项关于白色航运信息共享的协议。2020年2月,卡塔尔国防部部长哈立德·阿提亚访问印度,并出席在勒克瑙举行的2020年印度国防博览会开幕式。2021年5月和6月,印度空军的C-17飞机和海军舰艇往返印度和多哈,运输低温集装箱和医疗补给品,这是两国新冠疫情支援行动的一部分。

印度定期参加在卡塔尔举行的两年一度的多哈国际海防展览和会议。印度军舰多次出访卡塔尔。2015年9月,印度军舰前往多哈进行为期4天的友好访问。2019年12月,印度海军首艘"塔兰吉尼"号风帆训练舰访问多哈港。同年,印度海军和卡塔尔埃米

---

[1] Rumel Dahiya, *Developments in the Gulf Region, Prospects and Challenges for India in the Next Two Decades*, New Delhi: Pentagon Press, 2014, p. 53.

[2] A. K. Pasha ed., *India and the GCC States: Historical, Geopolitical, and Strategic Perspective*, Delhi: Wisdom Publications, 2014, p. 227.

尔海军部队在哈马德港举行了为期五天的双边海上演习。2021年，印度军舰还承担接运卡塔尔新冠疫情救援物资的运送任务。

1992年，印度在驻卡塔尔大使馆建成印度文化中心。2012年，印度和卡塔尔签署文化合作协议。依据协议规定，许多印度艺术家前往卡塔尔参加由印度文化中心举办的活动。印度电影/纪录片也在一年一度的多哈电影学院电影节上放映。另外，卡塔尔还是印度在联合国大会上宣布6月21日为国际瑜伽日的决议共同提案国。2019年被定位为印度—卡塔尔文化年。在印度文化部的合作下，印度使馆在卡塔尔举办了超过45场文化活动，包括展览、时装表演、艺术展示、舞蹈表演、音乐会等。

印度人社区是卡塔尔最大的社区之一。截至2019年6月，有75.6万印度人生活在卡塔尔。除了大量的蓝领工人，他们还从事医学、工程、教育、金融、银行、商业、媒体等各种职业[①]。卡塔尔境内有14所印度学校，可以为3万名印度学生提供九年教育服务。

三　印度与巴林关系

巴林，全名为巴林王国，领土面积779.95平方千米。巴林是波斯湾西南部的岛国，位于卡塔尔和沙特阿拉伯之间，与沙特有跨海大桥相连接。巴林属热带沙漠气候，夏季炎热、潮湿，7—9月平均气温为36℃。冬季温凉时有降雨，12月至翌年2月平均气温10℃—20℃。其他时间气温在20℃—30℃。年平均降水量71毫米。

依据美国中央情报局国别情况报告，2022年巴林人口为154

---

① Abhigya Langeh, "Qatar-India Bilateral Relations: An Overview," May 18, 2021, https://diplomacybeyond.com/qatar-india-bilateral-relations-an-overview/.

万，是海合会国家中人口最少的国家。巴林常住人口中穆斯林占73.7%，基督徒占9.3%，其余是其他宗教信仰者。2019年时，巴林本国居民只占总人口的55%，且其中60%左右是什叶派。巴林的外国移民主要来自南亚和东南亚，如印度、巴基斯坦、孟加拉国、印度尼西亚等。①

巴林是波斯湾区内的岛国，也是领土面积最小的国家。印度和巴林的关系源远流长。古代，巴林是南亚到两河流域与尼罗河流域的重要贸易中转站，远航的船只都要在这里完成补给。著名的迪尔蒙文明就曾以巴林为中心。近代以来，这里仍是波斯湾地区重要的港口。考古研究在巴林发现了印度哈拉帕文明的印章、权重、陶器等，证明巴林当时是印度商品西运的重要节点。近代以来，尤其是英国确立对波斯湾南岸诸酋长国的宗主关系后，巴林人将孟买视为"第二故乡"，许多当地阿拉伯人可以流利的使用乌尔都语和印地语，商人每年在两国间规律性往返。

（一）印度与巴林的政治和军事关系

1783年，哈尼法家族统治巴林。此后整个19世纪，巴林都处于英国的殖民统治下。1971年8月，巴林获得独立。因此，印度和巴林的关系承继了英国殖民统治时期的各种半官方和民间联系，两国领导人彼此间并不陌生。

建交以后，两国长期保持友好关系，未曾出现过重大矛盾或分歧。巴林支持印度争取联合国安理会常任理事国席位，也相信印度可以在地区稳定中发挥重要作用。② 在巴布里清真寺事件、印巴冲突、克什米尔等问题上，巴林都采取低调态度或者附和海合会

---

① CIA, "The World Factbook: Bahrain," May 23, 2022, https://www.cia.gov/the-world-factbook/countries/bahrain/#people-and-society.

② Rumel Dahiya, *Developments in the Gulf Region, Prospects and Challenges for India in the Next Two Decades*, New Delhi: Pentagon Press, 2014, p. 9.

的集体意见，避免直接谴责印度。由于巴林国小力弱，因此冷战期间和冷战后，包括莫迪政府上台后，巴林在印度中东政策中的排位都较为靠后。

1971年10月，印度与巴林建交。1973年，印度驻巴林大使馆建成。印度和巴林之间高访稀疏，日常外交交往主要通过部长级访问来实现。20世纪70年代以来，印度和巴林间有过四次高访，分别是1981年4月巴林埃米尔萨勒曼·哈尼法访问巴林；1983年印度总统吉亚尼·宰尔·辛格回访巴林；2014年2月，巴林国王哈马德·哈尼法访问印度；2019年8月，莫迪总理访问巴林。印度总统的回访是礼节性访问；除了冷淡的印度科威特关系外，莫迪总理对巴林访问是其中东系列访问的最后一个国家。

20世纪70年代里，印度外交部部长斯瓦兰·辛格、计划部部长达尔、巴林外交部部长穆罕默德·哈尼法与电力水资源部部长马吉德·吉希先后访问巴林和印度，为埃米尔的访问铺平道路。1975年，巴林外长访问时与印度重点讨论印度洋、阿以冲突和两国在联合国的合作问题。外长穆罕默德·哈尼法称，"巴林支持印度洋应该是和平区的观念，感谢印度在阿以问题上对阿拉伯国家的坚定支持和印度允许巴解组织在印度设立办事处"[1]。1981年年初，一批印度记者接受巴林政府的访问邀请，并采访埃米尔本人。当时印度在巴林已经具有相当的影响力，巴林国内劳动力的34%是印度人，远高于占比19%的巴基斯坦人。巴林埃米尔称"希望得到印度的帮助发展小型工业"[2]。1981年埃米尔访问印度时，与总统尼兰·桑吉瓦·雷迪、总理英·甘地会谈。双方讨论两伊战

---

[1] A. K. Pasha ed., *India, Bahrain and Qatar: Political, Economic and Strategic Dimension*, Delhi: Gyan Sagar Publications, 1999, p. 78.

[2] Alvin Z. Rubinstein ed., *The Great Game: Rivalry in the Persian Gulf and South Asia*, New York: Praeger Publishers, 1983, p. 164.

争、苏联入侵阿富汗、海合会成立、不结盟运动等地区或国际事务。20世纪70—80年代的高访与部长级访问中，巴林都不提及克什米尔问题。在它看来，克什米尔问题需要印巴双方自己找到解决问题的办法，任何外部干涉都无助于问题的解决。20世纪90年代初，巴林对印度在伊拉克吞并科威特时的模糊表态也持谅解态度，未对印度施加外交压力。

进入21世纪后，级别较高的访问是2007年3月与2012年5月王储萨勒曼·哈马德·哈尼法的两次访问、2014年国王哈马德·哈尼法的国事访问和莫迪总理的访问。2007年和2008年，巴林社会发展部部长和劳动部部长先后访印，讨论妇女和劳工问题。2011年3月，巴林外长哈立德·艾哈迈德·哈尼法曾访问印度。当时正值"阿拉伯之春"运动爆发之时，印度和巴林就地区局势交换意见，印度尤其关心动乱中的印度社团和印度劳工的安全问题。巴林外长明确表态，称"巴林领导者承诺坚决保证当地35万印度人的安全"[1]。2012—2013年，巴林国内发生多起针对印度劳工的暴力事件，并造成人员伤亡。印度和巴林保持沟通的同时，巴林主动积极采取措施维护当地印度社团的安全。另外，王储还在2013年专门访问了印度喀拉拉邦。2014年2月，国王哈马德·哈尼法对印度进行国事访问，这也是他1999年担任埃米尔以来首次访问印度。[2] 双方签署了外交、青年和体育事务等三项合作备忘录，同时建立外交磋商和印度巴林经济技术高级联合委员会两个合作机制。

印度方面的部长级访问是2009年1月和10月外交部部长艾哈

---

[1] Government of India, Ministry of External Affairs, "India-Bahrain Relations," February 2012, https://mea.gov.in/Portal/ForeignRelation/Bahrain-February-2012.pdf.

[2] 2002年，巴林埃米尔改名为巴林国王。1999—2002年，哈马德·哈尼法国王的称号为埃米尔。

迈德与沙希·塔鲁尔的访问，海外印度人事务部部长瓦亚拉·拉维在2009年和2011年三度访问巴林，人力资源部部长凯皮尔·斯柏在2010年10月也到访印度。2015—2016年，印度有四次（部长级）访问，巴林有三次访问。[①] 2017年，印度外交部部长阿克巴尔前往巴林参加"麦纳麦对话会"。莫迪总理访问期间，他出席有200年历史的印度教寺庙重建奠基仪式，双方还签署2019—2023年文化交流计划。在莫迪总理访问巴林之前，印度和巴林的外交关系主要是在部长层级，尽管国王和王储几次访问时曾带庞大的政府和商业代表团，但实际签署和最后落实的协议寥寥无几。

建交以来，印度和巴林先后签署民事司法合作协议、引渡条约、刑事和相互法律协助协定、促进和保护双边投资协定、航空服务协定、广播电视合作协定、有关税收信息交换的协定、被判刑人员转移协议、反恐和打击犯罪协议、外交人员免签短期停留签证协议等，另外在可再生能源、外层空间合作、医疗保健、文化、体育、青年人、劳工和人力资源发展等方面签署谅解备忘录。

印度和巴林的军事合作层级较低，内容较少。2015年9月，印度两艘军舰访问巴林。同年，印度还与巴林签署打击恐怖主义、跨国犯罪和毒品、武器走私的合作协议。

（二）印度与巴林的经济与文化关系

印度和巴林经贸规模整体较小，且印度一直保持逆差状态。20世纪70年代上半期，印度和巴林的经贸关系表现为印度的出超；1977年数据显示当年印度转为入超，且此后入超规模不断扩大（见表5.9）。2007年，两国贸易总额超过10亿美元，至2012年才增值13.25亿美元（见表5.10）。经历2014年后油价下跌的影响，

[①] P. R. Kumaraswamy and Meena Singh Roy eds., *Persian Gulf 2016 – 2017*, New York: SAGE Pulications, 2018, p. 38.

两国双边贸易额下降到7.62亿美元;至2018年,双边贸易重新恢复到12.8亿美元。① 2003年1月至2018年3月,印度对巴林的总资本投资约为16.9亿美元。其中,金融服务业的投资价值最高,约占总项目金额的40%,其次是房地产和酒店业。截至2021年12月,卡塔尔对印直接投资仅为1.81亿美元,居第47位。②

表5.9　　　　　1970—1982年印度与巴林贸易额　　（单位:千万卢比）

	1970年	1975年	1977年	1979年	1980年	1981年	1982年
印度出口	4.50	17.00	22.80	21.29	16.62	20.10	32.13
印度进口	0.04	14.60	26.70	27.60	41.75	81.72	141.37
总额	4.54	31.60	49.50	48.89	58.37	101.82	173.50

资料来源:Bhabani Sen Gupta eds., *The Persian Gulf and South Asia: Prospects and Problems of Inter-regional Cooperation*, New Delhi: South Asian Publishers, 1987, pp. 225–226。

表5.10　　　　　2007—2012年印度与巴林贸易额　　（单位:百万美元）

	2007年	2008年	2009年	2010年	2011年	2012年
印度出口	252.47	286.52	250.21	651.83	439.99	603.14
印度进口	835.42	1442.82	502.86	641.25	905.98	722.29
总额	1087.89	1729.34	753.07	1293.08	1345.97	1325.43

资料来源:Department of Commerce, Ministry of Commence and Industry, Department of Commerce, http://commerce.nic.in/eidb/iecnt.asp。

---

① Government of India, Ministry of External Affairs, "India-Bahrain Relations," February 5, 2020, https://mea.gov.in/Portal/ForeignRelation/India-bahrain_Bilateral_Brief_JAN_2020.pdf.

② Government of India, Ministry of Commence and Industry, Department of Industial Policy and Promotion, "FDI Statistics," 2021, https://dpiit.gov.in/sites/default/files/FDI%20Factsheet%20December,%202021.pdf.

印度出口巴林的主要产品是矿物燃料和石油、无机化学品、稀有贵金属、有机或无机化合物、谷物、坚果、水果、服装及服装辅料等。巴林出口印度的主要产品包括原油、矿物燃料及其含沥青物质、铝、肥料、铝铁铜的矿石/渣/灰、纸浆等。

20世纪70—80年代,印度和巴林的经济合作主要在两个方向。从巴林角度来看,它希望印度可以帮助巴林发展中小型工业,这是埃米尔访问期间明确提出的。例如,20世纪80年代初,印度和巴林的经济合作项目主要有:1981年11月的每年150万吨印度铁的长期合同与1982年6月的77.5万吨硫酸厂建设项目[1]。从印度角度看,巴林有吸引力的项目主要在住房建设、基础设施建设、医疗以及中高端人力资源方面。到1986年9月,印度在巴林完成了三个合资项目。[2] 巴林的医疗、出版和酒店三个行业基本被印度人垄断,政府部门中也有许多印度人任职。两国金融合作的成果主要是在21世纪取得的。2004年,巴林给予印度国家银行和印度工业信贷投资银行离岸银行业务许可证和受限的商业银行许可证。巴林货币局允许印度工业信贷投资银行建立代表处,它还和巴林的第一家外汇公司——巴林融资公司建立合作关系。在巴林设有分支或代表处的银行还有巴罗达银行、卡纳拉银行、HDFC银行。

印度人社团是巴林的第一大外国社团,印度劳工也是第一大外国劳工集团。1981年,巴林埃米尔访印期间就称:我在这里非常高兴地告诉大家,印度人社团对今天巴林的商业、工业和专业服务上作出巨大的贡献。印度人在巴林的生活环境与状态是其在海

---

[1] Bhabani Sen Gupta ed., *The Persian Gulf and South Asia*: *Prospects and Problems of Interregional Cooperation*, New Delhi: South Asian Publishers, 1987, p.55.

[2] A. K. Pasha ed., *India*, *Bahrain and Qatar*: *Political*, *Economic and Strategic Dimension*, Delhi: Gyan Sagar Publications, 1999, p.103.

合会国家中最好的。巴林也是最早立法保护外籍劳工权益的国家。巴林允许在巴生活超过15年且银行记录良好的印度人长期定居。2009年，当地的印度人社团为9万人，到2013年人数已经超过40万人，2020年受新冠疫情的冲击，印度人社团的总人数回落到35万人。大量印度劳工因经济形势欠佳返回国内。"在这35万人中，喀拉拉邦人约占20万人，泰米尔纳德邦人占5万人，安得拉邦4万人，卡纳塔克邦2.5万人，其余的人来自旁遮普邦、拉贾斯坦邦、北方邦、马哈拉施特拉邦、果阿邦和古吉拉特邦。"[①] 印度人社团在当地建有1座印度教神庙、5座基督教堂和6座锡克教寺庙，同时还建有7所印度人学校。

1975年，印度和巴林签署文化协定，双方加强在教育、科学和文化方面的交流，同时在考古、电视节目、文化展出等方面进行合作。1981年埃米尔访问期间，两国签署第一个文化交流计划，内容包括教育、体育、儿童文学、学位互认等。

四 印度与科威特关系

科威特，全名为科威特国，领土面积17.8万平方千米。科威特位于波斯湾西北岸，它与沙特、伊拉克相邻，东濒波斯湾，同伊朗隔海相望。科威特领土以沙漠为主，地势平坦，地下淡水贫乏。它属于热带沙漠气候，夏天炎热干燥，最高气温可达51℃，冬短湿润多雨，最低气温可达-6℃。年降水量为22—177毫米。

依据美国中央情报局国别情况报告，2022年科威特人口为

[①] Government of India, Ministry of External Affairs, "India-Bahrain Relations," February 5, 2020, https://mea.gov.in/Portal/ForeignRelation/India-bahrain_Bilateral_Brief_JAN_2020.pdf.

306.8万。常住人口中74.6%是穆斯林，18.2%是基督教徒，其余是其他宗教信仰者。2018年时，科威特本国公民占总人口的30%，其他人口来自中东区内其他国家、印度、巴基斯坦等。[1]

印度与科威特的关系与印度和海合会其他国家的关系一样，两者不仅有着久远的历史联系，包括商业、人文、技术等诸多方面，也承继英印殖民统治时期的官方、半官方和民间关系。科威特法拉卡岛的考古成果证实在公元前4000年，印度就和当时的科威特有着密切的经贸人文往来。考古出土大量有印度特色的陶器、珠宝、印章，当时的科威特是印度海路商贸在波斯湾内的最后一站，从此处进入阿拉伯河然后经由幼发拉底河和底格里斯河北上，将印度的货物发送沿途重要和富庶的古代大城市，或者陆路转运送往叙利亚、小亚细亚等地。在此后漫长的历史岁月中，两河流域的椰枣和阿拉伯马都是科威特输往印度西部港口的主要产品。马匹的出口到1945年"二战"结束才停止，此后商贸的重点是珍珠的出口和柚木的进口。"石油大发现"和大规模开采后，能源贸易成为两国经贸关系的核心，20世纪80年代后科威特的印度劳工人数激增并超过巴基斯坦人，成为当地第一大外国人社团。

（一）印度与科威特的政治、军事关系

1710年，居住在阿拉伯半岛内志地区阿奈扎部落中的萨巴赫家族迁移到科威特。1756年，萨巴赫家族建立科威特酋长国。起初，科威特被认定为奥斯曼土耳其巴士拉省的一个县，基本处于自治的状态。1899年，英国强迫科威特酋长国与之签署英科秘密协定，英国从此成为科威特的宗主国。1961年6月19日，科威特获得独立，并在1963年5月加入联合国。自20世纪60年代初开

---

[1] CIA, "The World Factbook: Kuwait," May 23, 2022, https://www.cia.gov/the-world-factbook/countries/kuwait/#people-and-society.

始，印度和科威特的关系进入新的历史阶段。1962年6月，首任科威特驻印度大使雅各布·阿卜杜拉·阿齐兹·拉希德就职，印科两国正式建交。

印度与科威特的双边政治关系以20世纪90年代初的伊拉克入侵科威特、印度巴布里清真寺事件为转折点，从前期的稳定友好转向后期的"经热政冷"。莫迪总理2014年就任以来，科威特成为莫迪唯一没有进行国事访问的海合会国家。2014年之后科威特也未对印度进行高访或者国事访问。应该说，自20世纪90年代至今，印科关系保持着"冷淡的友好"关系，除非印度在某个重大事件上"力挺"科威特，否则这种状态可能仍会持续很长时间。

20世纪90年代之前，印度和科威特双边政治关系是友好的，20世纪80年代初两国外交还曾迎来一次"高潮"。这次高潮表现为1980年科威特埃米尔贾比尔·艾哈迈德·贾比尔·萨巴赫访印，1981年英·甘地总理访问科威特和1983年科威特埃米尔的回访并参加第七届"不结盟运动峰会"。此外，高层访问还有1964年科威特王储萨巴赫·萨勒姆·萨巴赫访印与1965年印度副总统扎吉尔·侯赛因访问科威特。

科威特在1962年中印冲突中坚定支持印度立场。但1990年8月伊拉克入侵科威特时，印度在战争过程中采取中立立场。它不仅拒绝接见科威特驻印大使的请见，还是唯一将大使馆从科威特迁往伊拉克巴士拉的国家。当时印度不得不在伊拉克境内2.5万印度劳工和科威特境内1000名印度劳工之间做出选择。从能源角度上看，当年伊拉克同意对印石油出口625万吨，其中450万吨是替苏联出口的；科威特按约将出口150万吨。战争爆发时印度实际上只获得这775万吨石油的一半，由于短期内无法在国际市场上寻找到可弥补的油源，印度不得不尽可能避免与伊拉克关系的破裂。

科威特埃米尔和政府对印度的立场表示吃惊和愤怒,印度的举动对科威特造成极其严重的伤害,是两国关系多年冷淡的根本原因。为此,科威特在伊斯兰会议组织中发起支持巴基斯坦克什米尔权益、谴责印度的提案,给印度造成巨大外交压力。海湾战争后,印度是联合国伊拉克科威特观察团的35名成员之一,负责监督和视察伊科边境的去军事化区。此后,印度参加伊拉克赔款和拆除大规模杀伤性武器的监察委员会。印度参与后续相关外交事务为两国关系的缓和提供可能。1992年年初,印科的矛盾得到缓解,但科威特外长也曾公开表示:科威特可以原谅,但不会忘记。

1992年的巴布里清真寺惨案使印科关系"雪上加霜"。由于两者发生的时间相邻,可谓是"一波未平一波又起"。科威特总理呼吁拉奥总理迅速重建清真寺,并将其交还给印度穆斯林,他表示,"我们希望拉奥总理实现他早期有关重建清真寺的承诺"①。科威特国内也发生针对印度劳工的打击报复事件,大量印度教的雇员、印度人的商店被解雇或者被迫歇业。1992年2月,印度外交部部长马达夫辛·索兰基前往科威特开展解释工作,缓和两国恶化的双边关系。1994年,科威特的议员要求禁止雇佣印度教雇员和禁止入境的提案被政府叫停,但也反映出科威特国内对印度和印度教徒的仇视未能消散。印科两国最终在巴布里清真寺问题上达成谅解,科威特国务部部长阿卜杜阿齐兹·达尔希尔称:"印度国内只有少部分印度教徒对穆斯林进行恐怖主义袭击,这不能被泛化为所有印度教徒。禁止印度教徒入境和工作的决定将危害两者的关系。"②

---

① A. K. Pasha ed., *India's Political and Foreign Relations with the Gulf Region*, Delhi: Wisdom Publications, 2014, p. 313.

② I. P. Khosla ed., *India and the Gulf*, New Delhi: Konark Pubilshers, 2009, p. 132.

进入 21 世纪后，印度和科威特的高层次互访共有三次。第一次是 2006 年科威特埃米尔萨巴赫·艾哈迈德·贾比尔·萨巴赫对印度进行国事访问，第二次是 2009 年印度总统哈米德·安萨里访问科威特，第三次是 2013 年 11 月科威特首相贾巴尔·穆巴拉克·萨巴赫的访问。2006 年访问期间，两国签署三项合作协议，分别是关于避免双重征税和防止逃税的协定、关于减少毒品需求和防止非法贩运麻醉药品、精神药物和前体化学品及有关事项的协定、印度与科威特文化及资讯交流执行计划（2006—2008 年）。2009 年访问期间，两国也签署三份协议，分别是教育交流计划（2009—2011 年）、科学合作协议和科技及文化交流计划（2009—2011 年）。2013 年，两国签署五份协定和备忘录，包括移交被判刑人协议、印度外事服务学院和科威特外交研究所合作备忘录、体育和青年合作备忘录、文化与信息交流执行计划（2013—2016 年）与教育与学习合作交流项目（2013—2016 年）。另外，2017 年 6 月底，科威特埃米尔本人还因健康体检的需要，以私人身份到访印度一周。与巴林的情况相似，两国部长级的访问次数较多，外交磋商机制也于 2012 年 5 月启动。

印度和科威特签署的条约和协定包括：文化协定（1970 年 11 月）、贸易协定（1974 年 2 月）、印度政府和科威特政府合作协议（1992 年 2 月）、鼓励和相互保护投资协定（2001 年 11 月）、刑事事项相互法律协助协定（2004 年 8 月）、引渡条约（2004 年 8 月）、民商事司法合作协议（2005 年 8 月）、避免双重征税的协定（2009 年 4 月）、科学合作协议（2009 年 4 月）等。相关的合作备忘录包括：关于电信领域合作的谅解备忘录（1992 年 2 月），印度共和国外交部与科威特国外交部关于开展双边磋商的谅解备忘录（2000 年 7 月），关于建立印度—科威特战略协商小组的谅解备忘录（2004年8月），民航事宜谅解备忘录（2006年7月），劳工、就业和人力发展谅解备忘录（2007年4月），印度审计长和科威特审计局审计长合作谅解备忘录（2007年7月），卫生谅解备忘录（2012年）等。

印度和科威特的军事安全合作起步晚、层次低、成果少。早期的安全合作主要是2004年的刑事事项相互法律协助协定和2006年的毒品类合作协定。2013年9月，印度海军两艘军舰访问科威特。两国军事院校、指挥机构和海陆空三军的直接交往稀少，也没有建立相关固定的沟通、交流和培训机制。两国军事安全领域层级低的主要原因是海湾战争后，科威特选择美国为其提供安全保障，不打算与其他国家建立广泛、深入的军事联系。同时，科威特不信任印度的军力和它在波斯湾期内可能存在的影响力。

（二）印度与科威特的经济和文化关系

印度与科威特的经济关系与政治关系不同，始终保持稳定增长态势。科威特是印度主要的能源供给国，也是印度重要的贸易伙伴国。在双边经贸关系中，印度始终保持出超状态，其原因依然是能源进口占据双边经贸的主流，非能源经贸的规模太小，无法平衡大额的能源进口。

20世纪50—60年代，大量科威特人在印度拥有不动产，甚至埃米尔本人在孟买的滨海大道上也拥有一座豪华的私宅。1961年之前，印度卢比都是科威特的法定货币。20世纪70年代末，双边经贸开始出现印度出超的情况，且逆差的金额扩大到印度出口额的1—1.5倍（见表5.11）。与此同时，建筑业是20世纪80年代经贸合作的重要内容，涉及桥梁、立交桥、城市排污设施、供水设施、机场、高速公路、学校、高校、酒店、住宅楼和办公大楼等诸多项目。仅1984年，印度钢铁厂就向科威特出售总额20亿卢比的钢铁。

表 5.11　　　　1970—1983 年印度与科威特贸易额　　（单位：千万卢比）

	1970 年	1975 年	1977 年	1979 年	1980 年	1981 年	1982 年	1983 年
印度出口	15.74	47.24	112.80	123.81	97.07	132.74	129.01	117.08
印度进口	5.60	62.60	68.73	165.51	337.62	277.97	282.45	261.40
总额	21.34	109.84	181.53	289.32	434.69	410.71	411.46	378.48

资料来源：Bhabani Sen Gupta ed., *The Persian Gulf and South Asia: Prospects and Problems of Inter-regional Cooperation*, New Delhi: South Asian Publishers, 1987, pp. 225 – 226。

20 世纪 90 年代，印度和科威特的经济关系并未受到双边关系一度恶化的影响。印度对科威特能源下游产业表现出浓厚的兴趣，而科威特也希望参与印度国内石化产业的发展。两国还希望能将科威特的天然气与印度的石化产业连接起来，实现优势互补。为此，印度和科威特在印度奥里萨邦共同投资总额为 10 亿美元的石油炼化厂。1999 年，印度科威特的贸易额为 20.7 亿美元，其中印度出口 1.54 亿美元，进口 19.1 亿美元。2008 年，印科双边贸易额达到 103.9 亿美元，2012 年增至 176.3 亿美元（见表 5.12），科威特是印度的第 13 大贸易伙伴，也是当时印度的第三大石油进口来源国，当年进口石油 1874 万吨。[①] 进入 21 世纪后，随着印度石油需求量的不断提升，印度和科威特的逆差也在同步增大。印度的出口额只相当于进口的 1/10。例如，2009 年，印度进口科威特石油 79.1 亿美元，2011 年，进口额为 156.67 亿美元，占印度当年石油进口的 8%—9%，占科威特对印出口的近 96%。[②] 2012 年 9 月，科威特石油合作公司与印度斯坦石油公司和巴拉特石油公司

[①] Rumel Dahiya, *Developments in the Gulf Region, Prospects and Challenges for India in the Next Two Decades*, New Delhi: Pentagon Press, 2014, p. 8.

[②] P. R. Kumaraswamy ed., *Persian Gulf 2013*, California: SAGE Pulications, 2014, p. 136.

签署为期五年、价值100亿美元的四种科威特石油出口合同。依据《世界能源统计年鉴（2021）》，2020年，印度进口科威特石油990万吨，科威特是印度的第五大进口来源国，仅次于伊拉克、沙特、阿联酋和美国。[①]

表5.12　　　　2007—2012年印度与科威特贸易额　　（单位：百万美元）

	2007年	2008年	2009年	2010年	2011年	2012年
印度出口	681.54	797.50	782.45	1856.01	1181.41	1060.80
印度进口	7704.25	9593.74	8249.49	19313.64	16439.64	16569.63
总额	8385.79	10391.24	9031.95	21169.65	17621.05	17630.43

资料来源：Department of Commerce, Ministry of Commence and Industry, Department of Commerce, http://commerce.nic.in/eidb/iecnt.asp。

印度对科威特的出口包括食品、谷物、纺织品、服装、电气和工程设备、陶瓷、机械和机械设备、车辆、轮胎、化学品、珠宝、手工艺品、金属制品、钢铁等。科威特对印度的出口主要是石油。

1992年，印度—科威特经济和技术合作联合委员会设立，该会议由印度外交部部长和科威特财政部部长共同主持。但首次会议的召开被延迟至2006年，2008年第二次会议后，第三次会议从2012年延迟至2017年。此外，两国联席会议机制还有油气问题联合工作组和劳工、就业和人力发展问题联合工作组。2001年11月，印度和科威特签署投资保护协议。2004年，两国签署印度条约、犯罪法律事务互助协议等。2021年3月，印科决定建立联合部长级委员会，它将建立一个可以促进贸易、能源、投资、科技、

[①] BP, "Statistical Review of World Energy," 2021, https://www.bp.com/content/dam/bp/business-sites/en/global/corporate/pdfs/energy-economics/statistical-review/bp-stats-review-2021-full-report.pdf.

人力和劳工等方面联系的机制①。

自 1975 年开始，科威特向印度提供低息贷款，1975 年贷款总额为 3.15 亿卢比。1980—1982 年分别为 6120 万卢比、5.25 亿卢比和 3 亿卢比。1990 年为 1000 万卢比，1995 年为 1.7 亿卢比，1996 年为 1.34 亿卢比。这些贷款投资的主要项目是印度的水电站、火力发电站、渔业、化肥厂等。进入 21 世纪后，科威特在印度的投资主要是通过投资组合经理间接进行的。其中大部分资金通过国际投资公司或毛里求斯、新加坡或其他提供税收优惠的国家流入了印度。② 科威特还推出过与印度有关的各种基金，如印度基金（2005 年 10 月）、Tijari 印度基金（2006 年 12 月）、印度股票基金（2007 年 1 月）、印度私募股权基金、马尤尔对冲基金（2008 年 8 月）等。截至 2021 年 12 月，卡塔尔对印直接投资仅为 8649 万美元，居第 54 位③。印度希望科威特可以在基础设施、能源、医疗保健、食品安全和教育等领域进行更多投资。印度的食品连锁品牌 Bikanervala Foods、Cafe Coffee Day、Asha's、Nirula's 等均入驻科威特，国内主要的食品加工业品牌也都进入科威特市场。两国在机床制造、电信、水泥、银行、保险和船运也有密切的合作。

印度和科威特之间的主营航空公司是印度航空、捷特航空公司和科威特航空，印度有 15 座城市可以直飞科威特。2018 年，科威

---

① Shailaja Tripathi, "India and Kuwait to Establish Joint Commission to Boost Ties," March 19, 2021, https：//www. jagranjosh. com/current-affairs/india-and-kuwait-to-establish-joint-commission-to-boost-ties-1616132570-1.

② Government of India, Ministry of External Affairs, "India-Kuwait Relations," February 2012, https：//www. mea. gov. in/Portal/ForeignRelation/Kuwait-February-2012. pdf.

③ Government of India, Ministry of Commence and Industry, Department of Industial Policy and Promotion, "FDI Statistics," 2021, https：//dpiit. gov. in/sites/default/files/FDI% 20Factsh. eet% 20December,% 202021. pdf.

特的半岛航空公司和印度的香料航空公司也开辟两国的直飞航线。

科威特境内的印度人社团规模从 2012 年的 64 万人增加到 2019 年的 100 万人，侨汇也从 2012 年的 35 亿美元增长到 2016 年的 48 亿美元。科威特有 21 所印度人学校，可以满足 5 万名印度学生的教育需求。各种类型的印度社区协会有 300 个，它们代表不同区域、不同阶层、不同行业的利益，其中 138 个协会在使馆注册备案。2009 年 9 月，大使馆设立印度工人福利中心，该中心提供劳工投诉补救机制、为遇险的家佣提供住宿和其他设施、工作合同认证系统、印度家庭佣工的全天候免费电话热线、免费法律咨询。

2009 年科威特举行了印度节，包括 130 名印度艺术家的展览和表演。科威特定期举办有印度著名艺人参加的文化娱乐节目。2016 年 6 月，印度大使馆还举办与第二届国际瑜伽节有关的各种活动。与之相对的，2012 年 5 月 15—19 日，科威特大使馆在新德里和斋浦尔举办科威特文化周，活动内容包括联合工艺品展览、谢赫萨巴赫阿拉艾哈迈德图书馆（贾米亚米利亚伊斯兰大学）讲座和科威特电视剧团的民俗表演。

第六章　印度与伊朗关系

如果说印度与海合会国家自古就是隔海相望，那印度与伊朗是"一衣带水"的邻邦。印度与伊朗关系的研究相对更多，研究的视角也更为广泛，这可能与两者民族、宗教、人文关系紧密有关。伊朗和印度的主体民族都是雅利安人东迁的后裔，从迁徙的方向和时序上讲，伊朗是印度的"族源地"。从宗教上讲，古代波斯的琐罗亚斯德教与早期印度教高度相似，而伊斯兰教陆路传入印度则首先通过伊朗高原。不仅如此，今天印度还是全球拥有什叶派人口的第二大国。至于人文上的联系，印度的"大一统"观念、帝制、宫廷制度和礼仪、语言和艺术都受到波斯的深度影响，彼此的相互渗透经久不衰、绵延不绝。

印度独立后，两国关系的发展应了一句中国人的俚语：理想很丰满，现实很骨感。尽管印度和伊朗都非常重视双边关系，历史上也曾多次尝试推动建立友好关系，但受到地区格局、大国关系、国内穆斯林、两教矛盾等内外部因素的影响，印度与伊朗的政治关系和经济关系屡屡受挫。尤其是进入21世纪后，印伊关系几乎成为美伊关系和美印关系的"牺牲品"。因此，印伊两国关系在较长时间中始终凸显出较弱的抗干扰性和较强的韧性共存的特点。与此同时，未来的印度和伊朗关系仍很难摆脱这一"困境"。

第一节　印度独立前与波斯的关系

伊朗，古称波斯，1935年巴列维王朝将国名更改为伊朗。学术界多称呼这块高原与其上相继出现的帝国或大小王国为波斯，古代周边的国家和人民也多称呼其为波斯。19世纪的西方著作中，西方人仍称这片土地为波斯。改称伊朗后，人们慢慢淡忘波斯这个称谓，更为广泛的使用伊朗一词，或者将两者混用。在本章中，我们以20世纪30年代为界，分别使用波斯和伊朗这两个称谓。

印度与波斯"山水相连"，地理上的"邻居"使两国自古就有频繁、密切的文明交往，其中包括人、财物、技术、物种、制度、礼仪、艺术、建筑、宗教等。从雅利安人迁徙并定居南亚次大陆开始，印度和波斯就拥有相同的民族来源和宗教来源；自伊斯兰教传入印度后，印度和波斯的宗教变得更为紧密。因此，印度和波斯的关系是人类文明交往互鉴最真切、最丰富的写照之一。我们甚至可以夸张一些地说印度和波斯是"同族"与"同宗（教）"的兄弟。

一　印度河文明之前的印度与波斯关系

印度古代历史较为模糊，最大缺憾就是各种类型的文字记载稀少。因此，对古代印度历史的研究多需要从域外国家对印度的记载中去搜寻。现代考古成果和先进的科技手段为重现古代印度历史提供有力的物质性资料补充，但相比于中国或者两河流域，印度古代资料的数量和丰富程度依然是稀缺的。与古代历史相似，印度的史前历史同样表现得非常模糊。

探讨印度与波斯史前历史时期的联系，首先需要聚焦的是印度独特的地理环境，尤其是它西北部的地理环境。印度自身是东西两面向海，北部头枕喜马拉雅山脉，东北部的那加山脉将今天的阿萨姆邦和缅甸分开，两者间交通不便。剩下的只有南亚次大陆西部的兴都库什山脉和俾路支高原，前者位置偏北，后者位置偏南。兴都库什山脉是亚洲中部的高大山脉，长约 1600 千米，平均海拔约 5000 米，它的主体大部分位于阿富汗境内，是印度河与中亚阿姆河的分水岭。俾路支高原位于巴基斯坦的西部，是伊朗高原向东南延伸的支脉，由海拔 3000 米以上的南北向平行山脉和海拔 500 米—2000 米宽阔的高原面组成。兴都库什山脉和俾路支高原东部的苏莱曼山脉沿线，有不少山口，如开伯尔山口、博兰山口等。"这条途径把次大陆与西亚、中亚紧密相连，成了次大陆与外界经济、文化交流的重要通途，对印度历史发展也有积极意义。"[1]

从考古学和解剖学角度来看，南亚地区的现代人化石距今约 3.5 万年，发现地点在斯里兰卡。"因此人们一般认为人类学意义上的现代人是在 10 万年前到 3.5 万年前通过波斯进入印度的。"[2] 当前，学者们普遍认为西亚是全球最早进入新石器文明的地区，两河流域、埃及和波斯等地的西亚史前文明大约是在公元前 1.5 万年至公元前 9000 年开始进入新石器时代的。当时这一区域人民的生活方式逐渐完成从狩猎和采集向作物种植和动物驯养的转变。

印度新石器时代的到来可以追溯到公元前 8000 年，晚于西亚各地，最早的发现在巴基斯坦俾路支的高原山谷中。公元前 7000 年，西亚的移民已经在博兰山口下的梅尔伽赫（Mehrgarh）建立发达的村落社会，种植来自西亚的大麦和小麦。从这里，新石器时

---

[1] 林承节：《印度史》，人民出版社 2014 年版，第 6 页。
[2] Ifran Habib ed., *A Shared Heritage: the Growth of Civilization in India and Iran*, New Delhi: Tulika Books, 2002, p. x.

代的农业文明传入印度河平原，带动整个印度河流域新石器时代的发展。公元前5000年前，人们同样是在梅尔伽赫发现被烤焦的棉花种子。"在梅尔伽赫的卡萨尔、阿富汗的纳德—阿里与印度的基利—古尔—穆哈迈德的考古发现证实了当时从波斯经过阿富汗进入印度的游牧民族迁徙运动。"[1] 人们在今天的约旦发现了大量的棉纺织品，据碳—14测定其生产时间是在公元前4400年—公元前3000年。也就是说，一方面，西亚通过伊朗高原向印度次大陆输入农业与农业生产方式；另一方面，印度向西亚输出棉花、棉种和棉织品。另外，这一时期印度北部流行的黑红陶器也来源于波斯，可以从考古发掘中看到它从伊朗高原向东到俾路支山区和阿富汗，再进一步传入今天巴基斯坦境内的印度河流域。

公元前四千纪到公元前三千纪，波斯、埃及等西亚地区的人类社会进入铜石并用时代。它是指介于新石器时代和青铜时代之间的过渡时期，以红铜的使用为标志。伊朗高原上铜石并用时代的早期农业社会也扩散到印度，其中具有典型特征的遗址包括兹霍布、阿姆利则、库林、奎塔等农业定居点，它们都分布在印度河流域。印度河流域进入铜石并用时代晚于西亚，在公元前3000年—公元前2500年。"从彩绘陶器的纹样可以证实，锡亚尔克和基阳的早期波斯文化到达俾路支斯坦的奎塔、罗拉莱和阿姆利则，并沿着克尔曼—锡斯坦—坎大哈路线进入印度；南部线路是沿着克尔曼—设拉子通过马坎路线从南俾路支斯坦进入印度的。"[2] 印度境内的定居点在陶器、工具、农业作物、村社布局等方面和波斯境内锡亚尔克、基阳、希萨尔等地的定居点遗址高度相似。

---

[1] J. M. Casal, *Fouilles de Moundigak*: *Memoirs de la Delegation Archeologique Francaise en Afghanistan*, Paris: C. Klincksieck, 1961, p. 17.

[2] D. H. Gordon, "Sialk, Giyan, Hissar and its Indian Connection," *Man in India*, Vol. XXVII, No. 3, pp. 217–218.

除了物质遗存，语言学研究也显示出印度和波斯在文明早期有着直接的联系。在雅利安人进入印度之前，印度次大陆较为通行的语言为达罗毗荼语。达罗毗荼语是达罗毗荼语系的一支，后者与印欧语系、汉藏语系、尼日尔—刚果语系、闪含语系、南岛语系和突厥语系并称世界七大语系。据语言学家研究，达罗毗荼语与伊朗高原上的埃兰语本属一个语族，大约在公元前4000年前两者分开，并在埃兰和印度逐渐成型。公元前3000年前，达罗毗荼语就已经广泛分布在俾路支斯坦、信德和阿富汗等地，后扩散到印度中部和南部。在雅利安人入侵和定居后，达罗毗荼语在印度中北部不再流行，而是聚集到今天印度半岛东南部和斯里兰卡。

二 印度河文明时期的印度与波斯关系

印度河文明，又被称为哈拉帕文明，是南亚次大陆文明的起点。它最早起源可追溯至公元前3800年左右，鼎盛时期为公元前2500—公元前1750年。它覆盖范围包括印度东北部，东至阿拉姆普尔，也就是恒河的上游；南至讷尔默达河河口，西南到达今天波斯东南边境的萨特卡金—杜尔，主要区域与巴基斯坦的大部分国土重合，流域面积130万平方千米，"从地理上讲，哈拉帕文明的面积大约是埃及古王国的两倍，是苏美尔和阿卡德的四倍"[1]。"（哈拉帕文明）是世界史上值得骄傲的最古老文明之一，在时间上晚于古埃及文明、两河流域文明，早于华夏文明。"[2]

印度河文明属于典型的大河农业文明，标志性特征就是早熟、

---

[1] ［印］D. P. 辛加尔：《印度与世界文明》（上卷），庄万友等译，商务印书馆2015年版，第13页。

[2] 林承节：《印度史》，人民出版社2014年版，第9页。

发达的城市文化，以哈拉帕和摩亨·佐达罗等城市遗址知名度最高。1921—1922年，考古工作者相继发现哈拉帕与摩亨—佐达罗的遗址，前者在今天巴基斯坦旁遮普省的蒙哥马利县，后者在信德省拉尔卡纳县。因此，人们以哈拉帕遗址命名了印度河文明。以摩亨·佐达罗城市遗址为例，它建成于公元前约2600年的古代城市，有高大的外城墙，城市内部有不同的分区，并有城墙相隔。城区里道路纵横交错，房屋错落有致。建筑的主要材料为火烧制砖，易于取材且耐久度高。大多数房屋都有明显的功能分区，分隔出卧室、厨房、浴室和储藏室；几乎家家户户都有水井与厕所，城内发现水井遗迹共计700多个。城内设有大型粮仓、浴池等公共功能性设施，还有制陶、纺织、印染等门类齐全的手工作坊，并拥有发达的地下排水管道系统，可以将生活污水统一排出城市。哈拉帕和摩亨·佐达罗两座城市的面积都在200公顷—300公顷，可以容纳3万—4万居民。现在大多数学者倾向认为印度河文明是南亚原住民达罗毗荼人创造的。

印度河文明的经济分为农业、手工业和商业三大门类。农民使用的是青铜器农具，种植大麦、小麦、豌豆、胡麻、稻米、甜瓜等作物，家畜包括水牛、驼峰牛、大象、绵羊、猪、狗、鸡等。手工业主要是各种打磨器、陶器和青铜工具、武器，如日用陶器、项链贝壳等饰物、象牙制品、鹤嘴锄、斧头、短剑、舞女像等。商业主要是印度河文明内部村社与城市、城市与城市间的贸易，同时也有跨地域的长途陆路和海路贸易。

印度河文明与古代波斯埃兰文明的古埃兰时期并存。埃兰是古代波斯最早的王国，是位于亚洲西南部的古老君主制城邦国家。"早在公元前四千纪，位于波斯南部的埃兰就地跨美索不达米亚和俾路支斯坦。"① 埃兰地处伊朗高原的西南部和波斯湾的北岸,底格里斯河东部至俾路支斯坦,大致包括今天伊拉克阿拉伯河入海口附近的平原、波斯的胡齐斯坦省、法尔斯省和布什尔省。埃兰与西亚亚述帝国、古巴比伦王国并存和相互攻伐,公元前7世纪被亚述帝国毁灭后,其地先后由新巴比伦王国和米底王国统治。

印度河文明与埃兰是地理上的邻居,交往密切。尽管相隔崇山峻岭,它们的交往并不是间断性的偶发行为,而是形成长期、稳定甚至是规律性的贸易。西亚出土泥版文书中记载了大量双方商贸往来的信息。人们可以肯定在公元前三千纪,双方的贸易已经常态化和规律化。通过对古代文书的研究,我们得知两河流域的古代文明与南亚地区进行贸易需要经过三个国家——迪尔蒙(Dilmun)、马坎(MaRan)和梅路哈(Meluhha)。迪尔蒙是古代波斯湾内以今天巴林为中心的商业王国,控制着波斯湾内的航路和港口。马坎地处今天伊朗锡斯坦—俾路支斯坦省、霍尔木兹干省的沿岸平原地区。梅路哈则是印度河文明,主要是古吉拉特②,这是亚述和古巴比伦王国时代对印度河文明的称谓。这三者一字排开,是连接从两河流域到南亚次大陆的陆路和海路通道。

当时印度与波斯的陆路通道从印度河文明的城市出发,到达俾路支斯坦,穿越高山的山口后沿着伊朗高原中部或者南部沿海平原向西前进。海路是通过沿海岸航行到达今天巴基斯坦西部边境的伯斯尼港,继续沿海岸向西穿越阿曼湾,进入霍尔木兹海峡。

印度河文明与埃兰最早的贸易例证来自考古出土的贝币。人们在早期埃兰王国时期,即大约公元前2800年,发现原产地为印度

---

① Ifran Habib ed., *A Shared Heritage: the Growth of Civilization in India and Iran*, New Delhi: Tulika Books, 2002, p. 1.

② Romila Thapar, A Possible Identification of Meluhha, Dilmun and Makan, *Journal of the Economic and Social History of the Orient*, Vol. XVIII, Part 1, p. 2.

的索拉什特拉、卡奇湾和马纳尔湾的贝壳。这些贝壳经过长途运输后在信德地区的巴拉果德加工，再运往西亚。当时交换的商品主要有玛瑙珠、金珠、贝壳制品等饰品。其中贝壳制品从早期的货币形态向装饰品转换，如贝壳手链、脚链、项链、耳坠等，它们在波斯境内的众多考古遗址中都有发现，且数量较大。象牙制品是印度出口的大项，印度是古代文明世界中象牙的主产地，也是主要加工地。印度河文明的诸多城邦作坊中均有象牙作坊，雕刻各种制品，波斯古代遗址中也出土数量众多的象牙制品，如象牙念珠、挂件等。

最令世人关注的交往证据就是具有哈拉帕与波斯特征的印章在两地遗址中大量出现。两者在材质、纹饰、大小上高度相似，又有一些变化，例如相同造型的印章将主纹饰从老虎变为狮子，这是不同地域物产差别的直接体现。印章的研究印证了两大文明在交往过程中实现文化的相互渗透与影响。另外，两个文明建筑领域的相似度也很高。例如，摩亨·佐达罗城中浴室所用的砖和埃兰古都苏萨的用砖形制和制作方式一样。哈拉帕城邦中也有埃兰和两河流域中常见的台阶式金字塔，两者的支撑拱、壁龛等建筑结构的形制也相同。

印度向西亚出口铜锭，铜锭被锻造成相似的体积和重量，由印度河文明最大的罗塔尔港船运发货，送往伊朗高原和两河流域。人们在苏萨的考古过程中发现大量还未拆分溶解的铜锭。木材也是印度出口的主要项目，它主要是指柚木和喜马拉雅雪杉，这两种树木高大、粗壮、笔直，是优良的建筑材料，也是船舶、车辆等运输工具常用的材料。印度的矿产进口则是白银。波斯自古富产白银，最主要的古代产地是乌鲁米耶湖、法尔斯和达姆甘地区。学者们猜测，波斯的商人就是以白银为主的混合金属作为货币或计量单位支付印度的出口货款。另外，印度河文明不仅在陶器的形制、纹饰上与埃兰文明非常相似，而且学者认为制陶旋盘和陶窑也是从埃兰传入的。"其他相似的物品还包括各种生活用品，例如斧头、刨子、凿子、手推石磨、度量衡等。"[1]

三 雅利安人迁徙与定居印度

学术界在雅利安人起源地问题上有诸多争议，最主要的两种解释为欧洲起源说和亚洲起源说，目前亚洲起源说占据优势，另外还有北方说和往返说。欧洲起源说的学者认为，印欧语族的早期居民也就是诸多雅利安部落，最初生活在欧洲，如巴尔干半岛、多瑙河平原的罗马尼亚和保加利亚、德国和波兰等地，较大一些的范围包括北至不列颠群岛和斯堪的纳维亚，南至西班牙、意大利和希腊，西至大西洋，东至乌拉尔山的欧洲地区。他们从语言学的角度解释，欧洲诸多的地名、水流名称、树名都保留印欧语族的深刻烙印。亚洲起源说的学者认为，印欧语族的早期居民来自黑海北部向东的整个欧亚大草原，南部可以扩展到里海西边的高加索地区，甚至安纳托利亚高原。"目前（亚洲起源说中）南俄起源说得到大部分学者的支持。"[2] 它的范围是黑海北部到里海北部的广大草原地区。另有部分学者强调亚洲起源说中的中亚起源说，认为当地气候变迁记录、轻便沙漠马的驯养和早期印欧语中没有海洋这一词汇等证据可以否定欧洲起源说。相反，也有一些学者从早期印欧语种没有骆驼这个词来反驳中亚起源说。

虽然有关起源地的争议目前尚无各方认可的定论，但是在雅利

---

[1] G. A. Qamar, *The Early Cultural Relation of India and Iran*, New Delhi: Dev Publishers & Distributors, 2011, pp. 50 – 52.

[2] G. A. Qamar, *The Early Cultural Relation of India and Iran*, New Delhi: Dev Publishers & Distributors, 2011, p. 65.

安人迁徙的时间和路线问题上各方形成较为一致的观点。一般来说，公元前四千纪，欧亚大草原上生活着一个庞大的游牧部落共同体，他们使用的是今天印欧语系的母语，居住范围以黑海北部为中心，东到中亚北部、西到中欧。到公元前3000年前后，由于气候环境日渐干燥、降水稀少以及人口繁衍增长的压力，这些印欧语系的早期民众开始向南迁徙。其中部分人不间断和缓慢地向西亚、南亚和中亚移动。我们称向东迁徙，即前往西亚和南亚方向的人为印度—波斯人，他们称自己为雅利安人，"雅利安（Arya）"出自梵文，意思是高贵。部分学者认为埃兰人实际上是到达伊朗高原定居的第一批雅利安人。这些雅利安人有很多共同的文化特点，"这些特点清楚地反映在他们及其后裔使用的语言中，以及饲养牛马、冶炼青铜、崇拜某些拟人化的神祇、各种仪式习俗中"①。

公元前两千纪，南迁过程中留居在波斯的雅利安人被称为西波斯人，属于波斯雅利安语族（伊朗语族），它包括米底人、波斯人和安息人，使用彼此相近的米底语、古波斯语和安息语。与此同时，定居到中亚的雅利安人被称为中亚波斯人，使用粟特语、花剌子模语等。公元前1500年后，大批来自波斯或中亚的雅利安人进入印度，形成了说吠陀梵语的印度雅利安人，也就是今天大部分印度人的祖先。到公元前一千纪，部分中亚的雅利安人继续向东迁徙进入中国新疆，变成中国古代的和田人、大月氏人、龟兹人，使用和田语、吐火罗语、龟兹语等。

后人在讨论雅利安人迁徙时期印度和波斯关系时，争论最多的问题就是雅利安人作为外来入侵民族，与印度河文明的衰亡有何

---

① ［美］埃尔顿·丹尼尔：《伊朗史》，李铁匠译，中国出版集团2010年版，第27页。

种关系，或者说雅利安人在印度河文明衰亡过程中扮演着怎样的角色？

20世纪上半期，从事这一领域研究的主要学者将印度河文明城市的毁灭归因于雅利安人的入侵。一方面，最早提出这一观点的莫蒂齐·惠勒爵士指出，摩亨·佐达罗最上面几层的遗址显示当时城市因战事遭到不同程度的毁坏，而《梨俱吠陀》中的雅利安神灵因陀罗的一种含义就是"城市毁灭者"。斯图尔特·皮戈特、A.L.巴沙姆等早期研究的著名学者都持有这种观点。20世纪60年代后，通过碳—14对晚期印度河文明的测定，学者们将城市衰败和毁灭的时间向前提，逐渐确认印度河文明的城市阶段在公元前1900年时就结束了，并在公元前1750年前后突然中断。另一方面，惠勒等人始终未能找到可以证明雅利安人入侵导致印度河文明毁灭的证据。由此，学者开始以自然环境变迁为切入点，探寻文明衰败的原因和过程，并提出了印度河文明与雅利安人入侵后的吠陀文明之间存在一个"黑暗时代"——一个衰败和退化的时代。

根据对印度河流域的古代地理环境研究，学者们认为大约在公元前2000年之后，印度河流域的气候开始发生变化，干旱降临，降水减少，加上城市人口增加给土地造成的压力，印度河文明走向衰落。从考古学的角度看，印度河文明遗址位于今天印度河两侧25米高的台地上，而雅利安人遗址的高度距离今天的河流垂直落差为10米。考虑到古代农业文明都临水而居以满足灌溉和生活需要，水位下降充分证明当时自然环境的巨大变化。因此，我们可以认为印度河流域温暖湿润的气候造就印度河文明，并将其推升到繁盛的顶峰。此后，气候变化导致地理环境恶化和农业衰退，进而带动城市群的日渐衰败。公元前1750年到公元前1500年就是印度河文明从城市文明向农村文明退化的过程。当然，这一时期肯定也存在诸如大型自然灾害、城市间战争、疾病等因素的破坏，推动或加速文明的退化。当雅利安人分批次进入印度河流域时，遇到的不是一个强盛的城市文明并与之战斗和完成征服，而是一个退化了的以农村或者说村落为主体的印度社会，即便当时还残留着一些大城市，也已没有早期辉煌繁盛的气象和实力。

四 吠陀时代印度和波斯的紧密关系

公元前1500—公元前600年是雅利安人进入印度的时段，在历史上被称为吠陀时代或者史诗时代。如果说印度河文明与其之前的时期，印度与包括伊朗高原在内的西亚的交往是不同民族或者不同种族间的交往，那吠陀时代印度与波斯的交往则是有血缘关系和文化同质的民族间的交往，两者是真正的兄弟关系。从语言上看，两者都属于亚欧语系，甚至同属于伊朗语族；从迁徙过程来看，两者在伊朗高原上共同生活了近千年才分开；在宗教、文化和生活方式上，两者也高度相似。例如，古伊朗语的一支阿维斯塔语和梵语高度相似，现代语言学者借助梵语的研究成果编写出阿维斯塔语和古波斯语的语法，还通过梵语推出大量古波斯语词根。"语言的密切关系以及宗教、偶像和社会习俗的高度相似毫无疑问的证明，波斯人和印度雅利安人在人种学上是同一种人，并且一度生活在一个国家里。"[1]

对两大宗教文本的研究是对印度和波斯文明相似性研究的主要方向，由此学者们逐渐发掘出两者在宗教、文化、生活方式等领域的紧密关系，也认识到这样同源的两支因地域和环境差异发生

---

[1] G. A. Qamar, *The Early Cultural Relation of India and Iran*, New Delhi: Dev Publishers & Distributors, 2011, p. 132.

嬗变，走上不同的发展轨道。这两大宗教文本分别是琐罗亚斯德教的经典《阿维斯陀》和印度教的经典《梨俱吠陀》①，他们被认为是波斯人和印度雅利安人最古老的经典。

学者认为《阿维斯陀》产生地在今天波斯的东部，毗邻俾路支山脉。《阿维斯陀》中的《伽萨》诞生在更新世晚期，时间较早，剩余的《阿维斯陀》产生于青铜时代，如《万迪达德》。"《梨俱吠陀》被公认为雅利安人最古老的经典。它最为忠实地保留古代的思想、情感和雅利安人最初始的信仰；其价值等同于《古兰经》和《旧约》对伊斯兰教和犹太教的意义。"② 从语言学角度看，两部经典在语法上也高度相似。

通过对两部经典的研究，学者认为印度和波斯的早期雅利安社会都是以游牧部落为主，当时社会未曾出现明显的阶级分化。部落里财富的统计标准是牛的数量，部落内部和部落间的紧张关系也多是由于圈养或抢夺牛群造成。在《阿维斯陀》后期的章节中，社会开始出现三个阶级，即祭司、战士和农民，其中农民成为最主要的阶级。另外还有一个新兴的阶级是手工业者，这表示雅利安人在波斯境内实现了从游牧民族向农耕民族的转变。《梨俱吠陀》也有关于四个阶层的表述，认为它们是由梵天的不同部位演化而来的。因此，印度和波斯的社会分层是雅利安人社会共同的部分，它后来在印度演化为承继数千年的种姓制度，在波斯则渐趋弱化消失。

两大经典的内容无法帮助后人重构当时雅利安人在波斯和印度的宗教状态，但却可以反映出两大宗教本身的相似之处。"虽然琐

---

① 《吠陀》是印度宗教、哲学及文学之基础，也是婆罗门教和现代印度教最重要和最根本的经典。它包括《梨俱吠陀》《婆摩吠陀》《耶柔吠陀》《阿闼婆吠陀》共四部。其中《梨俱吠陀》是《吠陀》经典中最古老的部分。
② M. Muller, *The Vedas*, Calcutta: Susil Gmpta Limited, 1956, p. 52.

罗亚斯德的宗教改革造成巨大的差异,印度人和波斯人这两大雅利安人群的同质性深刻地反映在宗教、神话、崇拜等方面,也体现在他们最古老的宗教文本中。"[1] 例如,两国神话传说中提及一个名叫贾姆希德的国王,他的名字出现在印度史诗《摩诃婆罗多》与琐罗亚斯德教圣书《阿维斯陀》中,不仅人名一样,而且在两国神话中记载的他的世系也一致。

首先,两大宗教神灵的数量一致。印度波斯人崇拜的神灵共有33位,两大经典都确认这个神灵的数目。其次,在神灵分类上,两大宗教都采取部门分类法。例如,《阿维斯陀》中密特拉是光明之神,胡麻是植物之神。《梨俱吠陀》也同样对神灵进行属性的划分。再次,两大宗教的宇宙论相同。印度波斯人的宇宙观认为世界的中心是一座高山,同时被分为七个部分。《梨俱吠陀》认为中央高山须弥山是神灵居住的地方,《阿维斯陀》将中央圣山称为哈罗,是精神体居住的地方。另外,在印度教中,有7位神灵具有特殊的地位。而琐罗亚斯德教中阿胡拉·马兹达和6位大天使也组成7人团,被称为"神圣不朽者"。

由于印度波斯人分居两地,两大宗教中不同的部分也很多。"《阿维斯陀》文本中与《吠陀》在宗教观念上平行和相似的内容很多,但是区别也同样存在。(我们可以说)相似的地方众多,不同的地方更多。"[2] 其中最为显著的差别主要有三个方面。

第一,宗教属性的变化。在印度,以《吠陀》经典为基础,印度教坚持印度波斯人,或者说雅利安人早年的多神信仰,并延续至今。而以《阿维斯陀》为基础的琐罗亚斯德教,在经历琐罗

---

[1] Ifran Habib ed., *A Shared Heritage: the Growth of Civilization in India and Iran*, New Delhi: Tulika Books, 2002, p. 32.

[2] M. H. Dhalla, *Zoroastrian Civilization: From the Earliest Times to the Downfall of the Last Zoroastrian Empire*, 651 A.D., London: Oxford University Press, 1922, p. 4.

亚斯德的宗教改革后，转向一神教。

第二，神灵属性的倒置。这是一个引起学术界巨大兴趣的问题。在印度，"Deva"是善神的统称，而"Asuras"是恶魔的统称；在波斯两者刚好倒置，"Ahura"是最高善神的名字，而"Daiwas"成为众恶魔的统称。琐罗亚斯德教改革后，所有古教中的自然神都变成恶神，如因陀罗（Indra），甚至像帝奥斯（Dyaus）这样的神灵也完全消失了。"琐罗亚斯德教最高神灵阿胡拉·马兹达的敌人伐楼拿（Varuna）在《梨俱吠陀》中始终是地位最高的众神之一。"[①]

第三，献祭仪式上的差别。尽管双方都要献祭食物和动物，并在献祭后喝"圣饮"，但献祭方式存在差别。印度人要将献祭物投入火中，仪式结束后再分食。波斯人绝不会把献祭品投入火中，他们只是将它们陈列在火焰前。另外，在葬仪上两者也有异有同。印度人早期的葬仪是天葬，将去世的人暴露户外，由狗、鸟或其他野兽吞食。后期在印度，人们选择采取火葬的方式，而波斯则既不允许天葬，也不允许火葬。相同的是两者都认为死者不洁，丧事后必须洗澡和洒扫屋子，而接触死者的人需要花费十天的时间来恢复纯洁。

在仪式方面，两大宗教都使用牛或者马作为献祭的牲畜。《阿维斯陀》中记载牛的献祭要在水边进行，其中既有公牛，也有母牛。马匹的献祭也是一种主要的献祭形式，它既有单独献祭的，有时候也和其他牲畜一起献祭。《梨俱吠陀》中牛的献祭种类更多，有一些是献祭煮熟的牛肉，有一些是献祭公牛或者野牛。有章节记载印度人曾为了庆祝因陀罗的胜利，一次献祭300头公牛。

---

① G. A. Qamar, *The Early Cultural Relation of India and Iran*, New Delhi: Dev Publishers & Distributors, 2011, pp. 135–136.

与祭祀活动同时举行的还有"圣饮",也就是喝苏摩酒。在《阿维斯陀》中称为胡麻酒(Haoma),在《梨俱吠陀》中称为苏摩酒(Soma)。《梨俱吠陀》的诗集中称:"我们喝了苏摩酒,我们变得不朽。我们走向光明,亲近了神灵。这伟大的液体让我自由。"

五 印度与波斯各王朝之间的政治经济联系

印度与古代波斯各大帝国和王国的联系是印度与波斯历史联系中重要的组成部分。这段历史,从公元前6世纪开始,到公元16—17世纪,绵延2300年时间。其中"一头一尾"两个阶段——波斯阿契美尼德王朝对印度的统治和波斯萨法维王朝与印度莫卧儿王朝的交往最引人注目。前者的意义体现在两个方面,第一是除了西亚出土泥版文书中破译出的资料外,波斯的官方史料中记载了不少与印度有关的信息,具有划时代的意义。第二是以波斯帝国为中介,西方世界借助希罗多德的著述认识到东方还存在着一个无比富饶的国度,印度进入西方人或者说欧洲人的视野。后者的意义在于波斯文化的烙印深入莫卧儿帝国的"肌体",成为帝国前期辉煌文明的基石,更深层次地看,波斯文明对中亚穆斯林深入骨血的影响通过中亚穆斯林入侵、统一印度并构建大帝国的方式表现出来。

公元前15世纪后,雅利安人入主印度。新来的雅利安人居住在印度河平原上,在广袤和水草丰美的平原上放牧,并逐渐转向农业定居生活。与此同时,他们也逐渐适应当地湿润的气候环境。在印度河流域站稳脚跟后,雅利安人进一步向东和向南迁徙,向东主要是进军恒河流域,向南是占据德干高原。整个吠陀时代其实就是雅利安人对西起俾路支斯坦、东到恒河河口、南至德干高原的整个印度中北部的渗透和统治。自此,印度雅利安人成为印度历史的主角和主体,是印度文明的创造者。到公元前6世纪初,北印度建立了16个较大的国家,史称"十六国"。从政治发展的角度看,这是印度王国时期的巅峰,是孕育统一大帝国的"母体"。

与此同时,伊朗高原也经历着类似的过程,而且它的步伐和成就快于和高于印度。从埃兰王国开始,到公元前8世纪米底王国初立,再到公元前6世纪波斯帝国建立。留居波斯的雅利安人在高原上,尤其是高原南部沿海地带不断发展壮大。"波斯帝国的建立可以说是游牧世界对农耕世界长期冲击的第一次大总结。它是人类在更大范围内历史交往的结果,也是古代由城邦到王国、再到帝国这一必然发展趋势的顶峰。"①

公元前559年,居鲁士二世继位,花费十年时间先后征服米底王国、吕底亚王国、新巴比伦王国这三个西亚强国,成为当时首屈一指的大国。此后,冈比西斯二世和大流士一世继续推动帝国扩张,分别占领地中海东岸、塞浦路斯、西奈半岛、埃及以及黑海北岸的西徐亚人部落。至此,波斯人建立世界历史上第一个地跨亚非欧三大陆的帝国,疆域西至巴尔干半岛,东到印度河流域,南至尼罗河上游,北至黑海以北和中亚锡尔河以南。

对印度河流域的政府是由大流士一世完成的。"约在公元前516年,波斯国王大流士率军入侵,征服了旁遮普和印度河以西地区。"② 当时,印度西北部被波斯帝国设立为第20个行省,也是面积最大、最富裕的行省。此后在薛西斯称帝时期,印度行省又被一分为二变成两个行省。印度行省的地理范围缺少明确的地理标识,后人推断其范围大约在兴都库什山脉以南,地跨苏莱曼山脉和俾路支山脉东西两侧,向东一直延续到印度河的西岸。由此,

---

① 王新中、冀开运:《中东国家通史——伊朗卷》,商务印书馆2002年版,第64页。
② 林承节:《印度史》,人民出版社2014年版,第25页。

波斯帝国统治印度河流域200多年。

印度丰富的物产成为波斯帝国的粮仓与税源,也成为宫廷奢侈生活必需品的供给地。"希罗多德告诉了我们印度的富庶和人口稠密度,它每年向波斯缴纳360塔兰特砂金作贡赋,其数量几乎是大流士整个帝国岁入的三分之一。"[①] 棉质的衣服、象牙和各色宝石制品、调味的香料等都成为帝国宫廷奢华生活的象征。除了物质供给和税金,印度和希腊一样,向帝国宫廷提供侍者,向帝国军队提供兵源。在薛西斯大帝与希腊人的战斗中,印度的士兵长途跋涉参战,他们身穿棉衣,使用竹弓和竹箭。不仅如此,印度军团还是由唯一非波斯人将军马达洛斯征召和领导的。除了步兵外,印度还向波斯军队提供战马、战车和令西方世界望而生畏的战象。自大流士时代开始,印度军队就成为波斯军队的常规组成部分。印度兵团甚至在两河流域还有属于自己的屯兵区。帝国末期,为了抵挡亚历山大大帝的攻击,印度军队在大流士三世的领导下在高加米拉战役中与希腊人作战,这也是印度历史上第一次与西方人的军事争锋。

与此同时,波斯帝国为印度与西方交往提供便利。除了希罗多德等学者的记载,印度历史中也出现西方人留下的印记。帝国统治时期,大量希腊人穿越帝国来到印度并定居,其中不仅有贵族和商人,也有许多哲学家和科学家。印度国内将这些希腊人称为雅万纳人(Yavanas)。"这个名字最初专指爱奥尼亚的希腊人,后来逐渐扩展到所有希腊人和其他外国人。"[②] "到中世纪的印

[①] [印]D. P. 辛加尔:《印度与世界文明》(上卷),庄万友等译,商务印书馆2015年版,第27页。

[②] Ifran Habib ed., *A Shared Heritage: the Growth of Civilization in India and Iran*, New Delhi: Tulika Books, 2002, p. 59.

度，雅万纳这个词被当做非吠陀人的同义词，也意指所有的外国人。"①

波斯帝国对印度的影响既体现在政治方面，也体现在文化方面。在政治方面，帝国的长期统治使得印度河以东与恒河流域的诸多国家认识到帝国的强大和繁盛。希腊化时代开启后，印度河流域逐渐摆脱塞琉古王朝的统治，走上了统一北印度和全印度的道路，从而塑造出印度历史上第一个统一的大帝国——孔雀王朝。"孔雀王朝，特别是阿育王帝国的君主制度是印度、阿黑门尼德和希腊化观念的综合。"② 行省制度、官修大道、军种配置等都来自波斯。不仅如此，王朝早期的宫廷制度、礼仪等也深受波斯观念和模式的影响。在文化方面，波斯的影响在孔雀王朝艺术和建筑的各个领域都有体现。波斯风格的石柱和纪念柱是孔雀王朝的典型建筑。阿育王鹿野苑中的柱头所用的四头狮子和一个轮子的造型是印度的象征，题材和样式与亚述—波斯的造型如出一辙。当时印度流行的服饰也来自波斯。孔雀王朝的货币——银币采用的是波斯的样式和重量。而官方书写文字犍陀罗文是波斯通用的阿拉米语的变体。萨珊王朝时期的波斯文献中曾记载波斯国王派遣使者前往印度寻求治国智慧的故事。印度的《五卷书》就是在这一时期被带回波斯，翻译成巴列维语后并取名《卡里来和笛木乃》。"百年翻译运动"时期，其被翻译成阿拉伯语，后被翻译成波斯语，成为波斯、印度、阿拉伯三方文化交流的经典案例。

莫卧儿帝国是印度历史上最后一个统一全境的大帝国。"他们

---

① A. K. Narain, *The Indo-Greeks*, London: Oxford University Press, 1980, pp. 165 – 169.
② ［印］D. P. 辛加尔：《印度与世界文明》（上卷），庄万友等译，商务印书馆 2015 年版，第 27 页。

的宫廷、选择的朝臣都反映了一种新的文明融合：印度、波斯和中亚风俗习惯的融合。"[1] 莫卧儿帝国的创建者叫扎希鲁·丁·穆罕默德·巴布尔。他的父亲是帖木儿的四世孙，母亲是成吉思汗的第十三代后裔。因此，他是蒙古与中亚血统的混血儿，帝国的名字也是为了重现蒙古帝国的辉煌，莫卧儿是蒙古一词的音变。巴布尔征伐的起点是中亚费尔干纳。他野心勃勃，初期对外征战未能攻占撒马尔罕城，随后将视野转向南方，占领今天阿富汗大部分地区，并以此为基础，借印度洛迪王朝内乱之际兴兵，翻越兴都库什山脉进军旁遮普和印度河流域。到 1529 年，"进入印度不到四年，巴布尔就占领了北印度大部分地区"[2]。莫卧儿帝国此后经历胡马雍、阿克巴、贾汉吉尔、沙贾汗和奥朗则布五代君王，文治武功极为昌盛。到 18 世纪初期奥朗则布去世，帝国才盛极而衰，在宫廷斗争、地方起义、教派冲突、土邦分权自立和英国殖民者等多重打击下衰败，最终成为英国的殖民地。

巴布尔崛起的中亚地区在 15 世纪和 16 世纪时深受波斯文化的影响。"事实上，波斯语不仅是当时的整个中亚的文雅语言，也是通用语。"[3] "从北京到威尼斯的丝绸之路上的通用语言也曾是波斯语。最早的拉丁修道士，如鄂多立克神父和其他那些冒险从陆路到达中国的人也必须学习波斯语。马可波罗以及像伊本·巴图塔那样可以与他相提并论的人同样也要学习波斯语，这种语言成了任何（即使是一名拉丁教士也罢）希望到亚洲冒险的人必不可缺的语言。甚至在 19 世纪初期，英国人自己也只有在多少学习了一

---

[1] [美] 斯坦利·沃尔波特：《细数恒河沙：印度通史》（上），李建欣等译，中国出版集团 2019 年版，第 162 页。
[2] 林承节：《印度史》，人民出版社 2014 年版，第 154 页。
[3] Ifran Habib ed., *A Shared Heritage: the Growth of Civilization in India and Iran*, New Delhi: Tulika Books, 2002, p. 101.

点波斯语之后才能够到印度去冒险。"① 16世纪初期，巴布尔进驻喀布尔之后，就有一大批波斯人进入他的王庭任职。1510年，萨法维王朝攻占呼罗珊地区，采取严格的教派政策，削弱和镇压当地的逊尼派波斯人。为了求生，当地大批逊尼派贵族、知识分子携家眷进入阿富汗，成为巴布尔的幕僚。当巴布尔进入印度时，当地的洛迪王朝使用的官方语言也是波斯语，波斯语是跻身政府的必备技能。波斯人加入巴布尔王庭和随之南征使波斯语在印度河流域的地位得到进一步的巩固和提升，同时波斯的王权观念、政府架构、治理模式也通过这些人加入统治集团而渗透到帝国的政治体系中。

16世纪中期，莫卧儿帝国出现第二波波斯移民潮。帝国的第二任皇帝胡马雍在与兄弟和敌人的争斗中度过颠沛流离的一生。1544年，流亡的胡马雍前往萨法维王朝，求得庇护和支持，并愿意以割让坎大哈作为代价，换取萨法维王朝的支持。1545年，胡马雍离开波斯后，大批波斯学者、贵族和士兵加入他的王庭和军队，成为他收复帝国和其子阿克巴"中兴"莫卧儿帝国的强大助力。胡马雍麾下的波斯高官有瓦里·卡达尔家族父子三人、拜兰·汗、阿夫扎尔·汗、赫瓦贾·马吉德、米尔·谢哈布丁、赫瓦贾·卡西姆等。

到阿克巴皇帝时期，印度和波斯的联系达到顶峰，尤其在政治领域。1542年，阿克巴出生在印度的信德地区，他幼年时曾与父亲一起逃亡波斯。他的母亲哈米·达·巴奴·贝古姆就是波斯人。他的两位导师和"左膀右臂"白拉姆汗与米尔·阿卜杜·拉蒂夫都是波斯裔。1555年，追随胡马雍进入印度的51个贵族中，有16人是波斯人，占总数的31%。到阿克巴统治时期，"在他统治的头

---

① [法]阿里·玛扎海里：《丝绸之路——中国—波斯文化交流史》，耿昇译，新疆人民出版社2006年版，第6—7页。

二十年里，也就是1556—1575年，国内曼萨卜达尔制下拥有500名士兵以上的波斯人和呼罗珊人，占总人数的38.58%。这一时期，有中亚血统的图兰人在大贵族中也只占39.58%。"① 这一时期，著名的波斯裔高官有努鲁拉·夏斯特里、法特赫·设拉子、哈基姆·卢特菲、毛拉·胡兹尼、穆扎法尔·胡赛因·撒比瓦里、贾巴尔·丁·安珠等。"阿克巴统治期间，王庭中的18个中央部长里有11人是波斯血统，三人是中亚血统，4人是印度血统（包括两个印度人和两个穆斯林）。"② "这一比例足见波斯人在帝国官僚体制中的分量，以及他们与皇帝的亲近程度。"③ 显而易见，波斯裔占据王庭的高官位置并和阿克巴皇帝建立紧密的私人联系使得这一群体在与印度贵族和莫卧儿王朝起源地贵族的争斗中占据优势地位。

中世纪以后，"陆路丝绸之路"相比古代有明显的衰落。作为其南部分支，印度和波斯诸帝国与王国的经贸联系始终没有断绝。在莫卧儿帝国初期的两百年中，也就是16—17世纪，印度与波斯的商贸和通过波斯向西亚和欧洲的商贸依然非常的繁盛，"印度是当时波斯最大的贸易伙伴，从对印度出口清单的研究可以发现，在17世纪30年代，印度的出口商品总额达到32吨白银"④，有力的推动文化、商品和人员的流动与交往。

波斯地处亚欧商路的中间位置，它向东北连接中亚，向东南连

---

① Iqtidar Alam Khan, "The Nobility under Akbar and the Development of his Religious Policy, 1560 – 1580," *Journal of Royal Asiatic Society*, No. 1 – 2, 1968, pp. 30 – 35.
② M. Athar Ali, *The Apparatus of the Mughal Empire*, London: Oxford University Press, 1985, pp. xxvii – xxviii.
③ Ifran Habib ed., *A Shared Heritage: the Growth of Civilization in India and Iran*, New Delhi: Tulika Books, 2002, pp. 117 – 118.
④ H. Dunlop ed., *Bronnen tot de Geschiedenis der Oostindische Compangnie in Perzie, 1611 – 1638*, IS-Gravenhage: Martinus Nuhopp, 1930, pp. 482 – 494.

接南亚,向西连接两河流域和地中海东岸,向西北连接俄罗斯,战略位置非常重要,是多种文明和文化交织的地方。通过波斯的商贸路线分为陆路和海路两条,共分为四条路线,以大不里士、伊斯法罕、马什哈德等商业城市为中心。西线前往叙利亚的阿勒颇和安纳托利亚半岛的伊兹密尔;北线穿过里海西岸的高加索地区,前往俄罗斯、波兰和波罗的海;东线前往中亚、阿富汗和印度;南线是海路,通过霍尔木兹海峡和阿巴斯港,前往两河流域的巴士拉港。对印度商品而言,波斯既是出口目的地,也是出口转运地。

16世纪上半期,由于奥斯曼帝国完成了对地中海东岸和两河流域的征服,确保巴士拉到阿勒颇商贸路线的和平与稳定,南线海路因此得到高速发展。每年的4月和9月都是商运高峰,从霍尔木兹港发出的大批印度商品运达巴士拉港,再启程前往阿勒颇。每一个商运高峰都由5000—6000名商人、雇工和护卫组成。一般一个商队就有4000头骆驼和120名商人,商人中大部分是波斯人,通常还有至少十名印度商人。17世纪初,萨法维王朝夺回霍尔木兹港。但由于葡萄牙人、英国人、荷兰人在海洋上始终占据优势地位,萨法维王朝选择支持陆路贸易,打压海路商贸。为此,以坎大哈为中转站,来自信德、古吉拉特等地的印度商品被运到大不里士和伊斯法罕,再销往俄罗斯或奥斯曼土耳其。1615年时,来自印度的陆路商贸规模增长了4倍,每年从拉合尔到伊斯法罕的骆驼达到1.2万—1.4万峰,早年这条路线上在和平时期的商贸规模不超过3000峰。[①] 17世纪下半期,莫卧儿帝国兼并古吉拉特,打通西海岸和内地的商道。为此,苏拉特港发展成印度西部最大

---

① Samuel Purchas, *Purchas His Pilgrimes, Contayning a History of the World in Sea Voyages and Lande Travells by Englishmen and Others*, Glasgow: James Maclehose, 1905, IV, pp. 268 - 269.

的商业中心，囤积和转运印度各地的商品。

莫卧儿帝国的扩张和强盛推动商贸的发展。一方面，国内统一使商路处在安全和稳定的状态下，并在同一个税收和货币体系中运转，降低反复交换的成本。另一方面，帝国采取措施促进外贸的发展。它废除转口税、降低商品税率和铸币税、清理减少资本运作的法律限制，并进一步扩展外贸的商品种类。到17世纪末，仅运到霍尔木兹港的印度商品额就占该港总进口量的89%，达到36吨白银。

波斯出口印度的商品中，生丝排在第一位。波斯的生丝产自吉兰、希尔凡、格鲁吉亚等地。印度商人在回国途中采购生丝，减少随身的现金量以确保安全。仅次于生丝的出口大项包括染料、苦杏仁和军马。染料是传统出口项目，是阿尔达比勒和阿斯特拉巴德两地的红色、蓝色和紫色染料。军马是伊朗高原和今天土库曼斯坦草原上的马匹，主要用于帝国军队，中印度和南印度的邦国也喜好波斯马匹。大部分波斯马是通过陆路运送，少量的波斯马和阿拉伯半岛的阿拉伯马一起通过海运到达印度。另外，设拉子酿造的葡萄酒也是印度从波斯进口的大项，这些葡萄酒以玻璃瓶罐装后再以稻草包裹装箱。红酒贸易多半是由波斯境内的亚美尼亚人、犹太人和琐罗亚斯德教商人控制，而玫瑰水、珠宝、果酱等商品的贸易中既有波斯商人，也有印度商人。印度出口波斯的商品排名前四位的分别是纺织品、靛蓝、糖和香料。纺织品的产地是古吉拉特、信德、阿格拉和阿拉哈巴德、比哈儿等地的农村，纺织品生产和出口是当地经济的支柱。靛蓝的主产地是阿格拉，通过陆路商道运往伊斯法罕。印度中部德干高原和南部沿海的产品一般通过海路运输到达霍尔木兹港或者阿巴斯港。

在与波斯的贸易中，印度始终保持入超状态，为帝国赚取了巨额的经济收益。与商贸紧密关联的就是印度商人的跨境流动与定居。16—17世纪，印度商人是萨法维王朝境内规模最大、影响力最强的外国商团。印度商团有两种类型，第一种是季节性流动商人，他们每年往返于印度和波斯南部主要港口与商业中心，而布商在其中占很大比例，这主要是因为布匹商贸的需求稳定，旅途损耗小，同时具有明显的季节性。第二种是常驻波斯的商人。他们从事金融业，例如借贷者、钱庄主、贵金属商人等，向印度和波斯的商人提供贷款或进行融资。当时伊斯法罕的常驻印度商人就有1万—1.2万人。他们为两国间的商贸建立了一个庞大和通畅的资金网络，方便各国商人在印度和波斯境内的储蓄、提取和借贷。

六 印度与波斯各王朝之间的文明交往

自雅利安人入主印度开始，印度和波斯的文明交往持续超过3000年。自孔雀王朝后，两个国家都先后经历帝国或者诸王国并立的局面，而商路始终未曾中断。与此同时，商人和工匠的流动带动诸多生产技术、生活设施的学习。

在农业方面，农业技术中的印度水车和波斯滑轮是相互交流的重要成果，公元前2世纪地中海地区发明的磨粉机在9世纪时经过波斯传到印度。在军事方面，军事技术中的马镫是在公元前2世纪由波斯传入印度的。养殖业中最重要的交流成果是养蚕技术的传播。中国的蚕籽在公元前2世纪传到帕提亚王朝。13—14世纪在蒙古帝国的统治下，养蚕技术和蚕籽从波斯传入印度。在手工业方面，中国的纺车是12世纪德里苏丹国时期由波斯传入印度的；中国的脚踩织布机是13—14世纪传入印度的；波斯的毛毯编织技术是15世纪传入印度的。

印度与波斯文明交往最繁盛的时期是莫卧儿王朝时期。"波斯文化对莫卧儿帝国与宫廷的重要影响几乎没有被夸大过；它不仅表现在阿克巴的苏菲信仰上，而且表现在他把波斯语重新定为莫卧儿行政与法律的官方语言。莫卧儿的服饰、陈设、风俗和道德的优雅与颓废，都反映了波斯的宫廷生活和习惯。"① 波斯对莫卧儿时期文化和文明的影响还深刻反映在宗教、文学、建筑、绘画等各个领域，产生丰硕的成果遗留后代。

第一，在宗教方面，影响主要表现在莫卧儿帝国前期采取开放和开明的宗教政策，它既反映在伊斯兰教和印度教的和平共处上，也反映了伊斯兰教内对什叶派的宽容。自公元8世纪初，阿拉伯人开始骚扰和入侵印度开始，伊斯兰教这种新的信仰与入侵者一起进入南亚次大陆。最初，"由于（阿拉伯人）统治范围有限，（伊斯兰教）对印度的影响也是有限的"②。到德里苏丹国统治时期，穆斯林在印度取得统治地位，阿拉伯人、波斯人和他们的后裔盘踞在政治集团的上层。正统派乌里玛和苏菲派分别在印度的上层与民间宣教，带动不同阶层的印度教徒改宗伊斯兰教。尽管双方没有因宗教冲突引发大规模的战争和动乱，但以宗教为分野的政治斗争和以人头税为标志的经济歧视始终困扰着印度。莫卧儿帝国前期，统治者采取宽容政策，取消针对印度教徒的香客税和人头税，接纳来自萨法维王朝的逊尼派波斯人，同时反对针对什叶派的宗教压迫与攻击。正是这一时期的宗教政策不仅塑造印度庞大的穆斯林人口，还使之成为仅次于波斯的全球什叶派人口第二大国。

---

① ［美］斯坦利·沃尔波特：《细数恒河沙：印度通史》（上），李建欣等译，中国出版集团2019年版，第143—144页。

② 林承节：《印度史》，人民出版社2014年版，第103页。

第二，在文学方面，波斯文学在德里苏丹国和莫卧儿帝国时期得到诸位皇帝的高度推崇，成果突出。13—17世纪，波斯和中亚大量用波斯语的作家、诗人为了避难，为了声名或者为了财富来到印度，开辟新的生活，并对印度文学造成深远的影响。德里苏丹国时期最著名的诗人是阿米尔·霍斯陆，他在诗歌、散文和文学理论等方面成就非凡，且他的大部分作品都是用波斯语写作的。不仅如此，他还开创了吸纳印度文学风格的先河，奠定印度化波斯文学的基础。莫卧儿时期印度的波斯语文学也在继续发展。当时印度著名的文学家有卡扎里·迈什哈迪、萨义德·乌尔菲、毛拉·达乌德、阿布尔·法兹尔等。在莫卧儿帝国诸位皇帝的赞助下，大量梵文经典包括部分吠陀文献、两大史诗等都被译为波斯语。不仅如此，印度图书馆保留了大量波斯语手稿，甚至有学者认为印度存有的波斯语手稿数量超过今天伊朗国内的存量。目前，印度的拉姆普尔图书馆、奥斯菲亚图书馆、苏拉特图书馆、埃米尔都拉图书馆等都保存了大量波斯语手稿。另外，今天通行于巴基斯坦的乌尔都语也是波斯语与印地语交往的结晶，语言学家将其特点归纳为"乌尔都语＝波斯语词汇＋印地语语法"，足见它与波斯/印度之间的密切联系。

第三，在建筑领域，波斯风格在德里苏丹国和莫卧儿帝国中占据重要地位。德里苏丹国最早的波斯风格建筑是库特卜建筑复合体，它建于12世纪，由清真寺、库特卜高塔等多个建筑构成。波斯风格在清真寺的建筑上最具代表性，其中最出名的就是引入四门户庭院模式。它是在清真寺内建有一个大的庭院，庭院四周各有一个可供出入庭院的拱形门户。这种风格是波斯清真寺的常见规制。除了清真寺，德里苏丹国的帝王陵墓也采用波斯风格。莫卧儿帝国时，波斯风格更为突出。开国皇帝"巴布尔入主印度时，随身带有两位波斯建筑师,来自哈拉特的尤希达·米尔·季亚斯和来自呼罗珊的尤希达·穆罕默德"①。到阿克巴皇帝时期,印度风格才和波斯风格相互融合。波斯的"天堂花园"也成为花园和陵墓的标准形制。"天堂花园"由水渠、走廊、平台、喷泉、水池、花圃、果园等将之分成四个部分,外圈用院墙包围。胡马雍、阿巴克、贾汉吉尔的陵墓以及阿格拉的小泰姬陵都采用这样的花园。另外,在穹顶、斗拱、回廊、门房、廊柱、砖雕、马赛克墙面等方面,莫卧儿帝国也大量采用波斯风格。

第四,在绘画方面,莫卧儿帝国推崇波斯画家,并在交往过程中产生新的画派——莫卧儿画派。莫卧儿帝国的皇帝们都热衷于绘画。巴布尔就非常喜欢收集当时著名波斯画家的作品,并对画家和作品有深入的研究。"胡马雍利用他旅居萨法维王朝的机会招揽众多著名波斯画家到自己身边。"② 其中最著名的两位是米尔·萨义德·阿利和赫瓦贾·阿卜杜勒·萨马德,他们不仅追随胡马雍到达印度,还成为阿克巴皇帝的绘画老师。阿克巴继位后,要为《阿米尔·哈扎姆的故事》做插图,全书需要制作 1000 多幅插画,这项工作由两位绘画大师和他们招录的印度学徒负责。由帝国资助翻译的梵文经典和两大史诗也需要波斯和印度画师负责插画的制作。如此大规模的官方绘画需求不仅吸引了大批波斯画师,也由他们言传身教的教导出一大批印度画师。在阿克巴统治时期,带有显著波斯风格的莫卧儿画派成型,它在题材、色彩、人物和动物造型、写实主义等方面都吸取波斯画的优点。不仅如此,贾汉吉尔皇帝派自己的御用肖像画师与大使一起出访波斯。为表示

---

① A. S. Beveridge, *Baburnama*, New Delhi: Oriental Books Reprint Cooperation, 1922, p. 343.

② Sukumar Ray, *Humayun in Persia*, Calcutta: the Asiatic Society, 1948, p. 42.

两国关系友好，贾汉吉尔皇帝还命人做了两幅画，分别是他拥抱波斯沙王阿拔斯和他与阿拔斯聊天的场景。

第二节　印度独立后与伊朗的关系

探讨当代印度和伊朗关系时，学者一般都会简要论述和强调两国自古以来的漫长文明交往历程。尽管印度和伊朗都有交好的强烈愿望，数千年的文明交往并没有在两国间的相互信任和建立可持续政治与战略关系上发挥多少作用。[①] 印度和伊朗的关系，受到本国政策（不结盟政策）、国际格局（两极格局和美苏争霸）、大国关系（美国对波斯政策）、小国关系（巴基斯坦因素）的影响，具有很强的外源性和很弱的抗干扰性。但是，印度一直看重伊朗的地缘位置、能源优势、市场潜力和宗教影响力；伊朗则看重印度的经济发展速度与潜力、能源需求及其在南亚和印度洋的地位，也关心印度国内穆斯林，尤其是什叶派穆斯林的生存环境。印度和伊朗之间相互关注、彼此重视、谋求建立紧密经济政治联系的诉求在过去、现在和将来会长期存在，未来中长期时段中双方只能在政治上实现互谅互让，必要时在国际社会中互帮互助，但在能源、经济、安全和军事等领域内难以实现突破性进展。

一　冷战期间的印度与伊朗关系

1947年，印度摆脱英国殖民统治，赢得民族国家的独立。重建新的外交关系是每一个新独立国家必须面对的首要任务。对印度领导人来说，与西亚国家的外交关系成为仅次于与美、苏、英

---

① Anwar Alam ed., *India and Iran: An Assessment of Contemporary Relations*, New Delhi: New Century Publications, 2011, p. 2.

等世界大国关系的重要议题，而印度和伊朗的关系又是摆在与西亚国家关系的首位。之所以这样说，一方面是因为印度和伊朗有着悠久的历史和文化联系，另一方面是因为两国在英国殖民统治时期是山水相连的邻国，伊朗也是印度独立后周边仅次于中国的第二大国家。虽然1947年8月的印巴分治使印伊两国不再是邻国，隔断了印度与西亚的直接地理联系，但印伊关系依然直接关乎印度的安全和稳定。受到历史联系和情感纽带的影响，冷战期间的印度和伊朗都有意保持和增进友好关系，但在两极格局和美苏争霸大局的限制下，双方有意修好的愿望受外部因素干扰屡次中断。印伊关系好似一对永远无法牵手的"恋人"一般，只能保持一种稳定和相互谅解的态势。

（一）1947—1979年的印度与伊朗关系

现代印度和伊朗关系的起点是1947年印度独立。这一年印度摆脱英国200多年的殖民统治，正式走上国际舞台。与此同时，伊朗在摆脱半殖民统治和"二战"中美苏英的军事占领后，也以崭新的姿态步入国际社会。印度和伊朗处于发展的新起点。1979年，伊朗发生伊斯兰革命，巴列维王朝覆灭。新生的伊斯兰政权走上完全不同于旧王朝的发展道路，内外政策都有巨大调整。印伊关系也相应地发生变化。

冷战期间，两极格局和美苏争霸是影响印伊关系的首要外部因素，也是决定性的因素。冷战爆发后，世界被分为以美国和苏联为首的两大集团，双方以北大西洋公约组织（简称"北约"）和华沙条约组织（简称"华约"）两大军事联盟组织为核心展开全面竞争。印度和伊朗在冷战中分别选择了不同阵营，走向完全不同的方向。20世纪20—30年代，伊朗选择德国作为"第三种力量"，用来制衡长期盘踞波斯政治的苏联与英国。"二战"爆发后，错选德国的礼萨·汗在苏英的逼迫下退位,其子巴列维继位后将美国视为平衡苏联和英国的"第三种力量"。"二战"末期,美国就已充分认识到,伊朗对战后世界格局、中东局势和遏制苏联有着非常重要的价值,美国和伊朗的经济、军事和安全合作逐步加深。由此,伊朗成为美国在中东地区的重要盟友和反苏前沿国家,更有许多学者认为冷战的起点并非1947年3月"杜鲁门主义"的出台,而是1946年3月的伊朗危机。"1946年3月的伊朗危机是战后东西方首次严重对抗。东西方冷战肇始于近东,近东冷战发轫于伊朗。"[①] 不仅如此,伊朗先后于1955年和1959年加入巴格达条约组织和中央条约组织,这两个联盟都是美国一手策划,用于遏制苏联的政治军事组织,是自欧洲延伸至远东的围堵苏联军事"链条"的中东部分。20世纪60年代到70年代中期,美伊关系深度发展,美国将伊朗视为其在中东利益的主要"代理人",即美国中东政策的"双柱"之一。

独立后的印度与伊朗不同,选择了另外一条道路,那就是坚定不移地奉行独立自主的外交政策。作为一个进行多年反殖民统治斗争、力图挣脱奴役和枷锁的国家,维护独立自主是印度的最高利益所在,也具有最高的精神价值和意义,更是新生政权合法性的根基。"它(印度)的领导人清楚地认识到,维护印度国家利益和反对殖民主义、帝国主义侵略,捍卫亚洲和世界和平的目标是一致的。印度外交政策正是基于这个认识而制定的。"[②]

印度在冷战中支持民族独立斗争、支持被压迫民族的运动,反对殖民主义和种族歧视。一方面,印度提出不结盟政策并倡导不结盟运动;另一方面,其与世界所有国家发展友好关系。20世纪

[①] 李春放:《波斯危机与冷战的起源》,社会科学文献出版社2001年版,第296页。
[②] 林承节:《印度史》,人民出版社2014年版,第347页。

40 年代末，制宪议会批准印度作为一个主权国家继续留在英联邦内，以便保持与英国和英联邦国家的关系，获得外交和经济利益。20 世纪 50 年代初，印度与美苏都建立正常和稳定的关系。美国虽对印度拒绝加入反苏阵营不满，但不愿放弃印度这个人口最多的民主国家。苏联看到印度持中立外交立场后，也改变了原先对印度的冷淡态度。不仅如此，印度还是社会主义国家之外第二个承认中国的国家。20 世纪 60 年代后，印苏关系快速提升。苏联向印度提供大量贷款，签订贸易协定，援建工厂，出售军火，并在 1971 年签署为期 20 年的《苏印友好合作条约》，使双方关系带有准联盟的性质。

可以看出，印度冷战期间的外交在坚持不结盟政策的基础上，依据客观需要在特定时期向"亲苏"的方向倾斜。这与一贯"亲美"的伊朗背道而驰。印度和伊朗的关系被冷战两极格局和美苏争霸的"张力"撕扯，难以建立紧密深入的双边关系。

巴基斯坦因素是妨碍伊朗发展伊印关系的主要障碍。印巴分治后，波斯和印度间 1000 千米长的边境线变成伊朗和巴基斯坦的边境线。20 世纪 40 年代末至 50 年代，不断改善的伊巴关系限制伊印关系的发展；20 世纪 60 年代之后，伊朗两次在印巴战争中支持巴基斯坦，成为印伊关系中挥之不去的"隐痛"和深层次的疑虑。

巴基斯坦是伊朗的邻邦，伊巴关系是紧密不可分割的。第一，安全议题是紧密连接巴基斯坦与伊朗的首要问题，巴基斯坦的稳定直接关乎伊朗的安全。两国在跨境民族、走私、阿富汗安全、民族分裂势力等议题上具有共同利益和联动关系。第二，宗教认同是伊巴关系的情感纽带。巴基斯坦是伊斯兰国家，印巴分治过程中的穆斯林移民和教派冲突与仇杀引起伊斯兰世界的高度关注。从宗教角度上，伊朗有义务支持这个新成立的伊斯兰国家，帮助因宗教信仰汇聚到一起的穆斯林兄弟。第三，文化认同上，巴基斯坦比印度更具优势。深层次地看，巴基斯坦所在的印度河流域是雅利安人入主后印度首先居住和发展的地区，也是波斯文明与印度文明交往最密集、遗产最丰富的地区。第四，"亲美"的共同外交立场和军事盟友关系是伊巴关系的深层次保障。巴基斯坦是冷战期间美国在南亚的重要盟友，是美国牵制印度、构建从中东到东南亚反苏联盟的重要节点。伊朗则是美国在中东区内的盟友。为此，两国都积极参加美国组织的巴格达条约组织和中央条约组织，并建立军事盟友关系。

1948年5月，伊朗成为第一个承认巴基斯坦并建立外交关系的国家。1950年3月，巴列维国王又成为第一个访问巴基斯坦的外国元首。访问期间，两国元首签订友好条约。相比之下，伊朗与印度建交和签订友好条约都是1950年，伊印关系的发展比伊巴关系的发展迟滞了三年。

伊朗对巴基斯坦的支持还体现在两次印巴战争和伊斯兰会议组织中力挺巴基斯坦。在1965年的第一次印巴战争中，"伊朗将对巴基斯坦的支持扩展为政治、外交和物质三方面的全面支持"[①]。它宣布印度是侵略者，要求"印度人民不要向攻击他们巴基斯坦兄弟姐妹的行动提供任何帮助。"[②] 伊朗不仅和土耳其发表联合外交声明，还提供物质援助、医疗援助并允许巴基斯坦战斗机前往伊朗寻求保护或加油。在1971年的第二次印巴战争中，伊朗向巴基斯坦提供大量军事物资和经济援助。在西方国家不提供军事支持的情况下，它提供的弹药、重要空军基地的防空掩

---

① Sujata Ashwarya, *India-Iran Relations: Progress, Problems and Prospects*, London and New York: Routledge, 2017, p. 31.

② Aparna Pande, *Explaining Pakistan's Foreign Policy: Escaping India*, London and New York: Routledge, 2011, p. 145.

护、海上通道保护、战地医院等对巴基斯坦来说至关重要。伊朗还为约旦和沙特的军事援助提供运输通道。印度对伊朗与巴基斯坦的军事关系非常不满，认为"这是一条错误的道路，危险的道路和有害的道路"①。在1969年的伊斯兰会议组织拉巴特峰会上，伊朗支持巴基斯坦阻止印度参会，支持巴基斯坦建立伊斯兰发展银行的提议，它还成功劝说沙特和利比亚与巴基斯坦保持友好关系。

不结盟政策和印度与埃及关系是制约印度发展与伊朗关系的重要因素。不结盟政策是印度确立的外交基本原则。尼赫鲁认为作为民族主义国家，印度反对帝国主义侵略，不愿介入战争和冷战；在冷战和美苏争霸的全球格局下，印度唯一可行的道路是依据自身利益而不是大国利益决定自己的外交政策。另外，考虑到独立后的国家百废待兴，发展经济是首要目标。卷入大国斗争和冲突会影响经济建设，其代价远比获得有限的经济援助更高。当然，更深层次的考量在于印度是最大的民主国家，是南亚和印度洋区域内第一大国。美国不好公开对保持中立立场的印度"发难"，美苏两国必须保持和印度的友好关系避免将其推入另一阵营的"怀抱"。因此，"这些因素决定了印度必须实行多方位外交，而不是把自己束缚在任何一个集团的营垒内"②。

"（冷战前期几十年中）印度—伊朗关系中另一个刺激性因素是印度与极端阿拉伯国家，如埃及和叙利亚的友好关系以及尼赫鲁与贾马尔·纳赛尔的兄弟般的友谊。尼赫鲁将纳赛尔视为阿拉伯世界领袖，伊朗国王认为纳赛尔主义和阿拉伯极端共和主义是

---

① Farah Naaz, "Indo-Iranian Relations, 1947–2000," *Strategic Analysis*, Vol. 25, No. 10, May 2001, p.1914.

② 林承节：《印度史》，人民出版社2014年版，第348页。

一种威胁。"① 埃及是"二战"后新独立的民族国家,也是当时中东尤其是阿拉伯世界中的第一大国。印度和埃及有着英国殖民统治残酷剥削和压榨的共同历史经验,也都在国际社会中奉行独立自主外交原则,并反对殖民主义、帝国主义行径。因此,埃及和印度都是战后全球民族独立解放运动的领导者。20世纪80年代之前,印度和埃及,尤其是尼赫鲁与纳赛尔之间,形成良好的外交关系与牢固的个人友谊。

印度和埃及都是不结盟运动的倡导者和创建者。1954年,印埃两国在万隆会议的两次筹备会议——科伦坡会议和茂物会议上密切合作,化解各种矛盾,共同抵挡住来自美国的强大压力。自此之后,尼赫鲁与纳赛尔在不结盟运动中结下深厚和牢固的友谊,也成为亲密的战斗伙伴。"尼赫鲁认为,埃及领导人纳赛尔是阿拉伯民族主义运动和反殖民主义的'象征'和领导者。"纳赛尔的世俗主义、社会主义和反对美国军事联盟的立场得到尼赫鲁的高度认可与支持。② 另外,尼赫鲁还特别赞扬埃及在北非反对法国殖民统治的斗争与在巴勒斯坦独立事业上的重大贡献。在前四次中东战争中,印度都及时给予埃及坚定的外交支持,并在联合国力挺埃及。20世纪50年代中后期,印度和埃及一起坚决反对并谴责美国策划建立的巴格达条约组织和中央条约组织。

埃及反对冷战、反对与美国结盟、领导泛阿拉伯主义运动、支持共和主义的政策与以波斯民族为主体、与美国结盟、实施王权统治的伊朗在中东形成鲜明对比和激烈竞争。例如,伊朗对20世纪60年代埃及派军队支持也门革命深表恐惧。"巴列维国王将纳

---

① A. K. Pasha ed. , *India, Iran and GCC States: Political Strategy and Foreign Policy*, New Delhi: Manas Publications, 2000, p. 244.

② Sumit Ganguly ed. , *India as Emerging Power*, London: Frank Cass, 2003, p. 187.

赛尔的干预视为开创危险的先例。为了遏制纳赛尔，沙王向也门内战中的王室军队提供大量军事援助。"① 另外，伊朗总在伊斯兰会议组织中支持巴基斯坦，而埃及却在其中帮助印度，阻止通过不利于印度的声明或决议。

尽管存在重大的限制性因素，印伊两国始终致力于克服困难、化解矛盾、取得谅解，并抓住机会推动改善两国关系。在1979年伊斯兰革命到来之前，印伊两国有过多次发展友好关系的尝试，取得不少成果。

基于地理、民族、历史等诸多因素，印度和伊朗都非常看重发展双边关系。20世纪40年代末和50年代初，印伊的相互支持和友善就可以反映出来。在1946年和1947年伊朗与苏联的"撤军危机"中，尼赫鲁坚定支持伊朗维护民族权力的举措，支持其在联合国的各种声明。1947年，伊朗参加由尚未获得独立地位的印度举办的首届亚洲国家关系会议，伊朗代表团在大会上向独立斗争已见曙光的印度表达自己的善意和祝福。在1951年伊朗的"石油国有化"运动中，印度也表达对其争取民族权益、摆脱殖民主义经济控制努力的赞赏和支持。

印伊两国曾先后两次改善和提升双边关系。第一次是20世纪60年代前期，第二次是20世纪70年代中后期。20世纪60年代初，为了抵御中东的伊斯兰主义思潮、推动"白色革命"、加强世俗化进程，巴列维国王开始强调伊朗历史和雅利安人传承，在伊朗、巴基斯坦、阿富汗和印度之间推动"雅利安人兄弟"关系。伊朗在1962年中印冲突中支持印度，认为印度遭受了侵略，沙王甚至建议巴基斯坦出兵支持印度作战。笔者认为伊朗的支持是其

---

① Jasim M. Abdulghani, *Iraq and Iran: The Years of Crisis*, London and New York: Routledge, 1984, p. 18.

冷战期间亲西方反华立场的结果而不能简单地归因为伊朗实施亲印度的政策,但这一立场阶段性的帮助两国在遏制中国的问题上找到共同点,进而促成1963年印度拉达克里希南总统的访问。从经济角度上看,"在伊朗的出口发展战略中,印度是比巴基斯坦更大、更重要和不能放弃的市场,它不仅进口大量伊朗石油,还进口数量大、种类多的非石油商品"[1]。为此,双方不仅实现高层互访,还加强经济合作。20世纪60年代中后期,中巴关系的快速改善弱化伊朗和巴基斯坦关系。20世纪70年代中后期,"印巴分治、孟加拉国建立、伊朗石油收入的增长,1973年后阿拉伯世界的联合、阿拉伯石油禁运、巴基斯坦转向阿拉伯国家、印度加强与伊拉克的紧密关系,以及其他一些因素合力说服巴列维国王重新评估与印度关系的重要性"[2]。英·甘地政府强调发展与中东北非阿拉伯国家的关系,印伊关系再度升温。除了高层政治交往和扩展经济联系,印度还与伊朗展开核技术合作,使得双边关系出现一轮小高潮。不幸的是,1965年、1971年的两次印巴战争与1979年的伊朗伊斯兰革命打断了这20年中两国提升双边关系的机遇,印伊关系未能实现可持续和稳定的提升。

1979年之前,印度和伊朗政治关系始终保持稳定,双方不仅签署友好条约,还实现多次元首互访。虽然这一时期内两国未能化解横亘在双方间的各种障碍,在印巴战争、克什米尔归属、中东两大军事联盟等问题上屡屡发生外交摩擦,但双方在这些问题上始终保持相互理解、相互谅解的态度,不让分歧和争议破坏两国关系。

---

[1] Sujata Ashwarya, *India-Iran Relations: Progress, Problems and Prospects*, London and New York: Routledge, 2017, p. 34.

[2] A. K. Pasha ed., *India, Iran and GCC States: Political Strategy and Foreign Policy*, New Delhi: Manas Publications, 2000, p. 227.

1950年3月15日,印度和伊朗正式建交,同时签署《印度伊朗友好条约》。20世纪50年代前期,双方签署不少协议,如航空运输协定(1952)、通商航海条约(1954)、文化交流协定(1956)等。两国元首先后完成两轮互访,巧合的是巴列维国王总是首先出访印度。元首的频繁高访(见表6.1)反映出印伊均重视两国双边关系,例如,1956年的访问是在伊朗签署《巴格达条约》后四个月,巴列维国王的访问很大程度上是去做解释工作。"巴列维国王想要说服尼赫鲁,波斯和巴基斯坦的紧密关系并非针对印度,不是要和印度为敌;也不是要以伊朗与印度关系为代价。"[1]国王的游说并未达成真正的谅解,双方最后也未能发表联合声明。1959年,尼赫鲁回访的成果集中在经济和文化领域。1963年,印度总统拉达克里希南访问期间,伊朗破天荒的允许他在德黑兰电台上发表演讲,拉达克里希南称,"我们(两国)必须充分利用科学技术带来的机会,并利用它们为普通人谋福利。在这方面,我们两国可以相互学习"。到1969年巴列维国王访问时,"印度和伊朗似乎已经在政治上理解对方的不满,并继续强调经济和技术合作"[2]。巴列维国王在访问中称:两国合作存在巨大的可能性,我们必须在最大程度上寻找和利用这样的机会。1974年,英·甘地访问最突出的成果是消除潜伏的恐惧和误解,并达成共识。两国领导人认为双边关系不应该是排他的,也不应被第三国因素干扰。[3] 同年,巴列维国王在回访中强调,在政治方面伊朗永远不会

---

[1] Sushma Gupta, *Pakistan as a Factor in Indo-Iranian Relations, 1947-1978*, New Delhi: S. Chand & Co., 1988, p.84.

[2] Sujata Ashwarya, *India-Iran Relations: Progress, Problems and Prospects*, London and New York: Routledge, 2017, p.35.

[3] A. K. Pasha ed., *India, Iran and GCC States: Political Strategy and Foreign Policy*, New Delhi: Manas Publications, 2000, p.255.

支持巴基斯坦侵略印度，经济方面则向印度提出建立"印度洋经济共同体"的提议。在1978年巴列维国王访问后的联合声明中，印度和伊朗认为：双方在地区安全和稳定上达成一致，强调必须通过地区国家的合作来促进和平。以1978年阿富汗人民民主党推翻达乌德政权为背景，印伊在阿富汗问题上也达成一致，双方认为阿富汗局势的发展不能危害两国的双边关系。

表6.1　　　　　　　　1979年前印度和伊朗元首互访情况

	内容		内容
1956年2月	巴列维国王访问印度	1974年4月	英·甘地总理访问伊朗
1959年9月	尼赫鲁总理访问波斯	1974年10月	巴列维国王访问印度
1963年5月	拉达克里希南总统访问波斯	1976年5月	法赫鲁丁·阿里·艾哈迈德总统访问伊朗
1969年1月	巴列维国王访问印度	1978年2月	巴列维国王访问印度

印度和伊朗非常重视加强双边经济联系。双边经济关系的起点是20世纪50年代，以1954年签署通商航海条约为标志，两国互享最惠国待遇。但20世纪50年代的经济关系成就平平，贸易规模小，进出口商品依然集中在传统产品上，如茶叶、黄麻、香料、纺织品、干果、小茴香和石油石化等产品。1955年，印度商业代表团的访问也未取得实际成果。1961年，两国签署第一个贸易协定，其内容集中在扩大传统产品贸易规模上，伊朗承诺进口6000吨茶叶和5万吨糖，印度承诺进口价值1500万卢比的干果与价值250万卢比的植物胶、椰枣等商品。在两国的推动下，20世纪60年代贸易规模有显著增加，从1961年双边贸易额为5.18亿卢比，1969年时提升至10.74亿卢比，增长了107%。除了贸易，伊朗还投资印度的石化领域，1966年，伊朗国家石油公司与美国石油公司在

金奈投资建立250万吨石油炼化厂，两家公司各占13%的股份，印度政府占有74%的股份。在1969年巴列维国王访问时，两国决定建立经济、贸易和技术合作委员会，借此推动经济、贸易和技术交流。1974年，两国元首互访的最大成果就集中在经济领域，其在经济领域取得的成果是明显的，而潜藏在其背后的政治友好则更为重要。值得一提的是，尽管伊朗在两次印巴战争中采取支持巴基斯坦的立场和政策，但它在战争期间未考虑过中断对印石油出口，也未放弃借助印度对伊朗石油的依赖向印度施加影响。

进入20世纪70年代后，印度的石油需求大涨，同时受第四次中东战争与石油危机的影响，印度更加看中和依赖伊朗的能源供给能力。为此，伊朗同意印度延迟支付油款，印度则承诺满足伊朗对铁矿砂、氧化铝、水泥、铝土矿等的需求。1974年，伊朗国王访印期间，双方签署经济合作协定，伊朗提供多达10亿美元的信贷，并吸引印度工程、技术人员和教师前往伊朗工作。这份协议使得伊朗石油占当年印度进口总量的75%。1974年8月和1975年4月，两国先后签署两份贸易协定；1975年9月，两国共同投资建立伊朗—印度国家船运公司，伊朗还承诺扩建印度卡纳塔克邦的铝厂、在帕拉蒂勃市投资建立化肥厂、投资拉贾斯坦邦的运河项目。1970年，印伊贸易额为11.83亿卢比，到1979年，贸易额提升到71.68亿卢比，增加了5倍。

印度学者普里特维·穆迪木对伊朗伊斯兰革命前的两国关系持悲观态度，他认为："两国关系与印伊友好条约中表达的情感几乎没有任何相似之处，双方保持冷静和低调，有时相互猜疑，甚至敌对。"[1] A. K. 巴夏在总结20世纪90年代以前的双边关系时认

---

[1] Prithvi Ram Mudian, *India and the Middle East*, London and New York: British Academic Press, 1994, p, 69.

为:"印度和伊朗关系从来没有成熟圆满过,实际上,两者关系总是冷淡的,有时候甚至是敌对的。"[1] 在笔者看来,这30年印伊保持稳定双边关系的政治决心没有变化,在经历诸多地区事务的反复冲击后两国关系仍客观上保持稳定。这充分显示出,两国领导人对各自持不同的外交立场保持互谅互让姿态。不仅如此,扩展经济合作的规模与深度是两国多年不懈努力的方向,双方都努力减少政治争议对经贸活动的冲击,并在制度设计、经贸规模、人员往来上取得一定的成就。这些充分反映出印度和伊朗关系中一个非常有特色且具有长期性的特点,即印伊谋求友好、深入、紧密关系却始终"求而不得"。

(二) 1979—1991年的印度与伊朗关系

1979年2月,伊朗伊斯兰革命成功,巴列维王朝被推翻,伊朗进入新的发展阶段。印度对伊朗革命给予积极回应,在外交部年度报告中印度称伊朗革命是它对身份和国家自信的追求,也是探寻没有外部大国影响的独立道路上的新篇章。印度认为伊朗的革命自然而然会带来其内政、外交政策的重大调整,在对外关系方面最为显著的变化是美伊关系由盟友变为敌人。这一变化延续至今,长达40余年时间,不仅严重影响伊朗的外交,制约它的发展,也直接影响印度与伊朗关系。

20世纪80年代到90年代初,印度颇不平静,国内政治斗争尖锐、宗教与社会矛盾和冲突频发,经济改革初见成效但仍显不足。国大党和英·甘地在经历1977—1980年的颓势和衰败后,强势重掌政权。走出低谷的代价是国大党的分裂和英·甘地更为强烈的个人集权倾向,一方面国大党明显成为她个人的执政工具,

---

[1] A. K. Pasha ed., *India, Iran and GCC States: Political Strategy and Foreign Policy*, New Delhi: Manas Publications, 2000, p. 227.

另一方面国大党强势打压政坛上的大小反对派，党的利益被放在首位，放弃早年宽容的政治态度使得该党失去印度政坛"领头羊"与"老大哥"的权威地位与情感认同"光环"。吸取20世纪70年代执政的教训，英·甘地重新制定"六五计划"，包括"强调提高经济增长率，有效利用资源；加快推进现代化，尤其是科技进步；逐步减轻贫困，注重改善下层人民的生活状况"[1]。英·甘地的重大贡献是她打开印度经济改革的"大门"，成为拉·甘地时期改革和20世纪90年代印度经济"自由化"的先导。

拉·甘地执政期内在国内政治上采取怀柔政策。他迅速解决阿萨姆邦和旁遮普省的两大危机，被民众誉为"创造和平的总理"。"拉·甘地与国大党传统的最大决裂在于令印度向世界开放资本市场，并宣扬私营企业的优点。"[2] 他放宽对私营企业的管制、吸引外资，推动国营企业改革，为私营企业参与国际贸易提供便利，同时强调科技扶贫，延续其母改善下层民众生活水平的政策。社会和宗教矛盾主要表现为种姓制度下的种姓冲突与伊斯兰教、锡克教等与印度教之间的宗教冲突。随着中等种姓集团经济实力的显著增强、低级种姓集团经济地位改善与权力意识的崛起，三大种姓集团间的争权、平权、维权斗争在全国各地以各种形式展开。宗教斗争在比哈儿省、北方邦、古吉拉特省等地形成新一波斗争高潮，例如，1984年北方邦发生宗教冲突，官方宣布的死亡人数就达到400人；英·甘地遇刺后针对锡克教徒的屠杀导致至少2800人被杀，5万人成为难民。20世纪80年代中后期，印度教民族主义者借助国民志愿服务团和世界印度教大会等组织宣扬印度

---

[1] 林承节：《印度史》，人民出版社2014年版，第441页。
[2] [美]芭芭拉·D. 梅特卡夫等：《剑桥现代印度史》，李亚兰等译，新星出版社2019年版，第263页。

教民族主义和民粹主义,不仅加深宗教矛盾,也使政坛中的印度教右派势力大增。印度的宗教冲突有着宗教内、宗教间复杂的经济、社会根源,也有国内政党政治的幕后操纵,最终以宗教认同和差异为突破口显现出来,其代价不仅是宗教冲突频发,也使英·甘地成为甘地家族在宗教斗争中牺牲的第二人,拉·甘地成为甘地家族在宗教斗争中牺牲的第三人,也是尼赫鲁家族牺牲的第二人。

20世纪80年代至冷战结束前这段时间里,印度和伊朗的关系并没有出现显著改观。伊朗的外交政策、伊斯兰因素、阿富汗战争、两伊战争等都对两国的政治与经济关系造成负面的冲击。英·甘地与拉·甘地执政期间,印度外交政策开始从强调不结盟运动向强调全方位外交、从亲苏外交向中立外交、从"政治挂帅"向"经济挂帅"过渡,外交立场的转变与印度发展经济、推动改革的需求相互呼应。因此,与之前的印伊关系相比,这一时期伊朗外交变化与面临的挑战比印度更为剧烈,对印伊关系的限制和冲击更多;同时,这一时期的印伊关系不再具有过去"时而升温时而降温"的起伏波动,而是表现得更为现实和"冷淡"。

伊斯兰革命后,伊朗的外交政策发生重大变化。新生的伊朗是以"法基赫监护"为基础的神权政府,以反对国王腐朽统治和反对美帝国主义与其干涉伊朗内政为两大合法性来源。20世纪80年代,伊朗政权浓厚的宗教色彩强烈反映在它的外交政策上,精神领袖霍梅尼为此提出著名口号:不要西方,也不要东方,只要伊斯兰。他的外交指导思想是要走出一条有别于东西方,有别于社会主义和资本主义的道路,走出一条适合伊斯兰世界,尤其适合什叶派的道路,进而实现伊斯兰世界的复兴。霍梅尼称:"穆斯林必须组成一个统一体,他们必须合而为一,不必分崩离析。他们不应把国界看成分割心灵的界限。"①

关注和重视伊斯兰和穆斯林问题是伊朗外交中具有价值观意义的话题，印度的伊斯兰问题自然成为双边关系的重要部分。不仅如此，伊朗伊斯兰共和国在这一问题上的立场要比巴列维王朝时代更为激进，尤其体现为伊朗在伊斯兰会议组织中针对克什米尔议题的表态上。伊朗在克什米尔问题上坚定地支持巴基斯坦的立场，支持克什米尔穆斯林摆脱非穆斯林统治的解放运动，伊朗甚至宣称"伤害巴基斯坦，就是伤害伊朗"。此外，伊朗与克什米尔地区的伊斯兰组织，尤其和穆斯林统一阵线有着密切联系，对他们既有财政支持，也有高层的政治往来。例如，卡吉尔、查谟和克什米尔的纪念伊玛目霍梅尼信托基金（IKMT）由在伊朗接受培训的年轻神职人员管理。另外，印度拥有世界第二大什叶派人口，占人口总数的15%，大约为3000万人。伊朗将维护这一庞大人口的生存状态与利益视为自己的天然责任。目前印度有两名阿亚图拉，德里的阿亚图拉·阿齐德·阿尔－阿尔加拉维（Syed Aqeed El-ul-gharavi）是驻库姆的阿亚图拉谢赫·穆赫森·阿拉基（Sheikh Mohsen Araki）在印度次大陆的代表。勒克瑙的阿亚图拉·赛义德·哈米杜尔·哈桑（Syed Hamidul Hasan）曾在2017年因促进印伊关系获得伊朗政府褒奖。"伊朗在克什米尔问题和印度穆斯林生活状态上的宣传和表态成为影响印度伊朗关系的重要因素。"② 直到1991年印度外长索兰基访问时，伊朗才明确表示克什米尔是印度不可分割的部分。

伊朗对印度在阿富汗战争与两伊战争中的立场不满。一方面，

---

① 冀开运：《波斯现代化历程》，人民出版社2015年版，第183—184页。
② A. K. Pasha ed., *India's Political and Foreign Relations with the Gulf Region*, Delhi: Wisdom Publications, 2014, p. 263.

1979年苏联入侵阿富汗后，鉴于印苏友好关系和深度的经济、军事合作关系，印度没有强烈谴责苏联的行为，在联合国的讨论中也采取柔性和辩护的立场。印度在联合国大会的辩论上强调，苏联军队是应阿明政府和阿明继任者的要求于12月26日进入阿富汗的。我们得到进一步的保证，当阿富汗政府提出要求时，苏联军队将会撤离。[①] 另一方面，伊朗和伊拉克都是印度石油进口的主要来源国，因此它不得不对两伊战争采取谨慎的表态。伊朗则指责印度作为不结盟运动协调局主席，调解工作不合理不公正，不接受印度的立场和外交解释。印度在"两伊战争"上的暧昧态度和平衡政策引起伊朗的反感。

在经济方面，由于战时经济的特殊情况，伊朗主动要求加强与印度的经济关系，尤其重视在能源领域的合作。两伊战争给伊朗经济造成巨大负担，外汇和石油出口急剧缩小。1984年时，伊朗估算战争造成的损失就已经达到1900亿美元，八年战争的总损失超过1万亿美元，通货膨胀、经济停滞、物价上涨、基础设施损毁等问题严峻，国家经济水平倒退20年。另外，战争中死亡人数30万，导致的伤残人数达到170万，另外还有200万难民，给伊朗造成长期的经济负担。两伊战争不仅影响印度和伊朗的贸易规模，也限制投资的规模。例如，20世纪80年代双边贸易额不断下滑，1988年贸易额仅为21.8亿卢比，只相当于1982年的23%（见表6.2）。伊朗想要继续投资国王时期确定库德雷穆克铁矿、钢铁厂与芒格洛尔港口项目，但迫于经济窘迫的残酷现实，最后未能落实这些投资。

---

① Michael J. Berlin, "India Supports Soviets' Afghan Position in U. N. Debate," January 12, 1980, https：//www.washingtonpost.com/archive/politics/1980/01/12/india-supports-soviets-afghan-position-in-un-debate/17dd1eb5-93f9-44bf-9f95-ecda7285843c/.

表6.2　　　　　20世纪80年代印度伊朗贸易额　　　（单位：百万卢比,%）

	出口	占比	进口	占比	总额
1980年	1230	1.8	1339	10.7	2569
1981年	1252	NA	NA	NA	—
1982年	717	0.83	8927	5.6	9644
1983年	1195	1.29	7464	4.7	8659
1984年	1341	1.41	4848	2.82	6189
1985年	949	0.87	8851	4.5	9800
1986年	473	0.37	1405	0.69	1878
1987年	1386	0.88	1195	0.53	2581
1988年	890	0.44	1290	0.45	2180
1989年	1320	0.47	3900	1.1	5220

资料来源：Sujata Ashwarya, *India-Iran Relations: Progress, Problems and Prospects*, London and New York: Routledge, p.59。

整个20世纪80年代,印伊经贸关系成果稀少,主要体现在三个方面。第一,伊朗在1979年6月与印度签署新的供油协议,每年向马德拉斯炼油厂提供260万吨原油。印度则保证国王时期的伊朗投资都将属于伊朗伊斯兰共和国,印度将保证其安全。第二,1982年4月,外长韦拉亚提带领36人的伊朗代表团访印,重点讨论拓展经济合作和商业关系。8月,两国又签署双边技术合作备忘录。第三,1983年,两国建立第一个重要双边制度化机构——印度—伊朗联合委员会。该委员会召开外长级会议,评估两国在经济议题上的合作进展。[1] 它被视为20世纪80年代印伊双边经济关系中

---

[1] [美]苏米特·甘古利主编：《印度外交政策分析：回顾与展望》,高尚涛等译,世界知识出版社2015年版,第135页。

最显著的成果。

二 冷战后的印度与伊朗关系

与冷战时期相比，20世纪90年代以后的印度和伊朗关系在合作范围和交往深度上都有较大提升，但依旧没能脱离"相恋却无法靠近"的命运，且伊朗—美国关系是最重要的外部干扰因素。具体来说，笔者认为20世纪90年代后的两国关系可以分为两个阶段，第一个阶段是20世纪90年代到2007年，印度与伊朗在政治、经济、军事、安全等领域取得较大突破，成果可圈可点；第二阶段是2007年至今。受到美印关系制约和伊核危机的影响，双边经济关系，尤其是能源关系严重受限。之所以选择2007年为界，一方面，2005年和2006年，印美签署《民用核能合作协议》并提交参众两院通过，美国议会借此施压印度，使其被迫在伊核危机中支持美国立场，从而损伤了印伊关系。另一方面，2007年，伊朗军舰访问印度是两国军事合作最后一个高潮，此后军事合作落入低谷。由于军事合作是国家间政治互信与合作关系达到一定层次的产物和表现，因此笔者将2007年视为两国政治关系转折的"分水岭"。

（一）冷战后国际格局变迁与两国外交政策的调整

20世纪90年代初，两极格局伴随着东欧剧变和苏联解体走向崩溃。国际力量在动荡与分化中重新组合，并开启"一超独霸"与"多极化趋势"并存的新时代。世界各国较大程度上摆脱冷战对峙格局的束缚，开始依据本国地缘政治特点和资源禀赋，挑战内外政策，探寻发展经济和提高国力与影响力的途径。与此同时，经济全球化与区域经济集团加速发展，欧元区、北美自由贸易区、亚太经合组织、南亚区域合作联盟、加勒比共同体等相继建立或加速发展。高科技与知识经济对国家综合国力、国际关系的影响日渐凸显，人才培养和人才吸引成为大国间博弈的新领域。可持续发展成为时代的新主题之一，国际社会和民众越来越认识到全球变暖、环境恶化、污染等全球性问题的危害，各国政府和非政府组织在加强宣传、凝聚共识、加强合作方面意愿强烈。

进入21世纪后，国际局势在保持20世纪90年代的发展方向和特点的基础上，逐渐进入深度转型和秩序重建的新时期。许多人认为，这是以非西方国家再次崛起为特征的"四百年未有之大变局"。作为当今世界唯一超级大国，同时也是既有国际秩序的主要缔造者，美国依然是当前世界的主导力量。但是到了奥巴马时代，美国发现不仅自身实力相对下降，而且它的国际影响力明显下滑，美国以单极独霸方式维持国际秩序已显得力不从心。欧盟更为积极地参与国际事务，介入伊核危机，引领气候谈判，挑唆和支持叙利亚、利比亚动乱，但自身"经济巨人、政治矮子、军事侏儒"的状态没有根本改观。欧元贬值、债务危机、国家破产等事件严重损害欧盟的形象与国际影响力。与此相对应的是，"新一轮的秩序之变也同国际力量格局的自然变动有关——所谓新兴力量群体性崛起、西方世界整体性低迷、非国家行为体呼风唤雨、全球性问题集中爆发等，从不同侧面冲击西方主导的既有国际体系。更为根本的是经济全球化、政治多极化、社会信息化、威胁多元化、文化多样化等'五化'前所未有的并存于世界"[①]。以"金砖五国"和"新钻十一国"等为代表新崛起的发展中国家在世界经济中所占比例和拉动全球经济作用方面"绽放异彩"，并形成

---

① 袁鹏：《四百年未有之变局》，中信出版集团2016年版，第xii页。

修改国际机制和规则的强烈呼声。以极端主义、恐怖主义、传染病、自然灾害、网络攻击、海盗等为特点的非传统安全不仅影响大国关系和地区国家间关系，也深化人们对可持续发展、公平与公正等问题的共识。

进入21世纪后，印度外交出现"向西看"的政策调整，注重加强与西亚国家发展经贸、科技、能源乃至军事合作。与此同时，精神领袖哈梅内伊提出"向东看"政策，要与包括俄罗斯、中国、印度在内的国家发展关系，减少对西方主要是欧洲的期待，为伊朗拓展更为可靠的合作伙伴关系。在这样的背景下，印度与伊朗关系出现发展的新机遇。

20世纪90年代至今，印度的内外政策发生巨大变化。一方面，印度开启全面经济改革；另一方面，为适应国际环境变化和促进经济发展，印度外交政策进行调整和转向。20世纪90年代后，自由化、市场化、全球化是世界经济发展的主要趋势。拉奥总理在1991年称："经济改革席卷了苏联、中国这样的大国和东欧的效果，人们的观点发生了变化，思想发生了变化……如果印度要生存下去，印度就不能落在（别国）经济改革的后面。"为此，印度在保留"五年计划"这种计划经济发展模式的同时，取消半管制体制、引进外资和先进技术、放宽进口限制和鼓励出口、实施金融改革开放资本市场等。"印度真正的经济改革一般都认为始于1991年的拉奥政府，其幕后策划者是当时任财政部部长的曼莫汉·辛格。"[①] 自2004年开始，曼莫汉·辛格主政印度10年，使印度实现稳定和高速的经济增长，因此他也被视为印度经济得以崛起的掌舵人和最大贡献者。1980—2000年，印度经济表现良

---

① 赵干城：《印度——大国地位与大国外交》，上海人民出版社2009年版，第163页。

好。平均年实际国内生产总值增长率从 1980—1992 年的 5.4%，提升至 1992—2000 年的 6.4%。① 进入 21 世纪后，除了 2008 年受国际金融危机的影响，大部分时间印度的年经济增长率都在 7% 左右，2010 年甚至出现 10.3% 的佳绩。印度先后于 2009 年和 2010 年被国际社会定义为"基础四国"和"金砖五国"，印度也被视为继中国之后又一"经济奇迹"。"世界银行 2006 年报告中按 GDP 衡量将其列为世界第 12 大经济体，2011 年货币基金组织的报告中将印度列为第九大经济体。"②

  冷战结束使全球格局发生质的变化，也对印度外交政策产生巨大的冲击。国内精英阶层在经济改革问题上达成共识后，外交政策就必须与经济改革的需要相匹配。首先，两极格局的消亡对印度的不结盟政策和整个不结盟运动造成重大冲击。没有两大阵营的存在，居中的不结盟政策在很大程度上失去存在的基础。这也是印度在 20 世纪 90 年代，尤其是 21 世纪后弱化该政策，并将之视为可贵的"外交遗产"的主要原因。其次，苏联的解体对印度的国家安全和利益造成巨大冲击。20 世纪 70 年代，印度与苏联签署《和平友好合作条约》，借此获得苏联的安全保障、巨额的援助和投资、大量的苏制军事装备以及众多的技术转让。新的俄罗斯联邦力量衰微，没有能力和意愿继续延续旧的苏印关系。再次，调整与美国关系是印度外交政策的重大挑战。冷战早期的不结盟政策和冷战后期美巴与苏印在南亚的对峙局面使印美关系存在诸多历史"负面清单"。要和作为世界唯一超级大国的美国建立友好关系，并获得资本、技术等方面的支持，印度需要作出巨大的努

---

① Government of India, Ministry of Finance, "Economic Survey 2000 - 2001," 2001, https://www.indiabudget.gov.in/budget_archive/es2000-01/general.htm#chap11.

② Maya Chadda, *Why Inida Matters*, London: Lynne Rienner Publishers, 2014, p. 4.

力。为此，从拉奥政府开始，实施全方位外交和经济外交成为印度外交的基本内容，在大国外交中对美关系是"重中之重"；在经济外交中提出和实施"东向行动"政策，即通过搭上东亚、东南亚经济发展快车来发展经济。

颇为可笑的是，美国因素在印度和伊朗关系中始终发挥着重要的负面作用。冷战期间，美伊的盟友关系阻碍印伊关系的发展。冷战后，美伊的敌对关系还是阻碍印伊关系的发展。可见，印伊两个地区大国的外交中，美国这个外源性因素的干扰性相当的强烈，凸显出冷战后帝国主义和霸权主义在国际政治中的主导地位，也深刻反映出"弱国无外交"这一国际政治的本质。

在中东政策上，2005年辛格政府和2014年莫迪政府先后提出"西望"（Look West）政策和"西联"政策，意在全面提升印度与西亚北非地区国家的关系。辛格政府认为："海湾地区就像东南亚和南亚一样，都是我们天然的经济腹地的一部分，我们必须和所有亚洲邻居建立更紧密的经济联系，以实现印度东西方向外交的平衡，确保印度在中东地区，尤其是海湾地区的巨大经济利益。"但从客观效果上看，"西望"政策实施力度和成效皆乏善可陈。为此，2014年9月，莫迪在启动"印度制造"活动仪式上首次明确提出，"在一段时间内，我们始终在讨论'东望'政策，也是时候讨论'西联'政策了"[①]。莫迪政府将"西联"政策定位为"大周边外交"的四大板块之一，赋予它与"东向行动"政策同等级的战略内涵。旨在扩大和加深与中东、北非以及撒哈拉以南非洲地区国家间的关系，增强和提升印度在全球的政治影响力。

[①] Narendra Modi, "India Needs Policy to Look East, Link West," September 25, 2014, http://www.deccanherald.com/content/432698/india-needs-policy-look-east.html.

1991年，苏联解体使美国成为当今世界唯一的超级大国，没有国家可以与之抗衡。出乎人们意料的是，真正挑战美国霸权地位的并非国家行为体，而是恐怖主义。2001年的"9·11"事件给美国和全世界敲响了警钟，逼迫小布什政府将反恐放在美国全球战略的首要位置。为此，美国先后发动阿富汗战争和伊拉克战争，打破了中东的战略平衡和地区秩序。两场战争对伊朗的战略安全造成深远影响。美国驻军同时进入其东西两侧边境，第五舰队在波斯湾内虎视眈眈，伊朗出现三面受困的不利局面。另外，持续多年时松时紧的单边制裁给伊朗经济和社会造成长期和巨大的伤害，经济长期停滞，高物价、高通货膨胀、高失业率等问题常态化。为此，伊朗在冷战后努力摆脱孤立状态，发展与除美国之外世界大国和地区大国的友好关系，寻求更为可靠的能源买家与有实力的投资者。

20世纪90年代至今，伊朗先后经历拉夫桑贾尼、哈塔米、内贾德、鲁哈尼和莱西五位总统。其中拉夫桑贾尼属于温和派，哈塔米属于改革派，鲁哈尼属于现实派，内贾德属于强硬保守派，莱西属于保守派。前三者的外交政策都集中于调整与西方世界尤其是和美国的关系，例如哈塔米提出"文明间对话"，鲁哈尼成功签署伊核协议。因此，这三位总统任期内伊美关系总体处于相对缓和状态。内贾德任期和鲁哈尼第二任期后期，由于内贾德的强硬外交姿态和特朗普总统的反伊政策，伊美关系交恶。2018年，特朗普政府悍然退出伊核协议，并向伊朗施加有史以来最严厉、最全面的单边制裁，给伊朗经济造成前所未有的巨大伤害。随着伊核危机的加剧，伊朗与欧洲的能源、经贸、投资不仅屡受冲击，而且日渐萎缩。伊朗对欧盟的政治软弱和经济失信深感失望。2019—2020年，伊朗经济状况被认为是两伊战争后的最艰难时期。

伊朗对亚洲国家的政策和关注度也因伊朗与西方关系的不断恶化而强化。

20世纪90年代到21世纪前十年，伊朗都将亚洲国家视为主要的能源出口目的地，其中，中、日、韩、印四国长期位列石油出口前十位国家。因此，伊朗对亚洲国家的重视度不断提升，将其视为摆脱西方孤立、拓展市场、获取投资和技术的来源地，也将其视为制衡西方的重要砝码。2018年2月，哈梅内伊对政府官员过于重视与少数几个西方国家互动提出批评。他强调，当下伊朗外交政策的核心要义应该是"东方较西方优先"①。在伊朗看来，发展与东方的关系将使伊朗成为地区进出口贸易的重要枢纽。只有这样，才能确保在外国投资、外汇借贷、贸易等问题上，始终以伊朗的利益为重。②

（二）1992年之后的印伊关系

冷战结束至今，伊朗在印度的中东政策中始终扮演着独一无二的角色。除了历史和文化联系外，印伊关系受多种不同利益诉求的推动，表现出非常强的韧性。石油贸易是印伊关系中的核心内容，也是双边经贸中的第一大商品。除此之外，伊朗的战略位置对印度来说非常重要。它地接西亚、中亚和南亚，在南亚方向，伊朗对巴基斯坦的支持毫无疑问会给后者在印巴斗争中提供一个稳定和安全的战略"大后方"；在中亚方向，伊朗是印度进入阿富汗和中亚各国的战略通道，使其得以摆脱巴基斯坦的地理

---

① Imam Khamenei, "Preference of East Over West is a Priority for Iran," February 18, 2018, https://english.khamenei.ir/news/5487/Preference-of-East-over-West-is-a-priority-for-Iran-Imam-Khamenei.

② Federico Pieraccini, "Opening relations to the east makes Iran a commerce hub in the region," March 3, 2018, https://english.khamenei.ir/news/5503/Opening-relations-to-the-east-makes-Iran-a-commerce-hub-in-the.

第六章　印度与伊朗关系　　373

阻碍；在西亚方向，伊朗是波斯湾和中东区内首屈一指的大国，是中东维持稳定不可或缺的因素。另外，印度还认为在应对阿富汗和巴基斯坦境内宗教极端主义思潮上与伊朗进行合作至关重要。[①]

　　1992 年后，印度和伊朗的政治关系与合作主要体现在双边和多边层面上。应该承认，20 世纪 90 年代后宗教因素、克什米尔因素、巴基斯坦因素等对印度与伊朗关系的制约破坏作用明显降低了。其中，解决双方在克什米尔问题上的争议是印伊关系的重大突破，也是伊朗有意改善两国关系、主动示好的表现。1993 年 7 月 1 日，伊朗外长韦拉亚提在与来访的印度外长迪克西特会谈中明确表示放弃支持克什米尔的分离主义分子，为提升两国关系铺平了道路。拉夫桑贾尼总统在 20 世纪 90 年代提出印度、伊朗和中国三方"亚洲合作"的构想，他认为三国合作将使它们所代表的"亚洲"成为国际社会的一股新兴力量。"亚洲的重要国家在人口、工业、市场上都具有突出地位。如果我们合作，我们将在国际事务中拥有发言权。"[②] 1995 年访问新德里时，他再次强调："伊朗、巴基斯坦、中国和印度的合作将使外国势力找不到干涉亚洲事务的借口。"[③] 伊朗加强与东方亚洲国家合作的兴趣为伊印两国合作打开方便之门。另外，1993 年拉奥总理访伊期间，他在与伊朗领袖哈梅内伊会谈时解释"庙寺之争"只是偶然性事件，并不代表印度改变了世俗化的基本国策，他向哈梅内伊保证"印度穆斯林不仅是国家和国民的重要组成部分，也是印度政治活动与决策的

[①] Sujata Ashwarya, *India-Iran Relations: Progress, Problems and Prospects*, London and New York: Routledge, 2017, p. 76.
[②] "India, Iran, China Cooperation," *The Hindustan Times*, September 19, 1993.
[③] "Iran Moots Strategic Regional Cooperation," *The Hindu*, April 20, 1995.

重要组成部分"①。通过与哈梅内伊的交流，拉奥总理认为相比于瓦哈比主义倾向日渐凸显的阿拉伯世界，印度和伊朗的共同点更多一些。

从1993年开始，印伊两国元首高访接连不断，表现出不同寻常的外交"热度"（见表6.3）。在双边关系中，最重要的两份宣言分别是2001年和2003年两次高访过程中签署的《德黑兰宣言》与《新德里宣言》。前者由瓦杰帕伊总理和哈塔米总统签署，宣言奠定两国加强双边关系的基础，尤其强调发展能源、商贸和科技领域的合作关系，伊朗同意合作开通通往中亚、俄罗斯的贸易走廊。不仅如此，此次高访中双方还确定建立印伊战略对话机制。《新德里宣言》在延续《德黑兰宣言》的精神外，还强调在国际反恐、反对美国单边主义、军事安全等方面加强合作。在签署《新德里宣言》的同时，印度与伊朗还签署了多份协议以及合作备忘录。而哈塔米总统是作为印度国庆日特邀嘉宾访问印度的，显示出印度对两国关系的高度重视和认可。20世纪90年代以后，两国还进行许多由智库牵头的"二轨外交"，主要讨论能源安全、中亚、印度洋区域合作的问题。2005年，印度外交部年度报告中称："印度和伊朗关系近期已经达到战略高度。外长级的高水平交流，安全和战略领域、能源领域的交往，阿富汗重建合作以及贸易迅速发展有力的加强了双边关系。"②

21世纪初，印度与伊朗关系的快速发展引起西方学者主要是美国学者的关注。2003年的兰德公司报告中警告要小心"德黑兰—新德里轴心"；有学者在《大西洋月刊》中撰文称，

---

① A. K. Pasha ed., *India, Iran and GCC States: Political Strategy and Foreign Policy*, New Delhi: Manas Publications, 2000, p. 228.

② Government of India, Ministry of External Affairs, *Annual Report of the Indian Ministry of External Affairs 2005 - 2006*, 2006, p. 46.

两国合作将对能源、反恐、巴基斯坦和阿富汗局势等地区和全球事务造成巨大影响,其结果将威胁美国的利益。这种对印伊关系的捕风捉影和夸大其词尽显西方视角中的冷战思维和"杯弓蛇影"的狭隘心态与嘴脸。印度和以色列的合作也对印伊关系造成一定的影响。2003 年,以色列总理沙龙访问印度时称伊朗是世界恐怖主义中心,引起伊朗对印以关系发展的不满。2008 年印度发射以色列卫星,伊朗驻印度大使称"伊朗希望像印度这样智慧和独立的国家不要用它的空间技术来发射间谍卫星反对伊朗"[1]。

从两国元首高访情况我们可以看出,20 世纪 90 年代至今,大多是印度总理先对伊朗进行元首访问,然后伊朗总统都在任期内进行对印度回访(见表 6.3)。另外,鲁哈尼时期双方进行三次元首级访问,其中两次是印度元首访伊,凸显出辛格政府与莫迪政府对印伊外交和鲁哈尼政府的重视。2016 年 5 月 22—23 日,印度总理莫迪对伊朗进行国事访问,成果斐然。访问期间,印度与伊朗共签署 12 项合作协议或备忘录,涵盖文化交流、智库对话、科技合作、外交官培训、贸易投资、合作生产铝等多个领域。这是伊核协议签署后印度加大对伊交往和投资力度的集中体现。2018 年 2 月,鲁哈尼总统对印度进行为期 3 天的国事访问,与莫迪总理、科温德总统举行会谈。两国签署的协议包括避免双重征税协定、外交护照持有人免签证谅解备忘录、交换引渡条约批准书、沙希德·贝赫什蒂港口租赁合同等。另外还有农业、卫生、邮政、传统医药等方面的合作备忘录。

---

[1] Michal Onderco, *Iran's Nuclear Program and the Global South*: *The Foreign Policy of India*, *Brazil and South Africa*, Basinstoke: Palgrave Macmillian, 2015, p.35.

表 6.3　　　　　　1992—2018 年印度和伊朗元首互访情况

	内容		内容
1993 年 9 月	印度总理拉奥访问伊朗	2008 年 4 月	伊朗总统内贾德访问印度
1995 年 4 月	伊朗总统拉夫桑贾尼访问印度	2013 年 8 月	印度副总统安萨里访印，参加鲁哈尼总统就职典礼
1996 年 10 月	印度副总统纳拉亚南访问伊朗	2016 年 5 月	印度总理莫迪访问伊朗
2001 年 4 月	印度总理瓦杰帕伊访问伊朗	2018 年 2 月	伊朗总统鲁哈尼访问印度
2003 年 1 月	伊朗哈塔米总统访问印度	—	—

资料来源：笔者自制。

　　在多边层次上，印度和伊朗加强在不结盟运动以及与中亚国家合作的力度。1979 年，伊朗伊斯兰革命取得成功，新的政权改变国王时期亲西方的外交政策，当年就申请并正式加入不结盟运动。1994 年，伊朗在联合国人权理事会上成功劝说巴基斯坦撤回有关克什米尔的决议，印度对伊朗发挥的调解作用深表感谢。不仅如此，伊朗还在伊斯兰会议组织中劝说印巴两国和平解决克什米尔争端。2012 年 8 月 26—31 日，伊朗在德黑兰举办第 16 届不结盟运动峰会。伊朗将峰会视为打破国际孤立的重要机会，邀请印度总理辛格参会。在参会问题上，印度承受住来自美国和以色列的巨大压力，访问期间辛格还与哈梅内伊举行正式会谈。"伊朗对印度的出席深表感谢，因为它是唯一参会的不结盟运动创始国。"[1] 辛格的出访给印伊关系带来一个小高潮，第二年伊朗最高国家安全委员会主席贾利利和议长拉里贾尼先后访印，随后印度外长萨

---

[1] Asif Shuja, *India-Iran Relations under the Shadow of the Iranian Nuclear Issue: Challenges for India's Diplomacy*, New Delhi: KW Publishers Ltd., 2018, p. 103.

勒曼·胡尔希德回访，参加第17届印度—伊朗联合委员会会议，并签署四项合作备忘录。

印度和伊朗合作的另一个主要目标是中亚。对印度而言，没有伊朗的支持，印度在中亚的战略无法实施。印度和中亚与阿富汗有着久远的宗教和历史联系。古代和中世纪里，中亚和阿富汗或部分或全部成为印度大帝国的疆土，这一地区天然地受到印度文化的深刻影响。"伴随着独特的合法性意识，日渐强大的印度不断在中亚寻找存在感，不仅是为了促进贸易和商业，也是为了重建与中亚古老的联系。"[1] 对印度来说，一方面，它想抓住20世纪90年代后中亚脱离苏联影响力的宝贵时机，重建与中亚国家的联系；另一方面，到21世纪后，印度日渐看重里海的石油与天然气资源，将其视为印度能源多元化的"新选项"。印度将土库曼斯坦作为加强联系的首选国家，1997年2月，印度、伊朗、土库曼斯坦三国在德黑兰签署三边贸易和交通协议，计划落实贯通从土库曼斯坦的阿什哈巴德经伊朗的阿巴斯港到孟买尼赫鲁港的商业线路。2001年阿富汗战争后，印度又积极介入阿富汗重建活动。2010年，奥巴马政府调整政策，启动与"温和的塔利班"谈判时，印伊都对"温和的塔利班"是否存在表示疑虑。为此，两国都反对2010年伦敦峰会上提出的建立总额5亿美元"和平与重返社会信托基金"，反对通过增加财政支持和培训的方式收编塔利班中下层战士回归社会。2016年，印度和伊朗签署恰巴哈尔港投资协定，其中重要的目的就是打开一条绕过巴基斯坦连接阿富汗的商业通道。2019年开始，阿富汗经由该港的进出口商路启用。2020年，印度对阿富汗的粮食援助也顺利运达恰巴哈尔港。

---

[1] Sujata Ashwarya, *India-Iran Relations: Progress, Problems and Prospects*, London and New York: Routledge, 2017, p.77.

印度与伊朗的经济关系主要表现在贸易和大项目的投资上，其中能源关系与伊核危机和美国制裁紧密相连，后文专做论述。20世纪90年代以来，两国经济关系除基本保持持续逆差这一传统外，在规模上大致保持增长趋势，显现出较大的经济合作潜力。在非能源产品中，印度出口伊朗的主要产品是谷物、食品工业原材料和动物饲料、有机化学品、钢铁、肉类、人造短纤维等。其中，印度是伊朗大米的第一进口来源国，印度在茶叶、糖和黄豆等食品类出口传统项目上始终保持自己的市场份额。进入21世纪，印度出口伊朗前五位的产品分别是初级和半成品钢铁、机械设备、金属制品、药品和精细化学品以及橡胶制品；伊朗出口印度的前五位产品（石油之外）分别是有机化学品、金属矿和金属废料、有色金属、硫黄和运输装备。例如，伊朗是印度的第四大化肥来源国，2014年和2015年伊朗出口化肥总额为2.3亿美元和5.1亿美元，占印度当年进口总量的7%，仅次于中国、沙特和俄罗斯。[①]"不仅如此，印度和伊朗贸易的实际数据更大，因为许多印度商品是通过迪拜转口后出口到伊朗的。"[②] 2000年，印度伊朗联合委员会下设联合商业委员会，此后双方高级别商业代表团互访频繁，印度国家石油公司、茶叶联盟、自动化设备协会、印度天然气公司、塔塔集团等先后访问印度。伊朗的回访除了石油天然气领域国家公司，还有邮政和通信部、道路和交通部、工业发展和创新组织等。2001年瓦杰帕伊总理访问时，印度向伊朗提供总额为2亿美元的信贷，用于基础设施项目。双方还在技术合作、IT、海关等方面签署合作备忘录。21世纪初，两国不仅解决了茶叶贸易问

---

① P. R. Kumaraswamy and Meena Singh Roy eds., *Persian Gulf 2016 – 2017*, New York: SAGE Pulications, 2018, p. 110.

② Anwar Alam eds., *India and Iran: An Assessment of Contemporary Relations*, New Delhi: New Century Publications, 2011, p. 246.

题上的争端，印度还降低了伊朗商品进口的标准，方便伊朗产品进入印度市场。经过四轮艰苦谈判后，印度和伊朗于2007年3月签署避免双重征税协定。21世纪以来，石化产品、食品与食品安全、制药、旅游、原始设备制造和中小型企业合作等成为两国经贸关系发展颇具潜力的领域和主要发展方向。

在贸易规模上，双边贸易总额总体上逐年攀升，但波动较大；印伊经贸中印度一方长期保持逆差状态，且伊朗在印度对外贸易中的排名也起伏不定，尤其在特朗普退出伊核协议后，印伊贸易总额排名显著下滑。1996年，印度与伊朗的双边贸易总额为374.6亿卢比，逆差236.2亿卢比；2004年，贸易总额增长到737.6亿卢比，顺差369亿卢比；2014年，贸易总额为8011.8亿卢比，逆差3205.8亿卢比；2021年，贸易总额为14.51亿美元，顺差9.88亿美元。其中，2002—2005年，贸易额为顺差（见表6.4），这主要是伊核危机与谈判对能源进出口产生负面作用。

表6.4　　　　　　1996—2014年印度与伊朗贸易额　　（单位：十亿卢比）

年份	出口	进口	总额	贸易平衡
1996年	6.92	30.54	37.46	-23.62
1998年	6.70	19.93	29.91	-17.15
2000年	10.37	9.65	20.02	0.72
2002年	31.69	12.50	44.19	19.19
2004年	55.33	18.43	73.76	36.90
2006年	65.65	345.15	410.80	-279.50
2008年	115.65	558.22	673.87	-442.57
2010年	113.37	497.25	610.62	-383.88
2012年	182.55	630.26	812.81	-447.71

续表

年份	出口	进口	总额	贸易平衡
2014 年	255.30	545.88	801.18	-320.58

资料来源：Sujata Ashwarya, *India-Iran Relations: Progress, Problems and Prospects*, London and New York: Routledge, 2017, p.111.

自 2018 年特朗普退出伊核协议、对伊朗进行"极限施压"以来，印度与伊朗的双边贸易全面萎缩，不仅印度的进口额因石油贸易中断而锐减，连出口额也被"腰斩"。加之新冠疫情的影响，2021 年双边贸易额几乎只有 2018 年的 1/10，且再度出现顺差。依据印度储备银行年度统计数据，1996 年，两国经贸额位居第 20 位；到 2006 年时，贸易总额提升至第 9 位；2015 年，贸易总额降至第 16 位；2019 年，贸易总额降至第 26 位（见表 6.5）。

表 6.5　　　　2018—2021 年印度与伊朗贸易额　　　（单位：亿美元）

	2018 年	2019 年	2020 年	2021 年
印度出口	35.11	33.74	17.74	14.51
印度进口	135.30	13.97	3.31	4.63
贸易总额	170.41	47.71	21.05	19.20
贸易平衡	-100.19	19.77	14.43	9.88

资料来源：Government of India, Ministry of Commerce and Industry, Department of Commerce, Trade Statistics, Export Import Data Bank, Iran, https://tradestat.commerce.gov.in/eidb/iecnt.asp。

除了贸易，投资也是两国经济关系的重要方面。印度的投资兴趣点包括矿产品、钢、铁、铝、汽车、铁路、建筑业、石油、天然气、石化产品、通信、纺织品、电脑和信息技术、电厂和电力输送设备等。① 双方的投资合作还包括塔塔集团在阿巴斯港投资建立年产量达300万吨的钢铁厂，龙树化肥和化学有限公司在法尔斯投资建立日产2200吨尿素和3860吨氨的化肥厂等。

印度和伊朗投资最大的两个项目是能源管道项目和"南北走廊"项目，前者是双方深化能源关系的一次重大尝试，后者是两者以基础设施建设合力开拓中亚与俄欧市场。然而，这两大项目的谈判和落实过程均耗时过久，推进速度缓慢，成果或是夭折，或是因项目建设速度缓慢、国内制度和非制度障碍等原因导致双方都对项目进程与合作不满意。

印度与伊朗的能源管道项目是指"伊朗—巴基斯坦—印度"天然气管道项目（IPI项目）和它的替代项目。1993年，印度与伊朗签署天然气管道项目备忘录，双方将建设从伊朗经巴基斯坦到印度的天然气管道，管道全长2775千米，项目初期建设预算为40亿美元，后增至76亿美元。项目开发伊朗南帕尔斯气田的天然气，使其从阿萨卢耶港开始运输，经阿巴斯港向东进入巴基斯坦，在胡兹达尔市分南北两线，南线通往卡拉奇，北线送往木尔坦后入境印度，最终抵达新德里。该项目日输气量为30万立方米，伊朗方面承担项目60%的建设经费。印度和巴基斯坦于2007年同意参照每桶石油60美元的价格支付每百万英热单位4.94美元的天然气费用，并以此为基础签订为期25年的长期供气协议。2005年，印度政府批准该协议，并在2007年前与巴基斯坦和伊朗举行了6次三边会谈。

2009年，印度宣布正式退出IPI项目，主要原因有三方面。首先，美国对该项目的反对态度和施压是导致印度退出的主要原因。

---

① Anwar Alam eds., *India and Iran: An Assessment of Contemporary Relations*, New Delhi: New Century Publications, 2011, p. 242.

2005年3月,美国时任国务卿赖斯访印时明确表态反对印度参与该项目。小布什政府认为,"这个项目会激活伊朗能源部门,同时有可能打开里海地区通过伊朗出口石油和天然气的门户"[①]。IPI项目毫无疑问会加强印度与伊朗的能源绑定,大规模提升伊朗的能源收入。2006年,辛格总理将强烈支持该协议的能源部部长霍汶希·艾亚尔撤职,亲美商人尤里·代奥拉成为新任能源部部长。为了取代该项目,美国又推动一个从土库曼斯坦经过阿富汗、巴基斯坦到达印度的天然气管道工程"塔比项目"(TAPI项目),可惜该项目也夭折了。其次,安全因素反映了印度在印巴关系问题上的顾虑。一方面,印度国内对巴基斯坦可靠性的顾虑。参与该项目的目的之一是缓和并加深印巴经济联系,塑造更好的双边关系。但国内认为巴基斯坦不可信,反对实施该项目的声音始终非常强烈。另一方面,管道经过巴基斯坦混乱的俾路支斯坦地区,印度国内认为巴基斯坦政府即便有心确保该项目的建设和顺利运行,也缺少控制局势的能力,该项目时刻面临着遇袭和断供的危险。再次,受价格因素的影响。印度认为4.94美元的定价依然偏高,而伊朗认为自己负担较大的工程建设成本份额,不愿意再在价格上做出让步。

由于对伊朗丰富的天然气资源始终保持强烈的兴趣,莫迪政府上台后,印度又开始考虑推动深海天然气管道项目,以替代失败的IPI项目,排除巴基斯坦因素对项目的干扰因素。深海项目是要建立一条从南帕尔斯气田起,经过波斯湾和阿拉伯海,最终到达印度的古吉拉特邦和马哈拉施特拉邦的管道。该项目由南亚天然气有限公司进行项目论证,全长1300千米,最深铺设深度3400

[①] Sujata Ashwarya, *India-Iran Relations: Progress, Problems and Prospects*, London and New York: Routledge, 2017, p. 171.

米，总耗资 40 亿美元，预计年输送量 8 万亿立方英尺。不仅如此，该管道还设计铺设通往阿联酋和阿曼的分管道。该公司的另一种设计方案是借用陆地管道天然气，在恰巴哈尔港入海，使用深海管道分别通往印度和阿曼，从恰巴哈尔港穿越阿拉伯海到达印度的古吉拉特邦只需要铺设 684 英里（约 1100 千米）管道。印度属意的深海天然气管道项目虽然在印度、伊朗、阿曼三国部长级层面上进行过讨论和沟通，但最终未能落实签约。从技术角度看，深海管道项目的可行性高，成本也有所降低；从地区局势看，该项目的经济风险巨大，即便落成通气，也会像 IPI 项目一样时刻面临美国制裁的巨大压力，这一项目的政治成本和潜在的经济负担过高。

印度与伊朗的基础设施项目是"南北走廊"项目，其中包括当前为世人熟知的恰巴哈尔港合作项目。2000 年 9 月，印度、伊朗和俄罗斯三国在圣彼得堡签署项目协议。"南北走廊"项目涉及两条交通通道，第一条是里海通道，这是联通印度、中亚、俄罗斯和北欧的商业通道。它由印度西部港口出发，经过伊朗南部的阿巴斯港登陆，转为铁道货运至里海沿岸的安扎利港和阿米尔阿巴德港，跨海进入俄罗斯或中亚，进入俄罗斯后再沿伏尔加河运至莫斯科，然后再前往北欧。"海路经过地中海和红海的商路总长 16129 千米，通过'南北走廊'的总长 6245 千米。"[①]"通过苏伊士运河和地中海前往北欧的时间为 45—60 天，通过'南北走廊'所需时间为 25—30 天。同时它将会减少 30% 的货运成本。"[②]

[①] Sudha Rmachandran, "India, Iran Russia Map out Trade Route," http://www.atimes.con/ind-pak/DF29F02.html.

[②] Donald L. Berlin, "India-Iran Relations: A Deepening Entente," *Asia Pacific Centre for Security Studies*, October 2004, pp. 1 – 2.

第二条是高加索通道,通过伊朗进入阿塞拜疆、格鲁吉亚、亚美尼亚和俄罗斯。它由印度西部港口出发,经过伊朗南部的阿巴斯港或霍梅尼港登陆,转为铁道货运进入阿塞拜疆,再穿越高加索国家进入俄罗斯和东欧。"高加索通道初期设计运量为600万吨,最高运量可以达到1500万吨—2000万吨。"① 由于苏联时期高加索各国与俄罗斯建有统一的铁路网,因此,这一通道基础设施的短板是伊朗境内连接阿塞拜疆的375千米铁路,即从加兹温到拉什特再到阿塞拜疆边境城市阿斯塔拉的铁路线。2015年9月,加兹温到拉什特的铁路建成通车。2018年12月,伊朗和阿塞拜疆签署拉什特到阿斯塔拉全长160千米的铁路建设初步协议,并于2020年12月正式开工。

2014年8月,印度商业部对"南北走廊"项目的线路进行调研,认为其中两条货运通道:孟买的那瓦西瓦港——伊朗的阿巴斯港——阿塞拜疆的巴库、孟买的那瓦夏瓦港——伊朗的阿巴斯港——伊朗的阿米尔阿巴德港——俄罗斯阿斯特拉罕港具有较为成熟的商业价值。而印度倾向于使用高加索通道,它的铁路基础设施较为完备和通畅,方便印度商品进入高加索和俄罗斯市场。2022年6月,伊朗伊斯兰共和国航运公司首次通过"南北走廊"从俄罗斯向印度进行货物的多边过境。"这艘俄罗斯货船由两个40英尺长、重达41吨的木质层板集装箱组成,从圣彼得堡出发,前往里海港口城市阿斯特拉罕,再穿过里海到达伊朗北部的安扎利港,然后通过公路转运到波斯湾的阿巴斯港。货物在此地被装载到一艘船上,并送往印度的纳瓦舍瓦港。首个试点过境在不到25

---

① "Move to Complete North-South Corridor," Financial Tribune, September 21, 2014, http://financialtribune.com/archive/2015/06/15/articles/economy-business-and-markets/961/move-complete-north-south-corridor.

天内抵达印度。"①

恰巴哈尔港投资项目是21世纪以来印度伊朗经济合作中的典范。该项目的出台源于印度对阿富汗与中亚的重视。2001—2017年，印度为阿富汗战后重建投资22亿美元，仅次于美国、英国、日本和德国，居全球第五位。同时，"印度热衷于深化它在阿富汗的存在，扩大贸易规模，双边贸易额从2001年的8000万美元提高到2013年的7亿美元。"② 2003年，印度、伊朗和阿富汗三国签署发展和建设交通设施备忘录，建立自恰巴哈尔港到阿富汗的交通和贸易走廊。印度负责建设阿富汗境内扎兰季到迪拉尔姆的219千米公路的建设，投资金额1.36亿美元，于2009年1月建成交付使用。伊朗负责马利克市到阿富汗扎兰季的公路建设与恰巴哈尔港到马利克市公路的改造升级。"依据2003年协议，印度仅有恰巴哈尔港运往阿富汗和中亚的货物享受优惠待遇和税收减免。"③ 按照印度和波斯的协商，"南北走廊"项目中的阿巴斯港原先同时负责俄罗斯和中亚两个方向的商贸活动，以后阿富汗和中亚方向的商贸中转业务都将转移给恰巴哈尔港。

2014年10月，莫迪政府批准印度参与恰巴哈尔港投资项目。2016年5月，印伊签署谅解备忘录，"印度港湾国际"与伊朗海事港口局签署备忘录，投资8521万美元对贝赫什提港区的5个泊位进行扩能改造和开发运行，项目包括2个长达600米的大型集装箱泊位和3个多用途泊位，使之成为伊朗第一个深水货运码头。该港

---

① Bloomberg, "Iran Tests New Trade Corridor to Transfer Russian Goods to India," June 12, 2022, https://english.alarabiya.net/business/aviation-and-transport/2022/06/12/Iran-tests-new-tra de-corridor-to-transfer-Russian-goods-to-India.

② Gareth Price, India's Policy towards Afghanistan, Chatham House, August 2013, p. 7.

③ Elizabeth Roche, "India Keen to Develop Chabahar Port, Narendra Modi tells Iran," Livemint, January 11, 2015, http://www.livemint.com/Politics/X4TQaKf1Ite68OdX8lmpNJ/India-Keen-to-develop-Chabahar-port-Narendra-Modi-tells-Iran.html.

口初期设计年吞吐能力为 250 万吨，最高吞吐能力为 1250 万吨/年。印度的租期为十年，年租金 2295 万美元。双方约定 10 年租赁期满后，港口设备所有权将移交伊朗。与此同时，印度将向恰巴哈尔港口建设投资 5 亿美元。另外，印度还与伊朗、阿富汗签订三方运输和过境走廊合作协议。2018 年 2 月，两国又签订租借协议，印度取得恰巴哈尔港项目第一阶段的沙希德·贝赫什提多用途集装箱港运营权，为期 18 个月。

恰巴哈尔港向北的铁路是"南北走廊"项目的重大基础设施"缺口"，也是落实"海铁转运"的硬件"短板"。伊朗将铁路建设项目交由印度施工。印度进出口银行为伊朗海事港口局提供 1.5 亿美元信贷额度，为恰巴哈尔港到扎黑丹（伊朗东南部锡斯坦—俾路支斯坦省首府）的铁路提供服务，后续还可能由印度铁路建设公司提供 16 亿美元融资，修建一条从恰巴哈尔港到扎兰季再到哈克贾巴尔的铁路，全长 900 千米。另外，印度进出口银行为恰巴哈尔港开发所需的铁路、钢铁提供信贷，总额为 300 亿卢比（约合 5 亿美元）。印度外务秘书称，"恰巴哈尔港计划符合印度、伊朗和阿富汗三国的共同利益，也符合中亚国家的利益。改善恰巴哈尔港连接扎兰季—迪拉尔姆的高速公路将为阿富汗农产品和其他商品打开印度市场。这一计划是印度和伊朗在阿富汗与中亚问题上共同立场的核心产物，将会提升商贸流通，并建立交通和能源管道的新网络"[1]。受特朗普政府单边制裁的影响，印度在铁路建设上迟迟不开工，导致伊朗不满。2020 年 7 月，伊朗将印度踢出该项目，改由革命卫队军事力量建设指挥部下属公司建设。

"南北走廊"项目到目前为止进展欠佳，究其原因主要有两个

---

[1] Nirupama Rao, "Strategic Dialogue on India and Iran: An Enduring Relationship," *Institute for Defence Studies and Analyses*, July 5, 2010. p. 2.

方面。第一，多国的互联互动是一项庞大的系统工程，需要强有力的经济和政治支持。"南北走廊"项目虽然是印度、伊朗和俄罗斯三国发起，但到2012年5月的德黑兰会议上已扩展到包括三国在内的14个沿线国家。由于涉及范围广泛，涵盖海关、质检、转运和仓储设施建设等一系列软件和硬件的融通和信息共享，而"软件联通"的难度比"硬件联通"的难度还要大，因此导致该项目推进缓慢。

第二，受伊核危机和美国制裁的影响，印度与伊朗的商贸和金融关系受到严格限制，大量公司不愿承担与伊朗商贸带来的制裁风险，众多印度银行也拒绝提供信贷。因此，"南北走廊"上的商贸规模仅限于印伊两国间的贸易，规模上还呈现缩减态势，更不要奢谈联通中亚、俄罗斯、高加索诸国和欧洲。恰巴哈尔港项目的执行情况相对较好，不仅港口已交付使用，而且开启与阿富汗的商贸活动，打通阿富汗通往阿拉伯海的通道。但伊朗方面对该项目颇有微词，认为印度工程进度缓慢，承诺的5亿美元投资迟迟没有落实。从印度的角度来看，尽管美国对该港口的印度商贸活动实施豁免，但国内公司和银行仍不愿意从事与伊朗相关的业务。从阿富汗的角度来看，其存在出口商品种类少、规模小、国内基础设施建设和开发水平有限、安全和稳定无保障等诸多问题，导致印度—阿富汗双边贸易的"天花板"很低，印度公司的兴趣不足。尤其是2021年美国匆忙撤离阿富汗后，塔利班对阿富汗的统治尚未稳固，国际社会也未认可塔利班政权的合法性，印度在阿富汗的影响力锐减，与塔利班的关系也不如加尼政府时期，因此，印度对阿富汗问题的关注度有所下降。总的来看，对恰巴哈尔港项目未来较长时段的发展前景可以用一句话来总结：愿望很美好，现实很骨感。

印伊双边经贸合作中存在诸多障碍和瓶颈。首先，印度和伊朗都属于发展中国家，双边贸易处于"南南合作"的范围。除了能源供给和消费上具有结构性互补关系，双方在科技水平、工业结构等方面"代际差距"不明显，经济结构和产品结构的互补性不强。印度产品在高科技产品、精密仪器、大型工业设备等方面无法和西方国家产品抗衡，在中低端制造业和生活用品方面难以和中国产品抗衡。这是限制印伊两国经贸关系的根本因素，也是两国经贸常年逆差的根本原因。

其次，伊朗经济的开放度有限，一定程度上阻碍印伊经贸关系的发展。例如，伊朗对进口产品的种类和数量有一定的管控，双方缺少短期或长期的资金融通安排，且伊朗国内进口程序复杂；在投资方面，伊朗一直倾向于建立合资企业，投资者的法人地位与权益保护是制约对伊投资的长期问题和重大阻碍。

再次，双方经济实力制约相互投资的规模。巴列维王朝时期，伊朗对印度有诸多投资，集中在能源、石化和基础设施建设方面。1979年后，伊朗饱受战争和制裁的影响，经济实力大不如前，已经不具备大规模对外投资的能力。"印度的经济自由化措施，包括工业放松管制、国有企业私有化、减少对外贸和投资的控制始于20世纪90年代初，促进了经济的加速增长。1997—2017年，印度经济年均增速近7%。"[1] 但2011年，印度贫困率仍高达21.9%；2020年，印度人均GDP仅为6100美元，居全球163位。印度不仅存在长期贸易逆差和财政赤字，而且外债规模始终大于外汇储备。因此，印伊都缺乏相互投资的充裕资金，同时也都将吸引投资作为对外经济政策的主要目标。

---

[1] CIA, "The World Factbook: India," https://www.cia.gov/the-world-factbook/countries/india/#economy.

印度与伊朗的军事合作关系主要表现在军事装备服务和联合演习方面。这一领域的合作始于1993年，以2003年《新德里宣言》为高潮，终于2007年。印伊两国的军事合作起步晚、时间短、合作水平低、合作规模小，由于受到美国和以色列两国的强大压力，印伊间刚刚起步的军事合作关系戛然而止，至今未能恢复。

　　1983年成立印度—伊朗联合委员会时，两国就商定加强两国之间的国防和军事联系。两伊战争结束后，伊朗的常规武器耗损严重，采购和维修成为当务之急。1993年，印度拉奥总理访问伊朗后，伊朗提出请印度改造三艘俄制基洛级潜艇，因为"俄方提供的电池不适应波斯湾暖水的环境，印度则有在暖水中使用基洛级潜艇的经验"[①]。另外，伊朗提出请印度帮助升级国内的苏制/俄制武器，如米格—29战斗机、军舰、T-72型坦克、步兵战车等。20世纪90年代后期，印度在孟买和维沙卡帕特南两地帮助伊朗培训海军工程师与导弹艇士兵。2001年，印度国防部部长访问伊朗期间，两国签署国防合作备忘录，讨论武器销售和维修事宜，重点讨论采购印度自行研制的反坦克导弹和零部件。

　　2003年印度—伊朗签署的《新德里宣言》是双方军事和战略合作的高潮。双方不仅启动双边军事合作，还推动培训、联合演习、互访等多项活动。"《新德里宣言》指出，两国在军事领域展开合作的领域包括海上航路控制与安全、印度与伊朗海上联合军事演习、升级伊朗俄制系统、联合反恐和联合缉毒。"[②] 具体来看，印伊军事合作内容有武器系统现代化、国防研究合作、国防战略对话、人员培训和训练、武器保养服务、信息技术在军队中的推

---

① K. Alan Kronstadt and Kenneth Katzman, "India-Iran Relations and US Interests," *Congressional Research Service Report for Congress*, August 2006, p. 4.

② Anwar Alam ed., *India and Iran: An Assessment of Contemporary Relations*, New Delhi: New Century Publications, 2011, p. 127.

广等方面。2001—2007 年，两国如约进行四轮战略对话。"对话是开拓国防领域合作机会的论坛，（成果包括）2003 年《新德里宣言》国防部分中的培训和人员交换。"[①] 2003 年 3 月和 2006 年 3 月，印伊两次在阿拉伯海进行联合军事演习。2007 年，伊朗海军训练舰访问印度，伊朗军方人员应邀参加印度举行的多国联合训练课程。不仅如此，2007 年 9 月，伊朗还和印度洽谈购买高级火控和防空雷达。雷达系统军售的总价值 7000 万美元，但在美国的强大压力下，印度最终放弃该协议。

印伊军事合作关系的中断看似主要受外部因素的影响，其实也有内部的结构性问题。首先，2003 年，以色列总理沙龙访问印度时明确提出，担心印以军事合作中的先进技术会在印伊军事中转向伊朗，沙龙要求印方保证不会将以色列给予的军事技术转移给伊朗。印度在 2005 年后与美国深化合作，武器和技术进口是印美关系的核心内容之一。其次，印度缺少独立、完整的国防工业，不能向伊朗提供所需的军事装备和军事技术。冷战中，印度的国防工业体系和武器装备均依赖苏联，冷战结束后印度希望从美国和以色列获取先进武器和技术。印度自身的国防科技水平和国防工业均不完整，自主研发的坦克和飞机价格昂贵、事故频频，连本国军队都不愿采购。因此，印伊军事合作的重合点多在苏制和俄制武器维修方面，深入合作的空间小，后续乏力。

在文化交往方面，1995 年，伊朗总统拉夫桑贾尼访问印度时，双方签署文化、科技交流执行计划。2002 年，哈塔米总统访问印度，双方签署 2002—2005 年文化交流执行计划。2016 年，莫迪总理访问伊朗，两国签署新的文化交流计划，包括印度文化关系委

[①] Ramtanu Maitra, "Why courting Russia and Iran make sense," *Asia Times Online*, October 2, 2003.

员会与伊朗文化联络局、印度国家档案馆与伊朗国家图书馆和档案馆等进行合作的文件。双方商定在德黑兰大学开设印度学研究专业，成立印度—伊朗名人协会。2018年，鲁哈尼总统回访期间，莫迪总理向鲁哈尼总统赠送《摩诃婆罗多》的波斯语译文手稿，鲁哈尼则向莫迪赠送英语版的《卡里来和笛木乃》动漫全集。2011—2020年，印度在伊朗学习的留学生约8000人，在伊朗工作的印度人基本保持4000人的规模。他们主要生活在德黑兰、扎黑丹、库姆、伊斯法罕和马什哈德。根据两国文化交流计划，印度每年向伊朗学生提供67份奖学金。目前，印度超过30所大学开设波斯语专业，从事各个层次的波斯语和伊朗文化教学。伊朗在印度设有三个文化中心（新德里使馆文化处、新德里波斯语研究中心、孟买文化之家）。

三　伊核问题影响下的印度与伊朗关系

伊核问题是美国、印度、伊朗三边关系中最令人头痛的问题，印度与伊朗的关系在21世纪屡受伊核问题尤其是单边或多边制裁的影响。美国对伊朗制裁包括国会制裁、总统行政命令制裁和商务部制裁三种形式，自1996年开始至特朗普政府实行"极限施压"政策以来，美国先后发起四轮制裁。"在西方观察家眼中，印度对伊朗核计划的反映是出人意料的温和。"[1]应该说，2010年之前，"印度使尽浑身解数抵抗美国压力，既保持与印度的贸易关系，同时保持与美国的关系"[2]。2010年后，奥巴马政府加大制裁力度与欧盟国家参与制裁缩小了印度的回旋余地，其被迫在美伊

---

[1] Michal Onderco, *Iran's Nuclear Program and the Global South: The Foreign Policy of India, Brazil and South Africa*, Basinstoke: Palgrave Macmillian, 2015, p. 26.

[2] Asif Shuja, *India-Iran Relations under the Shadow of the Iranian Nuclear Issue: Challenges for India's Diplomacy*, New Delhi: KW Publishers Ltd., 2018, p. 72.

之间"选边站队"。此后,印度与伊朗关系,尤其是能源和经贸关系起伏波动巨大,贸易规模总体扩大的同时,贸易排位不断下降,制裁使伊朗越来越无缘享受印度高速发展带来的巨大"红利"。由于能源贸易是双边经贸合作的第一大"支柱",未来较长时段内两国的经贸规模将持续受到当前伊核协议谈判与美国单边制裁的影响,印伊关系也会在较长时段保持"经冷政难热"的被动局面。

(一) 印度在伊核问题上的立场

印度和伊朗在核问题上的立场可以回溯到20世纪80—90年代。伊朗认为大规模杀伤性武器有违伊斯兰教教义,终止了巴列维王朝时期国内的核研究。两伊战争中伊拉克使用毒气,并在核研发上保持领先给伊朗政权敲响了警钟。为此,伊朗决定重启核科研活动。由于无法获得美、欧等传统核合作伙伴的帮助,伊朗不得不向印度、俄罗斯等寻求合作,或者购买核材料。1991年,印伊签署核合作协议,由印度向伊朗提供10兆瓦特研究型反应堆,这是两国核合作的最高峰。在美国的压力下,印度最终取消该协议。进入21世纪后,印度在伊核问题和每次伊核危机中始终采取支持伊朗拥有使用民用核能力的立场。但迫于美国压力,不得不屡次在国际原子能机构、联合国内屈从美国,或是支持美国提案,或是在伊核相关问题上加强管制。

在伊核问题上,印度一贯支持伊朗拥有和平使用核能的权力,始终强调反对以任何军事手段或威胁使用军事打击方式解决伊核问题;同时,印度不支持伊朗发展核武器。2006年5月,印度外交部发表声明称:"印度的一贯立场是必须避免冲突,任何未解决的难题应当通过对话的方式解决。"① 2006年9月,在不结盟运动哈瓦那峰会上,印度在"哈瓦那声明"中强调,"重申各国在核技术及其燃料循环政策方面的选择和决定必须得到尊重"。2015年伊核协议签署前,印度认为国际原子能机构应为解决与伊朗核计划有关的技术问题提供最佳框架。2015年伊核协议签署后,印度认为有关各方坚持遵守伊核协议相关内容是解决伊核问题的最佳出路。印度对伊核问题的态度和对协调机构作用的认知多年来一直保持稳定,符合伊朗外交的基本需求,两者存在共识,这是两国在伊核危机中始终保持稳定的基础。

另一方面,印度对美国的单边制裁行动不满,认为它严重损害印度利益,并对此直言不讳。2010年,奥巴马政府加大对伊制裁,"研究表明制裁当年会导致来自伊朗的石油进口缩减25%—50%"②。印度时任外长尼尔帕马·拉奥称:"我们有理由担心,个别国家最近施加的某些单方面制裁,限制第三国对伊朗能源部门的投资,可能对印度公司产生直接和不利的影响,更重要的是,关乎我们的能源安全和满足我们人民发展需要的努力。"③ 印度精英阶层对美国的制裁也不满,"简单说,(有人)要求新德里缩减我们的经济与战略利益,以便遵守完全没有国际法依据的治外法权制裁"④。

印度于2005年9月24日、2006年2月4日和2009年11月27

---

① Government of India, Ministry of External Affairs, "In response to questions on India's vote on the Iran nuclear isssue at the IAEA Board meeting in Vienna," February 4, 2006.

② Anwar Alam ed., *India and Iran: An Assessment of Contemporary Relations*, New Delhi: New Century Publications, 2011, p. 252.

③ Nirupama Rao, "Iran sanctions may hit our energy security: India," July 5, 2010, http://www.thehindu.com/news/national/article501500.ece.

④ Michal Onderco, *Iran's Nuclear Program and the Global South: The Foreign Policy of India, Brazil and South Africa*, Basinstoke: Palgrave Macmillian, 2015, p. 32.

日，三次在国际原子能机构中投票赞同美国提案，支持对伊朗施加压力或制裁。2005年9月，印度在国际原子能机构投票支持美国在伊朗实施核不扩散保障协议。这次国际原子能机构理事会的投票中，俄罗斯和中国都选择弃权。与此同时，2005年的投票使辛格总理在国内遭到左派盟友和右派的强力攻击，左派一贯持反美立场，而右派的印度教民族主义者认为这是放弃印度独立外交原则，是向美国霸权投降。2006年2月，根据国际原子能机构决议，美国将伊核问题提交联合国安理会处理，印度第二次投了赞成票。随后，联合国分别通过第1737号、1747号和1803号决议，对伊朗涉核相关部门、企业与个人实施制裁，但内贾德政府采取不妥协态度，继续发展核能力。为此，国际原子能机构于2009年11月16日发布伊朗未与其充分合作、对福尔多核浓缩工厂项目存疑、未执行附加议定书相关规定的报告。印度于11月27日投票支持该报告，使其成为联合国对伊朗第四轮制裁的立法基础。印度三次投票支持美国提案，背后都有美国及以色列的巨大压力。尽管印度政府为维护其外交独立自主的形象，坚决否认是迫于美方压力，但美国施压的相关信息依然泄露出来。例如，2006年，由于印度刚和美国政府签署民用核能合作协议，不得不在国际原子能机构中支持美国。"在新德里和华盛顿的印度官员承受来自美国伙伴的巨大压力，美国要求印度在国际原子能机构支持美国—欧盟决议，或者放弃美印核协议。"[1] "美国特别强调在涉及伊朗的许可证问题上要保持高度警惕，因为过去曾有一些印度公司违反规定与伊朗进行贸易活动。"[2] 2006—2007年，印美核协议在美国国会

---

[1] Sujata Ashwarya, *India-Iran Relations: Progress, Problems and Prospects*, London and New York: Routledge, 2017, p. 152.
[2] Sharon Squassoni, "India and Iran: WMD Proliferation Activities," *CRS Report for Congress*, November 2006, pp. 4 – 5.

受审待批，参众两院议员以印度在伊核问题上的态度和印伊军事合作为借口，百般阻挠通过协议，并有多名国会议员联名致信印度总理并访问印度直接施加压力。"2006年，美国驻印度大使大卫·马尔福德称除了赞成票，任何印度的抉择都将威胁美印核协议。"[1]

在涉核相关问题上，印度严格遵守联合国诸项决议的规定，严禁与决议中被制裁部门或企业发生业务。从2005年开始，印度依据核供应国集团的相关规定，加强对伊朗涉核项目和出口管制。为此，印度于2005年5月通过一项新法律，即《大规模杀伤性武器及其运载系统（禁止非法活动）法案》。根据印度官员的说法，该法案禁止非国家行为者拥有、制造、运输、获取、发展核武器、化学武器或生物武器。该法案将禁止印度出口任何明知会被用于大规模杀伤性武器计划的商品或技术。不仅如此，由于联合国各项制裁不涉及军民两用技术，印度政府要求国内各邦严格审查，禁止涉核两用技术出口伊朗。"尽管联合国安理会或者国际原子能机构没有禁止印度和伊朗进行民用核能合作，例如在医疗、工业、农业和环境等方面……实际上，即便在国际原子能机构与核不扩散条约的范围内，印伊民用核合作也全部终止了。"[2]

（二）伊核问题对印伊关系的影响

伊朗核问题是21世纪以来国际社会的重要冲突和热点问题，也是中东地区的主要矛盾之一。伊核问题主要双方——伊朗和美国都与印度有着密切的关系。印度和伊朗互为重要的能源买家和卖家，在基础设施建设等领域有着巨大的共同利益。印度与美国则在2005年后逐渐建立战略伙伴关系，反映到印美民用核能协议、

---

[1] Michal Onderco, *Iran's Nuclear Program and the Global South: The Foreign Policy of India, Brazil and South Africa*, Basinstoke: Palgrave Macmillian, 2015, p. 29.

[2] Anwar Alam ed., *India and Iran: An Assessment of Contemporary Relations*, New Delhi: New Century Publications, 2011, p. 90.

军事装备和技术进口以及当前最惹人关注的印太战略等方面。因此，伊核问题成为印度—美国—伊朗三边关系中的主要议题。印度在伊核问题上的立场和政策选择给印伊关系造成一定的负面影响，影响了双方的政治关系、能源关系和经贸关系。

印度和伊朗同时面对核问题，但遭遇和发展水平截然不同。印度发展核能力与"拥核之路"相较于伊朗非常顺利。相比之下，伊朗更加觉得伊核问题是强权政治、霸权主义的表现，对印度多少有一些"羡慕、嫉妒、恨"，还有一些担忧。伊朗对印度拥有核武器主要有三种认识。第一，它认为印度和巴基斯坦都拥有核武器后，可以实现南亚地区的核平衡，这对伊朗来说是有利的。第二，印巴两国发展核武器，尤其是印度谋求建立海基核打击能力，对伊朗来说构成一定的战略威胁。第三，伊朗对印巴"拥核"与"拥核"后得到国际社会尤其是美国的承认表示不满。印巴"拥核"是美国在核问题上继以色列之后再次推行双重标准的生动写照。

伊核问题对印伊政治关系造成一定程度的冲击，而印度总是采取主动和积极的外交立场，修复印伊关系，争取伊朗的理解。伊朗对印度数次在国际原子能机构中支持美国提案表示不满，并采取相应的政治或经济反制措施，警告或惩罚印度。例如，2008年9月，伊朗拒绝印度提出的战斗机过境的请求。

2005年投票支持美国提案后，印度外交部发言人称："我们在解释投票时明确表示，我们反对宣布伊朗不遵守其保障协定。我们也不同意目前的局势可能构成对国际和平与安全的威胁。……必须特别强调的是，印度始终支持欧盟'三驾马车'的提议，与伊朗谈判寻求达成一个公正、合理的解决方案。"[1] 2006年投票

---

[1] Amit Baruah, "India's IAEA Vote was Decided in Advance," September 26, 2005, https://www.thehindu.com/todays-paper/tp-national/indias-iaea-vote-was-decided-in-advance/article27478662.ece.

后，印度外长发表声明称："（投赞成票）不代表印度改变与伊朗传统和友好的关系。……印度将一如既往的加强与伊朗的多方面关系。……我们珍视与伊朗的关系，并打算尽可能的培育我们的双边关系。"① "我们坚信，我们与其他友好国家一起积极努力促成该决议，既根据伊朗的国际承诺和义务，承认其和平利用核能的权利，也为解决原子能机构职权范围内悬而未决的问题敞开大门。"② 2010年5月15日，印度外长克里希纳积极参加在德黑兰举办的G15峰会，与伊朗外长讨论双边、多边和地区事务，修复2009年投票造成的不良影响。总的来说，伊核问题对印伊政治关系的冲击有限，两国政治沟通和谅解工作效果良好。

2015年7月14日，伊核问题全面协议签署，有关伊核问题的制裁与争执暂告一段落，该协议是全球多边主义的重大成果，得到国际社会的广泛赞扬。印度也对该协议持赞美态度，认为："伊核协议证明新德里的谨慎战略是正确的，即承认伊朗核计划的问题，呼吁和平解决争端，并把重点放在印度自己从核制裁中解放出来。"③ 印度学者认为："伊核协议可以被看作一个积极信号，它为加深两国关系带来新的积极因素。"④

在伊核协议谈判的最后阶段，莫迪总理和鲁哈尼总统在俄罗斯金砖国家乌法峰会和上海合作组织乌法峰会上会面，为重启印伊

---

① "PM's Suo Motu Statement on Iran in Parliment," Prime Minister's Office, Government on India, February 17, 2006.

② "MEA Offical Spokesperson Response to Questions on India's Vote on Iran Nuclear Issue at the IAEA Board Meeting in Vienna," February 4, 2006, http://svaradarajan.blogspot.com/2006/02/iaea-votes-to-refer-iran.html.

③ C. Raja. Mohan, "How the Iran Nuke Deal Gives India Room in the Greater Middle East," *The Indian Express*, July 15, 2015, https://indianexpress.com/article/explained/how-the-nuclear-deal-gives-india-room-in-the-greater-middle-east/.

④ Asif Shuja, *India-Iran Relations under the Shadow of the Iranian Nuclear Issue: Challenges for India's Diplomacy*, New Delhi: KW Publishers Ltd., 2018, p. 151.

关系做准备,"双方同意推动双边关系的升级,尤其加强经济领域的合作"①。伊核协议签署后,伊朗外交部部长扎里夫于2015年8月13日和14日访问印度。2016年1月17日,也就是履行伊核协议解除制裁的第二天,印度驻伊朗大使馆发表外交声明称:"印度欢迎有关解除伊朗涉核制裁的声明。这一重要的里程碑事件是富有耐心的外交成果,揭开了和平与繁荣的新篇章。印度希望进一步发展与伊朗长久、紧密和多维度的经济合作,包括能源和地区联通。"② 印度和伊朗通过乌法峰会、扎里夫访问和印伊联合委员会外交与经济部长的会晤,促进双方讨论恰巴哈尔港和法尔扎德气田投资的谈判,同时双方还讨论特别支付渠道和银行关系等问题。

2016年5月22—23日,莫迪总理访问伊朗,期间与伊朗最高领袖哈梅内伊、总统鲁哈尼等人会面,商讨有关地区联通、基础设施建设、能源关系、贸易关系、人员交往和推动地区和平与稳定的诸多事务。双方签署12项协议或备忘录,涉及恰巴哈尔港、投资和贸易、科技交流、情报交流和文化交流五大方面。访问后,两国发表联合声明称:"鲁哈尼总统和莫迪总理对自2015年乌法峰会以来双边关系取得的进展表示满意。莫迪总理赞扬伊朗领导人在伊核谈判和接触制裁方面表现出的领导能力,认为该协议是一项重大外交成果。伊朗感谢印度在伊核制裁期间对伊朗的立场和支持,伊朗人民不会忘记印度在这方面做出的积极努力。"③

---

① Asif Shuja, *India-Iran Relations under the Shadow of the Iranian Nuclear Issue: Challenges for India's Diplomacy*, New Delhi: KW Publishers Ltd., 2018, p. 152.

② Embassy of India in Iran, "Lifting of Nuclear-related Sanctions Against Iran," *Press Release*, January 17, 2016, http://www.indianembassy-tehran.ir/press.php?id=38.

③ Government of India, Ministry of External Affairs, "India-Iran Joint Statement-Civilisational Connect, Contemporary Context' during the visit of Prime Minister to Iran," May 23, 2016, https://www.mea.gov.in/bilateral-documents.htm?dtl/26843/India_ _ Iran_ Joint_ Statement_ quot_ Civilisational_ Connect_ Contemporary_ Contextquot_ during_ the_ visit_ of_ Prime_ Minister_ to_ Iran.

第六章　印度与伊朗关系　　399

2022年6月8日，伊朗外长阿卜杜拉希扬访问印度，与印度外长苏杰生会谈。此前，莫迪所属的人民党两位发言人公开侮辱先知，引起伊斯兰世界的愤怒。此次访问中，印伊双方不仅签署法律援助协定和继续开发恰巴哈尔港的协定，同时印度还向伊朗保证会尊重伊斯兰教。

　　印度和伊朗的能源关系与能源合作受到伊核问题冲击最为严重，可谓是最大的"重灾区"。能源关系中有四个方面受到伊核问题的冲击。第一，能源合作项目被迫终止，印度未再参与伊朗能源与石化领域的开发和投资。2002—2005年，印伊之间在能源合作与开发方面获得显著成果。例如，2002年，印度获得法尔斯区块的开发权，国内三大油气组成联合财团参与该油田的开发，前期开发合同金额2700万美元。2003年5月，两国签署两份石油与天然气合同，印度财团计划投资30亿美元用于南帕尔斯气田的天然气开发。2004年10月，印度国家石油天然气公司和中国石化集团合资开发雅达瓦兰油田，印度国家石油天然气公司拥有20%的股份，预计每天可以获得6万桶原油。2005年6月，印度获得南帕尔斯气田开发权，印度国有天然气公司参与开放项目，项目总价值1000亿美元。伊朗每年向印度提供500万吨液化天然气和10万桶/天的石油，合同期限为25年。2007年，印度ESSAR公司同伊朗达成协议，准备在阿巴斯港投资建设日炼油30万桶的炼油厂，协议总价值100亿美元。2007年年底，这家印度公司就在美国威逼下被迫退出伊朗市场。2008年，印度石油公司发现法尔扎德B天然气区块。2009年12月，印度又获得南帕尔斯第12区块开发合同，总投资额75亿美元。2005年，印度在国际原子能机构中支持美国提案后，伊朗立即做出反应。伊朗驻维也纳大使向印度代表转达伊朗首席谈判代表阿里·拉里贾尼的消息，伊朗不准备继续执行与印度液化天然气协议。此后，由于畏惧美国制裁，印度国内银行拒不向国内石油财团提供贷款或投资，印度开发南帕尔斯气田第 12 号区块的项目始终无法克服融资难题。2013 年 5 月，伊朗石油部部长向印度提议开发法尔扎德 B 天然气区块，项目可以采取产品分成模式。这是伊朗在伊斯兰革命后首次向外方提出以该模式进行能源开发，但印度没有接受。2015 年 4 月，伊核协议谈判进入最后阶段，印度派出高级代表团访问伊朗，重提开发此气田的提案，"考虑到印度多年来拖延开发项目进度和在美国与欧盟制裁下未能履行承诺，伊朗拒绝印度代表团提出对气田的一揽子开发计划。"①

第二，来自伊朗的石油进口规模锐减，印度对伊朗的石化产品出口锐减。2009 年，印度进口伊朗石油 2120 万吨，2010 年进口 1850 万吨，2011 年进口 1811 万吨，2012 年进口 1314 万吨，2013 年进口 1100 万吨②。这四年里印度进口伊朗石油量逐年下降，实际进口总量缩减 48%。其中，2011 年伊朗石油占进口总量的 11%，到 2013 年，占比下降到 6%。2015 年 1 月，印度政府要求国内炼油厂减少进口伊朗石油规模，使其保持在 2013 年的水平。

一方面，2015 年伊核协议签署后，印度进口石油略有回升。2017 年，伊朗出口印度石油约 7.77 亿桶，重新成为印度第二大石油进口国。根据印度商务部的数据，2014—2016 年，从伊朗进口的石油占印度石油进口总量的 6%，2017 年上升到 10%。不仅如此，为稳定两国间能源关系，伊朗在 2016 年开始向印度提供运费

---

① "India's ONGC Videsh Mulls Offering New Bid for Iran's Farzad-B Gas Field," *Press TV*, July 21, 2015, http://www.presstv.ir/Detail/2015/07/21/421234/iran-india-farzad-b-gas-field-ONGC – Videsh-Ltd.
② Sujata Ashwarya, *India-Iran Relations: Progress, Problems and Prospects*, London and New York: Routledge, 2017, p. 166.

折扣，折扣额度在60%—80%，最高时达到100%，等于是免费送油。可惜的是，2018年，特朗普退出伊核协议并实施"极限施压"后，印度还是紧随韩国、日本等国，逐步减少伊朗石油的进口量。2018年5月30日，伊朗石油的主要买家、世界最大炼油企业印度信实工业公司表示，将于10月或11月份停止从伊朗进口石油。①美国常驻联合国代表尼基·黑利访问印度期间传达了美国的强硬立场，要求印度在11月4日前将伊朗石油进口"清零"。尼基·黑利访问时称："德黑兰政权是该地区大部分冲突背后隐藏的、有时并不隐藏的力量。伊朗核武器开发威胁着我们所有人。我认为为了印度的未来，我们将鼓励他们重新考虑与伊朗的关系。"②2019年5月，印度中止进口伊朗石油。

另一方面，印度是五个向伊朗出口汽油产品的国家之一。2009年，印度信实公司停止向伊朗出口汽油产品，以避免它在美国的业务受到影响。③信实公司向伊朗出口的成品油占伊朗进口总量的45%，相当于伊朗汽油消费的20%。"信实公司在美国律师催促进出口银行暂停给予该公司总额9亿美元的信贷后决定停止伊朗业务，这笔资金是用于扩建它在印度占姆纳格的炼化厂，美方认为印度的汽油贸易有助于提振伊朗经济。"④

---

① Mohsen Shariatinia, "Iran's Outreach to India After US Exit from Nuclear Deal Faces Obstacles," June 5, 2018, https://www.al-monitor.com/pulse/originals/2018/06/iran-india-trade-jcpoa-nuclear-deal-oil-imports-reliance-ban.html?utm_campaign=20180606&utm_source=sailthru&utm_medium=email&utm_term=Daily%20Newsletter.

② Vinay Kaura, "The Impact on India of the Collapse of the Iran Nuclear Deal," July 18, 2018, https://besacenter.org/wp-content/uploads/2018/07/898-The-Impact-on-India-of-the-Collapse-of-the-Iran-Nuclear-Deal-Kaura-final.pdf.

③ Reuters Staff, "India's Reliance Halts Petrol Sales to Iran," *Reuters*, June 4, 2009, https://www.reuters.com/article/reliance-iran-gas.

④ Anwar Alam ed., *India and Iran: An Assessment of Contemporary Relations*, New Delhi: New Century Publications, 2011, p. 253.

第三，印度和伊朗之间出现油款结算和汇回难题。美国和欧洲的制裁迫使印度停止支付伊朗油款。2015年之前，印度选择石油款部分用欧元结算、部分用卢比结算的方式来绕开制裁，但未能有效解决所有油款的支付问题。2010年12月，仅印度国内炼油厂就欠伊朗9亿美元的油款。2011年，印度向伊朗支付总额为50亿美元的油款，阶段性结清石油欠款。2014年11月，印度依据伊核谈判临时协议的规定，通过阿联酋央行汇回13亿美元的油款。到2017年，印度银行账户上积累的伊朗石油款总额达到60亿美元。特朗普退出伊核协议并施加单边制裁后，2018年12月初，SWIFT切断了伊朗银行和外界的联系。为规避制裁，印度和伊朗决定以易货的方式交付油款，伊朗选择在信誉度较高的5家印度银行开户，购买伊朗原油的印度公司可将石油款项打到这几个指定账户。印度购买伊朗原油款项的50%用卢比支付，另外50%用于购买印度的商品。伊朗提出商品清单后，由印度贸易部门寻找商品配额的生产商，借此回避使用美元。伊朗购买的商品主要是大米、茶叶、药品、小麦等传统进口项目，该渠道大约覆盖两国非石油贸易的45%。在实际操作中，由于卢比贬值、印度可选择商品有限、伊朗对印度商品需求量小等因素的限制，这一渠道长期运转不佳，油款依然堆积在账户上。另外，被选中的印度银行——如印度工业发展银行和友固银行也有不满，认为国家是在牺牲它们的利益。

伊核问题对印伊经贸关系造成较大冲击。自1996年起，双方贸易额总体呈现增长趋势，其间1997年、2000年、2009年、2014年和2019年都出现过较大幅度下降，甚至断崖式下跌（见表6.6），体现出美国与欧盟多次单边或多边制裁对经贸关系的巨大影响力。1996年，美国出台伊朗—利比亚制裁法案。2010年7月，

第六章 印度与伊朗关系

表6.6　　　　1996—2019年印度与伊朗贸易额　　　（单位：十亿卢比）

	出口	进口	贸易总额		出口	进口	贸易总额
1996—1997年	6.92	30.54	37.46	2008—2009年	115.65	558.22	673.87
1997—1998年	6.38	23.53	29.91	2009—2010年	88.07	546.36	634.43
1998—1999年	6.70	19.93	26.63	2010—2011年	113.37	497.25	610.62
1999—2000年	6.59	47.21	53.8	2011—2012年	115.12	665.52	780.64
2000—2001年	10.37	9.65	20.02	2012—2013年	182.55	630.26	812.81
2001—2002年	12.07	13.54	25.61	2013—2014年	300.57	627.98	928.55
2002—2003年	31.69	12.50	44.19	2014—2015年	255.30	545.88	801.18
2003—2004年	42.19	12.26	54.45	2015—2016年	181.77	408.23	587.00
2004—2005年	55.33	18.43	73.76	2016—2017年	159.55	704.78	864.33
2005—2006年	52.61	31.10	83.71	2017—2018年	170.94	716.2	887.14
2006—2007年	65.65	341.15	410.80	2018—2019年	244.61	941.13	1165.74
2007—2008年	78.45	439.46	517.91	2019—2020年	238.55	97.62	336.17

资料来源：Handbook of Statistics on the Indian Economy, Reserve Bank of India（2010 - 2011/2014 - 2015/2019 - 2020）.

美国国会出台全面制裁伊朗法案。2012年和2013年连续出台国防授权法，加大力度制裁伊朗；欧盟也在2012年1月与10月连续升级制裁伊朗法规。特朗普政府退出伊核协议后，逼迫印度于2019年停止购买伊朗石油。

美国制裁不仅对印伊贸易的对象、商品种类造成一定影响，同时对两国贸易支付渠道造成较大冲击。尤其是2010年奥巴马政府加大制裁力度后，印度被迫采取相应措施配合美国。"2010年12月27日，印度储备银行发布指令，所有符合条件的经常账户交易（包括与伊朗的贸易交易）应在亚洲清算联盟机制之外以任何允许的货币结算，直至另行通知。"① 亚洲清算联盟是 1974 年以来亚洲国家央行之间常用的贸易结算机制，该联盟包括印度和伊朗在内的九个亚洲国家，而印伊贸易额占该机制结算总额的 76%。② 这一政策的出台就是将对伊贸易逼出印度金融结算体系，毫无疑问增加了双边贸易与结算的难度和成本。此后，伊朗先后提出用位于德国的欧洲—伊朗贸易银行和位于阿联酋的两家银行进行结算，都遭到印度的拒绝。印度政府曾配合伊朗，提议由国内的印度国家银行与欧洲—伊朗贸易银行进行贸易对接，但国内的银行因担心被列入美国财政部黑名单，拒绝提供开户与转账服务。

第三节　帕西人：印度伊朗交往的见证人

帕西人的历史演进和他们与伊朗境内教徒社团关系的变迁是印度与伊朗长久交往的见证者和"活化石"。作为琐罗亚斯德教的教徒，他们与印度人在宗教和民族上有紧密的"血缘"联系。印度开放、宽容和多元化的社会为伊斯兰教兴起后的琐罗亚斯德教徒提供休养生息的"庇护所"，客观上形成伊朗以外唯一的大规模聚居地。近代以来，帕西人生活环境与经济实力的改善不仅对宗教和社团的结构造成巨大冲击，还改变了他们与伊朗境内教徒的宗教和经济关系。

一　帕西人的形成与发展

（一）帕西人的形成和 16 世纪前他们的生活

帕西人是波斯琐罗亚斯德教教徒迁徙和定居印度后，在当地

---

① Reserve Bank of India, "Asian Clearing Union (ACU) Mechanism-Indo-Iran trade," December 27, 2010, http://www.rbi.org.in/SCRIPTs/NotificationUser.aspx? Id = 6172&Mode = 0.

② Anwar Alam ed., *India and Iran: An Assessment of Contemporary Relations*, New Delhi: New Century Publications, 2011, p. 63.

形成的一个少数民族。由于族群来自波斯，因此便以波斯（Persia）为名，称自己为帕西人（Parsi）。帕西人的产生与琐罗亚斯德教早年向印度的传播有密切关系，但更为重要的是，它与波斯琐罗亚斯德教徒受到迫害被迫迁徙有关，因此帕西人最初的身份是难民。

从宗教角度看，琐罗亚斯德教是雅利安人定居后的宗教，经过琐罗亚斯德的改革成为古代波斯的国教，流行千余年。因此，实际上它和印度教同为雅利安人宗教的分支，是"同宗"的宗教。两者分别在不同的地域里向着不同方向演进。

在琐罗亚斯德教的传说中，该教在公元前6世纪波斯帝国崛起之前已经传播到今天阿富汗的坎大哈，巴基斯坦的白沙瓦、旁遮普等地。在波斯帝国统治时期和希腊化时代，琐罗亚斯德教教徒已在印度河流域生活，或从事跨国的商业活动。由于历史记录稀少，我们只能推断当时教徒是散居在印度境内，以商人或者帝国、王国官员或其家属的身份存在。因为伊朗高原上的帝国和王国以琐罗亚斯德教为国教，生活环境和宗教环境稳定，所以这些教徒未能在印度形成附着在土地上的定居点。在伊斯兰教兴起之前，印度境内的琐罗亚斯德教徒如潮汐一般来了又去，只是一群"过客"。

652年，也就是第三任哈里发奥斯曼时期（644—656年在位），阿拉伯人基本征服萨珊帝国全境，波斯末代国王伊斯德在逃亡途中死于中亚木鹿。伊斯德之子俾路斯逃往吐火罗，求救于大唐。658年，唐朝平定西突厥，将领土扩张至中亚，与新崛起的阿拉伯帝国接壤。661年，俾路斯被唐朝封为都督，统辖锡斯坦地区，地理范围在今天波斯东部与阿富汗西南部、巴基斯坦西部交界的高原山区与盆地。一年后，他又被封为波斯王。

琐罗亚斯德教徒的对外迁徙是阿拉伯帝国——倭马亚王朝和阿拔斯王朝统治的结果。信奉伊斯兰教的新统治者虽然未对非穆斯林进行大规模的屠杀或者强迫改宗，但对"麦瓦里"（改宗伊斯兰教的非阿拉伯人穆斯林）和"迪米人"（有经典的其他宗教教徒）有经济或者社会上的各种歧视，如缴纳人头税、不能骑马、路遇必须让道、不能同席进餐等。另外，倭马亚王朝时期的阿拉伯人总督齐亚德和哈查只或是曾计划杀死锡斯坦的琐罗亚斯德教大祭司沙普尔，并熄灭圣火；或是曾屠杀波斯人，逼迫他们改用阿拉伯语。阿拉伯人对波斯的统治使原来普遍信仰琐罗亚斯德教的波斯人失去诸多政治权力和经济利益，被迫缴纳各种苛捐杂税。在政治、经济和宗教的多重压力下，不愿意改宗的波斯人不得不选择远走他乡。

琐罗亚斯德教徒对外迁徙的选择并不多。一方面，由于包括伊朗高原在内的整个西亚都在阿拉伯帝国的统治范围，他们只能向东迁徙，选择中亚或印度作为栖身地。另一方面，自古以来中亚和印度或是波斯的统治地，或是波斯的势力范围，进行过长达数千年的贸易往来，波斯人对它们的环境、风土人情和政情颇为了解。由于波斯帝国的末王投奔唐朝并受封中亚，一部分教徒选择向东北迁徙，由阿富汗向北后进入中国，直达长安定居，唐高宗时期还特许在长安为迁徙的波斯人建立一座神庙。另一部分人选择向东南方向迁徙，先是驻留在俾路支斯坦地区，后再度迁徙进入印度河流域。进入中亚并前往中国的琐罗亚斯德教徒逐渐与当地人同化，消失在历史长河中。留居印度的教徒则发展成当地的少数民族，延续至今。

有关琐罗亚斯德教徒迁徙入印的时间，目前主要有两种观点。第一种观点认为迁徙的起点是公元8世纪，准确地说是785年。它主要依据《塞犍传奇》一书，此书是早期帕西人祭司对族群故事的汇编。书中称琐罗亚斯德教徒先是逃亡并聚集在呼罗珊和锡斯坦的山区，被阿拉伯人发现后再次逃亡霍尔木兹岛，最后进入印度。第二种观点认为迁徙的起点是公元10世纪，具体来说是公元936年。尽管两大阿拉伯帝国在宗教、政治和经济政策上压迫波斯人和琐罗亚斯德教，但公开的屠戮非常稀少，双方总体保持和平关系。这一方面导致波斯人为各种缘由逐渐选择改宗，放弃琐罗亚斯德教；另一方面也使教徒的迁徙成为一个缓慢的过程，只有少量虔诚的信徒或者宗教上层选择迁徙。帕西祭司中有人提出迁徙时间是印度教历772年，由于记录的文本7和文本9非常相似且文字留存模糊，更大的可能所指为992年，换算成公历是公元936年。

"公元7世纪，阿拉伯征服波斯并非只通过几次大规模的战役，而是经过三十多年的时间才取得成功。波斯被征服以后的两三个世纪里，祭司长的地位依然尊贵、影响深远。但到9世纪后期，这种情况开始迅速改变，伊斯兰教受到世俗权力的全力支持，从那时起，帕西人族群的创立者们开始背井离乡，到印度寻找宗教自由。"① 两大帝国时期尤其在阿拔斯帝国之前，琐罗亚斯德教徒改宗的过程非常缓慢，且琐罗亚斯德教的大祭司、宗教集团、各地神庙正常运转，因此8世纪进行迁徙的可能性不大，10世纪迁徙说的可靠性更高。

从迁徙的路线看，帕西人在印度最早的定居点是印度西海岸坎贝湾的第乌岛。这座岛古代就一直是印度对外海上商贸的重要中转站，知名度高，因此被选为首个迁居地并不令人意外。依据

---

① ［英］玛丽·博伊斯：《波斯琐罗亚斯德教村落》，张小贵等译，中华书局2006年版，第1页。

《塞犍传奇》的记载,帕西人在岛上居住15年后转移到大陆上的塞犍。帕西人大祭司与当地统治者贾迪·拉纳达成协议,帕西人可以保持宗教信仰,但生活方式必须改风易俗。"妇女们开始穿纱丽,在额头点朱砂;讲古吉拉特语;服从当地政府统治;不参与政治,主要从事农业、贸易和手工业。"[①] 另外,帕西人的婚礼只能在夜晚举行。这些移风易俗的要求应该是当地统治者畏惧阿拉伯帝国,有意减少琐罗亚斯德教徒的影响力,削减其波斯"遗族"的特征,以免招来不必要的麻烦。从帕西人的角度来看,这是他们融入印度社会的自我调整和让步,也是谋求生存和延续宗教信仰必须付出的代价。当然,这种文化、语言和习俗上的变化逐渐对民族属性和宗教传承产生深远的不利影响。

帕西人主要生活在印度北部,尤其是分布在沿海的主要港口城市和它们的周边。到10世纪末期,帕西人已经在坎贝、旺卡纳、苏拉特、瓦里夫亚等地建立定居点,并在塞犍建立入印后的第一座神庙,还迎取并安置了从波斯迁徙过来的圣火。印度定居点的选择与交通和当地政治生态等有关。例如,坎贝和苏拉特是著名的商港,是印度洋海上商路重要的节点;瓦里夫亚的拉其普特人曾不断抬高帕西人缴纳税赋和贡品的额度,并进攻和屠杀定居点;13世纪后,信奉伊斯兰教的德里苏丹国对非穆斯林征税并强迫改宗,导致帕西人向南部迁徙。14世纪时,塞犍的帕西人答应当地统治者的请求,由阿尔达希尔带领1400名帕西人参加抵御穆斯林入侵的战争。战争失败后,帕西人被迫将圣火藏匿在城外山区的洞窟中达12年之久。

16世纪莫卧儿王朝逐渐统一印度后,对内采取宗教宽容政

---

① Dosabhai Framji Karaka, *History of the Parsis*, London: MacMillan, 1884, p. 31.

策，有效改善帕西人的生活环境，使族群得到较快发展。阿克巴皇帝曾召见帕西人大祭司梅赫尔吉·拉纳，并在王庭组织宗教对话活动时邀请帕西人大祭司参加，不少帕西人祭司或者大家族领袖还获得册封成为扎吉尔，拥有大小不等的封地。例如，大祭司梅赫尔吉·拉纳曾被阿克巴皇帝封为扎吉尔，获得土地80亩。贾汉吉尔皇帝时曾册封一位帮助皇帝修理钟表的帕西人钟表匠。

16世纪之前有关帕西人早期历史的记载非常稀少。它们多数散见于穆斯林的游记、帕西人的手稿和古建筑上的碑铭，因此这些记录无法较为完整和清晰地构建出帕西人的迁徙路径、生存境况、民族风貌和重大事件上的经历与抉择。早期帕西人的历史仍有待更多新的文字与实物资料的佐证。

（二）16—19世纪帕西人的变迁与发展

16—19世纪，印度的帕西人经历着四个方面的重大转变，一是职业的转变；二是定居地的转变；三是依靠对象（英国殖民者）的转变；四是宗教的革新。其中宗教的革新发生在19世纪，相对较晚，它是前两种变化的结果，也和第三种变化有着密切的关系。宗教革新内容在后文宗教改革部分中详述。帕西人的其余三大转变使他们的经济地位得到巨大提升，社会地位和影响力也发生了翻天覆地的变化。到19世纪末期，帕西人已经作为一个整体成为印度中上层社会的一部分。

第一，职业的转变。除了少数定居在港口城市的人，大部分帕西人居住在城市周边，从事农业和手工业的生产。随着西方殖民者的到来和他们对海上商路的垄断，帕西人发现新的商机——造船业、航海业和商业。17世纪和18世纪的两百年里，帕西人中涌现出许多著名的船商，他们以手工业起家，逐步发展为承包船舶建造，再到开设船厂承建订单和负责维修。根据英国东印度公司的记载，帕西人在 1672 年时就在苏拉特为英国建造军舰。孟买的第一家造船厂就是帕西人娄吉·努瑟万基承包建设的，这家造船厂在一个半世纪里为英国东印度公司建造出 360 艘船只。[①] 在商业活动中，帕西人主要从事纺织业和鸦片生产与贸易。例如，苏拉特地区是印度棉纺业和丝织业的传统重镇，每年生产大量棉织品和丝织品。帕西人收购这些初级产品或者棉纱，出口西方国家，再将成品返销国内。

第二，定居地的转变。与职业转变直接相关的就是定居地的转换。随着越来越多的帕西商人在大城市定居、置产、开办企业，家乡的帕西人成为首选的雇佣对象。这也是帕西人互帮互助文化传统的一部分。慢慢地，一批又一批的年轻人由农村到城市，由农业劳动者转换为手工业劳动者，还有人学习财务和管理技术。这样的城市有苏拉特、浦那、加尔各答以及宗教圣地纳夫萨里。到 19 世纪后，孟买成为迁居的主要目的地，它和加尔各答成为全印度范围内最大的两个帕西人聚集地。到 18 世纪，只有少量的帕西人还在从事农业，大部分人都生活在城市里，尤其是海岸的港口城市。[②] 到 1744 年，苏拉特的帕西人达到 1 万人，约占整个城市人口的 1/5。

第三，依靠对象的转变。作为印度的少数民族，帕西人在人口规模、经济地位和政治地位上都是弱势群体。过去，它不得不依附于当地土邦主或者帝国皇帝的宽容政策。自 16 世纪开始，英国在印度的殖民争夺中脱颖而出，击败葡萄牙人、荷兰人等诸多对手，英国东印度公司成功蚕食印度各地的统治权，在莫卧儿帝国

---

① A. V. Desai, "The Origins of Parsis Enterprise," *Indian Economic Social History Review*, No 5, 1968, p. 307.

② Susan Stiles Maneck, *The Death of Ahriman: Culture, Identity and Theological Change among the Parsis of India*, Bombay: Cama Oriental Insititute, 1997, p. 92.

境内切割出一块又一块"国中之国"。英国人一贯采取"分而治之"的措施，非常乐意挑唆印度教徒和穆斯林的关系，也非常愿意利用印度国内这些少数民族的力量。帕西人和印度犹太人中的巴格达人都是投靠殖民者的"排头兵"，成为新崛起的"买办"集团。他们不仅成为摧毁印度本土经济商业链条的重要组成部分，还参与了针对中国的鸦片生产、运输和贩卖活动。在西方人殖民的过程中，帕西人曾担任过多个西方殖民大国的代理商。例如，弗兰克曼家族曾做过法国与荷兰东印度公司的代理商；莫迪家族成为英国东印度公司在苏拉特的代理人后才被赐予莫迪这个新名字；丹吉沙兄弟曾被东印度公司任命为苏拉特总督和古吉拉特的政治代表。19世纪，孟买这个商业大都会的崛起与帕西人的大规模涌入及其与东印度公司的商业和政治联系紧密相关。应该说，和英国殖民者的合作使帕西人收获的不仅是财富，还有身份、地位和安全。

进入19世纪后，印度的近代资本主义萌芽出现。帕西人因为早期积累的大量资本，成为国内第一批投资现代工业的商人。例如，19世纪中期，印度民族资本大规模投资棉纺织业，在孟买的72家棉纺织厂中，帕西人占据一半。另外，经过200余年的城市生活和教育培养，"帕西代理人"这一品牌也逐渐树立起来，他们负责西方国家尤其是英国公司的管理、财务、法律事务，其中的重要人物还享有公司的股权；另有一部分专业人士则在政府中任职，成为英国殖民政府的可靠雇员。例如，帕西人巴达海·纳劳吉成为印度最先获得英国女王封爵的人。

19世纪后，帕西人投资的领域首先是棉纺织业，然后是制糖业、缫丝业、金融业、银行业、造纸业、煤炭业和铁路建设。著名的家族有瓦迪亚家族、派迪家族、塔塔家族、巴拿吉家族、卡玛家族等。其中最著名的是塔塔家族，它至今仍是印度最负盛名的商业家族，资产雄厚。塔塔家族先后在1857年英国与波斯的战争和美国南北战争中为英美提供军需品，获取巨额利润，然后投资纺织厂与钢铁厂。贾思吉·道拉比则成为印度铁路的创始人，并于19世纪50年代在孟买铺设约129千米的铁路。

16世纪之后，由于族群规模的扩大，古吉拉特的帕西人被分为五个区域，即塞犍区、纳夫萨里区、戈达赖赫区、布罗奇区和坎贝区。每个区都有一名祭司主持宗教和日常事务；圣火则由塞犍区的三位祭司共同供奉；各区的宗教事务由自己的祭司负责。塞犍是帕西人的圣地和圣火存放地，各区的祭司也是由这里分散出去的，因此享有天然的宗教优势地位。但分区时未对各区之间宗教权力关系做出明确规定，17—18世纪，塞犍区多次介入各区祭司和信众的斗争，导致它与各区祭司间关系紧张。另外，18世纪塞犍区面临强盗的侵袭，被迫将圣火转移到纳夫萨里、苏拉特、乌德瓦达、布尔萨等地，圣火的流转和存放使得纳夫萨里和乌德瓦达的宗教地位显著提升，从而与塞犍形成"三足鼎立"之势。

（三）20世纪以后的帕西人

进入20世纪后，帕西人的经济和社会地位未受到印度独立和变革大潮的冲击，始终保持稳定发展的态势。一方面，印度独立后在民族和宗教问题上采取宽容政策，帕西人不再忧虑因这两大属性而遭受压制或迫害；另一方面，以16—19世纪300年经济社会地位提升为基础，帕西人成为印度国内最早西化、最早现代化的少数民族，他们在接受高等教育、海外移民等方面均走在前列，这进一步加强和固化了帕西人的优势地位。

20世纪上半期，帕西人经历的最大政治变化是英国殖民统治的结束和印度的独立。在经济方面，帕西人既得惠于"一战""二战"战时经济的刺激，积累巨额财富和资本；同时也受到英国、日本等国的政策压制或商品倾销竞争。

"一战"和"二战"期间，印度得益于战时经济的刺激，成为两次世界大战重要的物资供给地。战争期间，棉纺织业、煤炭业、钢铁业的需求大增，供不应求，盈利巨大。帕西人资本占主要份额的棉纺织业、毛纺织业、造纸业等在战争期间显著增加资本投入，扩充企业规模和生产能力。例如，塔塔家族将纺织业的盈利转投在钢铁、水泥、煤炭、电力和化工行业，使得它在后来应对金融危机时拥有先发优势。整体而言，印度民族工业在"二战"爆发前获得较快发展，其发展方向也出现从轻工业向重化工业转移的良好态势。例如，塔塔家族"二战"前拥有25家公司，实际资本1.05亿卢比，一跃成为印度民族资本的"领头羊"。

国际局势变化和外部竞争也阶段性地对帕西人企业造成较大冲击。19世纪末20世纪初，受远东贸易和日本商品崛起的影响，印度棉花和棉织品出口大幅下降。与此同时，英国对印度纺织品加征3.5%的出厂税和7.5%的进口税以保护本土纺织业，因而对印度棉纺织业造成重大打击。贸易规模的下降还导致造船业接单量下滑。蒸汽轮船成为新世纪的主力船种后，印度船厂因为制造技术较为落后，又难以实现技术和产业升级，因此很难承接大型现代船只的建造任务。帕西人引领数百年的造船业遭受重创。

除了英国产品的竞争，日本产品的竞争也给印度尤其是帕西人造成不小的冲击。日本产的棉织品、日用品、石化产品、药品、玻璃等大量销往东亚国家并迅速占领市场。以棉纺织品为例，日本纺织品的价格、质量和运费优势逼迫印度产品转为内销，并从制成品生产转向细布和细纱生产，开始与英国纺织业竞争。

1929—1933年的世界经济危机给印度民族工业造成新一轮的冲击。全球消费下降、市场规模缩小和信贷紧缩导致印度农产品、轻工业产品的出口规模和出口价格大幅下降，民族工业和农业生产面临严峻危机，生产规模快速萎缩。到"二战"爆发前，印度的工业企业即便没有倒闭，也只是在开工不足情况下勉力维持。

印度独立后，新政府采取国有化政策，对帕西人公司造成一定程度的冲击。例如，塔塔集团的航空和金融业务都因国家安全需要被收归国有。即便如此，传统的帕西人商业家族如塔塔家族、莫迪家族、格迪家族等依然是印度民族资产阶级中最有实力的企业，也是印度现代工业的重要组成部分。

进入20世纪后，帕西人的社会地位和生活状态没有遭遇大的冲击，它面临的挑战主要来自本民族内部，其中最为突出的是人口规模衰减带来的危机。1884年，帕西人中女性15岁前结婚的比例达到37%，但到1930年，女性平均结婚年龄为24岁。与晚婚情况相伴随的严重问题是不婚人口的增加和少育、不育的日益流行，导致这一结果的原因主要有四个方面。第一，帕西人整体实现城市化和西方化。由于他们和英国殖民者形成"特殊联盟"关系，因此深受西方文化的影响，自由恋爱、财务自主、婚姻自主、优生优育等观念一代代地深入帕西人青年的认知并得到普遍认同。第二，帕西人以民族和宗教为纽带，强调族内通婚，导致恋爱与婚姻的选择面狭小。尤其当婚姻模式从包办婚姻向自由恋爱婚姻转变后，族内婚姻的难度显著增加，成功概率更小。而与外族通婚产生的帕西人后代存在难以解决的"归化"问题。第三，印度建国后，大批家庭殷实、经济条件富裕的帕西人将孩子送往西方国家求学并最终选择移民海外。这一方面导致本土帕西人规模缩小，另一方面导致本土和海外的年轻帕西人因为人口减少难以寻找到合适的伴侣。第四，近亲结婚导致低生育力问题。琐罗亚斯德教对族内通婚有着严格的规定。数百年的族内通婚导致出现诸多近亲繁殖问题，如生育力低，呼吸道、心脏病、糖尿病和各种癌症发病率高等。到21世纪初，印度国内的帕西人只有6.9万人，且14岁以下人口仅为12%，60岁以上人口占30%，50岁以上未婚男性高达20%。然而，分布在南亚次大陆和波斯之外的帕西人达到24万之多。当前，帕西人面临的最大挑战是人口和本民族的存续问题。

20世纪以来，帕西人在政治、工业、科学和文化等领域为印度作出重大贡献。印度著名的帕西人包括达达拜·瑙罗吉（Dadabhai Naoroji，曾三次担任印度国民大会党主席）、陆军元帅萨姆·马内克肖（Sam Manekshaw）、核能科学家霍米·巴哈巴（Homi Bhabha）以及著名的塔塔家族。此外，摇滚明星弗雷迪·墨丘利（Freddie Mercury，皇后乐队主唱）是出生在桑给巴尔的印度帕西人。

二 19世纪和20世纪帕西人的宗教改革

（一）帕西人宗教改革的原因

第一，新兴商业阶层与西方教育对宗教权威形成的冲击。在迁居孟买的过程中，帕西人形成新的社会结构，并产生新的商业阶层。自18世纪开始，孟买成为英国殖民者在印度最重要的商业和政治中心。"除了新兴港口城市的商业吸引力，孟买还拥有宗教中立和司法公正，这在印度大陆或者葡萄牙人控制区都是罕见的。"[①]

[①] M. D. David, *History of Bombay, 1661 – 1708*, Bombay: University Bombay, 1973, pp. 6 – 7.

18 世纪末期,英国东印度公司在收到帕西人有关下葬活动被骚扰的控诉后,公开宣称任何危及公司员工合法宗教权利的人都将被开除。为此,帕西人选择与英国人结盟,获得他们的保护,同时与英国进行有关的商业活动。"帕西人也成为英国人最可靠的商业伙伴和政治盟友。"① 到 19 世纪中期,大约一半的孟买帕西人从事商业活动,如银行职员、商人或者经纪人。新崛起的家族不仅经济实力雄厚,而且在英国殖民政府中有着相当大的话语权,因而成为帕西人群体中的精英和掌权者。

帕西人在全国各地与英国政府、公司保持密切关系,自然而然受到英国生活方式、观念的影响。学习英语,接受英式教育和生活方式;学习商业、管理、工业等各种技能。这些成为帕西人与英国人合作的必要前提,受教育的过程是帕西人英国化的过程,也是他们西方化、现代化的过程。

印度最早的欧式学校是西方传教士建立的,他们主要教授基督教神学、英语、数学和写作。帕西人是最早将幼儿送入欧式学校的印度族群。其中,中产阶层和下层的孩子都被送到国内的西方学校中读书,富有的帕西人上层家庭则直接将孩子送往英国留学。不仅如此,帕西人还向英国人建立的学校提供赞助,例如,他们向当时著名的埃尔芬斯通学校提供英语、艺术、科学和欧洲文学四个教席所需的一半经费。1849 年,帕西人富商出资建立帕西人自己的新式学校,六年后在校男生达到 1294 人。英式教育的推广使得西方人尤其是英国人对帕西人的认可度显著提升。1848 年和1850 年,帕西人先后建立东方曲棍球俱乐部和琐罗亚斯德教曲棍球俱乐部,这是印度第一个曲棍球俱乐部,随后他们得到英国曲

---

① M. M. Ringer, *Pious Citizens: Reforming Zoroastrainism in India and Iran*, New York: Syracuse University Press, 2011, p. 32.

棍球联盟的邀请前往英国参赛。

　　第二，琐罗亚斯德教学者和基督教传教士的宗教斗争。早在17世纪，琐罗亚斯德教就引起在英国东印度公司任职的英国人的兴趣，他们在著作中提到这个宗教信奉唯一的创世神。18世纪后，英国学者开始从事有关琐罗亚斯德教的宗教研究，牛津大学的托马斯·海德认为是该教最早提出一神论。18世纪中期，《阿维斯陀》被翻译成多种欧洲语言。此后，欧洲学者尤其是英国学者主要从语言学和宗教学的角度解析琐罗亚斯德教。一方面，他们认为除了《伽萨》外，其他内容都是后世增补，而且正式成书时间也在琐罗亚斯德本人去世后多年。另一方面，他们指出今天的琐罗亚斯德教，不论在教义还是仪式上，都与它最初的形式相背离。甚至有学者指摘它本质上是仪式主义的，自身缺少宗教应有的深度。"如果从他们的行为来看，他们的宗教与道德没什么联系。这是一个仪式性的宗教，信徒只知道用不能理解的语言和仪式来祈祷。相反的，这个宗教不能指导他们的生活。"[1]

　　另一种对琐罗亚斯德教的攻击来自英国的传教士，其中最著名的是苏格兰传教士约翰·威尔逊。威尔逊于1829年到达印度，驻留长达47年，一生奋斗的目标就是劝化印度人改宗基督教。威尔逊对琐罗亚斯德教的研究颇为深入。与学者的文本研究不同，他对琐罗亚斯德教的神学和宗教经典发起直接和猛烈的攻击，并从根本上予以否定。他的批驳主要集中在四个相互关联的问题上：一神教、罪恶和救赎、仪式和祈祷、神性。他认为琐罗亚斯德教本质上是多神教；宗教经典是后世杜撰的，不具有神圣性；由于该教对神性的本质与人类对神义务认知有误，它提出的赎罪论也

---

[1] Asiatic Society of Bombay, *Transactions of the Literary Society of Bombay*, London: Longman, Hurst, Rees, Orme and Broun, 1820, p. 335.

是错误。

学者的学术研究和传教士的猛烈"炮轰"向琐罗亚斯德教提出严峻的挑战，使它不得不面对并给予回应和阐释。

第三，祭司阶层自身的困境。一方面，18世纪前，帕西人社会中没有成文法。社团内的民事和宗教事务都由祭司阶层掌控。不仅如此，自迁徙印度以来，祭司阶层还一直是帕西人的政治代表，负责与土邦主或者帝国沟通和协商。18世纪后，帕西人城市商业资产阶级的崛起使祭司阶层的传统经济地位和社会地位被严重削弱。他们在英国殖民者面前取得政治代表的身份，使祭司阶层的传统权威遭到全面的消解。另一方面，祭司阶层无法有效回应西方学者和传教士提出的质疑。祭司的培养仅限于家族式的对经典的口耳相传。由于人口规模小、经济实力弱，祭司阶层一直未能建立专门的宗教人才培养机构，从而导致大量宗教知识和文本在迁居印度后的漫长时间逐渐消失。到19世纪时，宗教的传承和宗教人才的传承都出现严重的问题。

（二）19—20世纪两次宗教改革

帕西人进行宗教改革是内外部因素共同促推的结果。从外部看，宗教界必须对西方学者和传教士对宗教和神学的分析与攻击做出回应和必要的反击。从内部看，城市化、现代化和西方化导致文化和社会价值观的巨大变化，宗教本身也面临着与时代和变革调适的需要。琐罗亚斯德教的改革一直充斥着新与旧、落后与进步的争论，人们很难对宗教改革达成共识。人们对保留和保护宗教有着共同的认知，但对改革什么、改革到什么程度、由谁来改、祭司阶层的地位等有着太多的差异。由于差异巨大，琐罗亚斯德教先后经历19/20世纪的两次改革，统一的宗教也在改革过程中被撕裂。

对琐罗亚斯德教的文本研究认为,《阿维斯陀》中除了《伽萨》部分,剩余章节和内容都是琐罗亚斯德去世后增补的,不代表琐罗亚斯德的观点。这一研究成果得到学术界的广泛认可,但它对琐罗亚斯德教造成前所未有的重大打击,动摇了宗教的根基。为此,帕西人社团的领导人和部分宗教人士自1819年开始启动"宗教纯洁"运动,要求剔除历史发展和外部影响两种附加到宗教上的不良因素。例如,他们认为童婚、一夫多妻、参加印度教节日活动、过分信任和依赖教士等都是印度教或波斯古代帝国的习俗。在改革派眼中,这些外来因素都是愚蠢、不得体的行为,是罪恶的形式。1852年,改革派成立宗教改革协会(Rahmuma'i Mazdiasna),确定进行宗教信仰和实践上改革的目标。"它的中心工作就是以当前学者研究成果和社会价值为标尺,重新评估琐罗亚斯德教的信仰和实践。"[1] 为此,他们提出:(1)推崇《伽萨》的权威性,坚称该教为严格的一神教;(2)尽量简化繁琐的宗教仪式;(3)祈祷文应该翻译成古吉拉特语或英语;(4)寂没之塔实施天葬与现代文明不符;(5)人与神的沟通不需要祭司作为中介[2]。

改革派的目标是想重归宗教本来的形态,遵从宗教最本质的内涵。但实际上,这些人对宗教的定义深受西方思想和价值观的影响。他们认为琐罗亚斯德教是最早的一神教,不仅深具神性,而且不崇尚仪式,提倡"神与人"的直接沟通。它不仅和亚伯拉罕宗教传统相似,而且对亚伯拉罕宗教有着重要的影响。他们甚至还强调真实的琐罗亚斯德教推崇妇女权利,是理性的宗教,是现代科学和医学的起源。

---

[1] M. M. Ringer, *Pious Citizens: Reforming Zoroastrainism in India and Iran*, New York: Syracuse University Press, 2011, p. 73.

[2] 龚方震、晏可佳:《祆教史》,上海社会科学院出版社1998年版,第325—326页。

传统派认为改革派抛弃《阿维斯陀》大部分的内容实际上是对宗教的背弃。《阿维斯陀》是琐罗亚斯德教的核心和灵魂,它是用神圣的语言编纂而成,在祈祷活动中诵读经典的内容可以与神灵沟通。同时,他们还坚持认为,祭司在语言使用和仪式标准上起到中介作用,只有祭司才能帮助他们接近神灵。① 因此,传统派和改革派在宗教文本的权威性、仪式的意义和保留的程度、宗教语言、祭司的作用等问题上尖锐对立。

19世纪的宗教改革运动既具有强烈的时代特征,也具有非常明显的"清教主义"特点。我们从改革的社会背景以及帕西人与英国殖民者的密切关系可以较为清晰地看到,改革派运动提出的观点是想要强调自身作为一神教起源的合法性基础,拉近与基督教尤其是新教的关系,以宗教信仰上的相似性与印度国内的其他宗教相区别,借此拉近和英国殖民当局的关系。

20世纪的宗教改革运动是19世纪改革运动的延续,两者既有相同点,也有不同点。第二阶段的宗教改革运动更科学、更理性,功利性色彩有所弱化。不同之处在于:首先,第二阶段改革派成员的知识背景更专业。新一代改革派大都留学英国、美国或者其他欧洲国家,有着宗教研究的专业背景,深谙国内改革派观点和西方学者的科研成果。其次,两代改革派对真实的宗教定义不同。第一代改革者眼中的"真实"在于强调它和亚伯拉罕宗教的亲缘关系和相似性上。第二代改革者定义的"真实"在于强调重新定义、评估和重建宗教的"本质",不再突出与亚伯拉罕宗教的比较价值。再次,传统派学者和祭司开始对改革派和西方传教士发起有力反击,强调宗教对帕西人的价值,反对改革派解构宗教。"个

---

① Eckehard Kulke, *The Parsees in India: A Minority as Agent of Social Change*, Munich: Weltforum Verlag, 1974, pp. 96–98.

人不应当依据他或者她想要的样子来改变宗教，或者按照他能够满足其需要的方式来推动转变，而应该遵守真理，杜绝个人喜好或心血来潮的影响。"①

改革派和传统派争论依然集中在宗教仪式、宗教传统、祭司价值等问题上。另外，两者在宗教的普世价值和归化问题上的争论更为突出。改革派认为普世主义是琐罗亚斯德教的内在本质之一，而传统派坚持宗教对帕西人的独特性，是民族专有的宗教。为此，传统派甚至严厉谴责改革派的这一认知取向是在进行"种族自杀"。在归化问题上，传统派认为宗教是历史的、传统的和民族的，是帕西人身份的标识物。改革派则认为宗教是全球性的，应该将帕西人身份和琐罗亚斯德教信仰区分开来，为此宗教应该向非帕西人开放。

三　帕西人与波斯琐罗亚斯德教徒的互动

作为流散在印度的琐罗亚斯德教教徒，帕西人和留在波斯的教徒始终保持联系和互动。这种交往以民族和宗教为纽带和基础，异常的稳固。这种密切的关系既表现在宗教领域波斯和印度两地教徒的相互帮助和影响上，也表现在政治和经济领域帕西人给波斯教徒提供的援助。不仅如此，由于帕西人的政治、经济和社会地位显著提升，其和波斯教徒的关系也发生质变。帕西人开始在经济上影响波斯教徒，并反向输入宗教改革。波斯教徒原本的宗教权威受到帕西人改革思想的冲击，被迫予以回应。

13—17世纪，由于波斯国内没有针对琐罗亚斯德教的歧视和公开镇压，因此未再发生大规模、有组织的迁徙运动。前往印度

---

① Rastamji Edulji Sanjana, *The Parsi Book of Books: The Zend-Avesta*, Bombay: New Art Printing Press, 1924, p. 23.

的少量教徒主要有两种形式，一种出于宗教目的和需求，另一种是个人或家庭行为。波斯境内琐罗亚斯德教的完整传承使其具有不可比拟的宗教权威。这一时期到达印度的教徒都认为自己来自宗教的"祖地"，拥有正统地位。印度的祭司与民众也都接受这一现实。"数个世纪以来，祭司被派往波斯，或是求教宗教问题，或是寻找宗教权威，或是求取宗教知识。"[1]双方最重要、最反映彼此关系本质的联系是 1478—1773 年由帕西人向波斯教士提出的一系列神学问题。这种交流以问答形式完成，以信件交流为载体。印度方面发问的祭司主要来自塞犍和纳夫萨里，波斯方面回答问题的主要是居住在克尔曼和亚兹德的祭司。其中，有 27 个主要神学问题的问答被编纂成册留存后世，这充分证明波斯琐罗亚斯德教教士在 15—18 世纪享有着毋庸置疑的宗教权威。不仅如此，16 世纪时，印度琐罗亚斯德教圣地纳夫萨里尝试重建在琐罗亚斯德社团中的政治和宗教权威，与波斯的这种宗教对话对纳夫萨里祭司们的宗教复兴活动起到重要作用。[2]

到 18 世纪，波斯琐罗亚斯德教依旧保持着它的宗教权威地位和宗教输出。1722 年，琐罗亚斯德教主教伽马斯帕·哈基姆·韦拉亚提应印度祭司的邀请前往印度。此行目的是去讲授宗教知识，调解有关宗教问题的争端。不仅如此，他还给帕西人带去不少宗教书籍。在印度期间，韦拉亚提发现帕西人教历和波斯琐罗亚斯德教的教历有一个月的时差，这个问题引发不少帕西人内部的宗教争议。1768 年，韦拉亚提的学生，帕西人主教达勒布的侄子穆拉·克劳斯前往波斯求学，其求学于亚兹德和克尔曼的祭司，并

---

[1] M. M. Ringer, *Pious Citizens: Reforming Zoroastrainism in India and Iran*, New York: Syracuse University Press, 2011, p. 143.

[2] Susan Stiles Maneck, *The Death of Ahriman: Culture, Identity and Theological Change among the Parsis of India*, Bombay: Cama Oriental Insititute, 1997, pp. 36 – 37.

在国王的王庭中供职，旅居波斯12年之久。不仅如此，他的儿子穆拉·菲罗兹也随其游学波斯。回国后，他们父子先后成为帕西人传统派的宗教领袖。

18世纪后期开始，波斯的琐罗亚斯德教社群逐渐衰弱。丹麦琐罗亚斯德教学者韦斯特加德称，到19世纪末，亚兹德的社团只剩下1000人，他们的生活水平低于帕西人的最低水平，许多珍贵的宗教文献和社团历史文献被遗失，而克尔曼教徒的生活环境甚至还不如亚兹德，不少人不得不改信伊斯兰教。经济困顿和宗教衰落成为19世纪帕西人帮助波斯教徒介入宗教事务的突破口。

帕西人经济方面的帮扶表现在以下三个方面。首先，利用与英国殖民者的良好关系，说服恺加王朝沙王废除人头税。19世纪末期，人头税成为波斯教徒遭受的最主要的经济压迫。这一方面因为恺加王朝和地方官员为了敛财，不断提高税收额度；另一方面因为波斯教徒的人口规模逐渐缩减而税基人口未变，导致人均税费激增。到沙王纳赛尔丁统治末期，也就是19世纪90年代，波斯教徒的人均人头税增加了2倍。为此，帕西人首任驻波斯代表曼尼克基·西塔瑞在英国官员的支持下，游说恺加王室停止征收人头税。英国议会的议员、驻波斯大使等人先后致信沙王和王室重臣，认为应当取消人头税。波斯北部的亚美尼亚人在俄国的庇护下已被免除人头税，因此沙王纳赛尔丁不得不在1882年宣布废除国内琐罗亚斯德教徒的人头税。在这一过程中，帕西人也得到法国驻波斯公使的支持。

其次，帕西人的帮扶主要表现为经济资助。19世纪30年代，帕西人建立了一个资助波斯教徒的基金会，主要是给前往印度的琐罗亚斯德教难民提供经济支持。1853年，帕西人设立第一个常设帮扶的机构——改善条件协会。这个协会的目的就是解除伊斯兰教法对琐罗亚斯德教徒的限制，改善生活状态。另外，该协会还资助建立新式学校，除基础的阅读、写作和宗教教育外，还教授数学、科学等课程。新式学校效仿印度的帕西人学校，同样招收女生，除教授基础知识外，还教授她们家政课。到1900年，波斯境内琐罗亚斯德教的新式欧洲学校已经超过14所。[1] 另外，该协会还为前往印度深造的学生提供旅费和学费资助。

再次，在宗教方面，19世纪的帕西人改革派想要将印度的宗教改革运动带入波斯社团。向波斯教徒提供经济资助的是帕西人的富商阶层，他们也是印度第一阶段改革运动的发起者和支持者。改善条件协会就是由他们出资建立的。因此，以协会为中介和支撑，曼尼克基·西塔瑞开始以改革派的宗教观点改造波斯的琐罗亚斯德教，宣扬波斯的古教不是真正的琐罗亚斯德教。他认为波斯的琐罗亚斯德教深受伊斯兰教影响，宗教界必须启动"纯洁运动"。不仅如此，他还认为帕西人的琐罗亚斯德教比波斯的更高级，是波斯效仿与改革的模版。帕西人的宗教改革对波斯琐罗亚斯德教造成一定影响，波斯教徒在宗教仪式、规范、献祭等问题上逐渐接纳了帕西人的观点，但波斯教徒不接受帕西人宗教更为高级的观点，对"清教主义"改革也采取防范和抵制态度。

应该说，波斯琐罗亚斯德教社团和帕西人的互动历程是双方政治、经济、社会地位变迁的直接反映。双方关系从早期波斯方面的宗教引导和传授转变为帕西人的政治经济帮扶和宗教渗透，体现出两大社团实力升降产生的差异。

---

[1] Janet Kestenberg Amighi, *The Zoroastrians of Iran: Coversion, Assimilation, or Persistence*, New York: AMS Press, 1990, p. 134.

第七章　印度与以色列关系

印度与以色列的关系应该说是"花开两朵，各表一枝"。一是古代至近代的犹太人与印度的关系，二是印度独立后与以色列的关系。

印度与犹太人的关系是古老的、友善的、和平的、包容的。犹太人是当今中东五大主体民族之一，是西亚土地上最为古老的民族，也是全球范围内最出色的商业民族。犹太人在漫漫历史长河中一直是西亚最主要的经商民族，它经商的范围地跨亚、非、欧三大陆，时间一直延续到大英帝国统治印度时期。在印度西海岸、伊朗高原、两河流域与埃及都有犹太商团的存在。对印度的探索使其成为第三次"大流散"后犹太人避祸东方的首选地，由此产生了印度犹太人这一特殊的少数民族。进入20世纪后，印度政坛领袖和民众仍对犹太人保持友好态度，对他们的历史遭遇给予高度的同情。

印度与以色列关系的发展历程是曲折的，但保持友好的愿望一直未变。冷战期间，印度与以色列关系受制于不结盟运动、阿以关系、能源供给等诸多因素，从而出现长达近半个世纪的"承认但不建交"局面。印度私下对以色列的友好与以色列对印度立场长期的理解为20世纪90年代两国建交后关系快速发展积累了牢固的政治基础与互信关系。作为两个同被伊斯兰世界包围的非伊斯兰国家，印度和以色列既相互体量也有共同忧虑。这是两国能够在军事和安全领域进行广泛、深入合作的原因。可以预期，未来印度与以色列关系发展的前景将非常广阔。

第一节　印度独立前与犹太人的关系

印度独立前与犹太人关系可以称为一条主线。双方从古至今始终保持友好关系，印度国内多元和开放的宗教、民族环境给双方的商贸与犹太人的迁徙定居创造良好的社会环境，双方数千年的商贸往来绵延不绝。商业往来和印度犹太人成为从古至今印犹关系的两大篇章。

近代犹太复国主义兴起后，印犹关系进入新的历史阶段。一方面，以国大党为首的印度民族主义力量始终保持对犹太人的友好和对其历史遭遇的同情；另一方面，他们坚决反对犹太复国主义和以色列在巴勒斯坦地区建国。自19世纪末期到1947年，印犹关系始终处于友好和不认可的矛盾和复杂状态中。

一　古代的印犹关系

犹太人，古称希伯来人，是当今中东五大主体民族（阿拉伯人、波斯人、土耳其人、犹太人和库尔德人）之一。犹太人是闪米特人的一支，原本居住在阿拉伯半岛内。公元前2000年前，他们移居到两河流域，然后在亚伯拉罕的领导下转移到迦南地——巴勒斯坦地区。公元前1800年，他们又在雅各的领导下迁往埃及。后来在摩西的带领下，犹太人从埃及逃出到西奈旷野100多年。相传摩西在西奈圣山上得到上帝的启示，产生《摩西十戒》，还产生了犹太人的 12 个部落。回归迦南地后，犹太人相继建立统一或分散的大小王国，或是独立，或是依附于当时的大帝国。公元 1—2 世纪，犹太人在与统治者罗马帝国的长期斗争中落败，被驱离巴勒斯坦地区，史称"第三次大流散"，从此他们结束世居西亚 2000 年的漫长历史，分散到欧洲大陆各地、中亚、印度、北非以及中国。少量留存下来的犹太人散居西亚各地，伊朗和高加索地区是他们主要的聚集区。相比较而言，那里的宗教、民族氛围宽容，对犹太人的打压和歧视较少。虽然犹太人未曾建立大的帝国，但他们的历史与西亚地区古代史紧密相连，犹太人始终都是西亚陆路和海路上主要的经商民族。

古代印度和犹太人之间的联系缺少准确的时间节点记录，既没有确切的官方记载，也没有可以确定时代的文物。同时，古代印犹联系的历史记载还具有不对称性："印度偶尔出现在古代犹太经典的记录中，但古代印度没有犹太人的相关记录。"[1] 产生这一现象主要有四个原因。

第一，古代印度缺少文字资料记载。古印度的哈拉帕文明没有文字资料的留存；吠陀时代的文字留存集中在吠陀经典和梵书中；佛陀时代和孔雀王朝时期，印度的文字留存才逐渐丰富起来，这主要体现在佛教经典方面，孔雀王朝的大量碑谕、岩谕、柱谕，还有两大史诗等。尽管如此，文字记录的留存总量不高，对于我们了解古代印度的需求而言远远不够。

第二，犹太人在印度历史记载中的归类问题。从记载方式来看，犹太人在古代印度中并没有被单独归类，而是与希腊人、伊朗人、亚述人、塞种人、帕提亚人、阿拉伯人等西亚历史中的著

---

[1] Ranabir Chakravarti and Shalva Weil eds., *Indo-Judaic Studies in the Twenty-First Century: A View From the Margin*, New York: Palgrave Macmillan, 2007, p. 20.

名民族一起被笼统地称为雅万纳人。因此，今天人们很难在现存的少量历史典籍中甄别出谁是犹太人，在什么历史时期与印度发生过怎样的关系。

第三，古代印度不崇尚商业。从种姓制度可以看出，祭祀和武士阶层居于印度社会的上层，从事商业活动的印度教徒属于吠舍种姓，居于社会第三阶层。吠舍阶层虽然人数巨大，也同为再生族，但毕竟不是社会的上层与精英。因此，商业活动很难进入古代历史记录的视野。相比较而言，耆那教、佛教对商业活动更为重视，经典中对商业活动和远航的记录也更充实。不过它们也存在不区分身份属性的问题。

第四，犹太人进入"大流散时期"后没有独立的邦国存在，因此也就缺乏官方联系。"大流散时期"后，犹太人成为类似于吉普赛人的世界性散居民族，没有统一的行政或宗教组织，因而没有对外交往的官方记录。公元前2世纪初，强大的罗马帝国向东扩张，于公元前63年侵占耶路撒冷和整个巴勒斯坦地区。为反抗罗马人的入侵，犹太人曾举行三次武装起义，史称"犹太战争"。尤其是在公元115年的最后一次起义中，犹太人曾给罗马帝国以沉重打击，把罗马驻军赶出了巴勒斯坦南部，一度占领耶路撒冷。经过三次大起义和三次大屠杀，犹太人最终死亡150多万人，幸存者几乎全部逃离和被驱逐出巴勒斯坦，从而结束了犹太民族主体在巴勒斯坦和西亚生存的历史。

犹太典籍中最早与印度交往的记录是圣经中所罗门王时期（公元前969—公元前935年）曾遣使远航到达东方的俄斐（Ophir）。公元前9世纪，所罗门王的后继者约沙法王（King Jehoshaphat）扩大了与俄斐的贸易。在记载中，俄斐是极其富饶的国家，遍地都是黄金、白银、象牙，还有孔雀和猿猴。今天，人们认为俄斐或是沙特阿拉伯半岛西南部的城市,或是印度河三角洲附近的港口。因为象牙、孔雀和猿猴都是印度出口西亚的主要商品。

公元前6世纪之后,波斯帝国的疆域地跨南亚到北非的广袤国土,帝国内部的陆路与海路商贸变得更为安全。帝国最富裕的行省就是印度行省,当时称为犍陀罗,按照希罗多德的记载,这里岁入360塔兰特的砂金。

波斯帝国自建国之初就奉行宗教宽容政策,尤其是居鲁士大帝攻克新巴比伦王国的首都巴比伦后,释放作为"阶下囚"的犹太王国的后裔,允许他们回归巴勒斯坦重建圣殿并归还圣殿遗物,结束犹太人的"第一次大流散"。犹太人在波斯帝国享有宗教自由和通商自由,新巴比伦城也不再是犹太人苦难的代名词,而成为波斯帝国时期犹太人在巴勒斯坦以外最大的聚集地。此时,帝国内通往印度的陆路商道和沿幼发拉底河或底格里斯河进入波斯湾再通往印度的海路航道无比繁盛,犹太人与印度的商贸、人文交流很是通畅。

尽管缺少文字记载的证据,但希伯来语中不少与印度有关的事物名称均来源于印度。例如希伯来语中猿猴、孔雀和象牙的名字都是梵文或者泰米尔语。希伯来语中Hodu一词意指印度,波斯帝国时期铭文中对印度的称呼为Hi(n)dush。另外,希伯来语中的Y'vana一词也很可能是来自梵语的Yavana。因为阿育王时期,印度已将来自西亚的各族人统称为Yavanas,犹太人在与印度交往的过程中学习和吸收了这个词。"这些(词汇)证明了犹太人和印度之间已经建立联系,并借此获得来自印度的珍奇物品或名贵商品。"[①]

[①] Brian Weinstein, "Biblical Evidence of Spice Trade between India and the land of Israel: A Historical Analysis," *Indian Historical Review XXVII*, January 2000, p. 13.

到罗马帝国统治时期也有一些两者交往的记录。首先，曾有两批犹太人迁居印度，他们分别是公元前175年迁居印度的贝尼人和公元75年迁居印度的科钦人。前者在巴勒斯坦地区从事的是农业和手工业——榨油业，到达印度西北部后仍从事这一职业。后者是商人，定居在印度西南沿海，从事航海和商业活动。有关印度犹太人的内容后文有专门论述。其次，文字记载中出现与印度进行商贸活动的几个大商人。据尼卡诺档案（Nikanor Archive）记载，公元1世纪生活在亚历山大里亚的犹太商人尼卡诺控制着红海地区商业网，并负责罗马帝国与印度的商业活动。使用其商业网络的商人中有著名的马库斯·朱利叶斯·亚历山大，他的家族不仅在埃及和犹太世界中声名显赫，而且他的侄子是著名的犹太哲学家斐洛。另外，在两份出土的铭文中记载，公元2世纪的大商人马库斯·乌尔比乌斯·爱海尔从事自帕米拉王国至印度河下游和三角洲地区的跨境贸易。爱海尔的名字具有典型的犹太特征，而且文书中使用当时犹太人常用的回溯父辈和祖辈的行文方式。

在罗马帝国时代被誉为"黑黄金"的印度香料大量出现在犹太人的宗教典籍中。在巴比伦《塔木德》中，大约有45处提到印度的香料。希伯来语文献中也非常清晰地将黑色干胡椒和长胡椒区别开来。另外，在罗马帝国时代里胡椒也进入犹太人的食单，成为犹太人饮食中的作料。另外，其他产自印度的作料，如甘松油、肉桂被广泛应用到犹太人的"圣事"中。"塔木德中大约16处记载了印度的甘松，另外还提及没药、桂皮、肉桂、藏红花等，都是在祭坛前焚烧的香料中必不可少的材料。"[①]

[①] Ranabir Chakravarti and Shalva Weil eds., *Indo-Judaic Studies in the Twenty-First Century: A View From the Margin*, New York: Palgrave Macmillan, 2007, p. 29.

伊斯兰教兴起后，在阿拉伯旅行家的记载中时常出现犹太商人远航印度的文字。在印度科钦人保留的文物中，有公元10—11世纪时当地土邦主赐予犹太社团领袖的青铜盘，记刻着对犹太社团的赞许和允诺给犹太人的特权。与此同时，留居在开罗的犹太人经营大量印度靛蓝的进出口贸易，将靛蓝销往突尼斯或者欧洲。公元10—12世纪，在中国古代典籍中被称为绿衣大食的法蒂玛王朝偏安北非、地中海东岸与红海两岸，它在3个世纪中主导地中海和红海的商贸活动。法蒂玛王朝积极推动开罗的犹太商人与印度进行商贸活动，借此在东西方贸易中赚的"盆满钵溢"。开罗藏经库[①]（Cario Geniza）的文献中保留了大量犹太商人的通商信件，其中有许多内容记载了与印度的商业关系。"与印度商人的商业信件不仅是历届犹太商团在印度和红海活动的独特资料，同时，也是欧洲探险家、商人和殖民者到达印度洋地区之前最重要的非印度的一手档案资料。"[②] 从档案资料的研究中，可以看到当时犹太人与印度贸易最大的两个聚集地就是埃及的福斯塔特和也门的亚丁港，也可以清晰地看到货物明细、买进卖出的价格、航期、贷款情况、利润和商业纠纷、商贸税等诸多事宜，还有沿途城市的风土人情、重大历史事件、犹太商人的家庭情况与情感生活等。

16世纪，西方殖民者如葡萄牙人和西班牙人等进入印度洋后，阿拉伯人、印度人、波斯人、犹太人等各民族组成的松散自由的印度洋海上贸易被打破。葡萄牙人很快建立纳贡制度，逼迫海上

---

① 开罗藏经库是收集了大约40万份犹太手稿碎片和法蒂玛王朝行政文件。这些文件藏于古代埃及首都福斯塔特也就是旧开罗的Ben Ezra犹太教堂的藏经库或储藏室。这些手稿概述了犹太人在西亚和北非长达1000年的历史，是世界上最大和最多样化的中世纪手稿收藏。藏经库的文本是用各种语言写成的，尤其是希伯来语、阿拉伯语和亚拉姆语，主要是在牛皮纸和纸上，但也在莎草纸和布上。

② Brian Weinstein, "Jewish Traders in the Indian Ocean—Tenth to Thirteen Centuries: A Review from Published Documents from Cairo Geniza," *Journal of Indo-Judaic Studies*, 2001, p. 80.

商船缴纳保护费。之后，印度洋的海上贸易由英国人把持。虽然阿曼和南印度的国王曾有效打击英国的海上霸权，但最终均以失败告终。

二　1948年前印度与犹太人的关系

（一）印度民族主义运动领导人与犹太人的关系

在印度的民族独立运动中，最出名且影响力最大的两位人物分别是莫罕达斯·卡拉姆昌德·甘地与贾瓦哈拉尔·尼赫鲁。前者是印度民族独立运动的先锋和思想领导者，后者是民族独立政治斗争的旗手和引路人。甘地和尼赫鲁在20世纪初曾多次对巴勒斯坦问题和犹太复国主义运动发表自己的看法。这两位重量级人物始终采取"亲犹太人，反犹太复国主义"的立场，既对犹太人的悲惨遭遇表示理解和同情，也愿意在需要时提供援助，但对犹太复国主义运动和思想都持不满或反对的态度。

甘地曾说过："我是在南非深入了解犹太人的。"[1] 1893—1914年，甘地流亡南非。他在那里最先接触到犹太人与犹太教，其中有些人成为他终生的朋友，在甘地返回印度并投身民族独立运动后，他们仍保持着联系。其中最著名的人物是哈利·波拉克和赫尔曼·卡伦巴赫，这两位犹太人非常赞赏甘地的非暴力、集体生活、乡村主义思想，对甘地的哲学思想和世界观也赞叹有佳。

南非的犹太人朋友经常前往甘地的居所，一起讨论南非的时事问题或者进行哲学交流。正是由于有了这些犹太朋友，甘地了解了犹太人的历史和其在世界各地的惨痛遭遇，引发甘地对犹太人发自内心的同情。"对甘地来说，基督教对犹太人和印度教徒对贱

---

[1] Mohandsa Karamchand Gandhi, *Harijan*, New Delhi: Publications Division, 1958, p.118.

民的态度是非常相似的。宗教制裁使得两个群体都在寻求对非人道待遇的公正处置。"① 20 世纪 30 年代，甘地公开表达对犹太人在德国所遭受的歧视和打击的同情。

但是，甘地并没有把他对犹太人的同情与支持犹太人在巴勒斯坦建国混为一谈。1921 年 3 月，甘地首次对《贝尔福宣言》和犹太人在巴勒斯坦建国问题公开发表意见。"我争论的是英国人不能够通过阴谋诡计或者道德失范来控制巴勒斯坦。……非穆斯林不能够（在巴勒斯坦）要求主权。犹太人不能在这里获取主权，这块土地数千年来都是穆斯林统治的，是伊斯兰的土地。"② 此后很长时间里，他都未就巴勒斯坦问题再发表过看法。1939 年 11 月，甘地在《神的子民》周刊上发表文章，进一步阐述他对巴勒斯坦和犹太人建国的态度。在文章中，他明确指出："巴勒斯坦属于阿拉伯人就像英国属于英国人，法国属于法国人那样。"③ 这是甘地对犹太复国主义运动和以色列建国最直接的反对和批评。甘地的态度主要取决于三个因素。

首先，甘地强调世俗民族主义，反对具有宗教色彩的犹太复国主义运动。他认为复国主义运动拥有崇高和伟大的抱负，但只能在内部和精神上实现，而不能在政治上或领土上成为现实。"他强烈批评这种基于宗教赋予的公民权，并认为以色列的建国势必产生严重的双重国籍和效忠问题。"④

---

① Mohandsa Karamchand Gandhi, *Harijan*, New Delhi: Publications Division, 1958, p. 132.
② Mohandsa Karamchand Gandhi, *Harijan*, New Delhi: Publications Division, 1958, p. 530.
③ Mohandsa Karamchand Gandhi, *Harijan*, New Delhi: Publications Division, 1958, p. 137.
④ Nicolas Blarel, *The Evolution of India's Israel Policy: Continuity, Change and Compromise Since 1922*, London: Oxford University Press, 2015, p. 46.

其次，印度国内的穆斯林群体和他们的态度影响了甘地。自8世纪伊斯兰教进入印度次大陆以来，穆斯林和印度教徒以及印度其他族群已经共同生活了近1200年，一起创造出辉煌的文明成果。与此同时，印度国内的穆斯林也是反对英国殖民统治的天然同盟军和主要战斗力量。因此，尽管同情犹太人的历史和现实遭遇，甘地不会支持犹太复国主义运动，更不会支持将伊斯兰世界的"第三圣城"耶路撒冷交由以色列管辖。1919—1924年的"哈里发运动"[①]（the Khilafat Movement）使印度穆斯林成长为不可忽视的强大政治力量，从推动反英民族独立运动的角度来看，甘地必须与印度穆斯林保持一致。

最后，甘地反对复国主义基于他反对英国殖民主义和坚持"非暴力不合作"的斗争策略。甘地反对犹太复国主义者使用暴力手段达到他们的目的。1931年，在接受《犹太人编年史》杂志采访时，甘地就提出反对犹太人使用军事手段在巴勒斯坦获得土地。他认为犹太复国主义运动只是英国人的"刺刀"，而该运动完全是依赖英国的政治和军事支持才得以在巴勒斯坦打压阿拉伯人。甘地不仅强调犹太人和阿拉伯人要和平相处，和平解决争端，还在20世纪40年代犹太复国主义者针对英国人的恐袭事件中严厉批评这种暴力恐怖活动。

尼赫鲁最早对巴勒斯坦问题的表态反映在1933年他给女儿英迪拉·甘地写的信中，尼赫鲁对犹太人在欧洲的境遇表示高度的同情，同时对犹太人在科学、金融、商业上取得的巨大成就表达了由衷的欣赏和赞叹。"他们（犹太人）没有家园或者祖国，他们

[①] 19世纪末和20世纪初，印度国内穆斯林的"反伊斯兰主义"思想、组织建设和政治斗争意识取得巨大成绩。"一战"期间，"哈里发运动"以保卫奥斯曼土耳其的哈里发为基本任务，反对英国取缔哈里发职位，先后发起请愿、非暴力不合作、迁徙和起义等斗争方式，展示出印度穆斯林的强大力量。但该运动最终以凯末尔废除哈里发制度而告终。

走到哪里都是不受欢迎的陌生人……他们遭受羞辱、斥责、折磨和屠杀，犹太人这个词变成骂人的词汇，变成守财奴和贪婪的债主的代名词。"① 但是在谈论《贝尔福宣言》时，尼赫鲁批评英国人在阿拉伯人和犹太人之间玩"两手"，谴责犹太复国主义者借助与英国合作达成在巴勒斯坦土地上建国的目的。1937 年 8 月，在写给《犹太人倡导者》报纸主编的信中，他指出，巴勒斯坦首先毫无疑问是一个阿拉伯国家，犹太人是巴勒斯坦的一部分。② 在他看来，犹太人的宗教权利应该在巴勒斯坦内部实现。

尼赫鲁态度的根源在于他的民族主义思想与印度独立运动斗争的现实需要。"总的来说，尼赫鲁看待当时主流的国际社会是通过反殖民主义的视角。"③ 他在 1936 年 9 月写给犹太复国主义代表伊曼纽尔·奥斯万格的信中说，"我不能容忍帝国主义在印度或者巴勒斯坦的行为。我询问每一个人的问题是你支持帝国主义还是反对它"。尼赫鲁认为，巴勒斯坦的阿拉伯人争取民族独立的斗争与印度的斗争是同质的，双方都要推翻大英帝国的殖民统治。犹太人因素只是巴勒斯坦的少数族裔问题，是被英国人放大和栽培出来的，是典型的"分而治之"政策。"英国在印度挑拨印度教徒和犹太教徒的分歧与它在巴勒斯坦挑拨阿拉伯民族主义和犹太民族主义如出一辙。"④

尼赫鲁对犹太复国主义运动的态度并不妨碍他对犹太人的同情

---

① Jawaharlal Nehru, *Glimpses of World History*, New Delhi: Jawaharlal Nehru Memorial Fund, 1987, pp. 762 – 763.

② Nicolas Blarel, *The Evolution of India's Israel Policy: Continuity, Change and Compromise Since 1922*, London: Oxford University Press, 2015, p. 52.

③ P. R. Kumaraswamy, *India's Israel Policy*, New York: Columbia University Press, 2010, p. 49.

④ Jawaharlal Nehru, *Glimpses of World History*, New Delhi: Jawaharlal Nehru Memorial Fund, 1987, pp. 885 – 886.

和友好。1938—1939 年，欧洲尤其是德国犹太人受到德国法西斯主义的迫害，他主动提出邀请犹太人到印度避难。"尼赫鲁在推动印度政府接纳犹太人的问题上发挥十分重要的作用。他成功地说服了印度医师协会承认欧洲医学执照，这使得作为难民逃至印度的合法医生可以在印度行医并生活下去。"[1] 尼赫鲁还帮助到达印度的犹太难民与各省或土邦取得联系。除了同情外，尼赫鲁非常看重欧洲犹太人的专业技术素养，希望他们可以为印度的国家建设作出贡献。可惜的是，尼赫鲁的倡议和努力不仅没有在国大党内形成共识，反而遭到当时国大党主席博思的反对。他的想法最终没有成为国大党对外一致的立场和政策。

犹太复国主义者非常关注印度的民族主义者，甘地和尼赫鲁则是他们做工作的主要对象。但是，犹太复国主义者的游说工作并没有取得他们想要的成果。一方面，犹太复国主义者关注甘地主要是因为甘地有着不可匹敌的国内与国际影响力，是一个可以代表和引导印度人思想和观点的重量级人物。"犹太复国主义者纠缠甘地不仅是因为他在亚洲有影响力，还因为他在西方也有很多追随者。"[2] 另一方面，犹太复国主义者面临着巴勒斯坦穆斯林的竞争。自"哈里发运动"开始，印度穆斯林常年向巴勒斯坦穆斯林和宗教机构输送大量的宗教捐款，双方的穆夫提也保持着密切的联系。1931 年，印度穆斯林的领袖、"哈里发运动"的倡导者穆罕默德·阿里去世后获准埋葬到耶路撒冷老城的圣殿山。受两者良好关系的影响，巴勒斯坦穆斯林高度关注甘地的态度，确保他对巴勒斯坦权益的支持。

---

[1] Anil Bhatti and Johannes H. Voigt eds., *Jewish Exile in India, 1933 – 1945*, New Delhi: Manohar, 1999, p. 57.

[2] G. H. Jansen, *Zionism, Israel and Asian Nationalism*, Beirut: Institute for Palestine Studies, 1971, p. 169.

犹太复国主义者先后三次与甘地接触，分别是1931年、1936年和1937年。第一次接触是双方在伦敦的正式会谈，第二次是伊曼纽尔·奥斯万格在印度的非正式拜访，第三次是赫尔曼·卡伦巴赫前往印度看望甘地。在伦敦，甘地与世界犹太复国主义者大会主席魏茨曼会面，当时魏茨曼并没有打算说服甘地改变看法，只是希望他不要在圆桌会议上提出巴勒斯坦问题。在第三次接触中，赫尔曼·卡伦巴赫已经是巴勒斯坦犹太复国运动的支持者，为此他将"伊休夫运动"[1]的详尽资料带给甘地。甘地只是表示愿意推动犹太人和阿拉伯人的和平相处，并没有对巴勒斯坦问题和以色列建国发表公开的主张。从以上接触活动可以看出，犹太复国主义者的游说活动可以被总结为三种类型：利用南非时期的朋友关系进行游说工作；直接派特使游说；一些定居巴勒斯坦的犹太人主动联系甘地争取他的同情。

1938年甘地的公开表态激怒了犹太复国主义者。为此，两位支持复国主义的犹太哲学家——马丁·布伯和犹大·马格内斯先后致信甘地，与之进行辩论，解释犹太复国主义的哲学基础。后人称为"布伯—甘地通信"。但甘地似乎并没有收到和阅读他们的信件，也没有给予任何回应。与此同时，印度的犹太复国主义分支在《犹太人倡导者》中批评和否定甘地的观点。第一任以色列驻美国大使伊莱休·爱泼斯坦称他努力避免与甘地进行争辩，以免有更多的人关注和利用甘地的发言。

欧洲的犹太复国主义者将尼赫鲁看作具有现代视野的进步的领导人。1936年，尼赫鲁的希伯来语自传就已出版，并在巴勒斯坦销售且销量甚佳。尼赫鲁与犹太复国主义者的第一次会面是1927年，

---

[1] 以色列建国前，巴勒斯坦地区的犹太社团。

他前往布鲁塞尔参加反殖民主义和帝国主义压迫大会。此后,犹太复国主义的特使伊曼纽尔·奥斯万格在访问印度期间两次拜会尼赫鲁,希望能够得到他对建立犹太人国家的支持。1938年7月,尼赫鲁访问英国期间,魏茨曼与他见面,面对面地进行说服工作。"然而,这一次次的交流并没有改变尼赫鲁的态度。"[1]

当然,犹太复国主义者的游说工作不只针对甘地和尼赫鲁,他们广泛接触包括穆斯林在内的印度民族独立运动的领导人、学术界精英和土邦主等,并取得不少进展。例如,魏茨曼曾在1931年会见过"哈里发运动"的领导人肖卡特·阿里。奥斯万格与沙罗基尼·奈杜、萨达尔·帕特尔、B.R.安贝德卡尔等,都是仅次于尼赫鲁的重要领导人,当然还有著名的印度大文豪泰戈尔。其中,奈杜和安贝德卡尔明确支持犹太复国主义者建国的思想,他们是印度国内最早的亲以派。奥斯万格还和印度境内的许多穆斯林土邦主保持着私人联系,例如阿卜杜·贾法里·汗、潘特、穆罕默德·伊克巴尔和阿布·卡拉姆·阿扎德等。阿卜杜·贾法里·汗是当时印度俾路支人的领导人;穆罕默德·伊克巴尔是巴基斯坦国歌的创作者;阿扎德是尼赫鲁中东政策的主要参谋。喀拉拉邦、拉贾斯坦邦、旁遮普省的省长或土邦主都先后寻求过与犹太人进行农业和商业合作。

(二)印度两大政党与犹太人的关系

在印度争取民族独立的过程中,印度国大党和全印穆斯林联盟(简称"穆盟")是领导两教民众展开反殖民斗争的核心机构。反对英国统治是两大政党合作的基础。除了民族主义和反殖民主义的共同立场,"印度穆斯林对英国还有着额外的愤怒:英国结束莫

---

[1] Nicolas Blarel, *The Evolution of India's Israel Policy: Continuity, Change and Compromise Since 1922*, London: Oxford University Press, 2015, p. 53.

卧儿帝国对印度的统治,并废黜其最后一任皇帝"[1]。"哈里发运动"的兴起使两大政党找到合作的切入口。

印度国大党首次卷入中东事务就是因为哈里发问题,这个问题主导了19世纪20年代的印度政坛。国大党认为泛伊斯兰主义的发展可以团结国内穆斯林大众,帮助他们更快地接受现代的民族主义思想。1920年9月,国大党专门召开特别会议并正式宣布:"每一个非穆斯林都有责任以合法的方式帮助他的穆斯林兄弟,协助他抵御正在降临的宗教灾难。"[2] 甘地也将"哈里发运动"看成是加强印度教徒和穆斯林联合的机会。为此,国大党采取支持"哈里发运动"的立场,要求英国政府在处理土耳其问题时必须考虑印度穆斯林的立场和情感,警告英国如果忽略国大党的提议,在印度将没有人继续赞同英国的存在。1923年,国大党主席穆罕默德·阿里称"国大党自称代表印度人民和国家,因此它需要穆斯林群众的参加,不然它将名不副实。"[3]

从1919年《贝尔福宣言》出现到1922年,"哈里发运动"逐渐转入低潮,而巴勒斯坦问题日益引起国大党的关注。1922年6月,在印度国大党委员会勒克瑙年会上,国大党宣布要从非穆斯林手中解放被统治的阿拉伯人的土地。这是国大党最早针对巴勒斯坦地区归属做出的公开表态。20世纪20年代,国大党多次就该问题发表自己的立场和态度。在1936年的沃尔塔国大党工作委员会上,党内形成巴勒斯坦问题的第一份决议,决议对巴勒斯坦阿

---

[1] P. R. Kumaraswamy, *India's Israel Policy*, New York: Columbia University Press, 2010, p. 69.

[2] A. M. Zaidi and Shaheda Zaidi eds., *The Encyclopedia of India National Congress*, New Delhi: S. Chand, Vol. 25, 1977, 7: 531.

[3] A. M. Zaidi and Shaheda Zaidi eds., *The Encyclopedia of India National Congress*, New Delhi: S. Chand, Vol. 25, 1977, 8: 184–309.

拉伯人反对英国帝国主义，争取独立的斗争给予赞扬和同情。此后，国大党将1936年9月27日宣布为巴勒斯坦日。"从此之后，巴勒斯坦问题成为（印度独立前）国大党在中东关心的唯一问题。"① 1938年，国大党又在赫利普拉年会上谴责大英帝国借助委任统治有意割裂巴勒斯坦，同时抗议英国继续对其进行殖民统治。

"穆盟"成立于1906年12月30日，成员为分布在印度西北部、东部和西南部海岸的穆斯林。1913年，它修改党内章程，规定奋斗目标是通过宪政手段争取"在印度建立适合于印度国情的自治"。为了实现印度自治的目标，"穆盟"促进民族团结，与国内其他宗教派别实行合作。1916年，它和国大党在各自召开的勒克瑙年会上，通过双方共同拟定的《勒克瑙协定》，建立两党正式的合作关系。

"穆盟"在"哈里发运动"中坚决支持奥斯曼土耳其帝国，反对西方列强"肢解"土耳其，也反对废除哈里发制度。在"穆盟"的眼中，麦加谢里夫与英国一起发动的"阿拉伯大起义"实际上不仅威胁奥斯曼帝国的统治，还威胁整个伊斯兰教的圣地。

1919年《贝尔福宣言》出台后不久，"穆盟"立即表示强烈反对，也是从此时开始，它对犹太复国主义运动采取敌对立场，一直延续至巴基斯坦建国。"穆盟"认为，巴勒斯坦圣地的安全和神圣性被英国人亵渎，印度穆斯林将为驱逐阿拉伯圣地上所有基督徒、犹太人和偶像崇拜者进行不惜一切代价的坚决斗争。"穆盟"认识到，《贝尔福宣言》的"幕后推手"是犹太复国主义运动和英国的殖民利益。一方面，它对复国主义运动采取敌视态度。在穆斯林联盟第11届全国大会上，穆克塔尔·阿赫迈德·安萨里

---

① P. R. Kumaraswamy, *India's Israel Policy*, New York: Columbia University Press, 2010, p. 45.

称:"巴勒斯坦不能交给犹太复国主义者,……自十字军东征时代以来,萨拉丁·本·阿尤布的成就和圣战者的鲜血不能白流。"[1]另一方面,它对英国采取抵制和敌视态度。1918年12月,"穆盟"警告英国称:任何考虑分割土耳其的解决方案都不会让印度穆斯林感到满意,而是让他们永远处于一种不满和愤怒的状态。与此同时,"穆盟"呼吁所有穆斯林抵制参军,穆斯林士兵抵制英国在战场上的指挥。

(三) 印度与巴以分治决议

1947年的巴勒斯坦问题和巴以分治决议看似与印度没有直接关联,但实际上,这场国际斗争在当时印度的内政外交中都有着非常重要的地位和影响力。它是印度独立自主外交政策的初次展示,也是印度不结盟思想的最早展示。印度在这一问题上的立场是一贯和清晰的,那就是"亲近犹太人、不赞同犹太复国主义、反对巴以分治"。

1947年3月,印度举办的亚洲关系会议是印度独立前和犹太当局进行的最后一次高级别外交接触。"二战"末期,犹太当局就开始加强与印度的沟通和联系。1945年6月,印度派代表团前往华盛顿参加《联合国宪章》的起草活动。犹太当局驻华盛顿主管伊利亚·爱泼斯坦与印度代表团会面。11月,孟买犹太总会主席波拉克向犹太当局提交政策建议,要求加强与印度的外交联系,建议以色列劳工组织派得力人士赴印,帮助亲复国主义和亲英美的政治家说服国大党的代表。1947年1月,犹太当局承认与印度发展关系的重要性。第二任以色列总理摩西·夏里特也强调印度在亚洲政治中的重要性。

---

[1] S. S. Pirzada ed., *Resolution Adopted at the Tenth Session of the Muslim League in Calcutta, December 1917 – January 1918*, Karachi: National Publishing House, 1970, p. 442.

1947年3月23日—4月2日，亚洲关系会议在新德里召开。这是印度国大党为了推动亚洲民族主义运动，共同追求民族独立与解放而发起的会议。会议共邀请32个代表团参加。巴勒斯坦的阿拉伯人和犹太人都应邀参加此次大会。由于当时印度尚未独立，多数参会代表团的母国也未取得民族独立，因此会议还算不上是国际性多边会议。邀请两大代表团同时参加会议既体现出印度支持巴勒斯坦的一贯立场，也是印度对犹太人传统友谊的表现。

犹太当局代表团由耶路撒冷希伯来大学的雨果·博格曼教授带队，共10人，其中还包括奥斯万格等外交官员。在印度期间，他们分别拜会甘地和尼赫鲁。尼赫鲁同意为数百名从阿富汗前往巴勒斯坦而滞留在孟买等地的犹太人延长半年的滞留许可。犹太当局外交官大卫·哈科恩转达了犹太当局对巴以分治的态度，强调必须建立犹太人的国家才能使其免遭迫害。尼赫鲁则明确反对这一提案，拒绝给予外交支持。

除巴勒斯坦代表团外，阿拉伯联盟和埃及也派代表团参加亚洲关系会议。但叙利亚、黎巴嫩、约旦、沙特、也门和伊拉克都公开拒绝派代表参会，以示对犹太当局参会的抗议。各国强有力的抵制行动使印度当局清楚地认识到阿拉伯国家在这一问题上的坚决立场，同时他们的缺席也给犹太代表团与亚洲各国民族运动领导人建立关系与宣传以色列建国主张提供有利的舞台。在此次大会上，雨果·博格曼进行了主旨发言，大卫·哈科恩则被选为经济圆桌会谈的主席。参加大会的另一收获就是按照代表团的建议，犹太当局同意设立印度和亚洲事务办公室，并驻留一位常设代表。1947年5月16日，犹太当局正式在孟买设立办公室，长期负责印度国内的游说工作。

犹太代表团与阿盟和埃及代表团在分治和建国问题上进行了激

烈辩论，由于无法达成共识并发表联合声明，犹太代表团退出会议以示抗议。此后在尼赫鲁的调解下，犹太代表团重返大会。在大会闭幕致辞上，尼赫鲁再次强调印度人民对犹太人在欧洲悲惨遭遇的同情，重申印度认为巴勒斯坦是阿拉伯国家，不支持在其境内建立新的国家，阿拉伯人和犹太人的问题应该是两者在内部协商解决。在1949年1月的第二届亚洲关系会议上，以色列政府未受到参会邀请。这一方面是因为印度在联合国巴以分治决议问题上公开表明自己的政策和立场，不赞同以色列建国；另一方面也是考虑到两国当时并未相互承认，邀请参会就等于变相承认以色列。另外，阿拉伯国家公开表态称，如果邀请以色列参会，它们将会集体抵制大会。

之所以说巴勒斯坦问题在印度内政外交中占据重要的地位，主要是因为印度独立与联合国关于巴以分治决议的时间紧密相连。印度独立是1947年8月15日；联合国自1947年4月开始讨论巴勒斯坦问题，到11月29日正式通过第181（2）号决议。因此，"印度在联合国巴勒斯坦问题讨论中的立场是印度作为独立政治实体在国际舞台上的首次外交展示。"[①] 同时，它也是印度独立后议会中首个讨论的外交政策问题。

自1947年4月开始，印度在巴勒斯坦问题上进行了清晰的表态。4月11日，印度在联合国征集各会员国关于巴勒斯坦问题的意见时明确表示，要求终结英国的委任统治，同时反对两国分治计划。不久后，尼赫鲁任命驻华盛顿的大使阿萨夫·阿里为印度在巴勒斯坦特别委员会上的首任代表。尼赫鲁给予阿里的指示是争取参加实况调查委员会，支持埃及提出的结束委任统治和求取

---

① Nicolas Blarel, *The Evolution of India's Israel Policy: Continuity, Change and Compromise Since 1922*, London: Oxford University Press, 2015, p.91.

巴勒斯坦独立的建议。阿里在联合国内支持阿拉伯国家有关终结委任统治，宣布巴勒斯坦独立的决议，成功地推动邀请巴勒斯坦穆夫提领导的阿拉伯高级委员会前往联合国大会作证，还支持阿拉伯国家提出的拒绝将巴勒斯坦问题与安置欧洲难民联系在一起的提案。阿里虽然遵循尼赫鲁的外交指示，但是在反对英国委任统治和反对两国方案上表现得过于激进。当时的印度正在与英国进行独立问题谈判，阿里的态度给印度政府和尼赫鲁带来不小的压力。为此，尼赫鲁任命阿卜杜勒·拉赫曼为印度在巴勒斯坦特别委员会的第二任代表。

印度起初不在巴勒斯坦特别委员会成员的提名中。美国提议的首轮七个国家和智利提议补充的两个国家中都没有印度，这主要是因为印度表现出强烈的亲阿拉伯立场使它成为美国排挤的对象。委员会提名的不公正性引起联合国成员的普遍不满，联合国被迫再增加两名代表以示公正。由于前两轮参加国的提名来自美国和智利，后两个名额则给予亚洲和南太平洋国家。伊朗提名印度作为亚洲代表，并以34∶7票的优势战胜了对泰国的提名；澳大利亚则以21∶20票击败菲律宾获得提名。自此，印度成为巴勒斯坦特别委员会的11个成员国之一。

巴勒斯坦特别委员会在巴勒斯坦问题上产生两个方案。一个多数派方案是由加拿大等七个国家提出的，要求巴以分别建国，俗称"两国方案"；另一个少数派方案是由印度、伊朗和南斯拉夫三国提出的"联邦方案"①。澳大利亚不支持任何一个方案。

---

① "联邦方案"是在巴勒斯坦建立一个独立的联邦国家。它以英国结束委任统治为基础，并给予为期三年的临时政府任期用于政权建设和转型。联邦国家由阿拉伯国家和犹太国家组成，每个国家享有内部自治的权力，外交、国防、移民、货币和税收权力、国内外交通、通信、电信和版权归中央所有。联邦政府实行两院制，宪法保证所有公民的政治、民事和宗教权力不受侵犯。

拉赫曼在联合国大会上提出印度反对"两国方案"的理由。在印度看来，巴勒斯坦毫无疑问是一个阿拉伯国家，任何冲突解决方案都不能损害阿拉伯人的利益；巴勒斯坦不是犹太人问题的解决方案；不可以在巴勒斯坦创造两个国家，巴勒斯坦地域太小也承载不下两个国家和政府；犹太人一旦建国将会面对周围阿拉伯国家的敌意，这只会导致战争爆发；阿拉伯人和犹太人的合作将是很遥远的事；巴勒斯坦的分治将会导致商品运输不便，周边的阿拉伯国家将阻断通往巴勒斯坦的道路；"两国方案"的土地和资源分配是不公正的，严重歧视和打压当地阿拉伯人的权益；分治将会给全球的犹太人带来双重效忠问题；巴以分治将导致大规模使用暴力，并且违背自觉原则。[①] 回顾历史，拉赫曼当时提出的这些观点犹如预言一般准确地预示了未来几十年里阿以关系和巴以问题的走势。

"联邦方案"反映印度在巴勒斯坦问题上的一贯政策。从印度自身利益和现状出发，印度反对以宗教身份作为建国的基础，认为它危害巨大。印度不承认这种理论具有可行性，也不支持这种理论再度付诸实践，更不愿再看到同样的悲剧出现在巴勒斯坦。但客观实际是印度的"联邦方案"没有得到阿拉伯人或犹太人任何一方的支持，原因非常简单。阿拉伯人从根本上不承认犹太人拥有在巴勒斯坦建国的权力，哪怕是联邦制度下作为国家的组成部分。犹太人则要建立独立自主的犹太人国家，拥有完整的内外主权，不愿意建立折中性质的联邦。与"两国方案"相比，"联邦方案"更为理想主义，缺少实际操作的可能。巴以分治问题是一场零和博弈，"犹太人反对它是因为它给予犹太人的东西太少，阿

---

① P. R. Kumaraswamy, *India's Israel Policy*, New York: Columbia University Press, 2010, p. 99.

拉伯人拒绝它是因为它给予犹太人的东西太多"①。

第二节　印度独立后与以色列的关系

　　1948年之后，印度与以色列（犹太人）的关系经历两大变化。第一个变化是交往对象的"国族转换"，即印度的交往对象从犹太人转变为以色列国家。这一点与印度和中东区内很多国家的交往关系不同，印度和中东政权——伊朗、土耳其以及海湾国家有着长久的政治联系，但犹太人数千年来没有属于自己的祖国，没有与之相对应的政治实体或者权力代表。

　　第二个变化是印以关系转变与提升，反映在两条状态不同的主线上。在政治主线上，受印巴分治、穆斯林议题、反对英国殖民统治等因素的制约，印以关系经历"不承认不建交"到"承认但不建交"再到建交与快速发展的转变过程。在经济、文化乃至军事领域，印以多年来始终保持友好交往，交往的规模和深度虽受政治关系影响出现波动，但总体保持增长态势，并形成战略互信。随着时间的推移，这些领域的成就日渐加深，并为当下印以战略伙伴关系的形成打下坚实的基础。

一　印度—以色列"承认但不建交"格局的形成（1948—1956年）

　　1947年和1948年，印度与以色列相继建国之后，建交问题成为摆在两国政府面前的第一个问题。尽管犹太复国主义者自20世纪初开始针对印度民族独立运动和主要政治人物进行有计划的接触和说服工作，并在印度国内建立相关组织。甘地、尼赫鲁、泰

---

① P. R. Kumaraswamy, *India's Israel Policy*, New York: Columbia University Press, 2010, p. 101.

戈尔等人也始终对犹太人的遭遇持同情态度，对犹太人取得的成绩持赞赏态度，但这些都不能改变双方在以色列建国和巴以分治问题上的巨大分歧。以宗教认同拆分印度和巴基斯坦是英国殖民主义者"分而治之"政策的成功实践，并给印度带去前所未有的巨大伤害。印度对在巴勒斯坦问题上再度实行"分而治之"政策的英国深恶痛绝，对犹太人甘愿成为英国殖民主义政策的工具也有发自内心的不满。这种"既友善，又不满"的情感基础和20世纪40年代末到50年代中期国际局势的变化导致印度和以色列的建交过程比较曲折，最终形成"承认但不建交"的格局，并一直延续到1992年。

（一）印度承认以色列

从1948年到1950年9月，这一阶段是印度从不承认以色列到承认以色列的转变时期。为了推动两国关系发展，以色列采取积极主动的外交攻势，印度也逐步转变立场，最终承认以色列的存在。

1948年5月14日，以色列建国。为争夺巴勒斯坦，埃及、外约旦、叙利亚、黎巴嫩等国联合行动，在5月15日凌晨对以色列发起进攻，这是"二战"后中东地区的第一场战争，也是五次中东战争中的首战。以色列在忙于抵御阿拉伯各国攻势的同时，在国际社会上展开求取外交承认的"外交攻势"，印度就是其中之一。

第一次中东战争爆发后的第三日，也就是5月17日，以色列向印度发出首份请求外交承认的邀请。这是以色列临时政府外交部部长摩西·夏里特直接给尼赫鲁发的电报。19日，以色列通过驻华盛顿的代表利亚胡·爱泼斯坦向印度代办递交请求外交承认的邀请书。23日，以色列首任总统魏茨曼亲自向印度发出请求，希望印度承认以色列。

面对以色列积极主动的外交攻势,印度政府采取拖延政策。5月20日,尼赫鲁在给内阁部长的信中称:"我们建议当前在承认问题上不要采取行动,印度在现阶段的这场冲突中,不管是外交领域还是其他问题上都无法发挥有效作用,我们只能静观事态发展,希望可以在和平和调解问题上出现我们可以发挥作用的机会。"① 5月21日,印度外交部向联合国提交有关承认以色列的备忘录,称:"在联合国承认一个国家的成员国身份需要由安理会推荐并经过联合国大会批准。以色列的会员国身份将首先由安理会考虑。由于印度不是安理会的成员国,因此印度现阶段不需要在承认以色列的问题上形成自己的立场。"② 8月20日的议会质询中,议员向尼赫鲁提问与以色列建交的问题。尼赫鲁回应称:任何决定都必须等到国际社会在这一问题上态度明了之后,在此之前只能拖延。对于以色列通过各种渠道递送给印度的承认邀请,印度都拒不回应,同时外交部还向在外使馆发出指令,要求各馆接到以色列邀请时都保持沉默,不得擅作主张。

1949年6月,以色列在纽约获得联合国会员国资格。此时,印度外交政策逐渐开始发生转变。在5月的联大投票中,印度对以色列的成员国资格投了反对票,但以色列依然成功获得多数票。尼赫鲁在内阁部长会议中指出:"考虑到以色列已经成为联合国会员国,我们必须考虑我们未来的政策了。"③ 10月,尼赫鲁在访问

---

① Jawaharlal Nehru, *Letters to Chief Ministers*, *1947 - 1964*, London: Oxford University Press, p. 128.

② P. R. Kumaraswamy, *India's Israel Policy*, New York: Columbia University Press, 2010, p. 110.

③ Jawaharlal Nehru, *Letters to Chief Ministers*, *1947 - 1964*, London: Oxford University Press, p. 363.

美国时会见以色列大使伊拉塔。伊拉塔回忆称,"他(尼赫鲁)提到土耳其承认了以色列。……印度从来没有反犹主义。希特勒使得他们成为犹太人的朋友。他不得不选择缓慢地承认以色列,以便客观上为其辩护,减少内部反对的声音。他承诺回国后将立即着手承认工作,估计两国可以在1950年1月建交"。①

印度政策转变主要基于四个原因。第一,以色列在第一次中东战争中赢得胜利,并确保以色列新生国家的存在。联合国分治计划没有因战争爆发而终结,以色列建国成为一个客观的事实。第二,以色列赢得联合国会员国资格。尽管阿拉伯国家和印度都投了反对票,但在美苏支持下,以色列最终还是成为联合国的合法成员国,因此得到当时多数国家的外交承认。在印度承认之前,已有60多个国家承认了以色列。第三,包括土耳其、伊朗、印尼在内的部分伊斯兰国家承认了以色列,伊斯兰世界对以色列的立场并不一致。伊斯兰国家对以色列的承认使印度拒不承认以色列的说辞变得日渐苍白无力。第四,尼赫鲁本人不反对承认以色列,印度国内也有支持承认和建交的声音。与甘地人生经历中同众多犹太人结下深厚友谊不同,尼赫鲁对犹太人的认知是理性客观的。他对以色列并无恶意,更多的是从战后格局与印度自身利益出发来考虑印以关系。因此,他的拖延政策不是不愿与以色列建交,而是不希望过早表态给印度造成不必要的外交损害。

尼赫鲁自纽约回国后,开始加速承认以色列的外交步伐。一回国,尼赫鲁就表态不能继续拖延承认以色列了。他还与驻印度的阿拉伯国家使节多次接触沟通,强调当前的现实是必须承认以色

---

① Israel State Archives and Central Zionist Archives, *Israel Documents*: *Documents of the Foreign Policy of the State of Israel*, Israel: Israel Government Press, 1981, pp. 547-548.

列的存在。1950年1月，印度驻联合国大使拉乌邀请以色列驻联合国大使奥布里·拉班进行正式会谈。2月，尼赫鲁在临时议会中称"毫无疑问，印度承认以色列这个国家存在"①。9月17日，兼职印度外交部部长的尼赫鲁向以色列外长摩西·夏里特发去贺电，宣布印度将于9月18日正式承认以色列。

（二）"承认但不建交"格局的形成

印以两国相互承认只是建交的基础。建交工作需要两国相互建立使馆并派驻外交使团。1952—1956年，印以两国的建交工作先是因各种缘由延迟，后被迫中止。1956年之后，"承认但不建交"的印以关系得以确立，并延续到1992年。

1950年相互承认后，印度开始为建交事宜做准备。正式建交需要等待1952年印度第一届人民院选举和组建新政府后才能付诸实施，同时还需要为建立使馆筹集所需的经费。在第一届人民院选举前，印度政府对推进建交事宜持乐观态度。1952年3月，以色列外交部司长沃尔特·埃坦访问新德里，尼赫鲁在会谈中保证在新政府组建后几周内两国就可以正式建交，"在互派外交使团问题上没有什么大的阻碍，但这必须等到人民院选举和新政府组建完成后"②。

但到1952年年底，印度的态度发生变化。12月，印度驻莫斯科大使通知埃坦印度不打算互派使团和建设使馆。印度的反复和再度拖延引起以色列的强烈不满。1959年，本·古里安评论称："我无法理解尼赫鲁先生的行为是否符合甘地的友好哲学。尼赫鲁先生给予我国外交部司长确切的建交答复，但八年了他至今还没

---

① P. R. Kumaraswamy, *India's Israel Policy*, New York: Columbia University Press, 2010, p. 113.
② S. Gopal, *Jawaharlal Nehru: A Biography*, Vol. 3, London: Oxford University Press, 1979, p. 170.

第七章　印度与以色列关系

有履行他的承诺。"①

尼赫鲁指出财政不足是拖延的主要原因。1947年，印度在中东只有三个使团，分别驻扎在开罗、德黑兰和伊斯坦布尔，其中驻埃及的使馆负责印度与整个阿拉伯世界的外交事务，在地理上覆盖巴勒斯坦地区。独立后，印度经济拮据，而与世界各国建交和建立新使馆的需求量巨大。仅中东区内等待建馆的就有伊拉克、巴林和阿曼，另外伊朗境内还有两处领事馆在建馆排队中。到20世纪50年代中期，开罗的使馆还负责约旦、叙利亚和黎巴嫩三国的外交事务。1954年，印度外交部年度报告中称主要因为资金困境，印度无法与以色列、沙特和也门三个国家互派使团。尼赫鲁还曾一度私下建议进行单方面建交，即接受以色列并允许以色列在印度建立使馆和派驻大使，但印度驻以使馆的建设和使团外派工作延迟。以色列没有批准这一计划。

以色列对印度的延迟也有自己的判断。1953年，以色列外交部评估认为：一是印度决定和以色列建交的承诺依然有效；二是（印度）国内的穆斯林因素和推迟建交没有关系；三是影响印度的主要因素是克什米尔争端。印度需要阿拉伯国家在联合国对其的支持，担心与以色列建交会影响阿拉伯国家的立场。1956年第二次中东战争后，印以建交被迫搁置了。

1955年万隆会议是对印以关系的一次重要考验。"尽管尼赫鲁发挥了协调作用，万隆会议还是标志着以色列被制度化地排除在亚非会议群体之外。"② 应该说，自此以后，以色列被排除在亚洲以外。

---

① Prithvi Ram Mudian, *India and the Middle East*, London: British Academic Press, 1994, p. 160.

② Nicolas Blarel, *The Evolution of India's Israel Policy: Continuity, Change and Compromise Since 1922*, London: Oxford University Press, 2015, p. 123.

1955年4月，万隆会议在印度尼西亚的万隆市召开，史称万隆会议。这次会议是冷战期间发展中国家反对殖民主义、推动亚非各国民族独立的伟大会议。它是"第三世界"人民团结合作、求同存异、协商一致的成果。这次会议形成由发展中国家集体倡导的处理国际关系的十项原则，形成以"团结、友谊、合作、和平共处、求同存异"等为核心的"万隆精神"，为亚非国家建立和发展友好关系提供指导原则，这些原则和共识成为此后国际社会普遍承认并遵循的国际关系和国际法基本准则。因此，它开启了冷战期间"南南合作"与不结盟运动的序幕，推动了国际秩序的深刻演变。

以色列未能成功参加万隆会议。在1954年斯里兰卡科伦坡的筹备会议上，印度、巴基斯坦、缅甸、印度尼西亚、斯里兰卡五国讨论受邀参会国家名单。当时印度、印度尼西亚、斯里兰卡、缅甸四国都已承认以色列。巴基斯坦对以色列采取强硬立场，一方面坚决反对以色列参会，一方面要求发表谴责以色列建国是违反国际法的联合声明。在印度等国的调解下，最终各方同意发表一份同情性声明，避免直接谴责以色列："各位总理认识到巴勒斯坦阿拉伯难民遭受的苦难。因此，共同请求联合国采取措施使难民重归家园。各位总理对巴勒斯坦阿拉伯人的悲惨遭遇深表同情，并保证愿意推动尽快公正解决巴勒斯坦问题。"①

在1954年12月印度尼西亚茂物市的筹备会议上，以色列的参会邀请再度成为争论的焦点。印度和缅甸协商，由后者提出邀请以色列的提案。受邀参会的29个国家中有12个是伊斯兰国家，阿拉伯国家明确表态如果邀请以色列参会，它们将集体抵制万隆会

---

① G. H. Jansen, *Nonalignment and the Afro-Asian States*, London: Faber and Faber, 1966, p. 414.

议。在茂物会议召开前夕，阿拉伯联盟发表声明，"阿拉伯国家将不参加任何有以色列参加的地区会议。阿拉伯国家要求确定以色列将不会被邀请参会，也不会参会"[1]，"（阿拉伯国家的最后通牒）挫败了印度想邀请以色列参加会议的想法，这让印度很不舒服"[2]。尼赫鲁认为："它们在联合国可以坐在一起，但在其他地方不行。……我认为这是不合逻辑的，但事实如此。……在我看来，很明显，只有对立的两方坐下来谈才是有益的。"[3] 以色列对于未能参加万隆会议表示失望，但也看到印度多次在这一问题上做出的外交努力。

20世纪50年代上半期，印度和埃及关系日渐亲密。埃及是当时中东地区首屈一指的大国，也是阿拉伯世界的"领头羊"。在纳赛尔的领导下，埃及强烈支持民族独立运动、反对英美殖民主义和帝国主义，在中东地区强调世俗主义和阿拉伯世界的统一，维护阿盟的团结。在反对建立巴格达条约组织的斗争中，尼赫鲁和纳赛尔建立了良好的合作关系。1955年2月，尼赫鲁强调，他和纳赛尔对国际事务有着非常相似的看法。埃及还在限制泛伊斯兰主义问题上帮助了印度，削弱巴基斯坦借此团结阿拉伯世界打击印度的企图。4月，印埃两国签署友好合作条约，印埃两国合作的"蜜月期"正式到来。

1956年，以色列与英国、法国勾结，以先发制人的方式对埃及发起进攻，占领西奈半岛和苏伊士运河东岸。三国的侵略行为

---

[1] Gil Feiler, *From Boycott to Economic Cooperation: The Political Economy of the Arab Boycott of Israel*, Oxford: Frank Class, 1998, p. 30.

[2] P. R. Kumaraswamy, *India's Israel Policy*, New York: Columbia University Press, 2010, p. 193.

[3] Michael Brecher, *The New State of Asia: A Political Analysis*, London: Oxford University Press, 1968, pp. 210 – 211.

遭到国际社会的普遍指责。

尼赫鲁对以色列与英法两个老牌殖民主义和帝国主义国家一起发动侵略战争非常不满。战争爆发的第二天，尼赫鲁会见前来参加第二届亚洲社会主义者大会的以色列前外长摩西·夏里特。尼赫鲁严厉批评以色列在西奈半岛的军事行动。11月20日，尼赫鲁通知印度人民院：依据现在的情况，任何与以色列交换使节的行动都是不现实的。

影响印度在建交问题上态度的因素主要有三点。第一，印度必须在阿拉伯世界中与巴基斯坦竞争，尤其在克什米尔问题上争取阿拉伯国家至少保持中立立场。由于埃及等共和制阿拉伯国家的参与，巴基斯坦未能借助泛伊斯兰主义孤立印度，但对印度而言这只是一次艰难的"平局"。巴基斯坦因素和克什米尔问题始终是印度对以政策的深层次忧虑和隐患。

第二，以色列在第二次中东战争中伙同英法侵略埃及，严重影响以色列在印度和尼赫鲁心中的定位。作为一位反对殖民主义与帝国主义、追求推动民族独立运动的领袖，尼赫鲁无法认同以色列甘当英法"马前卒"的行为，这是以色列第二次成为英国的"工具"。这场战争的性质与犹太复国主义运动寻求建国情形完全不同。尼赫鲁虽然不赞同犹太复国主义运动，但多少理解犹太人的苦难和寻求建国的根源。纳赛尔收回苏伊士运动是民族独立运动的重要内容，以色列与殖民大国的勾结和军事打击是与全球民族独立运动为敌，是一种背叛。

第三，印度与西亚国家的经济关系更为紧密。当时印度的大部分进出口货物都是通过西亚地区的海洋，主要是通过苏伊士运河和红海。这是英印时期以来印度的传统经贸路线，印度通过这里出口商品，并进口欧洲的产品。由于海湾地区仍处于英国的统治之下，印度卢比到 20 世纪 60 年代初都还是当地的主要货币，印度和海湾阿拉伯国家与埃及的贸易也都以卢比结算。西亚国家的战略位置和经济价值都超过以色列。

虽然印以两国建交受到各种因素的干扰，但 20 世纪 50 年代上半期两国的政治、经济和技术合作并没有受阻。由于缺少直接联系，以色列通过印度在美国或土耳其等国的大使馆与其保持密切联系。以色列的外交官也可以直接和印度高层沟通。例如，1951 年 6 月，尼赫鲁的智囊团成员阿扎德与以色列外交官埃利亚胡·沙逊就进行过一次长时间的会谈。

1953 年 1 月，波拉克被以色列任命为第一任驻印领事，领事馆设立在孟买。6 月，加布里埃尔·多伦被任命为第二任领事，这是以色列驻印度的第一个职业外交官。直到 1992 年两国建交，以色列一共派驻了 16 位领事。除设立领馆外，以色列还要求设立移民办公室，印度也予以配合。一方面，"二战"期间有不少伊拉克、阿富汗和欧洲的难民驻留在印度；另一方面，印度本土的犹太人也在犹太复国主义组织的鼓动下开始移民以色列，这些活动都需要官方机构的管理。印度在 1949 年年初允许以色列在孟买派驻一个负责移民的官方代表。1950 年承认以色列后，印度随即允许以色列派驻正式的移民官。到孟买领事馆建成后，移民办公室才被并入领事馆。

以色列工党和印度国内许多社会主义政党一直保持良好的关系，以色列还被邀请参加亚洲社会主义者大会。同时，印度和以色列在农业领域开展合作，以色列农业专家前往印度传授农业技术。印度不仅派出一批留学生前往以色列学习，还派出一个代表团专门考察基布兹。

二 "在曲折中前行"的印以关系（1956—1992年）

1956年的第二次中东战争是印度与以色列关系的转折点。所谓转折点是指建立正常外交关系的进程被迫中断，两国不得不长期维持"承认但不建交"的尴尬状态，但这并不意味着两国关系冷淡，印以双方的外交、科技、军事联系等多年来始终通畅。1956—1992年，两国关系经历曲折，具有较为明显的阶段性特点，可以称为"在曲折中前行"。1973年之前，两国保持良好的外交互动；1974年后再次受中东战争的影响，两国关系趋冷，印度对以色列的批评和对外交人员的限制明显增加；到1984年拉吉夫·甘地上台后，双方关系日渐回暖。更准确地说，是印度主动实施的"小步快走"政策成功地推动两国关系的改善，为1992年双方建交奠定坚实的基础。

（一）1956—1973年的印以关系

第二次中东战争后，"承认但不建交"的印以双边关系定型。此后，印度多次表态不会和以色列建交。1958年8月，尼赫鲁称以色列入侵埃及的事历历在目，印度不打算和它交换外交使团。1959年3月，印度驻美国大使梅农称，任何与以色列建交的决定都会增加印度在西亚的外交困境。1960年3月、1963年9月和1969年5月，尼赫鲁与印度外长迪尼斯·辛格先后表态不会和以色列建交。

在这段时间里，印以关系总体保持稳定，双方高级别官员在各种场合频繁会面和沟通。印度驻联合国代表团的工作人员与以色列代表团也保持了很好的私人关系。20世纪60年代初，印度卸任卫生部长阿姆里特·考尔与印度原子能机构主席霍米·巴巴访问以色列。以色列方面部长级的访问主要有：以色列外交部部长摩西·夏里特1956年的访问、发展部部长莫迪凯·班托夫1959年的访问、外交部总司长吉迪恩·拉斐尔1961年的访问、劳工部部长伊戈尔·阿隆1964年的访问等。① 以色列则借助学术会议与政党联系派员前往印度，例如，以色列劳工联盟受到印度国家贸易联盟大会的邀请进行访问。可惜的是，双方的交流并没有产生实质性的效果。

除政治关系外，印度与以色列还在军事情报与农业方面展开合作。印度对以色列的农业技术一直有着较为浓厚的兴趣。20世纪20—30年代，泰戈尔就曾想引进犹太人的技术。1950年之后，双方一直保持农业领域的交往，这主要是以色列提供技术、培训，派出科学家访问印度，接纳印度留学生，邀请印度代表团访问国内的集体农庄。1965年印巴冲突爆发后，印度向以色列请求军事援助，以色列梅厄总理在外交部部长列维·艾希科尔的劝说下批准继续提供武器装备。1968年，英迪拉·甘地允许印度情报局与以色列情报机构摩萨德建立正式联系。此后，摩萨德通道成为两国之间隐秘的外交渠道，除军事合作与情报合作外，摩萨德还帮助双方展开农业与医疗合作。

1967年的第三次中东战争再次成为两国分歧与矛盾的诱因。这主要有两方面的原因。一方面，印度坚决反对以色列再次发动侵略战争，并对以色列表示高度不满。战争爆发后不久，印度发表声明："1. 一个国家不能因为它觉得自己遭受安全威胁就发动战争；2. 任何侵略者都不能保留它侵略获得的成果；3. 侵占他国领土以获取在谈判中的有利地位是不被允许的；4. 使用武装冲突不能够获取权利或解决领土争端。"②

---

① P. R. Kumaraswamy, *India's Israel Policy*, New York: Columbia University Press, 2010, p. 135.

② P. R. Kumaraswamy, *India's Israel Policy*, New York: Columbia University Press, 2010, p. 206.

另一方面，这场战争造成印度维和士兵伤亡，引发印度国内民众的强烈不满。第二次中东战争后，印度成为埃及西奈半岛和巴勒斯坦地区维和力量的主力。印度军官曾在1958年4月至1960年2月期间任联合国维和部队总司令，一位准将和一位少将分别在1960年2月至1964年、1966年2月至撤军前任指挥官。1967年，以色列攻占加沙地带时，有5名印度维和士兵身亡，多人受伤。印度人民院内部批评以色列的情绪高涨，英迪拉·甘地立即谴责以色列应对印度士兵伤亡事件负责，称维和部队有着非常清晰的联合国标识和印度标识，以色列的行为是有意的挑衅。由于以色列拒不为袭击负责，印度拒绝了其向遇难士兵提供的赔偿。

第三次中东战争后，印度于1969年再次重申"将保持亲阿拉伯的外交立场，印度不会和以色列建立外交关系，因为它对阿拉伯人尤其是巴勒斯坦人采取了错误的政策"[①]。考虑到以色列当时不接受联合国第242号决议，印度认为这种立场和态度是阻碍两国建交的首要障碍。

（二）1973—1984年的印以关系

这一时段的印以关系最为跌宕起伏。1973年第四次中东战争使两国关系跌至历史最低谷，但是，印度人民党上台后印以又在秘密外交领域有重大突破。经历过这一轮波折后，印以关系开始步入"回暖"上升期。

第四次中东战争，又被称为"赎罪日战争""斋月战争"或"十月战争"，发生于1973年10月6—26日。为了收复1967年战争中被以色列占领的西奈半岛和戈兰高地，埃及与叙利亚主动出击，在战争初期取得不小的胜利，打破以色列"不败的神话"。战

---

① Nicolas Blarel, *The Evolution of India's Israel Policy*: *Continuity*, *Change and Compromise Since 1922*, London: Oxford University Press, 2015, p.177.

争中，阿拉伯产油国以石油为武器，依据对战争的态度施行石油减产和禁运，有效配合战势。战争双方都没有取得胜利，阿以问题的解决方式从战争和军事转向谈判和政治解决。

印度在第四次中东战争中依然坚定地采取支持阿拉伯国家的外交立场，印度支持联合国在阿以问题上通过的历次决议，也支持战争中通过的停火决议。英·甘地于1973年11月1日在《印度和外交展望》杂志上强调印度与阿拉伯人古老和稳固的关系，批评以色列拒绝从被占领土上撤军的政策。印度驻联合国大使在联合国谴责以色列扩大地区冲突和轰炸大马士革等城市的暴行。12月，印度外交部部长斯瓦兰·辛格指出，以色列的傲慢自大与背后强大盟友美国的积极支持驱使巴勒斯坦人民进行绝望的反抗。[1]

此后，印以关系不断恶化，并在1975年达到历史最低点，具体表现为1975年11月印度在联合国投票赞成第3379号决议。这份决议将犹太复国主义列为种族主义和极端主义，并对其进行制裁。印度称，在犹太复国主义的占领和行动下，中东人民遭受巨大痛苦。犹太复国主义毫无疑问是种族歧视的一种形式。犹太人尤其是欧洲犹太人数千年来一直遭受种族主义的歧视，印度在这一问题上的立场可以说是突破两国关系底线，将双边关系拉入谷底。

印度开始限制以色列人入境。印度不再给以色列科学家、运动员或者其他政治团体人员颁发签证。这一政策在印度人民党短暂执政的几年内被中止，英·甘地重新执政后又恢复执行。不仅如此，以色列驻印度领事的活动也受到限制，不再像以往那样可以在国内自由行动。1982年6月，以色列领事优素福·侯赛因在采

---

[1] P. R. Kumaraswamy, *India's Israel Policy*, New York: Columbia University Press, 2010, p. 216.

访中公开指责印度的亲阿拉伯立场，批评印度为了压制巴基斯坦而在各种国际场合攻击以色列。印度政府要求他在48小时内离境，这是印度历史上第一次驱逐他国外交人员。自其被驱逐后，以色列驻印度领事一职空置近六年之久。不仅如此，印度还一直拒绝以色列再派继任领事的请求。

除此之外，印度提升与巴解组织的关系也是对印以关系的冲击。巴勒斯坦地区有多支长期进行反对以色列统治、争取民族独立和建国的武装力量。其中阿拉法特领导的巴解组织是力量最强、影响力最大的一支。1974年10月，阿拉伯联盟拉巴特峰会正式承认巴解组织作为巴勒斯坦人民唯一的合法代表。随后，联合国承认它作为巴勒斯坦人民的合法代表。在此基础上，一贯支持巴勒斯坦人民解放事业的印度政府于1975年1月正式承认巴解组织。1月10日，印度驻黎巴嫩大使与阿拉法特签署相互承认和给予巴勒斯坦代表外交特权与豁免权的文件。印度随后批准巴解组织在新德里建设使馆。相比于长年驻扎在孟买的以色列领事馆，印度在承认巴解组织外交地位和建交问题上的举措是又迅速又到位。

1977年3月至1980年1月是印度人民党执政时期，莫拉尔吉·兰奇霍季·德赛与查兰·辛格先后任总理。1977年，印度人民党以反对党联盟的方式，赢得印度人民院内345席，超过拥有179席的国大党和它的盟友。人民党的执政给印以关系带来"止跌转升"的曙光。

印度人民党的外交政策与国大党有较大差别。它认为印度外交的方向不是鼓励发展和第三世界国家关系或支持全球民族独立运动，它也不赞同印度将外交资源灌注到不结盟运动中。印度人民党强调发展与西方国家尤其是美国的关系，注意保持东西方的平衡。在印以关系上，印度人民党一贯采取批评国大党亲阿拉伯政策立场,并始终支持与以色列建立正式外交关系。德赛还在国大党内时就曾公开批评英·甘地的立场。同时,印度人民党一贯主张应该承认以色列生存的权利。出任总理后,德赛任命印度人民党领导人阿塔尔·比哈里·瓦杰帕伊为外交部部长。

在处理印以关系时,印度人民党既有继承也有调整,反映现实主义需求和自身政策主张间的相互妥协和融通。继承方面在于它继续印度以往外交政策,瓦杰帕伊对外称不会改变印度立场,"印度新政府将继续保持和整个阿拉伯世界的古老关系,同时加强与它们的经济合作。印度会继续在联合国决议的基础上解决西亚的问题,要求交还被占领土并承认巴勒斯坦人民不可剥夺的权力"①。瓦杰帕伊甚至在1978年1月公开批评以色列是侵略者。

调整方面在于它延续既有对以政策,甚至高调谴责的同时,两国的高层秘密外交同步展开。1977年8月,在印度情报局和以色列摩萨德的秘密合作下,新任以色列总理摩西·达扬秘密访问印度,目的是促进以色列与印度关系,并寻找印以建立正式外交关系的机会。此次访问没有在印度外交部备案,印度人民党一再否认曾经接待过摩西·达扬,因此会谈的内容主要来自达扬的回忆录。在回忆录中,达扬称印度认为撤出被占领土是两国建交的前提条件;德赛依旧强调国内穆斯林和阿拉伯国家是反对两国建交的主要干扰因素。达扬则表示在撤军问题上无法满足印度的要求,同时要求印度允许将以色列领事馆迁至德里,或者允许在首都开设第二个领事馆。印度人民党时期印以秘密关系还在于它可能接待达扬不止一次的秘密访问。达扬回忆录中称访问是1977年8月进行的,而德赛回忆称访问是1978年年初进行的,有研究表明在

---

① A. B. Vajpayee, "A. B. Vajpayee's Address of the UNGA," October 4, 1977, https://www.pminewyork.gov.in/pdf/theme/1977.pdf.

1979年达扬还进行过一次秘密访问。1980年,英·甘地重新执政后指出,印度人民党时期达扬的访问肯定不止一次。由于印度方面缺少官方正式记录,达扬访问期间双方到底讨论了哪些问题仍是一个"秘密"。除了推动建交和加强合作外,达扬应该在访问中向印度通报了《戴维营协议》的谈判进程及与周边国家关系的进展情况,同时加强双边军事和情报合作应该也是重要内容之一。作为访问的结果,这一时期印度对以色列的关系明显缓和,不仅表现在德赛总理与以色列国防部部长埃泽尔·魏茨曼会谈方面,还表现在印度放松对以色列人入境签证的限制,并重新开始各种科研、文化、体育类的交流。

(三) 1984—1992年的印以关系

在拉·甘地任总理期间,"他为改善印以关系中做了一些小而重要的行动,修复历史遗留的'裂痕',启动新的进程并在数年后结出成功的'果实'"[①]。此后的维·普·辛格与钱德拉·谢卡尔两任总理虽然任期短暂,但都延续拉·甘地的政策。印度和以色列关系的缓和表现在各个方面,在政治、外交、经贸、文化、体育等诸多领域,印度都采取积极和主动的态度。

当然,拉·甘地执政期间没有改变印度在西亚和阿以问题上的传统政策。1985年6月,他在访问埃及时强调,和平解决阿以问题是巴解组织唯一可能和有效的出路。拉·甘地认为以色列太过好战,印度只有在以色列改变它在阿以问题上的相关做法后才会与之建交。在阿以问题上,他的立场比起他的外公尼赫鲁、母亲英·甘地更为务实与客观。拉·甘地认为,印度很难在解决阿以问题和推动谈判上发挥有效作用,因此外交表态和政策立场都更

---

① P. R. Kumaraswamy, *India's Israel Policy*, New York: Columbia University Press, 2010, p. 224.

为谨慎。

外交是印度最先进行调整的领域。1985年4月，以色列总理西蒙·佩雷斯通过英国犹太人征询改善两国关系的可能性，得到拉·甘地的回应。不久后，在第四十届联合国大会上，拉·甘地与佩雷斯见面并进行会谈。这是除达扬的秘密访问外，两国总理第一次正式会谈。作为此次会谈的直接结果，印度允许以色列向孟买领事馆派驻副领事，填补使团中这一至关重要的岗位。此后，拉·甘地在纽约还与诸多亲以色列的人士会面，如民主党议员、亚洲和太平洋事务委员会主席史蒂芬·萨兰登。他还于1988年6月8日会见美国主要犹太人组织主席会议的主席莫里森·亚伯拉罕。该组织代表38个犹太人组织或协会。会谈中双方集中讨论印以外交关系和开放签证等问题。1989年，印度外交部部长在联合国特别会议上公开强调，以色列也有生存和享受安全的权利。外交领域的最大支持与调整是印度在1991年12月撤销联合国第3379号决议的投票。与1975年的立场不同，这一次印度选择支持废除该项协议。印度的积极立场赢得以色列的快速回应。投票后的第二周，以色列高级官员就与印度代表团副团长拉利特·曼宁厄姆举行会谈。这次会谈开启了正式建交的外交序幕。

在军事和情报领域，印以双方的合作并未中断。尽管印度对以色列越境轰炸伊拉克图瓦萨核设施表示不满和谴责，但巴基斯坦核能力的发展使双方开始探讨进行"先发制人"军事打击的可能性。20世纪80年代初，借拉·甘地访问巴黎之机，以色列高级外交官与其会面，当面提供大量巴基斯坦核能力的情况，双方讨论巴基斯坦拥有核武器可能带来的巨大威胁。核能力与核武器方面的竞争是印巴两国斗争的焦点议题。拉·甘地就任后多次公开指责巴基斯坦发展核能力并获得诸多外部国家有力的资金支持。以色列则忧虑巴基斯坦作为第一个拥有核能力和核武器的伊斯兰国家，会给本国安全带来重大隐患与威胁。以色列希望印以两国可以在这个问题上进行有效合作，打断巴基斯坦发展核能力的进程。

尽管双方就巴基斯坦核能力与"先发制人"军事打击行动进行了情报和军事交流，印度最终放弃合作。一方面，不管是针对巴基斯坦的"核威胁"，还是想要阻断其发展核能力的道路，与以色列合谋轰炸巴基斯坦都是对伊斯兰世界"宣战"。这样的打击行动毫无疑问将给印度带来难以弥补的政治损害。另一方面，以色列轰炸伊拉克核设施得到了美国许可，但巴基斯坦是美国的冷战盟友，美国没有也不会允许印度进攻巴基斯坦。20世纪80年代，苏联虽然采取"战略守势"，但不会允许印度引发美苏两大国的正面冲突。联合军事行动或者提供打击便利两种模式会对印度的外交形象与对外关系造成不同程度的伤害，代价都是高昂的。但从另一个角度看，印以两国能够探讨和交流这个问题说明，双方在军事和安全领域已经建立相当坚实的互信关系。

在经贸方面，印度首先放松对以色列签证申办的限制，允许颁发签证，并允许以色列驻孟买领事协调签证申办事宜。签证大门开放后，印度与以色列的科技、文化、商业领域的交流重现活力。除了传统的商业往来外，旅游业成为新的增长点。大批以色列游客进入印度，为其带来数量可观的旅游收益。不仅如此，1988年10月，国际酒店协会在新德里举办的年会上选举一位犹太人作为新任主席。印以两国除了传统的珠宝业合作，1988年11月，以色列制造业协会和全印度工业协会在孟买签署合作协议。

印度还借"网球外交"发展与以色列的关系。1987年7月，拉·甘地决定承办戴维斯杯网球赛四分之一决赛，并同意以色列运动员入境参赛。印度国内尤其是政界高层展开激烈辩论，最后主流观点认为运动会是进行"去政治化"交往的有效方式，印度到了需要重新评估对以政策的时刻。

20世纪80年代中期，印度主动调整和修复与以色列的关系并不等于印度改变在阿以问题上的传统立场，它是在保持旧有对阿政策的同时提升与以色列的关系，使之向着两者平衡与平等的方向发展。双方关系的全面发展、印度在国际舞台上对以色列批评的减弱、外交支持力度的增加，这些都为建交奠定坚实的基础。换句话说，到1992年前后，未建交的问题日渐成为一个"有名无实"的伪命题，它只是双边关系中那一层等待捅破的"窗户纸"。

三 日渐升温的印以关系（20世纪90年代至今）

（一）印以建交与其原因

印以建交其实是"水到渠成"的事。1992年1月29日，印度成为非阿拉伯与非伊斯兰国家中最后一批与以色列建交的国家。"虽然建交是在纳拉辛哈·拉奥任职期间，但大部分基础工作都是拉·甘地完成的。"[①] 宣布建交事宜是纳拉辛哈·拉奥总理在联合国参加安理会会议后对媒体直接发布的。在相互承认42年后，印度终于迈出建交最后一步。印度和以色列正式建交是时代与国际格局转变的结果，也是中东局势尤其是阿以和巴以关系变化调整的结果，更是两国关系长期发展与积累的结果。

第一，苏联解体、冷战结束和美国"独霸"时代的到来意味着国际格局的深刻演变，也是推动印度改变对以政策的基本原因。1991年12月26日，苏联正式解体，与此同时，美苏争霸的国际格局正式瓦解，世界进入美国"一超独霸"的新阶段。20世纪90

---

① P. R. Kumaraswamy, *India's Israel Policy*, New York: Columbia University Press, 2010, p. 224.

年代以来，美国成为世界上唯一的超级大国，拥有最强大的军事、经济、金融和科技优势，是世界主要国际组织的最大支持者，也是国际制度与规则的制定者。同时，美国赢得冷战的胜利让西方的民主意识形态和自由主义经济模式占据绝对优势地位，许多发展中国家主动或被迫开启经济自由化时代，印度也不例外。20世纪90年代初，印度陷入经济危机，被迫动用在英国的黄金储备支付进口支出。当时的印度非常需要世界银行和国际货币基金组织的援助，这些都需要美国的许可。

落实到印以关系上，美国国内的犹太游说集团在1987年时就成功游说国会削减对印援助，将援助金额从6000万美元缩减到3500万美元。拉奥总理在联大会议末期公布建交决定，也是因为他将启程离开纽约前往华盛顿与布什总统会谈。印以两国建交将有利于印度处理好冷战后和美国的关系。

第二，中东和平进程的开启为印以建交打开大门。1991年10月30日，马德里的中东和平会议召开，阿拉伯国家、以色列、美国、苏联、欧洲国家等均参加会议。一方面，此次会议的召开标志着中东和平进程的启动，也标志着阿拉伯世界、巴勒斯坦愿意与以色列通过谈判和协商的方式解决争端，还意味着阿拉伯国家和伊斯兰世界变相地承认以色列是一个国家。此时印度没有理由继续保持"承认但不建交"的外交关系。另一方面，中东和平进程的开启进一步拓展了以色列的外交空间。苏联迅速调整与以色列的外交关系，中国也在1991年1月宣布与以色列建交。除伊朗、沙特这些特殊情况外，印度几乎成为地区大国中未与以色列建交的"特例"。

第三，巴勒斯坦尤其是巴解组织在20世纪90年代初影响力和号召力下降。在伊拉克入侵和占领科威特的过程中，巴解组织因为20世纪70—80年代得到萨达姆政权的大量援助，因此选择支持伊拉克。这一重大外交失误引起海湾阿拉伯国家的强烈愤怒，科威特和沙特称这是背叛行为。自《戴维营协议》后，埃及不再充当反以斗争的"领头羊"；伊拉克萨达姆政权虽支持和资助巴解组织的解放斗争，但海湾战争使巴解组织失去了强援；巴解组织的错误站位使它失去海湾阿拉伯国家的认可。即便阿拉伯世界依然支持巴勒斯坦人民的斗争，但力度大为下降，海湾阿拉伯国家同时质疑阿拉法特的领导地位。巴解组织"头顶有大树，背后有兄弟"的最佳外交环境结束了。因此，支持阿拉法特和巴解组织对于印度稳固与阿拉伯国家尤其是印度主要石油来源国的关系的价值也降低了。

第四，印度想要成为中东和平进程的参与方，不愿置身事外。印度一直怀有争当"世界大国"的远大理想。自尼赫鲁时代以来，印度领导人都秉持着这一理念。冷战结束后，中东和平进程成为当时世界最热门的话题，引起全世界的关注，印度是不结盟运动的发起者和倡导者，自认为是发展中国家的"领头羊"，它不允许自己成为观众席上的"看客"。由于印度只有和谈判双方都建立外交关系才能参与和平进程，"承认但不建交"的印以关系成为阻碍印度的重要障碍。

第五，印度国内政治局势有利于印以建交。自拉·甘地上任开始，国大党就逐渐认识到与以色列建交的重要性。与此同时，在野的印度人民党是长期支持与以色列建交的政党。1991年，印度人民院选举中，与国大党结盟的北部穆斯林放弃结盟政策，因而减少了国大党在外交政策上的掣肘。由于阿拉法特和巴解组织都支持和参与中东和平进程，因此印度国内的穆斯林和反对派很难在对以政策上继续向政府施加压力。

为了推动印以顺利建交,拉奥政府也做了相关准备工作。其中最重要的一步是在1992年1月邀请阿拉法特访问。访问期间,阿拉法特发表公开声明称,印度可以依据自己的国家利益确定外交政策。此次邀请可以被视为印度向巴解组织提前通气,阿拉法特也非常配合地做出让步,变相默许印度的政策调整。

当然,印度国内并非没有反对的声音。较为强大的反对派声音来自国内的穆斯林和穆斯林政党,他们认为印度是在推进反穆斯林政策;部分政治精英与学者认为,印度宣布建交的行动过于匆忙,甚至可以说有些迫不及待;还有一些人认为,这是对传统亲阿拉伯和亲巴勒斯坦外交政策的背叛。总的来说,这些观点和声音并没有对印以建交和双边关系的发展造成直接影响。

(二) 印以双边关系的快速发展

1992年之后,印度和以色列的关系进入高速发展的"快车道"。这一时期的印度与以色列关系有三个特点。首先,印以关系与印度和阿拉伯国家或中东地区内的非阿拉伯国家平衡发展,印度依然支持巴勒斯坦的建国事业,遵守和支持联合国有关巴勒斯坦的各项决议。其次,印以关系在政治、经济、军事、技术合作、反恐等诸多领域迅速推进,取得显著的成果。再次,1992—2014年,先后有六位印度总理保持印以关系的发展态势,只是力度上存在差异。印度国大党或联合政府执政时,印以关系相对低调;而印度人民党执政期间,印度在发展印以关系上表现高调,甚至会有"踩红线"的外交举动。

第一,政治合作。建交之后,印以政治关系稳步发展,以色列实现对印度的高层访问,双边部长级访问实现常规化运作。

1993年，以色列外长佩雷斯出访印度。1996年12月，以色列总统埃泽尔·魏茨曼访问印度，并邀请领导人回访。2003年9月，以色列总理沙龙访问印度，两国发表《印度与以色列友好与合作的联合声明》，声明强调，两国将进一步加强部长和其他官员的互访，夯实双边经贸交往基础，发展两国的友好关系。每次以色列高层访问都会签署诸多合作协议，例如，1993年，佩雷斯外长到访时就曾签署经济合作备忘录、科技合作与文化合作协议、旅游业协议等。拉奥政府时期（1991—1996年），印度有两位内阁部长访问以色列；瓦杰帕伊政府时期（1998—2004年），印度外长访问以色列。而在曼莫汉·辛格任总理时期（2004—2014年），以色列对印部长级的访问多达13次（见表7.1）。此时，与以色列的战略合作被国内跨党派的政治家视为印度战略自主的重要表现。[1]

表7.1　　　　　　1992—2012年以色列高层访印情况

	官员		官员		官员
1993年5月	外交部部长佩雷斯	2004年2月	副总理兼外交部部长沙洛姆	2011年9月	旅游部部长米兹尼科夫
1994年4月	副总理贝安	2004年12月	副总理奥尔默特	2011年11月	国内安全部部长阿隆罗维茨
1996年1月	财政部部长肖生特	2006年2月	国家安全顾问艾兰	2011年12月	财政部部长斯坦尼兹
1996年12月	总统魏茨曼	2006年12月	副总理兼贸易劳工部部长亚沙	2012年2月	能源水利部部长兰多

---

[1] Nicolas Blarel, *The Evolution of India's Israel Policy: Continuity, Change and Compromise Since 1922*, London: Oxford University Press, 2015, p. 328.

续表

	官员		官员		官员
2000年8月和2001年1月	地区合作部部长佩雷斯	2007年3月	交通部部长莫法兹	—	—
2002年1月	副总理佩雷斯	2007年11月	内政部部长谢里特	—	—
2002年2月	环境部部长汉齐比	2008年1月	农业部部长西蒙宏	—	—
2003年9月	总理佩雷斯等	2010年1月	贸易劳工部部长埃利泽	—	—
2003年12月	科技部部长桑德伯格	2011年5月	农业部部长诺克德	—	—

资料来源：Nicolas Blarel, *The Evolution of India's Israel Policy: Continuity, Change and Compromise Since 1922*, London: Oxford University Press, 2015, pp. 264－266。

第二，经济合作。印度和以色列的经贸投资联系有显著增长。例如，1992—1999年，印度对以色列的出口增长了5倍，从1992年的8026万美元增长到1999年的4.49亿美元。同时期的进口从1.35亿美元增长到4.93亿美元。[①] 2002年，双边贸易额达到12.7亿美元；2006年，贸易总额增至24亿美元。印以两国不仅签署贸易最惠国待遇条约，还建立联合经贸委员会，负责监管和推动双边贸易的发展。2000年5月，印度贸促会在特拉维夫举办首届"印度商品周"，介绍印度产业，推广印度产品。在金融领域，印度国家银行、印度银行与以色列最大的银行哈帕里姆银行建立代理合作关系。2007年，印度国家银行在特拉维夫开设分行。

印度出口以色列的传统大项是珠宝和宝石，其他出口大项还包

[①] Export-Import Bank of India, "Israel and India: A Study of Trade and Investment Potential, Occasional Paper No. 78," 2000, p. 10.

括棉纱、纺织品、药品、化学用品、手工业制成品、金属、服装等。印度的进口大项是珍珠和半宝石，此外还有化肥、有机和无机化学品、电子产品、机械设备、医疗器械、精密仪器等。印度和以色列贸易中的第一大项就是钻石贸易，印度从以色列进口未切割的钻石和各种宝石，切割打磨完成后再出口以色列。"这项贸易大约占双边贸易总额的2/3。1996—2006年，钻石贸易占总贸易额的比例在52%—71%。"[1] 这项贸易的主要参与者是定居在以色列的印度商人家族、以色列的珠宝商以及拉马特甘钻石交易市场的商家。前两者在全球进口宝石原石，然后出口到印度并交给家族在印度的珠宝工厂或合作伙伴加工，再返销以色列。

20世纪90年代，以色列对印度的投资总额达到423亿卢比，占20世纪90年代海外直接投资总额（21074亿卢比）的2%，居第12位。以色列的投资主要集中在灌溉设施、机械、纺织品领域。例如，"1992—1997年，印度和以色列在农业合作方面建立超过50个合资企业，包括灌溉、水资源利用、化肥、温室栽培、园艺培植、太阳能和乳制品"[2]。进入21世纪后，基础设施建设成为以色列投资的新领域。"建交后的15年中，印度和以色列大约签署150项双边投资协议。"[3] 印度对以色列的投资主要有：印度耆那灌溉系统集团收购以色列纳安丹滴灌公司，印度太阳药业有限公司收购以色列塔罗制药公司的控股权，印度三河工程工业集团投资以色列阿奇威兹废水处理公司等。

除国家层面的经济合作外，印度地方政府对发展和以色列经贸

---

[1] P. R. Kumaraswamy, *India's Israel Policy*, New York: Columbia University Press, 2010, p. 255.

[2] Nicolas Blarel, *The Evolution of India's Israel Policy: Continuity, Change and Compromise Since 1922*, London: Oxford University Press, 2015, p. 286.

[3] G. Srinivasan, "India-Israel Tango Gains Pace," Business Line, August 20, 2007.

关系有着很高的积极性。建交后，地方政府不再需要中央的批准就可以与以色列进行交往。其中较为积极的省包括哈里亚纳邦、古吉拉特邦、中央邦、马哈拉施特拉邦、奥里萨邦等。各邦的省长相继访问以色列，双方合作的重点在农业项目、水资源项目等，地方政府与以色列公司和企业签署大量合作协议。例如，2008年，两国在印度比哈尔邦进行荔枝生产和贮藏技术合作；2012年，两国在古吉拉特邦和马哈拉施特拉邦进行芒果种植培训等。

旅游业也是两国经济关系中的主要内容。以色列人，尤其是年轻人对印度古老的文化非常感兴趣，印度前往以色列旅游的人也不在少数。以2013年为例，有超过4万名印度人前往以色列旅游，是亚洲国家游客人数最多的国家。他们中大多数是前往耶路撒冷朝圣的。

第三，技术合作。技术合作是印以合作的重要领域，印度前任科技部部长哈什·瓦尔丹指出："印以科技合作休戚相关，是两国优先考虑的事情，双方应该继续加强这一关系纽带。"[①] 1993—2003年，两国共完成37项联合研究项目，包括农业生物技术9项，先进材料7项，激光及电光学4项，信息技术2项，人类基因图谱15项。双方合作的传统领域是农业、水资源、园艺学方面，此后扩展到空间技术、网络安全、机器人、海水淡化、防治荒漠化、太阳能利用等方面。以色列的高产作物和高效灌溉系统一直是印度最感兴趣的技术和产品。根据双边农业合作协议，2012—2015年，印以在哈里亚纳邦、马哈拉施特拉邦、拉贾斯坦邦、古吉拉特邦、比哈尔邦、卡纳塔克邦、泰米尔纳德邦、北方邦和旁遮普邦开展农业合作，计划建立29个农业合作中心。2012年10

---

① Government of India, Ministry of Science&Technology, "India and Israel to Step-up Science and Technology Cooperation," December 6, 2016, http://pib.nic.in/newsite/PrintRelease.aspx? relid = 154964.

月，印度和以色列 SDE 潮汐能源发电厂达成协议，该公司在印度古吉拉特邦和马哈拉施特拉邦沿岸建立潮汐发电厂。印度认为："潮汐能源发电比煤和石油发电便宜一半，仅此一项就对印度意义重大。"① 2012 年，两国签署一项为期五年、价值 5000 万美元的学术研究协议，以促进各学科的合作研究，包括医疗技术、信息技术、社会和福利、人文和艺术。"为解决缺水问题，以色列还向印度的'清洁恒河任务'提供专家与技术支持。"②

20 世纪 90 年代末开始，软件和通信技术、航空航天成为双方合作的新增长点。"1999 年，印度和以色列的信息技术协会利用各自优势，在 IT 领域进行一系列高水平的合作，签署大量合作协议，使得这一领域成为增长最快的部门。"③ 印度与以色列的软件公司相互投资，相关机构间也展开联合研发，例如，印度电子和电脑软件出口促进会和以色列电子工业协会签署合作备忘录、印度国家软件和服务公司与以色列软件服务公司协会签署合作备忘录。同时，以色列主要 IT 企业如阿姆多克斯（Amdocs）、方德科技（Fundtech）、阿提卡（Atrica）、尼龙软件（Niloosoft）等都在印度设立研发中心或子公司。在航空航天技术方面，印度和以色列开展了一系列合作。两国共同研发卫星技术，帮助印度更好地实现国土资源的检测和管控。与此同时，以色列还对参与印度的无人探月工程"月球初航"产生浓厚的兴趣。印度 2009 年发射的 RISAT-2 卫星就是借助以色列的卫星技术，并得到以色列军工部门

---

① David Shamah, "Israeli Wave Power Company to Ring India with Power Plants," The Times of Israel, September 28, 2012, http://www.timesofisrael.com/israeli-wave-power-company-to-ring-india-with-power-plants.

② Karishma, "India-Israel Relations: Evolution, Challenges & Recent Developments," February 17, 2020, https://www.iasexpress.net/india-israel-relations/.

③ Export-Import Bank of India, "Israel and India: A Study of Trade and Investment Potential, Occasional Paper No. 78," 2000, p. 38.

的技术支持。

　　第四,军事合作。以色列快速发展成为印度国防和安全领域主要的合作对象国。"印度军方一直钦佩以色列军队在不同军事行动中的成功经验和专业知识,并早就开始游说(政府和议会)要与以色列进行更多的合作。"① 20世纪90年代后期,尤其是印度人民党政府上台与卡吉尔冲突后,印度和以色列的军事合作才步入"快车道"。印以的军事合作主要集中在军售、情报、军事交流、反恐等方面。同时,两国防务合作的制度建设也逐步到位。1999年,两国开始建立定期战略磋商机制。2000—2002年,两国建立联合防务工作小组,开始就加强军事合作、武器销售、军工合资企业、情报交流以及安全问题进行定期磋商。到21世纪头十年,对印度而言,"以色列已经成为仅次于俄罗斯的第二大国防供给国"②。双方合作涉及空军、中小型武器改造升级、边境管控、情报合作、海上巡逻等诸多方面,"印度寻求军事技术现代化和以色列寻求为国防科研注资可谓'一拍即可',这为两国发展长期稳定合作伙伴关系奠定坚实的基础。"③ 作为对印度的信任,1998年和2006年,以色列都同意印度参与联合国维和行动,驻扎在黎巴嫩或以叙边境地区。"2000年,印度副总理兼国土部部长阿德瓦尼访以后不久,一个六人以色列安全代表团秘密访问了克什米尔。"④ 2003年,沙龙总理访问印度后不久,两国就开展联合军事演习,

---

① Nicolas Blarel, "India-Israel at 25: Defense Ties," April 4, 2017, https://www.mei.edu/publications/india-israel-25-defense-ties.
② Peter R. Lavoy, "India in 2006: A New Emphasis on Engagement," Asian Survey, Vol. 47, No. 1, January 2007, p. 120.
③ P. R. Kumaraswamy, India's Israel Policy, New York: Columbia University Press, 2010, p. 257.
④ Sujata Ashwarya Cheema, Essays on Iran and Israel: An Indian Perspective, New Delhi: KW Publishers Ltd., 2014, p. 137.

表现出两军有较高的军事互信。

印以两国签署大量军售协议。其中比较著名的包括进口以色列"巴拉克"反导系统、赫仑无人机、"超级德沃拉"Ⅱ型快速攻击艇、费尔康预警机、远程电子监控设备、夜视仪、米格战斗机等，印度还在2008年1月帮助以色列发射间谍卫星。仅2002—2007年，双边国防采购的总金额就超过50亿美元。2008年8月，以色列向印度出售价值约10亿美元的斯帕德地空导弹系统；2009年2月，与印度签订价值约14亿美元的防空导弹系统；2009年4月，以色列再次出售约11亿美元的"巴拉克—8"型防空系统；2011年3月，印度与以色列签订总值约18亿美元的军火合同，以色列将会向印度提供约8000枚"长钉"反坦克导弹；2012年12月，印度又与以色列达成购买"铁穹"防空导弹系统的初步协议。

除军售外，两国军工企业也紧密合作，共同研发新的军事产品。印度与以色列共同研发LR—SAM远程舰载防空导弹系统，以色列还为印度空军研发中程萨姆导弹系统。2012年12月，印度与以色列联合投资20亿美元开发中程和远程弹道导弹项目。2014年2月，印度国防研究与发展组织、印度巴拉特动力有限公司、印度巴拉特电子有限公司，以及以色列飞机工业公司和拉斐尔公司联合研制了一种包括短程、中程和远程拦截导弹在内的多层次导弹防御体系。

第五，安全合作。安全合作方面主要是反恐和边境控制。2003年的《德里声明》中，印以双方宣称：恐怖主义破坏自由和民主的根本基础、危及民主社会的继续存在，构成全球性的威胁。印度和以色列是恐怖主义的受害者，也是同恐怖主义作斗争的伙伴。以色列在情报收集、技术开发、设备生产和反恐方面都有非常丰富的经验。因此，情报交换、反恐经验分享一直是两国情报机构合作的主要内容，以色列还对印度进行人员培训等。两国建交后，印度对以色列的边境管控、电子监听技术和设备产生浓厚的兴趣。2009年，印度向以色列购买拥有全天候观测能力的RISAT-2型侦查卫星，目的在于加强印度在孟买恐袭之后的监测能力。两国建立反恐联合工作组，并进行常规化的交流和情况通报，双方的基层情报官员还有定期互访机制。以色列帮助印度在印控克什米尔地区和印度巴基斯坦边界部署了监视设备，同时向印度边防部队提供装备，训练印度特种部队，还同印度展开联合军事演习。以色列是少数可以在这一领域与印度建立常规化机制的国家之一。例如，"9·11"事件发生的当天，以色列国家安全顾问正在新德里与印度方面就反恐问题进行高层次的会谈。

1998年3月，瓦杰帕伊代表的印度人民党再次执政，它在发展印以关系上比国大党表现得更为积极和主动。印度人民党一贯采取亲以色列的立场，20世纪80年代时就积极推动两国建交。新政府上台后没有几天，印度就和以色列签署1400万美元的轻武器采购合同。5月，印度又派武装部队总司令马利克将军访问以色列，这是印度最高军事长官首次出访以色列。不仅如此，马利克还在以军的带领下参观了戈兰高地。1967年第三次中东战争后，以色列占领了戈兰高地大部分地区，并在戈兰高地上建立定居点、公路网、军事据点和基地。马利克的访问引起阿拉伯国家的高度关注，埃及、叙利亚、黎巴嫩和巴解组织驻印度大使纷纷质询外交部，要求对这一行为做出解释。

1998年后，以色列在诸多问题上坚决支持印度。例如，在印度进行核试验、突破"核门槛"的问题上，以色列没有公开发表任何批评言论。在美国对印实施制裁后，以色列保持对印度的军售和农业合作，立即批准向印出口无人机和战斗机所用电子设备。

不仅如此,以色列还顶住美国要求停止军售的压力。1999年,印度与巴基斯坦间的卡吉尔冲突中,以色列是少数给予印度直接军事援助的国家之一。冲突结束后,印度与以色列加强了在迫击炮、激光制导导弹、无人机等方面的合作。

(三) 莫迪执政后的印以关系

2014年莫迪政府上台后,发展印以关系成为两国政府与首脑的共识,双边关系获得全面快速发展。两国不仅建立战略伙伴关系,实现元首互访,还共同参加由美国牵头组织的美国、以色列、阿联酋和印度"四边机制"(俗称"小四边"),与美、日、印、澳"四边机制"相呼应。印度想借助"小四边"机制加强与以色列的贸易、投资、科技合作。以色列尤其是内塔尼亚胡政府同样高度重视和积极落实与印度的关系,甚至出现两位元首海滩赤足漫步的温情场面,以此衬托两国关系的亲密无间。

1. 印度以色列政治关系持续升温

莫迪上任后,拉开印以关系升温序幕的是2014年11月印度内政部部长拉杰纳特·辛格对以色列的访问与2015年1月、2月以色列农业部部长和国防部部长对印度的访问。2015年10月,印度总统慕克吉访问以色列。2016年11月,以色列总统里夫林应邀回访印度。

印以关系的高潮是莫迪总理访问以色列。2017年7月4—6日,莫迪对以色列进行了历史性访问,他是印度历史上第一个访问以色列的总理。访问期间,印以关系正式升级为战略伙伴关系,双方在研发创新、水资源、农业和空间等领域签署了7项协议或谅解备忘录,涉及金额为43亿美元(不包括军售)。此次访问是单独访问,没有遵循"访以必访巴"的旧例,显示出印度有意将印以关系和巴以关系脱钩的政策调整。2018年1月14—19日,以色列总理内塔尼亚胡回访印度，其间两国签署了四项协议，涉及网络安全、石油和天然气等方面，另外还签署五项政府协议。到访的内塔尼亚胡享受美国总统和教皇访问才有的最高规格接待，印度为他参观泰姬陵而关闭了整个景区，从艾哈迈达巴德机场到圣雄甘地的萨巴尔马蒂道场的 8 千米安全路线上，印度设置了 50 个舞台，由国内各地艺术家进行现场表演。2021 年 11 月 2 日，在英国格拉斯哥举行的联合国气候变化会议期间，莫迪和以色列总理贝内特举行会晤。2022 年是印度和以色列建交 30 周年。为表示庆祝，两国联合设计纪念图标，以两国国旗上的大卫星和 24 根轴条的蓝色法轮为核心，并用象征两国建交 30 周年的数字"30"来串联（见图 7.1）。

图 7.1　印以建交 30 周年纪念图

经过多年发展，印以之间已经建立诸多沟通机制，确保不同领域的合作顺利展开，如两国外交部磋商机制（2020 年 12 月举行第 16 次会议）、政策规划对话（2020 年 10 月举行第一次会议)、印以论坛(2021年12月举行第14届会议)、双边防务合作联合工作组(2021年举行第15次会议)、印度以色列管理委员会等。

自莫迪上任后,印度逐渐加强对印度犹太人与印裔犹太人的关注,作为推动两国关系深度发展的历史"源动力"。以色列国内有超过8万人的印裔犹太人,他们是印度犹太人移民后的第一代、第二代与第三代。印度将其视为印以、印犹友好关系的象征和见证,希望"(通过)印度的以色列后裔和他们祖先的原籍国之间建立更紧密的文化联系……努力保护印度的犹太遗产"[1]。为此,印度支持印度犹太人全国大会的活动,扩大犹太遗产旅游,并在印度犹太人曾经聚集的地方设立相关项目保护犹太社区的记忆,例如,在加尔各答建成"回忆犹太加尔各答"(Recall Jewish Calcutta)的数字档案馆。

2. 印度以色列经贸技术合作逐步提升

经贸关系是印以关系的主要内容,也是短板所在。进入21世纪后,两国经贸规模始终没有大的提升,投资规模在双方的外国直接投资中均占比较低。投资规模小和总量稳定的特点既是两国经贸关系牢固的表现,也反映出经贸投资关系受限难以提升的困境。莫迪政府希望两国的经贸和投资关系能有较大规模的提升,借此平衡发展水平较高、进展较快的双边政治、军事和安全合作关系。例如,2017年,莫迪总理访问以色列期间,两国举行新成立的"印度—以色列CEO论坛"第一次会议;内塔尼亚胡总理访问印度期间,两国举行该论坛第二次会议。印以自由贸易协定谈

---

[1] Kait Bolongaro, "Indian Jews: Building bridges between India and Israel," August 17, 2015, https://www.dw.com/en/indian-jews-building-bridges-between-india-and-israel/a-18653974.

判于2010年由印度提出并启动，谈判至今已超过十年。截至2018年2月，双方共进行过9轮谈判。由于分歧较大，印以始终未能达成一致。受2022年2月印度阿联酋签署自贸协定的刺激，印度和以色列考虑重启自由贸易协定谈判。莫迪访问以色列期间制定的目标是希望在五年内将双边经贸规模提升至200亿美元。从目前的情况看，这一目标较长时段内难以实现。

进入21世纪第二个十年，印以双边商品贸易呈现多样化趋势，具体表现为贸易强度高、互补指数不断提升、贸易行业集中度和脆弱性逐渐下降等有利变化，虽然过程缓慢，但调整方向更为合理，意义重大。贸易涉及制药、农业、信息技术和电信、国土安全等诸多领域。印度对以色列的主要出口产品包括宝石和金属、化工产品、纺织品、植物和蔬菜以及矿产品。印度从以色列进口的主要产品包括宝石和金属、化学品（主要是钾肥）和矿产品、基本金属以及机械和运输设备。

印以经贸关系的三大特点是规模小、稳定和长期保持顺差。双边贸易额从1992年的2亿美元，提升至2011年的51.9亿美元；受全球经济衰退，2011年后印以贸易总额略有下降；2014年，双边贸易额为45.2亿美元；2018年，双边贸易达到56.5亿美元，印度顺差为18亿美元；2021年，双边贸易额为78.7亿美元，即便是贸易额显著增长的2021年，双边贸易额在当年贸易总额度占比仍不到1%（见表7.2）。目前，印度已升级为以色列的全球第七大贸易伙伴，是以色列在亚洲的第三大贸易伙伴。印以之间服务贸易的规模更小，以2012年为例，双边服务贸易总额约为4.07亿美元。印度对以色列的服务出口约为3.17亿美元，其中1.626亿美元是研发服务。"以色列是非工业原钻的主要来源地。这里也是印度抛光钻石的主要出口地。"① 因此，钻石交易一直是印以贸易中的第一大项，且占比巨大。2014 年，钻石贸易占贸易额 50%；2018 年，钻石贸易占贸易额近 40%，虽然占比略有下降，但仍是第一大项。

表7.2　　　　　2017—2021 年印度以色列贸易额　　（单位：亿美元，%）

	2017 年	2018 年	2019 年	2020 年	2021 年
印度出口	33.64	37.18	33.63	27.00	47.96
印度进口	20.67	19.32	15.93	19.60	30.74
贸易总额	54.31	56.50	49.56	46.60	78.70
占贸易总额比例	0.71	0.67	0.63	0.68	0.76
财政平衡	12.97	17.86	17.70	7.40	17.22

资料来源：Government of India, Ministry of Commerce and Industry, Department of Commerce, Export Import Data Bank：Israel, https：//tradestat.commerce.gov.in/eidb/iecnt.asp。

从投资角度来看，2000 年 4 月至 2013 年 11 月，以色列对印度的直接投资为 7370 万美元。"该数据没有计入从以色列流向印度、流经美国、欧洲和新加坡的外国直接投资。"② 截至 2021 年 12 月，以色列对印度的直接投资为 2.64 亿美元，在外国直接投资排名中居第 44 位，占总投资额的 0.5%，在中东地区位列第 5 位。③ 2014 年后，以色列在印度投资集中在高科技和农业两个方面，主要领

---

① PHD Research Bureau, "India-Israel Relations Building Bridges of Dynamic Trade," October 2017, https：//www.phdcci.in/wp-content/uploads/2018/12/India-Israel-Relations_Building-Bridges-of-Dynamic-Trade-October-2017.pdf.

② Government of India, Ministry of External Affairs, "India-Israel Relations," July 2015, https：//mea.gov.in/Portal/ForeignRelation/Israel_2015_07_14.pdf.

③ Government of India, Ministry of Commence and Industry, Department of Industial Policy and Promotion, "FDI Statistics," 2021, https：//dpiit.gov.in/sites/default/files/FDI%20Factsheet%20December,%202021.pdf.

域包括：能源、可再生能源、电信、房地产等，同时还在印度建立相关的研发中心。以色列公司尤其喜欢投资印度的水资源和技术、国土安全和房地产等领域。

2000年4月至2017年6月，印度在以色列的投资总计1.224亿美元。[①] 2015年，印孚瑟斯收购以色列初创企业帕纳雅（Panaya），马恒达科技公司收购康维科技和领旗科技的研发部门，印度康尼克提瓦公司（Connectiva）收购奥里斯塔公司（Olista）并将其作为研发中心。2017年，印度赛山吉私营有限公司收购以色列领先的金属零部件和金属设备制造商史图拉公司。2019年1月，印度洛希亚公司收购以色列国防公司Light & Strong，该公司是全球复合材料零件领域的"领导者"。

2014年后，印以旅游业稳步发展。2018年，去印度旅游的以色列人超过5万人，同年有7万多印度游客去以色列游玩。为进一步发展旅游业，印度航空于2018年3月开通新德里至特拉维夫直飞航班，每周5班。以色列航空公司则有孟买和特拉维夫之间的直飞航班。另外，以色列阿基亚航空公司运营果阿邦（帕纳吉市）和喀拉拉邦（科钦市）的航班。新冠疫情暴发后，印度航空的新德里—特拉维夫航线缩减为每周2班。

在科技合作方面，一方面，印度和以色列继续执行1993年签署的《印度以色列科学技术合作协议》，保持各领域科研机构的合作；另一方面，根据2005年签署的工业研究及发展计划谅解备忘录，成立"印以工业研究和技术创新基金"[②]，持续推动双边工业研发及具体项目。科技合作涉及工程、环境和清洁技术、制药、

---

① Government of India, Ministry of External Affairs, "India-Israel Bilateral Relations," June 2019, https：//www.mea.gov.in/Portal/ForeignRelation/India-Israel_ Relations.pdf.

② "印以工业研究和技术创新基金"是印度和以色列的半官方合作基金，旨在促进和支持两国公司之间的联合工业研发项目，以应对两国商定的重点部门的各种挑战。

医疗保健、网络、航空航天、可再生能源等。例如，以色列加入印度领导的国际太阳能联盟，加强两国在可再生能源和在清洁能源方面的合作。2014年开始，印度空间研究组织和以色列航天局恢复联系，并连续举办双边合作会谈。2017年莫迪访问期间，两国签署三项太空合作协议。2020年12月21日，印度和以色列签署卫生和医药领域合作协议。印以希望深化两国在卫生部门的战略伙伴关系，尤其是加强卫生方面的研发合作。2022年1月，两国就扩大"印以工业研发和技术创新基金"达成协议，批准三个价值550万美元的联合研发项目，并提出创建更广泛的印以合作生态系统的措施。

农业合作是印以技术合作的组成部分。20世纪初，印度文豪泰戈尔就希望引进犹太人的农业技术，以帮扶印度落后的农业耕种模式。2015年1月，印以签署联合声明，成立联合小组，确定继2012—2015年农业联合行动计划后，两国再度实施第三阶段2015—2018年行动计划。以色列在园艺机械化、保护性栽培、果园和树冠管理、苗圃管理、奶业和乳制品生产等方面的专业技术对提升印度的农业耕作、牧业养殖、管理水平有巨大帮助，其中哈里亚纳邦和马哈拉施特拉邦是受惠最多的两个邦。2017年7月，双方签署联合行动计划第四阶段合作协议（2018—2020年）。2019年，印度12个邦（比哈尔邦、古吉拉特邦、哈里亚纳邦、卡纳塔克邦、马哈拉施特拉邦、旁遮普邦、拉贾斯坦邦、泰米尔纳德邦、北方邦、米佐拉姆邦、安得拉邦和西孟加拉邦）的25个园艺卓越中心投入使用，剩余4个中心在2020年投入使用。目前，印度和以色列正在实施第五阶段的农业联合行动计划，时间为2021—2023年。

3. 印度以色列军事安全合作成果突出

进入21世纪第二个十年，尤其是莫迪政府执政后，印以国防安全合作塑造出军火贸易、武器联合研发、反恐合作"三位一体"的新型关系，防务安全合作非常牢固。国防领域的合作保持2014年之前的合作势头，军事高级官员互访频繁，合作范围既宽且深，涉及情报、军售、人员交流和培训、联合研发、武器制造等诸多方面，成果突出。2017年以来，印度成为以色列武器的战略伙伴和共同生产国。① 在2021年第15次双边防务合作联合工作组会上，印以同意增设一个新的工作组，制定"防务合作十年路线图"，开发新的合作领域。另外，印度国防研究开发机构和以色列国防研发局于2021年11月签署双边创新协议。"根据武器监测机构的数据，印度是以色列制造武器的最大买家，每年支出超过10亿美元。安全领域的双边合作正从以色列到印度的销售转向合作生产。"②

2014年后印以军方高层的访问主要有：2014年3月和6月，印度国防部部长、陆军参谋长相继访问以色列。2018年，印度空军参谋长达诺阿元帅访问以色列。2015年，以色列海军和空军参谋长访问印度。2015年、2017年和2018年，印度军舰先后到访海法港。2021年10月，印度参加在以色列举行的"蓝旗—2021"空军多边演习。2022年6月，以色列国防部部长甘茨访问印度，并参加30周年庆祝活动。

2014年后两国的军售主要有：2014年莫迪当选期间，以色列向印度提供价值6.62亿美元的武器和国防物资，这一数量超过了以色列三年来最后服役的武器数量。③ 2014年11月10日，以色列

---

① Azad Essa, "India and Israel: The arms trade in charts and numbers," June 3, 2022, https://www.middleeasteye.net/news/india-israel-arms-trade-numbers.
② Oded Eran, "India and Israel: A Strategic Alliance?," July 6, 2017, https://www.inss.org.il/wp-content/uploads/2017/07/No.-951.pdf.
③ Era, "India-Israel Bilateral Relations-Explained in Detail," February 14, 2022, https://upscbuddy.com/india-israel-relationship/.

成功测试两国联合研制的"巴拉克—8"型防空和海军导弹系统,它们是由以色列国防部和印度国防研究开发机构共同研究开发的,也是印以军事研发合作中的重要里程碑。2015年,以色列为印度军队开发地对空导弹系统,当年,印度购买321个发射装置和8356枚导弹。"根据斯德哥尔摩国际和平研究所(SIPRI)2016年的数据,印度与以色列的武器贸易从2015年的2.76亿美元增加到2016年的5.99亿美元,增加了117%。"[1] 2017年4月,以色列还与印度陆军和海军签订价值20亿美元的先进防空系统供应合同。另外,印度还购买一系列以色列导弹和精确制导弹药,如"蟒蛇"和"德比"空空导弹、"水晶迷宫"和"香料"—2000炸弹等。另外,以色列授权印度生产各型轻重枪械。印度军方人士认为:"与其他国家相比,以色列将最好的技术给了印度。"[2]

在安全和反恐领域,两国以反恐联合工作组定期举行会议的方式来落实合作事宜。2017年,莫迪访问以色列时两国签署的联合声明明确强调,双方坚定致力于打击一切形式和表现的恐怖主义。两国应对恐怖分子、恐怖组织及其网络,并对所有鼓励、支持和资助恐怖主义或为恐怖分子和恐怖组织提供庇护的人采取强有力的措施。[3] 2014年2月,印度和以色列签署三项重要协议,包括刑事事务法律互助、国土和公共安全合作以及机密材料保护。9月,在国土安全合作联合指导委员会首次会议上,两国

---

[1] Vinay Kaura, "Indo-Israeli Security Cooperation: Onward and Upward," July 8, 2017, https://besacenter.org/wp-content/uploads/2017/07/522-Indo-Israel-Security-Cooperation-Kaura-final.pdf.

[2] Lt. Gen Prakash Katoch, "Indo-Israel Relations," India Defense Review, November 23, 2014, http://www.indiandefensereview.com/news/indo-israel-relations/.

[3] Government of India, Ministry of External Affairs, "India-Israel Joint Statement during the visit of Prime Minister to Israel," July 5, 2017, https://www.mea.gov.in/bilateral-documents.htm?dtl/28593/IndiaIsrael_ Joint_ Statement_ during_ the_ visit_ of_ Prime_ Minister_ to_ Israel_ July_ 5_ 2017.

共同设立边境管理、内部安全与公共安全、警察现代化、打击犯罪能力建设、预防犯罪和网络犯罪五个工作小组。自 2015 年起，印度情报学员在海得拉巴国家警察学院培训结束后，都会前往以色列国家警察学院进行为期一周的外国接触训练。①"以色列向印度提供卫星照片图像、非武装车辆和无人机、手持式热成像仪、夜视设备、远程侦察和观察系统以及用于反恐目的的各种探测设备。"②

4. 印度以色列文化合作保持稳定

印以的教育合作由来已久。特拉维夫大学、希伯来大学和海法大学是最早开设有关印度课程的学校。2013 年 5 月，两国启动新的联合学术研究资助计划，第一轮资助集中于精确科学和人文科学。政府每年捐助 500 万美元，为期五年。自 2012 年以来，以色列向来自中国和印度的 100 名学生提供博士后奖学金。2014—2015 年，总共 100 个奖学金名额中有 70 个授予了印度学生；到 2016 年，总共 350 个奖学金名额中有 250 个授予了印度学生。2015 年印度总统访问期间，两国大学达成八项学术合作协议。

截至 2014 年年底，印度裔犹太人总数达到 8 万人。2013 年和 2014 年，印度驻以色列大使馆两次举办印度犹太人在以色列全国大会，将其作为印以友好交往的纽带和见证。此后，印度在拉姆拉（2015 年）、基里亚特加特（2016 年）和阿什凯隆（2017 年）等城市举行年度大会，参加人数均在 3000 人以上。截至 2019 年，在以色列的印度移民为 1.4 万人。这些移民劳工

---

① Government of India, Ministry of External Affairs, "India-Israel Bilateral Relations," June 2019, https：//www.mea.gov.in/Portal/ForeignRelation/India-Israel_ Relations.pdf.

② Vinay Kaura, "Indo-Israeli Security Cooperation: Onward and Upward," July 8, 2017, https：//besacenter.org/wp-content/uploads/2017/07/522-Indo-Israel-Security-Cooperation-Kaura-final.pdf.

中有1.32万人是医护人员,其他人是钻石商人、IT人员、学生和非技术工人。2020年8月,印度和以色列签署《2020—2023年文化交流计划》,促进两国在包括青年交流在内的所有艺术和文化领域的文化交流。另外,以色列每年都举办"了解印度"活动,促进以色列人与在以色列的印度人、印裔犹太人的关系以及对印度历史文化的认知。

第三节 印度犹太人与其回归

以色列是当代世界最典型的移民国家,移民是其国民的主体。学界一般将以色列国内社群分为阿什肯纳兹人、塞法迪人和以色列阿拉伯人三大类。20世纪90年代后,由于苏联解体和大批俄裔犹太人涌入,国内社群进一步分化为阿什肯纳兹人、塞法迪人、以色列阿拉伯人、俄裔犹太人、外籍劳工和非法移民等,多元色彩和社会分裂日益加深。依据以色列中央统计局的数据,截至2020年1月,以色列总人口为913.6万人,其中犹太人677.2万人,占74.1%;阿拉伯人191.6万人,占21%;其他为44.8万人,占4.9%。[1]

印度主要有三个犹太人群体:马哈拉施特拉邦的贝尼犹太人(Bene Jews)、马拉巴尔海岸的科钦犹太人(Cochin Jews)与集中在孟买和加尔各答两大城市的巴格达犹太人(Baghdadi Jews)[2]。他们在回归以色列后被归类为塞法迪人。印度犹太人的存在历史

---

[1] "Media Release: Population of Israel on the Eve of 2020 – 9.1 Million," Israel Central Bureau of Statistics, December 31, 2019, http://www.cbs.gov.il/he/mediarelease/DocLib/2019/413/11_19_413e.pdf.

[2] 贝尼犹太人、科钦犹太人、巴格达犹太人文后分别简称为贝尼人、科钦人和巴格达人。

久远，他们不同程度地保持犹太传统与犹太人身份，拥有独立的社会地位，享受着印度多元文化与宗教宽容氛围下和平、安定，尤其是非歧视的良好生存环境。因此，"印度犹太人是犹太人大流散中最快乐的'一章'"[①]。以色列建国后，三大犹太人群体陆续加入"回归运动"，在印的印度犹太人数量锐减；与此同时，他们又因为身份、宗教问题等在以色列受到差别待遇甚至歧视，多次引发以色列国内和全球其他地区犹太人的高度关注与激烈争论。截至2021年年底，以色列有8.5万名持有以色列护照的印度裔犹太人。[②] 他们都是印度犹太人的后裔。印度犹太人是犹太人全球分布中较为特殊的一支，它表明第三次大流散中犹太人并非西方或欧洲属性的，它其实是全球性的。

一 三大印度犹太人群体

印度自古就有犹太人存在。这些犹太人长期居住在印度西部沿岸，他们起初以从事农业为主，近代以来绝大部分人都从事商业活动，农业人口渐趋萎缩。数千年来，印度犹太人尤其是科钦犹太人是整个南亚、西亚、东非至地中海庞大犹太人商业网络的重要组成部分，他们主要经营珠宝和香料生意，给商人提供贷款或进行投资。

到19世纪中期，印度境内的犹太人社团总人数达到3万人。"最大的三个犹太人社群分别是位于马拉巴尔海岸的科钦犹太人、孟买地区的贝尼犹太人和巴格达犹太人（这个名字是指使用阿拉

---

① Nathan Katz, *Who are the Jews of India?* Berkeley and London: University of California Press, 2000, p. 4.
② Government of India, Ministry of External Affairs, "India-Israel Bilateral Relations," January 2022, https://mea.gov.in/Portal/ForeignRelation/ISRAEL_BILATERAL_brief_final_2022.pdf.

伯语和波斯语的印度犹太人，他们主要来自两河流域的巴格达）。"[1] 前两大社群都坚称自己是"消失的十个部落"，由于缺少可靠的族源记载，所以无法确定两者是何时迁徙并定居印度的。相比较而言，孟买犹太人因入印定居时间最晚，严格保留犹太人的宗教和习俗。科钦犹太人次之，贝尼犹太人受印度文化影响最多。另外，印度北部还存在一些山区犹太人部落，他们也自称为"消失的十个部落"。由于规模和影响力远远小于三大犹太人群体，以色列对这批部落犹太人的种族和宗教属性争议较大，因此不把他们看作印度犹太人中的独立一支。

（一）贝尼人

贝尼人是印度犹太人群体中最古老、规模最大的一个分支。他们主要分布在印度西部的马哈拉施特拉邦，该邦的首府是孟买。这里地理位置优越，历史文化悠久，孟买素有印度"商业之都"和"金融之都"之称，是印度久负盛名的国际都市。贝尼人因为在印度居住时间久远，因此日常使用的是马拉地语（Marathi）。

贝尼人称自己的祖先来自加利利，这里属于古代的以色列。公元前175年，一队犹太人远航到印度的西海岸，遭遇海难船只沉没后，有七对犹太夫妇幸存，并在名叫纳文加翁（Nawgaon）的印度村庄定居。今天，贝尼人在康坎海岸建立了一座纪念碑，用以纪念古代犹太先祖在这里的沉船事故和登岸定居。贝尼人属于"消失的十个部落"中的亚瑟部（Asher）或者希伯伦部（Zebulon）。这两个部落都居住在当时巴勒斯坦的沿海地区，善于航行，也一直从事榨油业。有关贝尼人起源还有多种学术观点，例如，有人

---

[1] Nathan Katz, *Who are the Jews of India?* Berkeley and London: University of California Press, 2000, p. 2.

认为他们源自也门或波斯犹太人；有人认为他们是印度人，只不过在古代就归信犹太教。2003年，有科学家对贝尼人的基因图谱做了采样研究，并发表题为"遗传学和印度犹太人的历史：贝尼人和科钦黑犹太人"的文章，确定贝尼人、科钦人与印度居住地的其他居民基因不同，他们源自中东，不是印度人的后裔，也不是古代归化犹太教的印度人。

贝尼人最早以难民的身份居住在康坎海岸，主要从事农业和榨油业。"他们被称为'星期六榨油工'，因为他们星期六不工作，这是犹太人的休息日。"[①] 贝尼人在命名时既使用印度人常见的名字，也保留《旧约·圣经》中的名字，如亚伯拉罕、以撒、雅各布等，这些都是犹太教著名的祖先或先知。贝尼人在康坎海岸先后散居在140多个村庄，此后他们又将居住的村庄加入自己的名字。

对贝尼人的记载最早可以回溯到公元12世纪，当时西班牙著名的犹太哲学家、科学家及神学家迈蒙尼德在信件中称，"《密西拿律法书》中称犹太人远在印度"。公元1738年，丹麦传教士在马德拉斯，也就是现在的金奈市，听说并记载了贝尼人的存在，强调他们割包皮，不与印度人通婚，还保留一些犹太人的饮食禁忌。30年后，科钦犹太人向荷兰人介绍贝尼人的存在，称贝尼人居住在马哈拉施特拉邦，受到蒙古人统治，他们居住在帐篷里，从事榨油业，部分人当了兵，除了守安息日和诵读施玛篇，他们并不了解自己的信仰。从12世纪开始，贝尼人在与科钦人、殖民早期的欧洲传教士、英国殖民统治者和巴格达人的先后接触过程中，逐渐增进对犹太教的接触和了解。也有人认为，由于与犹太

---

① Ranabir Chakravarti and Shalva Weil eds., *Indo-Judaic Studies in the Twenty-First Century: A View From the Margin*, New York: Palgrave Macmillan, 2007, p. 147.

世界的长期割裂,"贝尼人与科钦人的联系在其接受拉比犹太教的过程中发挥了非常重要的作用"[①]。应该说,守安息日、诵读施玛篇、保持犹太饮食习惯、不对外通婚是贝尼人在高度孤立于犹太世界的千年时间中保持自身信仰和种族的重要手段。同时,印度的种姓制度也成为贝尼人维持宗教和种族完整性的重要外部条件。种姓制度有着严格的等级区别,只允许种姓内部通婚,跨种姓的婚姻很困难,低种姓或者贱民基本没有和高种姓结合的可能性。贝尼人从事的榨油业属于首陀罗种姓的职业范畴,首陀罗是地位最低的农业、手工业等各种体力劳动者。另外,遗产继承规则、用餐不同席等种姓制度的特征也有助于增强贝尼人作为一个特殊群体独立存在,防止人口外流和血缘稀释,极大地减少他们与其他种姓或民族融合的可能性。因此,历史学家和社会学家认为,贝尼人通过将自己定位为一个低阶的次种姓,实现与印度社会的和谐共存,也实现对自身传统和血脉的有效保护。18世纪之前,他们与印度教徒、穆斯林、基督教徒一起生活在偏僻、闭塞的印度村社中,与世无争,彼此之间相安无事。贝尼人群体中没有会堂、专门的墓地、礼定屠宰师,也没有拉比、赞礼员或者完整的拉比犹太教典籍。

对贝尼人犹太身份的认定早在12世纪就已经开始。此后,来自欧洲和西亚如西班牙、伊拉克、埃及、巴勒斯坦等地的犹太拉比多次确认其犹太人身份。公元1796年,贝尼人长官塞缪尔·迪瓦卡在孟买建立第一个贝尼人会堂。此后,贝尼人相继建立超过20座犹太会堂,以服务其宗教信仰的需要,其中大部分会堂都是正统犹太教会堂。在英国殖民时代之前,贝尼人的宗教权威是由

---

① Joseph Hodes, *From India to Israel: Identity, Immigration, and the Struggle for Religious Equality*, London: McGill-Gueen's University Press, 2014, p. 13.

三个家族担任,他们承担着宗教法官的角色。到19世纪末期,宗教权威转移给非贝尼人,如科钦人或来自中东的犹太人。贝尼人内部分裂出两个群体——白贝尼人和黑贝尼人。前者是纯正的犹太人后裔,后者是与当地妇女通婚的后代。两者之间禁止通婚,也禁止同桌进餐,许多白犹太人甚至不允许黑犹太人靠近他们的厨房。尽管白犹太人认为黑犹太人是被污染的,但两者可以在同一个会堂里一起进行宗教活动。

(二) 科钦人

科钦人的起源和贝尼人一样,没有准确的历史记录或证据,而是充满着传说。科钦人生活在印度西南部的喀拉拉邦,西临阿拉伯海,东靠西高止山。古代以来,这里一直是印度洋区域海上交通的枢纽,喀拉拉邦、也门的亚丁、埃及的开罗是犹太商人活动的最主要商港。

科钦人自称他们的祖先是在公元70年,也就是耶路撒冷的第二圣殿被罗马人摧毁后,离开巴勒斯坦到达喀拉拉定居。"公元72年,他们在印度的坎纳诺尔登陆。"① 这个地方中世纪的时候被犹太人称为希里(Shingly)。科钦人使用的是马拉雅拉姆语,这是希伯来语与泰米尔语、西班牙语、英语等混合而成。

由于临海和长期从事航海与经商活动,科钦人自古代到中世纪一直和西亚、地中海东岸、北非的犹太人社团保持着联系,熟知犹太教自1世纪以来的宗教变革与相应的宗教理论、观念和仪式的变化。因此,科钦人与贝尼人不同,始终保持与西亚犹太人的联系和交往,未曾处于割裂和孤立的状态中。科钦人和贝尼人最早接触的记载是"公元340年,有72个贝尼人家庭从康坎海岸迁徙

---

① Nathan Katz and Ellen S Goldberg, *The Last Jew of Cochin*, South Carolina: University of South Carolina Press, 1993, p. 35.

到马拉巴尔海岸"①。此后,两者的接触似乎中断了,再没有进一步交往的记录,这种隔绝的状态一直延续到18世纪。"和贝尼人一样,科钦人也和印度人保持着积极的联系。他们在国际胡椒贸易中扮演着重要角色,在当地统治者的军中服役,并得到很高的地位。"② "公元1000年的铜盘以马拉雅拉姆语记载了当时的喀拉拉统治者授予犹太社群领导人一系列特权的故事。"③ 当时哲罗国的统治者赐予犹太人首领约瑟夫·拉班两个铜盘,"这两个铜盘现存于科钦的帕拉德西会堂,铜盘上刻有王公赋予约瑟夫·拉班的72项特权"④。

科钦人既不需要隐瞒自己的犹太人身份和宗教属性,也不需要像贝尼人那样扮演难民的角色并生活在偏远的乡村。科钦人在文化上、经济上乃至政治上与他们周边的印度统治者、穆斯林、基督徒,海外的阿拉伯人、波斯人,以及后来的葡萄牙人、荷兰人、英国人等进行着公开的交往与斗争。在西方殖民者到达印度之前,中世纪的诸多旅行家都见证了科钦人的存在。例如,12世纪的本雅明、迈蒙尼德、伊本·白图泰、马可·波罗等。后两者的记载中甚至提出在马拉巴尔海岸曾有犹太人的独立王国存在。与此同时,科钦地区一直在接受来自西亚北非和欧洲的犹太人,其主要来源地包括也门、巴比伦尼亚、波斯、埃及、西班牙、葡萄牙等。

16世纪,科钦人和当地穆斯林结盟,共同反对葡萄牙商人,维护自身在印度洋、波斯湾和红海的商业垄断地位。与葡萄牙人

---

① Shirley Isenberg, *India's Bene Israel: A comprehesive Inquiry and Sourcebook*, Bonbay: Popular Prakashan, 1988, p. 40.

② Joseph Hodes, *From India to Israel: Identity, Immigration, and the Struggle for Religious Equality*, London: McGill- Gueen's University Press, 2014, p. 13.

③ Shirley Isenberg, *India's Bene Israel: A comprehesive Inquiry and Sourcebook*, Bonbay: Popular Prakashan, 1988, p. 45.

④ J. B. Segal, *A History of the Jews of Cochin*, Oregon: Vallentine Mitchell, 1993, p. 9.

的商业斗争导致葡萄牙侵略者于1505年进攻犹太人聚集地坎纳诺尔，烧毁大量典籍，包括托拉经轴、祈祷书等。这是16世纪以前科钦人自己的文字资料留存出现大规模断层的重要原因，现在的文档主要是埃及开罗图书馆档案中葡萄牙人、荷兰人或意大利人的商业文书以及阿拉伯旅行家的游记等。在1663—1795年荷兰人统治期间，科钦人进入了第二次发展的黄金期。一方面，荷兰人需要在印度洋航运和商业上寻找本地盟友，与阿拉伯商人的竞争关系和对当地人的不信任使科钦人成为最佳选择。另一方面，科钦人也和荷兰统治范围内的阿姆斯特丹、新阿姆斯特丹、印尼等地的犹太团体建立了更为紧密的宗教和商业联系。科钦人的商业活动主要集中在珠宝和香料，还有印度的棉织品和中国的瓷器。"第一批英国船只抵达马拉巴尔海岸是1615年，但是英国取代荷兰成为科钦地区霸主是1797年之后的事情。"① 当然，英国并没有直接统治科钦，各土邦主保留自治权。英国对科钦人的统治既没有像葡萄牙人那样直接打击或镇压，也没有像荷兰人那样拉拢和利用。英国人的粗放管辖使科钦人仍处在当地土邦主的保护下，享受着宗教自由和一定的政治权力。同时，由于英国人先后将商贸重点放在北部的加尔各答与后来的孟买，导致科钦商业地位的衰落，从而客观上削弱科钦人在印度洋海上贸易的地位。

公元17世纪之前，科钦人最大的聚集地是坎纳诺尔。14—16世纪，由于大洪水堵塞海港、葡萄牙殖民者的镇压以及犹太社团上层的内斗，坎纳诺尔的地位一落千丈。科钦人逐渐迁徙到寇恰格迪（Cochangadi）。1341年，科钦人建立了自己的第一个犹太会

---

① Nathan Katz, *Who are the Jews of India?* Berkeley and London: University of California Press, 2000, p. 55.

堂，马拉巴尔沿岸有科钦人聚集地的地方都建有会堂。其中最大的会堂名为帕拉德西会堂，该会堂建于 1568 年，坐落于今天科钦市会堂街的北端。科钦人内部也存在高低贵贱之分，"科钦人分为白犹太人、棕犹太人和黑犹太人。白犹太人被称为迈查斯姆，或者被称为帕拉德西犹太人，意思是血统纯正的犹太后裔。棕犹太人被称为迈拉瑞姆，意思为被释放的奴隶"[①]。黑犹太人就是当地的科钦犹太人，是公元 70 年后迁徙并长期定居在马拉巴尔海岸的犹太人。科钦人内部的三个分支是犹太人迁徙与定居印度南部先后顺序的真实写照，白犹太人是中世纪与殖民时代前期迁徙到达印度的，因此黑犹太人称白犹太人为"外国人"。这三个分支的关系有点类似于印度的高低种姓，彼此间相互不满与歧视。例如，犹太会堂是分别建立的，白犹太人不允许黑犹太人使用他们的会堂；白犹太人不允许族人与棕犹太人通婚；棕犹太人不享有平等的宗教权利，不能唱部分礼拜的赞美诗；棕犹太人没有自己的会堂，在白犹太人会堂礼拜时只能站在白犹太人座位区的后面或者席地而坐；棕犹太人虽然可以葬在白犹太人的墓地中，但却是单独划片独立存在的。

（三）巴格达人

巴格达人主要是指来自西亚北非地区说阿拉伯语的犹太人，以及来自波斯和阿富汗的说非阿拉伯语的犹太人。巴格达人的迁徙始于 18 世纪，此后不断有西亚北非的犹太人陆陆续续前往印度。巴格达人是最后一批前往印度定居的犹太人，最早居住的城市是孟买以北 165 英里的港口苏拉特，之后主要聚集在两大商业城市——加尔各答和孟买。到 19 世纪末期，巴格达人在这些城市中

[①] J. B. Segal, *A History of the Jews of Cochin*, Oregon: Vallentine Mitchell, 1993, p. 24.

已经建立起庞大和完整的犹太社区,拥有学校、经学院、会堂、犹太教市场、浴池等附属设施。

最早迁徙到印度的巴格达人来自叙利亚的阿勒颇,之后是来自两河流域的犹太人,但其在数量上后来居上,成为巴格达人的主流。第一个巴格达人社团于1798年建立于加尔各答,由阿勒颇犹太商人沙洛姆·俄巴底亚·哈克恩领导。哈科恩早年经营丝绸、棉织品、钻石和靛蓝贸易。进入19世纪后,迁徙到印度的巴格达人从事了大量鸦片种植和贸易活动,鸦片成为巴格达人积累财富的主要手段。20世纪初,许多巴格达人逐渐拓展商贸领域,如孟买的沙逊家族(Sassoon Family)开始转向纺织品贸易。巴格达是当时西亚地区最大的犹太人聚集地,以巴格达为中心,两河流域的巴士拉、摩苏尔以及北部库尔德人聚集区的犹太商人都先后加入过迁徙印度的行列。"巴格达人前往印度的主要原因是为了逃避当地的政治和宗教迫害,以及日益恶化的经济状况。"[1] "1743—1773年,伊拉克境内巴士拉、摩苏尔和巴格达的犹太人社团遭受了大规模屠杀,数千人惨死,其中包括著名的学者。"[2] 19世纪上半期,巴格达的统治者达乌德·帕夏也采取迫害犹太人的政策。

到达印度的巴格达人主要依附英国人,扮演着中间商的角色。其主要从事鸦片和靛蓝贸易,到19世纪末才开始向其他领域扩散。例如,"沙逊家族的生意集中于印度大宗商品的出口,而伊利亚斯家族的生意集中在发展印度本土的制造业上"[3]。整个18世纪,巴格

---

[1] Pan Guang, *The Jews in Asia: Comparative Perspective*, Shanghai: Shanghai SanLian Publishing House, 2007, p. 7.
[2] Nissim Rejwan, *The Jews of Iraq: 3000 years of History and Culture*, Boulder: Westview Press, 1985, p. 187.
[3] Ranabir Chakravarti and Shalva Weil eds., *Indo-Judaic Studies in the Twenty-First Century: A View From the Margin*, New York: Palgrave Macmillan, 2007, p. 166.

达人的商业活动都在英国东印度公司的掌控下，依靠的也是英国东印度公司对西亚地区商业与港口的控制。"部分（巴格达）犹太人是在英国人的鼓励下才前往印度经商的。"[1] 在这一过程中，巴格达人中涌现出一大批著名的商业家族，如以斯拉家族（Ezras）、古拜家族（Gubbays）、卡杜里家族（Kadouries）等，其中最负盛名的当属沙逊家族。沙逊家族的商业帝国遍及上海、广州、香港、新加坡、昂光、槟城，主体在印度与伊拉克，这个家族也被称为"东方的罗斯柴尔德家族"。

18世纪后半期，巴格达人才迁居到马哈拉施特拉邦生活与贝尼人相遇。当时贝尼人展开怀抱欢迎来自远方的犹太同胞，允许他们使用自己的会堂和墓地，邀请他们到家中做客用餐。在巴格达人到达孟买之前，贝尼人已经在当地建立两座犹太会堂。但进入19世纪后，两者的关系逐渐疏远并走向敌对，主要原因在于"（巴格达人想要保持与英国人的紧密联系），因此必须疏远与当地印度居民的关系以免被认为是当地人，同时他们也认为贝尼人的犹太习俗不够纯洁"[2]。1836年，大卫·沙逊和九名巴格达人代表向孟买当局提交请愿书，要求在当地犹太人墓地中与贝尼人进行分区。贝尼人来自农村，缺少职业技能或资本，进入城市的贝尼人只能从事基础的体力劳动，一直处于社会的下层。随着巴格达人的日渐富裕，贝尼人成为他们工厂或农场中的工人或者低级雇员，也有许多人成为他们家里的仆从。经济上的贫富差距和雇佣关系客观上改变了巴格达人对贝尼人的认知。

19世纪中期，巴格达人开始建立自己的学校。孟买最早的教

---

[1] Joan G. Roland, *Jews in British India: Identity in a Colonial Era*, Hanover: University Press of New England, 1989, p. 16.

[2] Joseph Hodes, *From India to Israel: Identity, Immigration, and the Struggle for Religious Equality*, London: McGill-Gueen's University Press, 2014, p. 21.

育机构是大卫·沙逊于1861年筹建的,名为大卫沙逊慈善机构。它负责教育伊拉克犹太人移民的儿童,课程内容包括语言、数学、职业技能等。他的儿子阿卜杜拉和雅各布先后建立了其他教育机构。加尔各答最早的教育机构是以斯拉·阿拉基于1843年兴办的家庭学校,该校是非正式的塔木德学校。随着注册学生人数的不断增长,以斯拉·阿拉基雇佣不少教师授课。1864年以斯拉去世后,加尔各答的巴格达人儿童基本前往英式的世俗学校或者教会学校求学。直到1881年,加尔各答巴格达人才建立第一所自己的学校。学校里不仅教授希伯来语和犹太教知识,还教授英语、地理、物理、数学、拉丁语和法语等。加尔各答的犹太人有明显的群居现象,在定居当地的前50年里,他们集中居住在亚美尼亚人与葡萄牙人混合的社区里。1866年第一次人口普查,当地679名犹太人全都居住在亚美尼亚人与葡萄牙人混合的社区里。孟买的巴格达人是散居于城市各处,住址的选定主要取决于家庭的经济实力和房价。巴格达人社团中也有纷争,如加尔各答的纳维哈·沙洛姆会堂与马季汉·大卫会堂之间有冲突,犹太学校和犹太女子学校之间也有矛盾。

  巴格达人与贝尼人和科钦人不同,它出现于英国在中东建立殖民统治权的进程中,本身就是英国统治的副产品和工具。巴格达人不认同印度的多元文化,只想享受印度宗教宽容的有利环境,它自始至终都在扮演一个"外来者"的角色。与此同时,鉴于它和英国的关系,"自1857年印度大起义开始,巴格达人就占据'灰色存在'的社会位置,立足于欧洲精英与印度本土人口之间"[①]。因此,巴格达人缺少与印度社会的交往与融合,是"独在

---

① Nathan Katz, *Who are the Jews of India?* Berkeley and London: University of California Press, 2000, p. 130.

异乡为异客"的生动写照。

(四) 英印统治时期印度犹太人经济和社会地位的变迁

英国人统治印度包括两个阶段,第一个阶段是东印度公司时期,第二个阶段是英王统治时期。1849 年,英国兼并旁遮普,从而实现对印度全境的征服。"东印度公司征服印度,从 1757 年算起,到 1849 年兼并旁遮普为止,共用了 92 年时间。"① 东印度公司治下的印度被分为两种类型,一个是"英属印度",由公司直接管辖;一个是"印度土邦",土邦主多达 554 个,邦内实行自治。1857 年印度大起义的爆发直接冲击东印度公司的统治,暴露它存在的严重问题。为了延续统治、缓和矛盾,英国将东印度公司作为"替罪羊",以 1858 年 8 月通过的《印度政府法》结束了公司的统治,改由英国女王接管,女王任命的印度总督代表英王进行统治。印度内部依然维持帝国直管和土邦主自治两种政治模式,东印度公司和土邦主签署的所有条约皆继续有效。

犹太人在印度并未受到在欧洲那样的歧视和打压。一方面,印度多元、开放的社会和宗教环境为犹太人定居提供了良好的生存氛围。英印统治时期,印度犹太人的生存环境并未发生质的变化。英国对土邦主制度的留存和保护客观上延续了土邦主对治下贝尼人与科钦人的保护。另一方面,"在印度独立之前,印度犹太人尤其是贝尼犹太人和巴格达犹太人在英国庇护下享有特权地位。"② 在英国统治下,印度犹太人的经济实力、社会地位、观念都发生巨大变化,其中变化最显著的是贝尼人的"城市化"和巴格达人的"欧洲化"。

---

① 林承节:《印度史》,人民出版社 2014 年版,第 193 页。
② Prakash C. Jain ed., Indian Diaspora in West Asia: A Reader, Delhi: Manohar Publisher, 2007, p. 274.

1857 年的印度大起义是贝尼人地位和身份的重要转折点，面对这次大起义，贝尼人采取支持英国人的态度。其支持英国主要有三个原因。首先，自东印度公司统治以来，贝尼人就被允许加入英国军队，他们在阿富汗、埃塞尔比亚、缅甸、也门等地为英国人战斗。参军既有效改善乡村贝尼人的经济条件，也开阔了他们的眼界。其次，贝尼人在与科钦人、巴格达人、英国人接触的过程中逐渐认识到自身的地位，希望改变和提升其作为政治、经济和社会边缘化的弱势少数族裔地位。最后，贝尼人不排斥基督教传教活动，并从中获益匪浅。18 世纪至 19 世纪上半期，贝尼人与欧美各国的传教士都有接触，借此加强对基督教和犹太教的了解，并将《旧约》翻译成马拉地语。教会学校也对贝尼人采取开放态度，它们不仅雇佣贝尼人、允许贝尼人子弟入学，还允许他们在基督教学校中学习犹太经典。贝尼人犹太特征的复活和与传教士的相遇密不可分。"从英国直接统治开始，越来越多的贝尼人从康坎海岸的乡村移居到孟买，那里有着大量的教育、就业和从军机会在等待着他们。"[1] 另外，只属于英国人的军队高阶职位在大起义之后也对贝尼人开放了。

以参军和迁往孟买为起点，贝尼人的经济实力与社会地位得到明显提高。除简单的体力劳动外，贝尼人开始进入铁路系统和文官系统。铁路是英国控制印度的有力工具。由于对本地穆斯林和印度教徒的高度不信任，巴格达人和科钦人不愿从事这个职业，贝尼人就成为铁路工人和管理者的最佳人选。在教会学校接受教育的贝尼人与科钦人、巴格达人一起参加印度的文官考试，印度成为当时世界唯一将希伯来语列为法定考试语言的国家。由于和

---

[1] Joseph Hodes, *From India to Israel: Identity, Immigration, and the Struggle for Religious Equality*, London: McGill-Gueen's University Press, 2014, p. 26.

铁路系统捆绑，贝尼人开始向外邦扩散，向北一直散居到今天巴基斯坦境内的卡拉奇，向南则定居到印度的海得拉巴。迁居孟买后，贝尼人开启自身的现代化和西方化过程，这也是"贝尼人终结其印度人身份进程的开始"[①]。

"1857 年印度大起义之后，巴格达人开始将自己与当地印度人区分开来，转而谋求英国人的认同。"[②] 巴格达人最初的身份认同对象是自己的西亚属性。例如，加尔各答的巴格达人长期使用阿拉伯语交流或书写，穿着阿拉伯服饰，他们生活的社群也和西亚商人的聚居区毗邻。1857 年后，他们不再教授孩子阿拉伯语，减少与阿拉伯或波斯商人的日常往来。从此时起，印度境内的巴格达人都选择抛弃它与西亚社会的传统文化联系，开始寻求获取欧洲人的地位和身份认同。巴格达人不愿意与当地人接触的原因主要在于"宗教差异、想要效仿英国人、加强社群的团结、认为比印度人高人一等又比欧洲人低一等、认为自己不被其他群体接受"[③]。为了实现新的身份认同，巴格达人先后做了两件事，第一是系统性的排斥、歧视与否认贝尼人的犹太身份；第二是坚持不懈的谋求英国认可其"欧洲人"身份。这两件事本身也是密切联系的，只有撇清与世代居住的印度贝尼人的关系，才能证明自己是欧洲犹太人的后裔。

1836 年，巴格达人开始切割自己和贝尼人的关系，当时巴格达人要求在墓地中对两者进行隔离。此后，巴格达人宣称贝尼人

[①] Nathan Katz, *Who are the Jews of India?* Berkeley and London: University of California Press, 2000, p. 101.

[②] Nathan Katz, *Who are the Jews of India?* Berkeley and London: University of California Press, 2000, p. 129.

[③] Ranabir Chakravarti and Shalva Weil eds., *Indo-Judaic Studies in the Twenty-First Century: A View From the Margin*, New York: Palgrave Macmillan, 2007, p. 172.

是不纯洁的犹太人，一方面是宗教信仰不纯洁；另一方面是在与当地印度妇女通婚后不能实施合法的皈依程序，因此他们的后代都不是犹太人。此外，他们还强调贝尼人在再婚问题上没有遵守犹太传统。按照犹太传统，如果一个女人没有收到正式的离婚文件就再婚，那她的孩子就不是犹太人。而非法的犹太人后代在十代内都不能成为犹太人。由于传统的犹太人认定一直以母系一方为主，因此通婚和再婚这两个问题对贝尼人造成前所未有的重大打击。尽管历史上各个时期西亚或欧洲的犹太拉比都认可贝尼人的犹太身份，但巴格达人"泼的脏水"给两者关系造成恶劣影响，其破坏作用一直延续到20世纪末。不仅如此，巴格达人还拒绝使用贝尼人屠宰的肉，在祈祷活动中不将贝尼人算作法定人数。"到1881年，巴格达人最终成功地将自己与贝尼人区分开来，在当年孟买的人口普查中，纯正犹太人和贝尼犹太人各自单独统计。"[①]到20世纪初，孟买的沙逊家族要求在当地专门开辟新的墓地，专供巴格达人和科钦人使用；贝尼人则安葬在老墓地里。在加尔各答，犹太人墓地被细分为巴格达人、科钦人、贝尼人和西方犹太人四个区块。在印度生存的千年时间里，贝尼人都未曾因宗教身份遭受歧视，却在近代开始遭受巴格达人的质疑和歧视。而"生不同食，死不同葬"是巴格达人给予贝尼人的最有力打击。

自1857年大起义开始，巴格达人开始放弃自己西亚犹太人的身份，转而谋求"欧洲人身份"。他们首先放弃使用阿拉伯语或波斯语，在学校教育中将英语作为希伯来语外的第一语言，全面采用英式教育，排在前列的外语还有法语和德语。学校的教育都以欧洲教育为标准，接受欧洲教育检查团的检查。"巴格达人的精英

[①] Joan G. Roland, *Jews in British India: Identity in a Colonial Era*, Hanover: University Press of New England, 1989, p. 66.

阶层将孩子送往世俗学校,中下层家庭的孩子被送往犹太教学校。"[1] 还有许多中下层家庭的孩子被送往基督教教会学校。不管在哪种性质的学校里,他们最终都要准备剑桥海外中学资格考试。1878年的《印度武器法》规定,欧洲人、亚美尼亚人和美国人可以携带武器。1919年,加尔各答巴格达人向政府提交申请,要求允许他们持枪。"他们认为自己的社群对政府忠诚,与印度民族主义者关系冷淡,而且强调他们的生活方式、习俗对印度来说都是外国的。"[2] 1929年,加尔各答巴格达人再次提出自己是塞法迪人的后裔,是"白种人"。到1933年,孟加拉地方政府认可了巴格达人是塞法迪人[3]后裔,将之与贝尼人和科钦人区分开来。但英印政府一直没有批准巴格达人的申请。

在印度东北与缅甸接壤的山区中,有一些小的部落声称自己是"消失的十个部落"的后裔。他们自称是公元前722年离开以色列,沿着丝绸之路向东穿越波斯和阿富汗,最后定居在印度东部。他们主要生活在阿萨姆邦、米佐拉姆邦和曼尼普尔邦。20世纪70—90年代,以色列国内的拉比与学者对他们进行深入的田野调查和研究,有些人认为新隆人(Shinlung)、米佐人(Mizos)是犹太人的后裔,并使他们重新归信犹太教。由于以色列各界没有对他们的身份达成共识,因此只有少数最早归化犹太教的人得以移民以色列。

---

[1] Nathan Katz, *Who are the Jews of India*? Berkeley and London: University of California Press, 2000, p. 147.

[2] Yulia Egorova, *Jews and India: Perceptions and Image*, London and New York: Routledge, 2006, p. 92.

[3] 塞法迪犹太人(Sephardi Jews)是指15世纪后期居住在伊比利亚半岛的犹太人的后裔。他们在离开西班牙与葡萄牙后,分别前往北非、巴尔干、土耳其和印度等地。由于熟知犹太习俗和律法,因此塞法迪人在世界各地的犹太社团中都主持宗教事宜。

二 印度犹太人归国

印度犹太人是犹太人全球大流散的重要组成部分，印度也是犹太人大流散过程中少数几个享受多元、非歧视生存环境的地区。印度或许是仅次于中国的始终宽容对待犹太人的国家。中国古代的社会宽容和民族融合政策使沿着"丝绸之路"到达中国的犹太人最终消失在民族融合的过程中。开封犹太人已不是一个归信和坚守犹太教的独立民族，剩下的只有史书记载、古代犹太经卷、出土文物等物质遗存。在中印两国的历史记载和犹太人的传承记忆中，都没有受迫害的悲惨经历。这是亚洲多元、多民族社会对犹太人的馈赠。

开放的陆路、海路商贸与种姓制度使得犹太人可以连续不断地进入印度，并保持独特的宗教文化传统。贝尼人、科钦人和巴格达人这三大分支先后进入印度，前两者可被看作"内部的他者"，他们信仰的虽然不是主流的印度教或伊斯兰教，但其可以自由地生活，进行宗教活动，甚至参与所在土邦的政治和军事大事。巴格达人则是一个地道的外来"异类"，它看重印度的生存环境、看重英印殖民过程中给予他们的商机，是一个典型"拜高踩低"的商人群体。

印度犹太人的幸福生活只限于印度，毕竟它在全球犹太人中占比很低。在欧洲、西亚、北非各地，犹太人数千年来一直是被指责、诬蔑、迫害、打压的对象，记忆中都是血泪的历史。正因为如此，犹太复国主义运动，即锡安运动成为近代犹太人解决这一历史性难题的诸多尝试之一。以色列建国后，吸纳全球犹太人回归是以色列外交政策中的重要组成部分。由于印度犹太人的存在已经被世人熟知，其回归和迁徙活动迅速展开。与之相对应的是印度境内犹太人数量的锐减,印度犹太人迅速从一个现实存在转变为一个历史存在。尽管印度犹太人回归过程坎坷,回归后也出现过严重的社会矛盾,但回归本身既是犹太人结束全球大流散的重要内容,也是印度犹太人走向新生活的开端。

(一)犹太复国主义运动在印度的活动

犹太复国主义运动的理论奠基人是摩西·赫斯(1812—1875年)、列奥·平斯克(1821—1891年)和西奥多·赫茨尔(1860—1904年)。犹太复国主义运动是19世纪的最后二十年才快速兴起的。摩西·赫斯在《罗马和耶路撒冷》书中探讨欧洲犹太人的命运,称:"在这些国家里,我们永远是异乡人。……尽管有启蒙和教育,那些否认自己是一个民族,背井离乡的犹太人永远不能博得他们所寄居的那些民族的尊重。"① 赫斯提出,只有在巴勒斯坦重建国家才能永远摆脱反犹主义、任人欺凌的历史宿命。平斯克继承和完善了犹太复国主义理论,在《自我解放》一书中系统分析了犹太民族的历史遭遇与解决这一问题的办法。这本书不仅在当时的俄国引发巨大反响,还直接推动早期复国主义运动的开展,激发起第一次移民巴勒斯坦的热潮。到赫茨尔时,他在《犹太国》一书中明确提出复国主张和理论纲领,并于1897年组织召开第一届世界犹太复国主义者代表大会,建立世界犹太复国主义组织,通过犹太复国主义纲领。经过这三位思想家的努力,犹太复国主义运动完成了理论建设、组织建设和行动规划"三步走",犹太人正式走上建立犹太国家的道路。

经过激烈的辩论,犹太复国主义者最终选定巴勒斯坦作为建国之地。1917年,经过长时间的游说,英国发表《贝尔福宣言》,宣

---

① [英]沃尔特·拉克:《犹太复国主义史》,徐方等译,上海三联书店1992年版,第61页。

称:"英王陛下赞成在巴勒斯坦建立一个犹太人的'民族之家',并将尽最大努力促使这个目标的实现。"发表这个宣言主要是因为英国想要切割奥斯曼土耳其帝国在近东的属地,建立自己的稳固势力范围和仆从力量。英国人想要借扶植犹太人达到控制近东地区的目的,犹太人则需要获得作为中东第一殖民大国和即将获得"一战"胜利的英国的支持。

1919年巴黎和会上,犹太复国主义者参加协约国最高委员会,讨论巴勒斯坦和其他阿拉伯地区前途,并和英国一起起草委任统治书的条文。1920—1939年,欧洲犹太人在犹太复国主义组织的安排下大规模的移居,购买土地、建立城镇,并和当地阿拉伯人产生激烈的冲突。1922年,巴勒斯坦人口中有穆斯林59万人、基督徒7.3万人、犹太人8.4万人、其他民族1万人,犹太人只占11%。到1939年,犹太人达到47.5万人,占总人口的32%。尤其是1933年希特勒上台后,德国实施迫害犹太人的《纽伦堡法案》,导致大批犹太人出逃。英美各国均向犹太人关闭移民大门,犹太人从1933年开始前往巴勒斯坦的人数激增。

近代以来,尤其在英印政府的统治下,印度犹太人的存在已为欧洲犹太人所熟知。1897年,第一次犹太复国主义者代表大会举办时,他们就向印度犹太人发出邀请。"贝尼人社团中受过教育的人专门召开一次会议,讨论是否派代表参加。"[①] 随后,贝尼人拒绝参加大会,他们坚持认为犹太人应该且只能在巴勒斯坦建国,但作为正统派犹太人,坚持犹太王国的建立应该是救世主的圣行,而不是通过政治手段。大会后,犹太复国主义组织向贝尼人通报大会成果并邀请贝尼人参加次年的第二届犹太复国主义者代表大

---

① Joan G. Roland, Jews in British India: Identity in a Colonial Era, Hanover: University Press of New England, 1989, p. 80.

Foreign Office,
November 2nd, 1917.

Dear Lord Rothschild,

I have much pleasure in conveying to you, on behalf of His Majesty's Government, the following declaration of sympathy with Jewish Zionist aspirations which has been submitted to, and approved by, the Cabinet

"His Majesty's Government view with favour the establishment in Palestine of a national home for the Jewish people, and will use their best endeavours to facilitate the achievement of this object, it being clearly understood that nothing shall be done which may prejudice the civil and religious rights of existing non-Jewish communities in Palestine, or the rights and political status enjoyed by Jews in any other country".

I should be grateful if you would bring this declaration to the knowledge of the Zionist Federation.

[signature: Arthur James Balfour]

Balfour Declaration, 2 Nov 1917

《贝尔福宣言》

会，贝尼人依然拒绝参加。

进入二十世纪后，犹太复国主义者对印度的关注主要体现在两个方面：一是加强对印度领导层的游说工作，这主要集中在甘地、尼赫鲁等一批印度民族主义运动领导者和领袖人物身上。二是建立与印度犹太人的联系，宣传犹太复国主义思想，并为复国主义运动筹措资金。

20世纪30年代，犹太复国主义组织高度重视印度领导层对犹太复国主义运动的认知。随着迁徙至巴勒斯坦犹太人的增加且其与当地穆斯林斗争的不断加剧，印度民族主义运动的领导人基本采取"亲近和同情犹太人，反对犹太复国主义运动"的立场，尤其以甘地于1938年11月26日接受采访的发言为代表。甘地认为，巴勒斯坦属于阿拉伯人，犹太人没有权力在那里建立国家。尼赫鲁则从政治角度出发，认为犹太人的移居是英国人"分而治之"政策的体现，犹太复国主义是英国殖民主义的手段和工具。尼赫鲁对欧洲犹太人的遭遇深表同情，但不赞同在巴勒斯坦建立独立的犹太国家。甘地和尼赫鲁的思想是印度民族独立运动中印度高层的主流思想，"一战"结束后两人就在诸多场合表达过类似观点。而国内的穆斯林领导者如真纳兄弟等，都对犹太复国主义采取坚决反对的态度。20世纪30年代中后期，随着德国反犹运动的日渐加剧和英国在巴勒斯坦问题转向上"亲阿抑犹"，欧洲犹太人的生存压力剧增。为此，犹太复国主义者于1936年派出伊曼纽尔·奥斯万格博士前往印度，游说印度高层。1938年甘地发表讲话后，欧洲的犹太复国主义者两度与甘地通信和辩论，力图说服他改变对犹太复国主义运动的态度。

文坛巨匠泰戈尔对犹太复国主义的态度较为和善。1935年，他接受了犹太复国主义者在耶路撒冷举办的世界和平联盟大会邀请，但最后未能成行。此后，他的友人和秘书前往巴勒斯坦实地考察，泰戈尔随后在文章中公开"赞扬与推崇犹太人定居点取得成就，并称他们不是英国帝国主义的工具"①。不仅如此，他还联系留驻印度的奥斯万格，希望能将犹太人的农业技术引进自己的家乡珊提尼克坦（Shantiniketan）。相较于甘地和尼赫鲁，泰戈尔对犹太复国主义运动采取同情和理解的态度，但从未明确表示支持。

犹太复国主义者在印度的制度建设工作是从20世纪20年代初开始的。1917年，以色列人联盟在印度建立，该大会后来改名为全印度以色列人联盟。大会还成立会刊《以色列之友》。1919年4月2日，"贝尼人在孟买的沙尔·拉哈密举行公开集会，讨论犹太复国主义意识形态问题"②。经过激烈辩论，大会发表对犹太复国主义运动的决议，"大会对犹太复国主义的思想表示同情，但推迟考虑犹太复国主义在政治和国家方面的要求"③。1920年8月，世界犹太复国主义者大会派大卫·罗根前往孟买做巡回演讲，推动建立印度当地的复国主义组织。9月，贝尼人犹太复国主义组织建立，所罗门·摩西任主席，雅各布·阿皮提卡任财务主管。同年，以色列·科恩④在访问印度期间筹建巴格达人的加尔各答犹太复国主义组织。

整个20世纪20—30年代，犹太复国主义运动在非欧洲地区的活动重点之一就是筹措资金，这一点不仅表现在伊拉克、摩洛哥

---

① Yulia Egorova, *Jews and India: Perceptions and Image*, London and New York: Routledge, 2006, p. 52.

② Joseph Hodes, *From India to Israel: Identity, Immigration, and the Struggle for Religious Equality*, London: McGill-Gueen's University Press, 2014, p. 60.

③ Joan G. Roland, *Jews in British India: Identity in a Colonial Era*, Hanover: University Press of New England, 1989, p. 148.

④ 1921年，世界犹太复国主义组织任命以色列·科恩为首任远东大使，负责南亚、东南亚、远东的事务。

和印度尼西亚,也表现在印度。"虽然公开支持印度犹太人移民,但以色列·科恩将筹措资金作为自己的第一工作目标。"[①] 为此,犹太复国主义组织分别于1926年、1928年和1929年三次在印度组织筹款,"戈德斯坦只在巴格达人那里有些收获,贝尼人捐款行动迟缓,因为他们认为自己社群的经济需求才是第一位的"[②]。

贝尼人和科钦人对犹太复国主义运动始终保持谨慎态度,这主要是受印度国内对犹太复国主义运动态度的影响。贝尼人和科钦人长期留居印度,和当地社会有着千丝万缕的联系,基本融入印度社会。鉴于国内民族主义反对英国殖民主义以及穆斯林反对分裂巴勒斯坦的基本政治立场,两者都不敢在支持以色列建国问题上公开表态支持,担心恶化自己的生存环境。巴格达人也是一样。"大部分巴格达人不关心政治,而专注于内部事务,与世界其他犹太社团的关系也比较疏远。"[③] 1943年后,大量英美犹太裔军人入驻印度后,巴格达人尤其是加尔各答的巴格达人才改变对犹太复国主义的态度,并准备"归国"。

(二) 回归以色列

"回归运动"的英文名字为Aliyah,它在希伯来语中的含义是"上升""攀登"。本义是指将信徒召唤上诵经台,面对教众选读《托拉》的指定部分。近代以来,这个名字被特指为犹太人移民返回巴勒斯坦的活动,等同于英文的Immigration,也就是"移民运动"。近代以来,"回归运动"和犹太复国主义运动紧密联系在一

---

① Joseph Hodes, *From India to Israel: Identity, Immigration, and the Struggle for Religious Equality*, London: McGill-Queen's University Press, 2014, p. 63.
② Joan G. Roland, *Jews in British India: Identity in a Colonial Era*, Hanover: University Press of New England, 1989, p. 14.
③ Ranabir Chakravarti and Shalva Weil eds., *Indo-Judaic Studies in the Twenty-First Century: A View From the Margin*, New York: Palgrave Macmillan, 2007, p. 169.

起，它是复国主义运动的主要目标，也是以色列得以建国的基础。

在印度犹太人回归之前，犹太人先后有过七次大规模的"回归"浪潮。第一次是1882年后由俄国犹太人发起的"热爱锡安运动"，当时有大约2.5万人返回巴勒斯坦。第二次"回归"浪潮是20世纪初，沙皇尼古拉二世残酷迫害国内犹太人，导致大量俄国犹太人迁居巴勒斯坦，同期还有1500名也门犹太人因旱灾和被迫害前往巴勒斯坦定居。第三、第四和第五次"回归"浪潮都发生在英国对巴勒斯坦委任统治时期，时间范围是1919—1939年。这几次移民的犹太人以东欧犹太人为主。1940—1948年，巴勒斯坦迎来了第六次和第七次移民浪潮，该地区的犹太人从45万人增加到50万人。

印度犹太人的回归是以色列建国后"回归运动"的重要组成部分。此时，印度犹太人面临着两种选择，他们必须成为印度人或者参加"回归运动"成为以色列人。印度犹太人的移民从1948年开始，到1987年结束，历时近40年，有大约2.5万人最终定居以色列。"20世纪的下半期，印度犹太人三大社群在印度的人数锐减，1948年后其总人口减少85%。"[1]

印度巴格达人的选择相对多一些，由于经济基础好、与国际社会交往更为密切，其移民的目的地除了巴勒斯坦还有英国。巴格达人的上层家族大多数都选择移民英国，他们多半在英国有产业，有长期的贸易伙伴，或者有亲戚早年就已移居英国。1947年印度独立后，巴格达人开始较大规模地移民英国。同时，还有一些中上层家庭选择其他英语国家，如澳大利亚、加拿大、南非和美国。巴格达人在印度三大犹太人派别中人数最少，据学者统计，20世纪40年代其人数在7000人左右。1969年时，加尔各答的巴格达人只剩下500人。

---

[1] Yulia Egorova, *Jews and India: Perceptions and Image*, London and New York: Routledge, 2006, p. 105.

贝尼人是印度犹太人中最大的一支，迁徙以色列的过程也较为波折。一方面，1948—1951年，移民以色列的人数远超预期，带来巨大的社会混乱和经济负担。以色列预计建国头两年接纳移民数量为15万人，没有预测到1948—1951年移民的总人口达到68.4万。接待移民所需的经费、粮食、建筑材料、医疗、教育、居民点等均出现严重的短缺。第一次中东战争的爆发使得政府忙于战事和国防建设，资金供给严重受限。另一方面，以色列国内在新移民问题上存在差别待遇，阿什肯纳兹人和塞法迪人的接待和安置速度较快，一般都留居在大城市中，印度犹太人不是长期滞留在接待营中，就是被送到偏远荒芜、生活设施和条件极其恶劣，甚至是一无所有的乡村。

1948—1960年，大约有8000名贝尼人定居以色列。"到1950年12月，由于以色列国内极端恶劣的生存环境，印度和其他地方的犹太人停止移民活动。"[①] 1951年下半年起，"回归运动"重启，其中1952年是回归人数的最高峰，当年移居以色列的贝尼人大约有3000人。到2000年，"以色列国内贝尼人的总数是印度贝尼人的10倍，前者有5万人之多，后者仅剩余5000人"[②]。科钦人的移民和贝尼人是同期进行的，但规模比贝尼人小，1948年时马拉巴尔的科钦人总数只有3000人。"科钦人一开始遇到的问题是以色列当局因担心他们身上的象皮病会传染，这是在马拉巴尔广为流传的疾病。"[③] 1954年，以色列确认该疾病不会传染后，才正式

[①] Joseph Hodes, *From India to Israel: Identity, Immigration, and the Struggle for Religious Equality*, London: McGill-Gueen's University Press, 2014, p. 99.

[②] Nathan Katz, *Who are the Jews of India?* Berkeley and London: University of California Press, 2000, p. 125.

[③] Yulia Egorova, *Jews and India: Perceptions and Image*, London and New York: Routledge, 2006, p. 106.

允许科钦人移民。"1950 年，也就是'回归运动'开启前一年，科钦人有八个会堂在使用。到 21 世纪初，只有两个会堂还在使用。"①"到 1951 年，加尔各答的犹太人（包括贝尼人和巴格达人）一共只剩下约 1500 人。"②"20 世纪 90 年代后期，剩余的巴格达人生活在孟买和加尔各答，分别只有 80 人和 70 人。"③ 21 世纪初，"印度境内的贝尼人还剩下约 4000 人，大多生活在孟买，还有少量人居住在浦那、塔纳和艾哈迈达巴德"④。2012 年，以色列内塔尼亚胡政府同意接纳留在印度的 7000 名犹太人，但只有约 4000 名犹太人有资格进入以色列，其余的人仍将留在印度。"这种拖延和压迫要归咎于歧视和怀疑主义"⑤。

进入 20 世纪后，民族独立运动在亚洲地区逐渐扩展。印度的犹太人同样受其影响，欧洲的"锡安运动"（也就是犹太复国主义运动）也传播到印度。一方面，印度犹太人的犹太人身份与认同在这一思潮的影响下得到加强，同时也为其在以色列建国后回归迁徙打下了思想基础。另一方面，由于长期得到英印当局的庇护，加之英国在 19 世纪末到 20 世纪初支持犹太人建国事业和放任犹太人移民巴勒斯坦地区，使印度犹太人自然而然地采取亲英国的政治立场和态度。这一态度与如火如荼的印度民族独立运动相左，对印度犹太人的名誉和生存环境都有影响，这也是促使他们整体

---

① Ranabir Chakravarti and Shalva Weil eds., *Indo-Judaic Studies in the Twenty-First Century: A View From the Margin*, New York: Palgrave Macmillan, 2007, p.135.
② Ranabir Chakravarti and Shalva Weil eds., *Indo-Judaic Studies in the Twenty-First Century: A View From the Margin*, New York: Palgrave Macmillan, 2007, p.170.
③ Yulia Egorova, *Jews and India: Perceptions and Image*, London and New York: Routledge, 2006, p.113.
④ Yulia Egorova, *Jews and India: Perceptions and Image*, London and New York: Routledge, 2006, p.110.
⑤ Karishma, "India-Israel Relations: Evolution, Challenges & Recent Developments," February 17, 2020, https://www.iasexpress.net/india-israel-relations/.

移民的重要原因。具体来说，推动印度犹太人移民的因素主要有政治因素、经济因素和文化因素三个方面，到了后期还有家庭因素的参与。

从政治上看，以色列建国和"犹太人家园"的出现客观上吸引印度犹太人的迁徙，他们不再是漂泊他乡的"二等公民"，回归母国和犹太人的发源地是全球犹太人共同认可的理想和梦想。以色列也制定和实施各种政策，宣传并游说海外犹太人回归故土。以色列建国后先后经历多次中东战争的洗礼，国家安全和民族生存压力巨大，"保家卫国"的思想对印度犹太人有很强的吸引力。同时，在印度国内，印度教徒和穆斯林两强相争，作为少数派的犹太人的政治地位和权利表达都无法得到保障，继续留居印度的安全感和存在感都较为薄弱。

从经济上看，以色列的经济和科技高速发展，得到欧美大量经济和技术援助，国家建设蒸蒸日上。为了吸引犹太人归国，以色列提供相当丰厚的经济条件，如住宅、就业、教育、再培训等。日渐现代化的以色列充满了商机，前途光明。继续留居印度国内只能从事传统的商业活动，经济和社会环境不佳，就业问题、教育水平、医疗条件、低收入和通货膨胀等问题都困扰和阻碍印度犹太人的发展。

从文化上看，文化因素主要在于宗教认同和宗教回归，犹太教和犹太身份的向心力始终吸引着印度犹太人的回归。另外，自20世纪50—60年代开始，家庭因素开始发挥作用。这主要是前期移民的犹太人号召说服更多的家庭成员前往以色列，一个人带一个家庭回归，一个家庭带一个家族回归的现象非常普遍。家庭团聚成为中后期移民的重要动力。

（三）回归以色列后的印度犹太人

以色列的犹太社会存在较为清晰的内部阶层。其中阿什肯纳兹人位于第一阶层，一般称其为德系犹太人，以西欧各国犹太人为主，也包括建国前达到的北美犹太人。塞法迪犹太人处在第二阶层，主要是南欧的犹太人，也包括来自中东地区的犹太人。第三阶层是来自印度和非洲的犹太人，其中摩洛哥犹太人的地位高于印度犹太人，而印度犹太人的地位又高于埃塞俄比亚犹太人。

印度犹太人到达以色列后的境遇是不同的。巴格达人前往以色列的较少，入境后被直接归类为塞法迪人，并与伊拉克犹太人融合。因此他们不再被看作印度犹太人，也不再与贝尼人和科钦人联系。

由于地理偏僻，经济力量孱弱，加之社会地位低下，大多数印度犹太人（科钦人和贝尼人）都生活在最初到达的农场或小城镇，与外界其他犹太人社群的联系较少。在印度犹太人中，贝尼犹太人的地位相对更低，这主要是因为他们在体貌、语言、穿着、食品、饮料、婚姻和宗教上与正统犹太人有明显的区别。[1]

回归后，印度犹太人主要定居在合作农场和新开发的乡镇中。1968年之前，回归犹太人的安置工作由以色列犹太事务局负责，它们向移民提供住房、社会服务、再生产的设备等。从1969年开始，以色列犹太事务局的工作转由归化部负责。1948—1959年，合作农场（包括集体农场）的数量由104个增加到366个，吸纳人口达到12.4万。印度犹太人和大部分来自亚洲和非洲的犹太人一样，都被安置在城市以外的偏远地区，主要从事农业生产工作，开发相对贫瘠的土地。在农场的印度犹太人可以直接获得国家给予的补贴住房和相应面积的耕种土地；住在小城镇的则可获得补贴住房。由于偏远地区基础设施差、资源匮乏、社会发展水平有

---

[1] Prakash C. Jain ed., *Indian Diaspora in West Asia: A Reader*, Delhi: Manohar Publisher, 2007, p. 292.

限，因此即便是原先从事商业活动的印度犹太人亦难以在这些地方继续开展商贸活动，而农业生产的财富累积缓慢而稀少。这导致印度犹太人的经济状况普遍较为拮据。

贝尼人与科钦人回归后遭遇的不公正对待和歧视是印度犹太人研究的热点话题，这主要涉及居住地分配不公、工作歧视、教育歧视、宗教歧视，斗争激烈时曾出现过大规模的抗议活动与人员伤亡，而矛盾的最高峰是贝尼人重归印度，"（贝尼人）是这个年轻国家短暂历史上第一个要求回归来源地的移民社群"[①]。

第一批达到以色列的贝尼人入境后立即发现犹太复国主义者许下的美好诺言迅速破灭。这些人中只有少数被分配到基布兹农庄或小城镇，大部分人滞留在接待营中。这里缺水少电，没有工作，没有教育机构，粮食供给和医疗设施严重不足，"在孟买和加尔各答这样大城市生活的犹太人震惊于以色列落后的生存状态"[②]。由于新建住房数量有限，多数贝尼人和科钦人要在接待营留居很长时间，以色列总是优先满足阿什肯纳兹人与塞法迪人的需要。分配给印度犹太人的基布兹也属于条件极其恶劣的类型。一方面，大多数印度犹太人早已不从事农业生产，短期内难以适应基布兹的农活；另一方面，这些基布兹分布在偏远地区，如孤岛一般远离大城市，印度犹太人不得不面对陌生的新环境，适应不同的食物和气候，很多时候还存在交流的困难。为此，1951年、1952年和1956年，贝尼人三次组织抗议活动。其中，1956年4月的第三次抗议活动是其在以色列政府门口静坐，要求解决住房、工作和教育问题，最后警察用棍棒驱赶静坐者，包括在场的老人和儿童。

---

① Joseph Hodes, *From India to Israel*: *Identity*, *Immigration*, *and the Struggle for Religious Equality*, London: McGill-Gueen's University Press, 2014, p. 118.

② Maina Chawla Singh, *Being Indian*, *Being Israeli*: *Migration*, *Ethnicity and Gender in the Jewish Homeland*, New Delhi: Manobar Publishers and Distributors, 2009, p. 110.

20世纪50年代初开始，移居以色列的印度犹太人发现需要解决的住房、工作以及儿童教育问题被迫搁置，尤其是教育问题。十多年后，他们发现自己的孩子仍旧无法得到平等的受教育机会。以色列境内的各级教育机构虽已经基本建立，但"阿什肯纳兹人儿童在建国后头12年里在校学习时间平均比塞法迪人和正统派犹太人多一年半，大学生的人数是后两者的四倍"[1]。印度犹太人由于远离城市甚至远离城镇，基础教育的普及度和教育水平有限，儿童只能接受基本的宗教教育和开蒙教育。可笑的是，"贝尼人在印度的平均受教育时间比在以色列还要高，更令人震惊的是以色列社会居然还认为印度犹太人总体来说是一个未受过教育的群体"[2]。另外，即便是进入同一所学校，印度犹太人也与其他塞法迪人和正统派犹太人一起单独分班。

地域和教育的差异自然而然导致就业差异。由于受教育水平低、技能培训不足，已经定居的印度犹太人只能在小城镇和集体农庄中从事农业、商贸或者小手工业。到1960年，以色列政府着手缩短教育差异的时候，整整一代印度犹太年轻人已经错过受教育的年龄。技术工人、政府文职人员、科研人员以及教师、医生、律师等领域或职业都与其无关。在移民以色列的过程中，贝尼人和科钦人从印度大都市中的中上阶层沦为以色列乡村中的社会下层。

印度犹太人中遭受最大歧视的是贝尼人。巴格达人在印度时就一直攻击贝尼人的宗教纯洁性。移民以色列后，这个问题再度引发对贝尼人的攻击。1960年10月，时任塞法迪人首席大拉比伊扎

---

[1] Calvin Godscheider, *Israel's Changing Society*, Boulder: Westview Press, 1998, p. 133.
[2] Shalva Weil, *Bene- Israel Indian Jews in Lod, Israel: A Study of the Persistence of Ethnicity and Ethnic Identity*, Ph. D. dissertation, University of Sussex, 1977.

克·尼西姆质疑贝尼人的纯洁性,宣布不同意贝尼人与国内其他犹太人通婚。伊扎克·尼西姆质疑的三个原因是贝尼人"与非犹太人通婚;不合犹太法的离婚;禁止近亲结婚"①。

为了回击首席大拉比的歧视政策,贝尼人于1961年建立了一个行动委员会,委员会以参孙·参孙为领导和对外代言人。贝尼人的遭遇不仅引起全球犹太人社团的关注,还引起埃及、印度等第三世界国家的关注与批评。为此,以色列外交部向贝尼人和科钦人施压,要求其向世界发表公开信阐述自己在以色列的美好生活,贝尼人没有屈服于政府的压力。首席大拉比与行动委员会的双边会谈以及宗教事务部、首席大拉比、行动委员会的三边会谈都以失败告终。1961年10月4日,行动委员会和拉比委员会举行会谈,拉比委员会最终确认贝尼人与其他犹太人的通婚是可行的,尼西姆和拉比委员会同意向全国拉比发出指令允许其主持婚礼。到1962年,尼西姆不仅没有落实会谈成果,反而变本加厉否定整个贝尼人社群的犹太身份,要求他们证明自己的母亲或祖母是犹太人,或者父辈和祖辈没有与外族通婚或离过婚。尼西姆的出尔反尔引起轩然大波,不仅贝尼人无比愤怒,连关注此事进程的国外犹太人也表示严重不满,世界犹太人大会、保守派犹太教联合会堂、美国犹太神学院等组织和机构均公开支持贝尼人。除此之外,贝尼人身份问题还影响到印度和以色列的外交关系。1962年4月4日,印度总理尼赫鲁公开宣称,以色列对待贝尼人的态度意味着印度不可能与以色列建立外交关系。以色列政府对贝尼人施压和在改变其现状问题上的不作为促使贝尼人举行多轮抗议示威活动,同时贝尼人内部也发起回归印度的运动。迫于国际和国内舆

---

① Joseph Hodes, *From India to Israel: Identity, Immigration, and the Struggle for Religious Equality*, London: McGill-Gueen's University Press, 2014, p. 125.

论压力，以色列议会于1964年8月召开特别会议，会后总理列维·艾希科尔向拉比委员会施压，使其做出让步，拉比委员会于1964年8月31日宣布取消1961年10月18日关于贝尼人通婚问题的裁定。至此，对贝尼人的宗教歧视才告一段落。但以色列国内仍有很多拉比对与贝尼人通婚持反对态度，拒绝主持婚礼，拒绝承认其婚礼的合法性。"到1997年，阿什肯纳兹派拉比还拒绝为贝尼人和她的阿什肯纳兹派未婚夫主持婚礼并注册结婚。"[1] 尽管这只是犹太教内部不同派系在贝尼人问题上的分歧，但也说明贝尼人在移居以色列半个世纪后仍没有完全解决犹太身份和身份认同问题。

总而言之，印度犹太人向以色列移民不同于劳工移民。它是以宗教认同为纽带，民间和半官方相互结合的移民过程，不仅具有明显的阶段性和不可持续性，同时也是唯一不以工作为目的且实现整体归化、得到合法公民身份的移民群体。尽管印度犹太人在以色列国内存在政治和经济边缘化问题，并遭受过不公正待遇，印度犹太人的移民却是印度向中东移民中特殊和成功的案例。

---

[1] Nathan Katz, *Who are the Jews of India?* Berkeley and London: University of California Press, 2000, pp. 124 – 125.

参考文献

中文文献

《马克思恩格斯全集》第9卷，人民出版社2006年版。

《习近平谈"一带一路"》，中央文献出版社2018年版。

安维华等主编：《海湾石油新论》，社会科学文献出版社2000年版。

方豪：《中西交通史》，上海世纪出版集团2008年版。

李雪：《印度的能源安全认知与战略实践》，云南出版集团、云南人民出版社2016年版。

林承节：《印度史》，人民出版社2014年版。

林太：《印度通史》，上海社会科学院出版社2012年版。

彭树智主编：《阿拉伯国家史》，高等教育出版社2002年版。

彭树智主编：《二十世纪中东史》，高等教育出版社2001年版。

彭树智主编：《伊斯兰教与中东现代化进程》，西北大学出版社1997年版。

钱学文：《当代沙特阿拉伯王国社会与文化》，上海外语教育出版社2003年版。

王铁铮等：《中东史》，人民出版社2010年版。

王新中、冀开运：《中东国家通史——伊朗卷》，商务印书馆2002年版。

杨翠柏等：《印度能源与环境法律制度研究》，法律出版社 2014 年版。

袁鹏：《四百年未有之变局》，中信出版集团 2016 年版。

赵干城：《印度大国地位与大国外交》，上海人民出版社 2009 年版。

郑迪：《21 世纪印度洋的地缘态势与大国博弈》，时事出版社 2017 年版。

[埃及] 安瓦尔·萨达特：《萨达特回忆录》，辛华译，人民出版社 1978 年版。

[澳] 大卫·布鲁斯特：《印度之洋：印度谋求地区领导权的真相》，杜幼康、毛悦译，社会科学文献出版社 2016 年版。

[法] 阿里·玛扎海里：《丝绸之路——中国—波斯文化交流史》，耿昇译，新疆人民出版社 2006 年版。

[法] 菲利普·赛比耶－洛佩兹：《石油地缘政治》，潘革平译，社会科学文献出版社 2008 年版。

[美] 埃尔顿·丹尼尔：《伊朗史》，李铁匠译，中国出版集团 2010 年版。

[美] 芭芭拉·D. 梅特卡夫、托马斯·R. 梅特卡夫：《剑桥现代印度史》，李亚兰等译，新星出版社 2019 年版。

[美] 保罗·罗伯茨：《石油恐慌》，吴文忠译，中信出版社 2008 年版。

[美] 丹尼尔·耶金：《石油金钱权力》，钟菲译，新华出版社 1992 年版。

[美] 塞缪尔·亨廷顿：《文明的冲突与世界秩序的重建》，周琪等译，新华出版社 1998 年版。

[美] 斯坦利·沃尔波特：《细数恒河沙：印度通史》（上），李建

欣等译，中国出版集团 2019 年版。

[美] 斯坦利·沃尔波特：《细数恒河沙：印度通史》（下），李建欣等译，中国出版集团 2019 年版。

[美] 苏米特·甘古利主编：《印度外交政策分析：回顾与展望》，高尚涛等译，世界知识出版社 2015 年版。

[日] 常磐大定：《印度文明史》，陈景升译，中国出版集团公司、华文出版社 2019 年版。

[日] 羽田正：《东印度公司与亚洲之海》，毕世鸿等译，北京日报出版社 2019 年版。

[印] D. P. 辛加尔：《印度与世界文明》（上卷），庄万友等译，商务印书馆 2015 年版。

[印] K. M. 潘尼迦：《印度简史》，简宁译，新世界出版社 2016 年版。

[印] 拉贾·莫汉：《莫迪的世界：扩展印度的影响力》，朱翠萍等译，社会科学文献出版社 2016 年版。

[印] 桑贾亚·巴鲁：《印度崛起的战略影响》，黄少卿译，中信出版社 2008 年版。

[英] 爱德华·卢斯：《不顾诸神：现代印度的奇怪崛起》，张淑芳译，中信出版社 2007 年版。

[英] 理查德·霍尔：《季风帝国——印度洋及其入侵者的历史》，陈乔一译，天津人民出版社 2019 年版。

[英] 玛丽·博伊斯：《波斯琐罗亚斯德教村落》，张小贵等译，中华书局 2006 年版。

[英] 沃尔特·拉克：《犹太复国主义史》，徐方等译，上海三联书店 1992 年版。

英文文献

Alvin Z. Rubinstein ed. , *The Great Game: Rivalry in the Persian Gulf and South Asia*, New York: Praeger Publishers, 1983.

Anil Bhatti and Johannes H. Voigt eds. , *Jewish Exile in India, 1933 - 1945*, New Delhi: Manohar, 1999.

Anwar Alam ed. , *India and Iran: An Assessment of Contemporary Relations*, New Delhi: New Century Publications, 2011.

Aparna Pande, *Explaining Pakistan's Foreign Policy: Escaping India*, Abingdon: Routledge, 2011.

Ashin Das Gupta, *Malabar in Asian Trade 1740 - 1800*, Cambridge: Cambridge University Press, 1967.

Asif Shuja, *India-Iran Relations under the Shadow of the Iranian Nuclear Issue: Challenges for India's Diplomacy*, New Delhi: KW Publishers Ltd. , 2018.

A. H. L. Heeren, *Ancient History of West Asia and India*, Vol. 2, Delhi: Daya Publishing House, 1988.

A. K. Pasha ed. , *India and the GCC States: Historical, Geopolitical, and Strategic Perspective*, Delhi: Wisdom Publications, 2014.

A. K. Pasha ed. , *India and the Gulf Region: Maritime History, Trade, Security and Political Reforms*, Delhi: Wisdom Publications, 2014.

A. K. Pasha ed. , *India's Political and Foreign Relations with the Gulf Region*, Delhi: Wisdom Publications, 2014.

A. K. Pasha, India, *India and West Asia: Continuity and Change*, New Delhi: Gyan Sagar Publications, 1999.

A. K. Pasha, *India, Bahrain and Qatar: Political, Economic and Strategic Dimension*, Delhi: Gyan Sagar Publication, 1999.

A. K. Pasha, *India, Iran and the GCC States: Political Strategy and Foreign Policy*, New Delhi: Manas Publications, 2000.

A. K. Pasha, *Perspective on India and the Gulf States*, New Delhi: South Asia Books, 1999.

Bhabani Sen Gupta ed., *The Persian Gulf and South Asia: Prospects and Problems of Inter-regional Cooperation*, New Delhi: South Asian Publishers, 1987.

Bhupendra Kumar Singh, *India's Energy Security: the Changing Dynamics*, New Delhi: Pentagon Energy Press, 2010.

Brahma Cheellaney ed., *Securing India's Future in the New Millennium*, New Delhi: Orient Longman, 1999.

B. Segal, *A History of the Jews of Cochin*, Oregon: Vallentine Mitchell, 1993.

Calvin Godscheider, *Israel's Changing Society*, Boulder: Westview Press, 1998.

Claude Markovits, *The Global World of Indian Merchants, 1750 – 1947: Traders of Sind from Bukkara to Panama*, Cambridge and New York: Cambridge University Press, 2000.

C. Raja Mohan, *Crossing the Rubicon: The Shaping of India's New Foreign Policy*, New Delhi: Penguin/Viking, 2003.

David M. Malone, C. Raja Mohan and Srinath Raghavan, eds., *The Oxford Handbook of Indian Foreign Policy*, London: Oxford University Press, 2018.

David M. Malone, *Does the Elephant Dance? Contemporary Indian Foreign Policy*, London: Oxford University Press, 2011.

Denys Lombard and Jean Aubin eds., *Asian Merchants and Businessmen in the Indian Ocean and the China Sea*, London: Oxford University Press, 2000.

Dilip K. Chakrabarti and Makkhan Lai eds., *History of Ancient India-Ⅱ: Protohistoric Foundations*, New Delhi: Aryan Books International, 2014.

Dosabhai Framji Karaka, *History of the Parsis*, London: MacMillan, 1884.

Dwijendra Tripathi, *The Oxford History of Indian Business*, London: Oxford University Press, 2004.

Edward A. Alpers, *The Indian Ocean in World History*, London: Oxford University Press, 2014.

E. J. Rapson, *Ancient India: From the Earliest Times to the First Century A. D.*, Cambridge: Cambridge University Press, 1914.

Fahad Ahmad Bishara, *A Sea of Debt: Law and Economic Life in the Western Indian Ocean, 1780 – 1950*, Cambridge and New York: Cambridge Press, 2017.

Giridhar Prasad Das, *India-West Asia Trade in Ancient Times (6th Century BC to 3rd Century AD)*, New Delhi: New Century Publications, 2006.

Guang Pan, *The Jews in Asia: Comparative Perspective*, Shanghai: Shanghai SanLian Publishing House, 2007.

G. A. Qamar, *The Early Cultural Relation of India and Iran*, New Delhi: Dev Publishers & Distributors, 2011.

Henry Kissinger, *The World Order*, New York: Penguin Press, 2014.

H. V. Bowen etc eds., *Britain's Oceanic Empire: Atlantic and Indian Ocean Worlds, 1550 – 1830*, New York: Cambridge University Press, 2012.

Ifran Habib ed., *A Shared Heritage: the Growth of Civilization in India* and Iran, New Delhi: Tulika Books, 2002.

I. P. Khosla ed. , India and the Gulf, New Delhi: Konark Pubilishers, 2009.

Janet Kestenberg Amighi, The Zoroastrians of Iran: Coversion, Assimilation, or Persistence, New York: AMS Press, 1990.

Jasim M. Abdulghani, Iraq and Iran: The Years of Crisis, Abingdon: Routledge, 1984.

Jawaharlal Nehru, Independence and After: A Collection of Speeches, Delhi: Publications Division, 1949.

Jawaharlal Nehru, The Unity of India: Collected Writings, 1937 – 1940, London: Landsay Drummond, 1948.

Jawaharlal Nehru, Glimpses of World History, New Delhi: Jawaharlal Nehru Memorial Fund, 1987.

Joan G. Roland, Jews in British India: Identity in a Colonial Era, Hanover: University Press of New England, 1989.

Joseph Hodes, From India to Israel: Identity, Immigration, and the Struggle for Religious Equality, London: McGill-Gueen's University Press, 2014.

J. N. Dixit, India's Foreign Policy and its Neighbours, New Delhi: Gyan Publishshing House, 2001.

J. N. Dixit, India's Foreign Policy (1947 – 2003), New Delhi: Picus Books, 2003.

K. N. Chaudhuri, Trade and Civilisation in the Indian Ocean: An Economic History from the Rise of Islam to 1750, Cambridge and New York: Cambridge University Press, 1985.

J. L. Mehta and Sarita Mehta, History of Ancient India: From the Earliest Times to 1206 AD, New Delhi: Lotus Press, 2008.

La Na Swamy, *Some Aspects of South Indian Shipping*, Delhi: Bharatiya Kala Prakashan, 2012.

Maina Chawla Singh, *Being Indian, Being Israeli: Migration, Ethnicity and Gender in the Jewish Homeland*, New Delhi: Manobar Publishers and Distributors, 2009.

Maya Chadda, *Why Inida Matters*, London: Lynne Rienner Publishers, 2014.

Michal Onderco, *Iran's Nuclear Program and the Global South: The Foreign Policy of India, Brazil and South Africa*, Basinstoke: Palgrave Macmillian, 2015.

M. H. Dhalla, *Zoroastrian Theology: from the Earliest Times to the Downfall of the Last Zoroastrian Empire, 651 A. D.*, London: Oxford University Press, 1922.

M. M. Ringer, *Pious Citizens: Reforming Zoroastrainism in India and Iran*, Syracuse, New York: Syracuse University Press, 2011.

Najma Heptullah, *Indo-West Asian Relations, the Nehru Era*, New Delhi: Allied Publications, 1991.

Nathan Katz and Ellen S Goldberg, *The Last Jew of Cochin*, South Carolina: University of South Carolina Press, 1993.

Nathan Katz, *Who are the Jews of India?* Berkeley and London: University of California Press, 2000.

Nicolas Blarel, *The Evolution of India's Israel Policy: Continuity, Change and Compromise Since 1922*, London: Oxford University Press, 2015.

N. N. Vohra, *History, Culture and Society in India and West Asia*,

Delhi: Shipra Publications, 2003.

Prakash Chandra, *Foreign Trade and Commerce in Ancient India*, New Delhi: Abhinav Publications, 1977.

Prakash C. Jain ed., *Indian Diaspora in West Asia: A Reader*, Delhi: Manohar Publisher, 2007.

Prithvi Ram Mudian, *India and the Middle East*, London and New York: British Academic Press, 1994.

P. R. Kumaraswamy and Meena Singh Roy eds., *Persian Gulf 2016 – 2017*, New York: SAGE Pulications, 2018.

P. R. Kumaraswamy and Muddassir Manjari Singh eds., *Persian Gulf 2018*, New Dehli: Palgrave Macmillan, 2019.

P. R. Kumaraswamy ed., *Persian Gulf 2013*, California: SAGE Pulications, 2014.

P. R. Kumaraswamy ed., *Persian Gulf 2014*, California: SAGE Pulications, 2014.

P. R. Kumaraswamy, *India's Israel Policy*, New York: Columbia University Press, 2010.

Radha Kumud Mookerji, *Indian Shipping: A History of the Sea-Borne Trade and Maritime Activity of the Indians from the Earliest Times*, Calcutta: Kitab Mahal Private Ltd., 1962.

Ranabir Chakravarti and Shalva Weil eds., *Indo-Judaic Studies in the Twenty-First Century: A View From the Margin*, New York: Palgrave Macmillan, 2007.

Ranabir Chakravarti ed., *Trade in Early India*, London: Oxford University Press, 2001.

Rastamji Edulji Sanjana, *The Parsi Book of Books: The Zend- Avesta*,

Bombay: New Art Printing Press, 1924.

Richard Edmund Ward, *India's Pro-Arab Policy*, New York: Praeger, 1992.

Rumel Dahiya, *Developments in the Gulf Region, Prospects and Challenges for India in the Next Two Decades*, New Delhi: Pentagon Press, 2014.

R. C. Majumdar ed., *A Comprehensive History of India*, New Delhi: People's Pub House, 1981.

Sagarika Dutt and Alok Bansal eds., *South Asian Security: 21st Century Discourses*, Abingdon: Routledge, 2012.

Santosh Kumar Das, *The Economic History of Ancient India*, Allahabad: Vohra Publisher & Distributors, 1925.

Shirley Isenberg, India's Bene Israel: A comprenhesive Inquiry and Sourcebook, Bombay: Popular Prakashan, 1988.

Shuir T. Devare ed., *India and GCC Countries, Iran and Iraq: Emerging Security Perspective*, New Delhi: Pentagon Press, 2013.

Sujata Ashwarya Cheema, *Essays on Iran and Israel: An Indian Perspective*, New Delhi: KW Publishers Ltd., 2014.

Sujata Ashwarya, India-Iran Relations: Progress, Problems and Prospects, London and New York: Routledge, 2017.

Sumit Ganguly ed., *India as Emerging Power*, London: Frank Cass, 2003.

V. S. Sheth, Indian Ocean and Pricy in the Gulf of Aden, *India and The GCC States: Historical, Geopolitical, and Strategic Perspectives*, Delhi: Wisdom Publications, 2014.

Yulia Egorova, Jews and India: Perceptions and Image, London and New York: Routledge, 2006.

后　　记

作为中国社会科学院西亚非洲研究所的一名科研人员，我入所后结合自己的研究基础，基本确立大国与中东关系的研究方向，同时以伊朗和伊拉克为主要跟踪国家。2017年，我所唐志超老师承担和主持社科院登峰战略重点学科"大国与中东关系"课题，与我商谈启动印度与中东关系的子项目研究一事。当时，国内区域国别研究兴起的态势已隐隐可见，但它更多地集中在国别研究方面。唐老师从中东研究的立场出发，选择跨区域研究作为切入点，具有敏锐的前瞻性。那时的我一来对印度和中东关系较有兴趣，二来想要挑战自身能力，因此斗胆接下这一科研任务。转眼六年过去，印度和中东的关系在莫迪政府"西联"政策的推动下进行得有声有色、如火如荼。如果不是新冠疫情的全球蔓延导致双方经贸与高层外交往来回落和受阻，印度和中东国家的关系恐怕会产生远比今天更多的成果。

本书写作完成后，于我而言有三点遗憾。一是原定2019年年末去印度访学的计划因为新冠疫情的暴发取消。至结项、定稿之际，赴印考察交流始终未能落实。加之2021年印中"洞朗对峙"和印度"借美抑华"的政策调整，将来访学印度需要克服不少障碍。二是书稿中原本还有能源、移民、宗教和极端主义与恐怖主义影响共三个章节，此三节是印度与中东关系研究中重要的议题性问题，价值高、意义重大。考虑到书稿篇幅太大等因素，我不得不将其摘除。书稿部分内容转以论文方式发表。三是对研究本身而言，在写作的过程中，我的脑海中出现过各种各样、有待回答的疑问或需要深入探究的问题，写完之后"意犹未尽"之感十分强烈。这些问题和不成熟的观点已经收集汇总，它们是我下一阶段研究的主要方向。因此，本书的写作是我对印度与中东关系探讨的"尝试之作"，仅能对该领域研究的同行起到"抛砖引玉"的作用。对我个人而言，我将把本书和上述这些遗憾作为后续研究的起点。

在本书即将问世之际，我想借此机会向曾给予我帮助和指导的各位老师表示感谢。首先，我要感谢西北大学中东研究所和我的博士生导师李绍先老师。我在西北大学攻读历史学本科和硕士学位，并被引领进入中东研究领域。中东研究所的求学经历为我奠定牢固和宽广的历史学视角。李绍先老师是我的博士生导师，不仅是我深入进行中东研究的领路人，也是重要的人生导师。其次，在本书的撰写过程中，我得到中国社会科学院、本所和外单位诸位老师的指导和帮助，他们给我提出了宝贵的意见，并对该书的出版给予大力的支持。在此向王林聪副所长、唐志超、牛新春、李莉、成红等老师表示感谢。唐志超老师是本书所在课题组的负责人，他最初研究南亚，随后又深耕中东领域且成果卓著，我最初主要研究中东，但在他的引导下尝试将中东和南亚研究贯通起来。中国现代国际关系研究院中东所所长牛新春和清华大学国际关系学院副院长李莉两位老师分别是国内中东研究和南亚研究的顶尖学者，他们给我提供诸多帮助指导。牛新春老师的建议总有"画龙点睛"之感；而李莉老师从印度研究的视角给我提出不少中肯、到位的建议，尽显严谨而温厚的"长者"风范。

  本书初拟名称中有"比邻为善，周旋不逆"八个字，在我看来它们是印度与中东国家关系最贴切、生动的写照。可惜因书名字数过多被迫删裁，颇为痛心。浮世纷扰、物欲横流，我愿谨守本心，继续与学术为邻，安稳治学。同时，由于个人能力有限，书中难免有错漏不妥之处，敬请各位专家学者与读者不吝赐教！

魏 亮

独乐斋

2022 年 11 月